Data Mining und E-Commerce
Wie Sie Ihre Online-Kunden besser kennen lernen und gezielter ansprechen

Begleitdienst zu diesem Buch:
www.symposion.de/datamining/

Autor
JESUS MENA

Übersetzung und deutsche Bearbeitung
BEATE MEISTER

Redaktion
DIRK TERNES, KLAUS WREDE

D1657658

Stand: Juni 2000

Symposion
publishing

Impressum

Autor:
JESUS MENA

Übersetzung und deutsche Bearbeitung:
BEATE MEISTER,
Übersetzungsbüro m-tranlate

Fachliche Beratung:
Dipl. Math. FRANK BEEKMANN,
Dipl. Kfm. CARSTEN FELDEN
Institut für Wirtschaftsinformatik und Operations Research
Gerhard-Mercator Universität Duisburg

Redaktion:
DIRK TERNES, KLAUS WREDE,
Symposion Publishing

Satz:
KAREN FLEMING,
Symposion Publishing
MARTINA MAUSBACH,
Symposion Publishing

Druck:
Zimmermann Druck, Balve

Begleitdienst zu diesem Buch:
www.symposion.de/datamining

ISBN 3-933814-12-X
Copyright der deutschen Ausgabe
Symposion Publishing GmbH,
Düsseldorf
Printed in Germany

Die Originalausgabe erschien 1999 unter dem Titel
Data Mining Your Website
im Verlag Digital Press

Redaktionelle Post bitte an
Symposion Publishing GmbH
Werdener Straße 4
40227 Düsseldorf

Die Deutsche Bibliothek – CIP-Einheitsaufnahme

Data Mining und E-Commerce
Wie Sie Ihre Online-Kunden besser kennen lernen und gezielter ansprechen
Autor: Jesus Mena
Übersetzung und deutsche Bearbeitung: Beate Meister

Düsseldorf: Symposion Publishing, 2000
ISBN: 3-933814-12-X

Das Werk einschließlich seiner Teile ist urheberrechtlich geschützt. Jede Verwertung außerhalb der engen Grenzen des Urheberrechtsgesetzes ist ohne Zustimmung des Verlags unzulässig und strafbar. Das gilt insbesondere für Vervielfältigungen, Übersetzungen, Mikroverfilmungen und die Einspeicherung und Verarbeitung in elektronischen Systemen.

Alle in diesem Buch enthaltenen Angaben, Ergebnisse usw. wurden von den Autoren nach bestem Wissen erstellt. Sie erfolgen ohne jegliche Verpflichtung oder Garantie des Verlages. Er übernimmt deshalb keinerlei Verantwortung und Haftung für etwa vorhandene inhaltliche Unrichtigkeiten.

Die Wiedergabe von Gebrauchsnamen, Handelsnamen, Warenbezeichnungen usw. in diesem Werk berechtigt auch ohne besondere Kennzeichnung nicht zu der Annahme, dass solche Namen im Sinne der Warenzeichen- und Markenschutz-Gesetzgebung als frei zu betrachten wären und daher von jedermann benutzt werden dürften.

Data Mining und E-Commerce
Wie Sie Ihre Online-Kunden besser kennen lernen und gezielter ansprechen

Dieses Buch zeigt Marketingfachleuten ebenso wie IT-Spezialisten, wie die Technologie des Data Mining dazu eingesetzt werden kann, um das eigene Webangebot als Quelle für Marketinginformationen zu erschließen, Möglichkeiten des Cross-Selling zu identifizieren, kaufkräftige und treue Kunden von Gelegenheitskäufern zu unterscheiden und aus Surfern Käufer zu machen.

Begleitend zu diesem Buch bieten wir Ihnen einen Begleitdienst im Internet an, der unter der Adresse www.symposion.de/datamining weitere Beiträge und weiterführende Informationen für Sie bereit hält. Durch unsere Internetdienste www.innovation-aktuell.de, www.verkauf-aktuell.de und www.flexible-unternehmen.de. können Sie sich darüber hinaus zu diesem Thema und verwandten Themen informieren.

Verborgene Datenschätze

Das ungenutzte Portal 10
Daten schürfen 11
Nichts Neues 17
Mining online 19
Wie Data Mining die wichtigsten Unternehmensfragen beantwortet 21
    Klassifizierung / Vorhersage 21
    Segmentierung 23
    Assoziation 25
    Clusterung 27
    Visualisierung 28
    Optimierung 28
Data Mining fördert Ihr Relationship Marketing 32
Datenschutz im Internet 34
Nutzen und Anreize 35
Zehn Schritte bis zum Data Mining Ihrer Webseite 37
Ein Beispiel: der Buchhändler 41
Ein Blick auf die Daten 42
Daten aufteilen 43
Datenmodellierung 47
Die Lösung integrieren 50
Kompilieren einer Identität 52
Die Architektur der Analyse 53
Personalisierte Zukunft 54
Warum sich Kopfzerbrechen bereiten? 59

Was ist Data Mining?

Von Raubtieren und Online-Kunden 62
Data Mining – eine Definition 63
Datenflut und Information 64
Die Komplexität der Kundentreue 66
Traditionelle Anwendungsbereiche von Data Mining 69
Neue Anwendungsbereiche von Data Mining 71
Statistik 71
Data Mining im Vergleich zur statistischen Analyse 74
Online Analytical Processing (OLAP) 75
Data Mining im Vergleich zu OLAP 78
Analyse-Tools für die Webseite 81
Webseiten-Analysetools im Vergleich zu Data Mining-Tools 90
Visuelles Data Mining 95
    Gesamtpakete 96
    Systeme zur Linkanalyse 97
    Visualisierungswerkzeuge 99
Data Mining-Ergebnisse und Ergebnisformat 100
Warum und wer, nicht was 103
Der Online-Laden um die Ecke 105
Verkaufen als Dienstleistung 106
Internet-Marketing 108
Online-Coupons 111
Data Mining und Kundenwert 112

Netze und Algorithmen

Vom Lernen und vom Entwickeln 119
Der KI-Krieg 121
Der Top-Down-Ansatz 121
Der Bottom-Up-Ansatz 122
Neuronale Netze 123
Von der Nacktschnecke zur VISA-Karte 125
Backpropagation-Netzwerke 126
Überwachtes Lernen 130
Trainieren eines Netzes 131
Datenvorbereitung 132
Merkmale erfassen 133
Kaufneigung 135
Der Trainingszyklus 135
Selbstorganisierende Karten 136
Untersuchung von Clustern 137
Neuronale Netzwerk-Tools 138
Selbstlernende Algorithmen 140
Ein Maß für Daten 141
Die Regeln 144

Die Entscheidungsbäume 145
Bäume vs. Regeln 146
Automatische Segmentierung 148
Wie Sie selbstlernende Algorithmen auf Ihre Webseite anwenden 149
Selbstlernende Tools 150
Genetische Algorithmen 152
Der Überlebenscode 152
Reproduktion 154
Kreuzung 155
Mutation 156
Step-by-Step: Beispiel für den Einsatz eines binär-kodierten genetischen Algorithmus 157
Data Mining mit Hilfe von genetischen Algorithmen 159
Applikationen für genetische Algorithmen 160
Die KI-Vetter: Fallbasiertes Schließen und Fuzzy Logik 162
    Fallbasiertes Schließen 162
    Fuzzy Logik 164
Schlussfolgerung 166

Zehn Schritte zum Data Mining

Identifizieren des Unternehmensziels im Internet 168
Die Bewertungsbasis 171
Die Auswahl der Daten 174
    Kundendaten generieren 174
    Brand Sites 175
    Werbebanner 176
    Buttons 178
    Pop-Ups 179
    Push 180
    E-Mail 181
    Chat 182
    Intelligente Softwareagenten 182
Der Umgang mit Transaktionsdaten 183
Die Vorbereitung der Daten 185
    Aufbereitung der Daten 187
Bewertung der Daten 187
    Dienstprogramme zum Aufbereiten und Anzeigen der Daten 188
Die Ergebnisformate 190
Die Auswahl der Tools 191
    Skalierbarkeit 192
    Genauigkeit 193
    Formate 194
    Ergebnisse 195
    Daten-Aufbereitung 195
    Datenbankzugriff 197
    Import/Export 197

Speicherverwaltung 198
Performance 199
Verrauschungen 199
Paradigmen 200
Effizienz 201
Toolauswahl 202
Ein Tipp für den Kauf eines Tools: Vor dem Kauf testen 204
Modellerstellung 204
Bestätigen der Ergebnisse 207
Ergebnisse dokumentieren 208
Integration der Lösungen 209
Integration von Website und Data Warehouse 210
Das iVALS Profil eines Hexers 212

Die Tools

Kriterien 216
Tools mit nur einer Technologie 221
Database Mining (DM) Marksman 222
4Thought 225
KnowledgeSEEKER 227
NGO NeuroGenetic Optimizer 234
WizWhy 231
Data Mining-Pakete 241
Clementine 242
DataEngine 248
Decisionhouse 251
Scorecard Builder 252
Andere Tools 254
Ein letzter Tipp 261

Die Datenkomponenten

Server-Logdateien 267
Server-Transfer-Logdatei 268
Host-Feld 269
Identifikationsfeld 269
Authuser-Feld 270
Zeitstempel 270
HTTP-Request 270
Statuscode-Feld 271
Transfervolumen 272
Fehler-Logdatei 272
Referrer-Logdatei 272
Agent-Logdatei 273

Erweitertes Logdatei-Format 273
Konfigurieren des Servers 274
    Tipps zur Serverkonfiguration 274
    Konfigurationen für Apache- und NCSA-Server 276
    Konfigurationen für CERN-Server 277
    Konfigurationen für Netscape-Server 277
    Konfigurationen für WebSite-Server 278
Die Vielschichtigkeit eines Website-Besuches 279
Cookie-Dateien 280
Die Zukunft für Cookies 284
Anwendungen für Cookies 286
    Cookies konfigurieren 290
Cookies und CGI 291
Open Profiling Systems (OPS) 299
Formulare 301
Common Gateway Interface (CGI) 306
Zusammenführen der Komponenten 308
Überlegungen zu den Komponenten 311

Die Anbieter von Daten

Anbieter von Marketingdaten 314
Claritas 315
    Die Daten 315
    Die Systeme 316
Experian 317
    Entscheidungsunterstützung für die Kreditvergabe 318
pan-adress 319
    Geschäftsadressen 319
    Privatadressen 319
    MIKROTYP 321
Schober Information Group 322
    Privatadressen 322
    Firmenadressen 323
    Schober Lifestyle 323
Webservices und Softwareanbieter 324
    Autonomy 326
    BroadVision 327
    DoubleClick 328
    Engage Technologies 330
    Firefly 333
Ihr Data Warehouse 334
Den Kreis schließen 336

E-Retailing

Das Produkt ist die Botschaft 340
Verkaufssegmentierung 343
Der digitale Marktplatz 348
Produktanpassung 352
Erstellung von Kundenprofilen 354
    Kaufen in Echtzeit 358
    Organisation eines Online-Schaufensters 364
    Retailing und Mining 369
    Electronic Commerce 375

E-Mining

Data Mining Ihrer Webseite 381
Wer ist Ihr Kunde? 384
Ein Beispiel für eine Online-Sitzung 387
Materialisierung von Zuständen 388
Der feste Zustand 390
    Der Datensatz 393
Clusterung (Assoziation und Sequenzierung) 396
Segmentierung 407
Klassifizierung und Vorhersage 417
Optimierung 425
Visualisierung 429
Der integrierte iterative Prozess 436
Die Zukunft des Data Mining 443
Individualisierung 444
Rechtsdrehungen, Handgranaten und Integrität 445

Anhang
Glossar

Verborgene Datenschätze

Das Internet ist wie ein lebender Organismus. Es besteht aus Millionen von miteinander verbundenen Einheiten, die ein Geflecht bilden und miteinander kommunizieren. Dieses weltumspannende Lebewesen entwickelt sich permanent weiter, bringt immer neue Gebilde hervor und verändert sich stetig. Seit seiner Geburt hat es sich zu einer neuen Spezies entwickelt, in der Millionen Computer und Verbraucher mit jedem Unternehmen der Welt – und deren Produktdatenbanken – verbunden sind. In dieser gärenden, organischen Umgebung bestimmen die Verbraucher das Tempo in Bezug auf die Produktverfügbarkeit sowie die Entwicklung neuer Produkteigenschaften und des Preises. Der elektronische Einzelhandel, dem dieser Organismus Nahrung und Unterstützung gibt, verhält sich wie ein einzelliger Organismus, indem er sich anpasst an die Bedürfnisse, Geschmäcker, Gewohnheiten und Vorlieben seiner Kunden. Milliarden geschäftliche Transaktionen strömen durch diesen dynamischen Marktplatz und verändern auf subtile Weise die Verbraucher und die Händler – und ihre Beziehung zueinander.

Das vorliegende Buch beschreibt der Biologie entlehnte Praktiken und stellt Prozesse und Werkzeuge vor, die biologische Funktionen nachahmen. Das Mining von Online-Transaktionsdaten mit Hilfe von KI-Tools (Programmen, die mit Hilfe von künstlicher Intelligenz menschliches Denken nachahmen) ist ein Versuch, das Kaufverhalten und die Vorlieben der Kunden in dieser sich neu entwickelnden »Geschäftswelt« zu erforschen und vorherzusagen. In einem derart vernetzten Wirtschaftsumfeld wie dem Internet ist es für den Händler von besonderem Interesse, offen auf Kundenwünsche reagieren zu können und Produkte und Dienstleistungen an den Kunden anzupassen. Data Mining wird für den Händler somit eine immer wichtigere Rolle spielen, wenn er in diesem offenen, konkurrenzstarken und schnelllebigen Markt langfristig erfolgreich sein will. Wenn er nicht in der Lage ist, schnell zu reagieren und sich schnell anzupassen, wird der Kunde ihm per Mausklick das Vertrauen entziehen.

Das ungenutzte Portal

Die Idee für dieses Buch entstand unter anderem durch einen intensiven E-Mail-Kontakt mit dem Marketingleiter eines großen Suchmaschinen-Anbieters. Wie ihre Konkurrenten war auch diese Internetfirma dabei, ihr Produkt- und Dienstleistungsangebot in einem drastischen Tempo zu erweitern, im »Internettempo«, wie sie es nannten. Dies geschah durch eine Reihe von Neuakquisitionen, Kooperationen, Partnerschaften, Allianzen und damit einhergehenden Redesigns ihres Webauftritts. Vor lauter Eile, ihre Marktanteile zu vergrößern und ihre Konkurrenten weiterhin auszustechen, vergaß diese Firma, eines ihrer wichtigsten Unternehmensgüter zu pflegen: ihr Wissen über ihre Online-Besucher. Im Verlaufe unseres E-Mail-Kontaktes wurde mir klar, dass dies für die meisten Websites ein großes Problem darstellt und dass Data Mining sehr hilfreich sein kann, um die Informationsflut zu bewältigen, die Online-Firmen täglich über ihre Website generieren.

Wie Dutzende seiner Konkurrenten versuchte dieses Portal, sein Contentangebot so weit wie möglich zu personalisieren (das sog. »myportal.com«-Merkmal, s. Abb. 1-3). Der Kunde wird über einen Fragebogen gebeten, persönlichen Angaben zu machen, also wurden bereits Kundendaten generiert, die als Basis für das Mining einer Datenbank hätten dienen können. Viel wichtiger ist jedoch, dass dieselbe Datenbank eigentlich genau die Voraussetzungen geboten hätte, um mit Hilfe von zusätzlichen demographischen Informationen und Haushaltsdaten genaue Profile über Vorlieben, Lebensgewohnheiten und Konsumverhalten der Besucher zu erstellen.

Nichtsdestotrotz wusste dieser Suchmaschinen-Anbieter weder genau, welche Besucher von dem Portal angezogen wurden oder es verließen, noch wer die wichtigsten Kunden waren und welche Produkte sie nachfragten. Wie viele andere große und kleine Websites vernachlässigte diese Firma den wertvollen Informationspool, den sie rund um die Uhr anhäufte, denn die generierten Daten von Millionen von Kunden wurden nicht via Data Mining analysiert. Obwohl diese Firma – auf Druck der Werbewirtschaft – schon Ansätze zum Data Mining verfolg-

Abb. 1: *Die Personalisierung von Portalen.*

te, kannte sie weder ihre Besucher noch deren Verhaltensmuster. Werbebanner wurden anhand der Suchwörter geschaltet, die von den Nutzern der Suchmaschine eingegeben wurden, anstatt sich an Verhaltensmustern zu orientieren, die durch das Data Mining modelliert werden können. Diese Applikation, die eigentlich ideal für die Modellierung menschlichen Verhaltens geeignet war, wurde nur unzureichend eingesetzt.

Daten schürfen

Für sich allein betrachtet bedeutet Data Mining die Analyse von repräsentativen Daten. Wenn Informationen zu umfangreich und komplex sind, um vom Menschen analysiert zu werden, können sie über eine Formel oder Verhältnismäßigkeit zusammengefasst werden. Auf diese Weise lassen sich häufig bestimmte Muster erkennen und festhalten. Die riesigen Datenmengen, die über eine Website generiert werden, enthalten oft versteckte Muster, die zeigen, wann sich ein Online-Besucher am

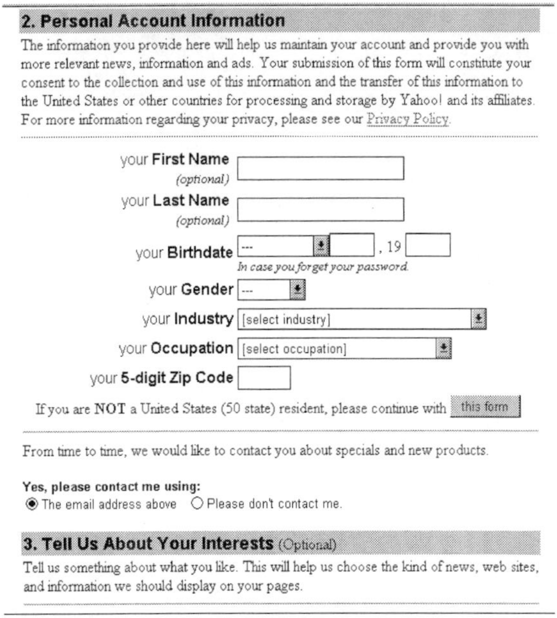

2. Personal Account Information

The information you provide here will help us maintain your account and provide you with more relevant news, information and ads. Your submission of this form will constitute your consent to the collection and use of this information and the transfer of this information to the United States or other countries for processing and storage by Yahoo! and its affiliates. For more information regarding your privacy, please see our Privacy Policy.

your **First Name** [   ]
  (optional)
your **Last Name** [   ]
  (optional)
your **Birthdate** [---] , 19[   ]
  In case you forget your password.
your **Gender** [---]
your **Industry** [select industry]
your **Occupation** [select occupation]
your **5-digit Zip Code** [   ]

If you are **NOT** a United States (50 state) resident, please continue with [this form]

From time to time, we would like to contact you about specials and new products.

Yes, please contact me using:
● The email address above   ○ Please don't contact me.

3. Tell Us About Your Interests (Optional)

Tell us something about what you like. This will help us choose the kind of news, web sites, and information we should display on your pages.

Abb. 2: *Die Personalisierung von Portalen.*

ehesten für einen Kauf entscheidet oder auf bestimmte Werbebanner klickt.

WENN	Domain	AOL	
UND	Suchbegriff	Basketball	
UND	Geschlecht	Männlich	
UND	Alter	18-49	
DANN	Werbebanner	ESPN	68%
		AUTOTEL	18%
		Amazon	9%
		Microsoft	5%

Mit Hilfe von Data Mining-Software kann man feststellen, inwiefern der Wert eines Datenbankfeldes von den Werten anderer Felder beeinflusst wird. So kann zum Beispiel ein Feld mit dem Namen »Käufe gesamt« von anderen Werten oder Feldern aus Ihrer Logdatei- oder

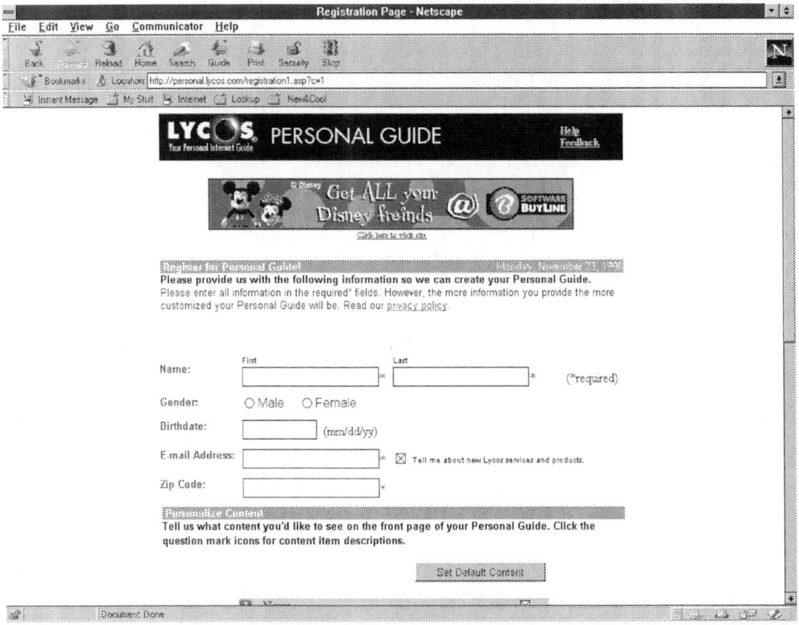

Verborgene Datenschätze

Abb. 3: *Die Personalisierung von Portalen.*

Fragebogen-Datenbank beeinflusst werden, wie zum Beispiel Alter, Geschlecht, weiterleitende Suchmaschinen sowie vom Online-Besucher in die Suchmaschine eingegebene Suchwörter. Im nachstehenden Beispiel soll das Feld »Käufe gesamt« vorhergesagt werden (es ist also die *abhängige Variable* oder der *Ausgabewert* Ihrer Analyse), während die anderen Felder die Eingabewerte für Ihre Data Mining-Prognose sind (dies sind die *Bedingungen* oder *unabhängigen Variablen*):

Vorauszusehender Wert	Zu betrachtende Werte oder Bedingungen			
Käufe gesamt	Alter,	Geschlecht,	Suchmaschine,	Suchbegriffe
1	32,	weiblich,	Excite,	Kindersoftware
2	43,	männlich,	Yahoo,	Mathematiksoftware
3	53,	männlich,	Infoseek,	Software

Mit Data Mining können die Felder, deren Werte vorausgesagt werden sollen (siehe Feld »Käufe gesamt« in der Tabelle oben) mit anderen Feldern der Datenbank in Beziehung gesetzt werden. Der Ausgabewert der Data Mining-Analyse kann in Form eines Entscheidungsbaum-Diagramms, einer Wenn/Dann-Beziehung oder einer mathematischen Funktion dargestellt werden. Mit Hilfe des in dieser Analyse ermittelten Scores können neue Online-Besucher hinsichtlich ihrer Kaufneigung entsprechend der in der Analyse modellierten Kaufmengen eingestuft werden.

Daher kann Data Mining als iterativer Prozess bezeichnet werden, bei dem in großen Datenbanken schrittweise Muster aufgespürt und extrahiert werden: Dies nennt man *Mustererkennung*.

Mit Hilfe von Data Mining können in großen Datenbanken ebenso versteckte »Signaturen« identifiziert wie auch Rückschlüsse aus wiederkehrenden Beispielen gezogen werden. Es dient zur Erstellung von Prognosen, mit denen kaufkräftige potenzielle Kunden identifiziert werden können. Data Mining umfasst verschiedene, manchmal in Kombination eingesetzte Lösungen, Techniken und Technologien, beispielsweise zur Prognoseerstellung oder für das Erstellen von Kundenprofilen. Dafür wird eine Reihe an Techniken eingesetzt, wie Assoziation, Klassifizierung, Schätzung, Optimierung, Segmentierung, Sequenzierung, Vorhersage und Visualisierung.

Ein Portal könnte die Data Mining-Technologie zum Beispiel dazu nutzen, um vorauszusagen, welcher Online-Besucher auf welchen Werbebanner klicken wird, indem ein Modell basierend auf der Beobachtung früherer Besucher, die positiv oder negativ auf ein Bannerangebot reagiert haben, erstellt wird. Ein weiteres Ziel des Data Mining kann die Analyse des Nutzungsverhaltens sein, das die Faktoren (beispielsweise die Verbindungsdauer) und die persönlichen Eigenschaften (wie das Geschlecht) derjenigen Besucher aufdeckt und beschreibt, die positiv auf eine Werbeanzeige reagiert haben. Auf diese Weise kann ein Profil solcher Besucher erstellt werden, die wahrscheinlich auf zukünftige Werbebanner reagieren werden. Darüber hinaus erhalten Sie so wichtige

Hinweise für die Gestaltung zukünftiger Banner und Werbekampagnen.

Data Mining ist weder ein datenbankabfrage- oder anwendergesteuerter Vorgang, noch ist es eine kumulative Aufzeichnung der Hits auf Ihre Website. Es dient vielmehr dazu, aus der Informationsflut die verborgenen Datenströme herauszufischen, welche die Eigenschaften der Online-Besucher beschreiben, die Ihnen den Traffic bringen. Bisher werden meist Zugriffsstatistiken (Traffic-Reports) genutzt, um die Onlinedaten zu analysieren. Die meisten erfassen kumulativ die TCP/IP-spezifischen Aktivitäten zwischen den Browsern des Besuchers und dem Webserver. Die meisten Softwarepakete zur Serveranalyse geben Firmen jedoch nur wenig Aufschluss über die Demographie Ihrer Kunden und deren Online-Verhalten, auch wenn im Zuge der raschen Entwicklung des E-Commerce immer mehr Pakete in diese Richtung erweitert werden.

Aktuelle Trafficanalyse-Tools wie Accrued, Andromedia, HitList, NetIntellect, NetTracker und WebTrends dienen dazu, vordefinierte Reports über Domainnamen, IP-Adressen, Browser, Cookies und andere Machine-to-Machine-Aktivitäten zu liefern. Diese Softwarepakete wurden entwickelt, um die Aktivitäten des *Servers* zu beobachten und nicht das Verhalten der *Besucher*, die auf den Server zugreifen. Daher sind sie nicht in der Lage, Händlern, Dienstleistern und Werbefachleuten diejenigen Grunddaten zu liefern, die sie für ihre Planung benötigen.

Data Mining erfordert den strategischen Einsatz einer speziellen Softwareart: solcher, die auf Technologien der künstlichen Intelligenz beruht, beispielsweise auf selbstorganisierenden und Backpropagation-Netzwerken oder auf genetischen Algorithmen und Maschinellem Lernen. Der Ausgabewert dieser Tools kann in Form eines Graphen oder einer Landkarte dargestellt sowie als Code in den Produktionsprozess oder in automatische E-Mail-Generatoren integriert werden. Data Mining ist weitaus mehr als nur eine Ansammlung von Softwaretools; es ist ein Prozess, der auch eine Reihe von Methoden und Prozeduren umfasst, um Daten zu extrahieren und aufzubereiten und die gefundenen Lösungen schließlich in Ihr Unternehmen oder ihre Website einfließen zu lassen. Die strategische Nutzung von Data Mining könnte zum Beispiel so aussehen: Über einen Registrierfragebogen erhält der Händler wichtige Besucherinformationen. Diese Informationen werden dann durch weitere demographische Angaben ergänzt und mit Hilfe einer Mustererkennungs-Software analysiert und ausgewertet, um prädiktive Modelle zu erstellen. Die Data Mining-Formate sind genauso vielfältig wie die Lösungsansätze und eingesetzten Technologien. Das Ergebnis des Data Mining hängt zum Großteil davon ab, was Sie von ihm verlangen: Es kann ausführbaren C-Code, SQL-Syntax, einen dreidimensionalen Graphen oder eine 3D-Karte ausgeben; einen Entscheidungsbaum oder einen Regelsatz. Egal, welche Form Sie wählen: Das Ergebnis ist eine tiefere *Einsicht* in die Identität und Vorlieben Ihrer Online-Kunden.

In den meisten Fällen dient Data Mining der Schaffung neuer Geschäfts- und Marketinglösungen durch die Kombination von Techniken und Ressourcen. Es kommt nicht nur auf die verwendeten Data Mining-Tools an, sondern auch auf Ihre IT-Ressourcen, die Fähigkeiten der Analytiker, die Qualität der verfügbaren Analysedaten sowie die Unterstützung durch das Marketing- und das Webteam. Für ein erfolgreiches Data Mining müssen geeignete Techniken für die Aufbereitung von Serverdaten und der Verbesserung der Qualität dieser Daten entwickelt werden. Die meisten Daten in heutigen Systemen, wie zum Beispiel Webservern, sind für die Aufbereitung von Transaktionen geschaffen worden und nicht für Analysezwecke. Das Data Mining von Online-Datenbanken beinhaltet das Arbeiten mit strukturierten Daten wie zum Beispiel Logdateien und Datenbanken, die durch das Ausfüllen von Anmelde- und Kaufformularen erzeugt wurden. Sie werden voraussichtlich mit relationalen Tabellen oder mit Flat Files arbeiten und sich nicht mit unstrukturierten Daten wie Sound, Video, Papier oder digitalen Schnippseln herumschlagen müssen, wie es die Analytiker der NASA in Langley, Virginia (USA) tun.

Nichts Neues

Das Ziel des modernen Marketings ist, jeden Kunden zu kennen und individuell zu betreuen (One-to-One-Marketing). One-to-One-Marketing kann dauerhafte Händler-Kunden-Beziehungen schaffen, in denen jeder vom anderen profitiert. Data Mining ist der Schlüssel zur Schaffung von Wissen über den Kunden und zum Aufbau enger Kundenbeziehungen. Schon seit vielen Jahren nutzen Marketingfachleute Datenbanken dazu, sich ein Bild von ihren Kunden zu machen. Mit Hilfe von Data Mining können sie heute ein Profil erstellen, mit dem sie vorhersagen können, welche ihrer Kunden voraussichtlich ein bestimmtes Produkt kaufen oder eine bestimmte Dienstleistung in Anspruch nehmen werden, oder welche Kunden in einen Dialog treten. Folgende Branchen nutzen KI-Technologien für Data Mining-Zwecke:

- Mobiltelefon-Hersteller zur Begrenzung der Kundenabwanderung
- Finanzdienstleister für das Portofolio- und Riskmanagement
- Kreditkarteninstitute in der Betrugsverfolgung und für die Preisfestlegung
- Versandkatalogfirmen zur Steigerung der Responseraten
- Händler für die Warenkorbanalyse

Diese Firmen verwalten ihre Kundendaten meist in großen Data Warehouses, wo sie für die geschäftliche Planung, zur Entscheidungsunterstützung und im Relationship-Marketing eingesetzt werden. Um die Qualität ihrer internen Datenbank zu steigern, ergänzen die Firmen diese internen Kunden- und Transaktionsdaten durch demographische Daten, die sie von Datenanbietern wie Schober und anderen kaufen. Dadurch können sie mehr über ihre Kunden und deren Lebensstil erfahren und herausfinden, welche Dienstleistungen diese in Anspruch nehmen und welche Produkte sie kaufen. Die leistungsfähigen Mustererkennungs-Technologien, die in heutige Data Mining-Programme integriert sind, erlauben es den Unternehmen, das Kundenverhalten vorauszusehen: Die Firmen sind in der Lage, die Verhaltensweisen ihrer Kunden zu analysieren: werden sie antworten, werden sie zur Konkurrenz wechseln, werden sie bezahlen und vor allem, werden sie *kaufen* und wenn ja, was, wann und wo?

Die amerikanische Handelskette Wal Mart hat eine der größten Data Mining-Applikationen der Welt im Einsatz. Jede ihrer 2900 Filialen wird wöchentlich in Bezug auf die Produktnachfrage analysiert. Dabei werden mehr als 700 Millionen Filiale/Produkt-Kombinationen ausgewertet und zu Prognosen zusammengefasst. Mittels Data Mining kann Wal Mart die Nachfrage vorhersehen und dadurch die Kosten für Überbestände, Lagerhaltungskosten und das Sortiment in den Geschäften reduzieren. Das Unternehmen ist in der Lage, den Kunden zielgruppengerecht die jeweils bevorzugte Mundwasser- und Hundefuttermarke anzubieten. Diese Handelskette benutzt Data Mining-Software von NeoVista, um die Nachfrage so genau wie möglich vorherzusagen. Ebenso wollen Online-Händler wie Amazon genau wissen, wie sie die richtigen Produkte online positionieren und wie sie ihr Backend effektiver organisieren können.

Abhängig von der Art und der Genauigkeit der vorhandenen Kundendaten (zum Beispiel Postleitzahl, Geburtsdatum, Titel, etc.) kann eine Firma bei Datenanbietern zusätzliche Daten kaufen.

Banken, Versicherungen und Kreditkarteninstitute nutzen die zugekauften Informationen meist dazu, um zu bestimmen, welche Produkte sie ihren Klienten oder potenziellen Kunden anbieten sollen. In Verbindung mit verbessertem Kundenwissen nutzen sie Data Mining, um ihr Wissen zu verfeinern und Kundenentscheidungen gezielter voraussehen zu können. Data Mining wird natürlich auch in anderen Bereichen eingesetzt, wie zum Beispiel in der Qualitätskontrolle, der Überwachung von Produktionsprozessen und zur Verbrechensbekämpfung. Die meisten Anwendungen (wie auch das Data Mining von Websites) betreffen jedoch verbraucherzentrierte Anwendungen, in denen das Wissen über Verhalten und Vorlieben der Kunden ausschlaggebend für den Geschäftserfolg ist.

Mining online

Websites konkurrieren heute um Kundentreue und Umsätze in einem Markt, in dem es Verbraucher nicht viel kostet, zur Konkurrenz zu wechseln. Die E-Commerce-Landschaft entwickelt sich zu einem schnellen, umkämpften Markt, in dem rund um die Uhr Millionen Online-Transaktionen über Logdateien und Fragebögen generiert werden. Einem Markt, in dem Besucher mit der Maus von Online-Shop zu Online-Shop surfen, jederzeit bereit, mit einem Mausklick etwas zu kaufen – oder sich zu einem anderen Shop zu klicken, wenn ihre Augen das Gesuchte nicht gefunden haben oder Contents, Stil, Incentives, Werbung, Produkte oder Service ihren Anforderungen nicht entsprechen. Mit anderen Worten, es ist ein Markt, in dem es von dem Wissen des Händlers über Launen und Neigungen seiner Besucher abhängt, ob er sie anlocken und binden kann.

In einem derart umkämpften Marktsegment wie dem Internet hängt das Überleben eines Händlers davon ab, ob er sein Wissen über seine Kunden strategisch nutzen kann. Daher ist der Einsatz von künstlicher Intelligenz in Form von Data Mining zu einem der wichtigsten Hilfsmittel geworden, um in schnellen Märkten mit vielen Wettbewerbern zu bestehen. Denn unter solchen Bedingungen werden nur diejenigen Wettbewerber den Vorsprung behalten und Umsätze erzielen, die schnell und flexibel agieren und in der Lage sind, das Kundenverhalten und ihre Vorlieben zu antizipieren. Das Mining von Kundendaten ist notwendig, um Entscheidungen darüber zu fällen, welches die kaufkräftigsten und somit wichtigsten Kunden sind und nach welchen Eigenschaften gesucht werden muss, um genau solche Kunden zu identifizieren – genau diese Art von Verbraucherprofilen und geschäftsrelevantem Wissen erwarten Online-Händler und Werber nach Jahren hoher Investitionen und niedriger Return of Investments heute vom Internet.

Erfahrene Händler setzen ausgefeilte Data Mining-Software ein, in denen genetische Algorithmen zum Einsatz kommen, um beispielsweise das Warenwirtschaftssystem gemäß der Kundenprofile und ihrer Neigungen zu optimieren. Genetische Algorithmen sind Programme, die den Evolutionsprozess (Selektion, Kreuzung und Mutation) nachahmen, um aus einer gegebenen Menge von Lösungsansätzen eine optimale Lösung zu finden. Händler benutzen beispielsweise genetische Algorithmen in Kombination mit Neuronalen Netzen nicht nur, um das Sortiment der einzelnen Filialen festzulegen, sondern auch, um die Filialen selbst zu gestalten. Dies kann zu weitreichenden Änderungen – von der Regalhöhe bis zum Parkplatzangebot – führen. Wenn Genetische Algorithmen also dazu in der Lage sind, das Design physischer Läden wie denen von Handelsketten wie Wal Mart oder Sears zu optimieren, kann man sich vorstellen, was sie zur Verbesserung des Designs großer Online-Shops wie Amazon beitragen könnten.

Verschiedene Ansätze versuchen, die Surferfahrungen von Online-Besuchern zu personalisieren, beispielsweise durch Collaborative Filtering (Firefly) oder die Bündelung von Cookies innerhalb von Werbenetzwerken (DoubleClick). Doch nur wenige Online-Händler betrachten Data Mining als Hilfe für die Analyse, Modellierung und Vorhersage von Kundenverhalten. Einige große Portale nutzen die Software von Aptex, einem Spin-Off von HNC, dem weltweit größten Anbieter von Neuronalen Netzen, um zielgruppengerecht die jeweils richtigen Werbebanner und Anzeigen zu schalten. Hierzu nutzt Aptex selbstentwickelte Technologien zur Textanalyse und Datenverarbeitung durch Neuronale Netze. Leider sind die Anschaffungs- und Wartungskosten für derart ausgeklügelte Software für die meisten gewerblichen Websites viel zu hoch.

Letztlich wird das Mining und die Identifizierung der Kundenprofile Ihnen eine Einsicht darin vermitteln, welche Art von Mitteilungen, Bannern, Sonderangeboten, Incentives, Produkten und Dienstleistungen Sie platzieren müssen, um Ihre Kunden zu erreichen. Durch die Analyse Ihrer Online-Daten – ergänzt um demographische Daten und Haushaltsdaten – kann Ihr Unternehmen damit beginnen, das Profil Ihrer zukünftigen Kunden zu erstellen. Darüber hinaus ist das Mining Ihrer Website von strategischer Bedeutung, um dauerhafte Kundenbeziehungen aufzubauen und einen profitablen Shop zu etablieren. Wie schon erwähnt, umfasst Data Mining oft den Einsatz mehrerer Technologien, die gemischte Lösungen und Formate liefern können.

Wie Data Mining die wichtigsten Unternehmensfragen beantwortet

Klassifizierung / Vorhersage

Wer wird auf meinen Seiten kaufen, was wird er kaufen, und wie viel wird er kaufen? Diese und ähnliche Fragen können mit Hilfe von Data Mining beantwortet werden. Dazu werden die Klassifizierung und die Vorhersage (also eine Art Klassifizierung in der Zukunft) eingesetzt, die am besten mit Neuronalen Netzen und genetischen Algorithmen (s. Abb. 4) durchgeführt werden. Diese Form der induktiven Analyse dient dazu, vorherzusehen, wer kaufen wird und wie viel voraussichtlich gekauft werden wird.

Mit Hilfe von polynomalen und Neuronalen Netzen können Prognosen erstellt werden, um das Kundenverhalten sowie deren Reaktion

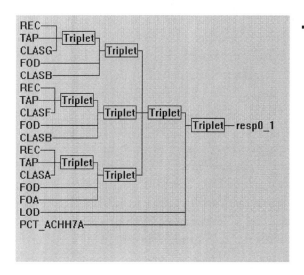

Abb. 4: *Ansicht eines Netzwerkes, bei dem eine Reihe von Eingabevariablen für die Vorhersage einer Response genutzt werden.*

Verborgene Datenschätze

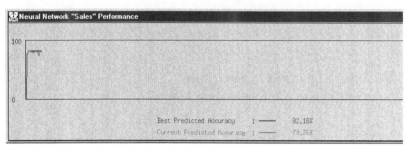

Abb. 5: *Ein Data Mining-Instrument, dass die Genauigkeit eines Modells beobachtet.*

auf Werbeanzeigen, Banner und Produktangebote vorherzusagen, sowie (und das ist wohl die wichtigste Frage) deren Kaufneigung zu bestimmen. Diese prädiktiven Modelle werden auf der Basis des Verhaltens bestehender Besucher und Kunden erstellt und sollen das Verhalten zukünftiger Besucher vorhersagen. Wie bei Modellen zur Betrugsaufdeckung, die ebenfalls mit Hilfe von Neuronalen Netzen erstellt werden, wird auch die webbasierte Prognose mit einer Auswahl von positiven (Verkauf) und negativen (kein Verkauf) Kundenaccounts trainiert. Ein Backpropagation-Netzwerk durchläuft dabei Tausende dieser Auswahlmöglichkeiten immer wieder, bis es die Eigenschaften und Verhaltensweisen erlernt hat, die einen Besucher ausweisen, der im Online-Shop etwas gekauft oder einen Werbebanner geklickt hat (s. Abb. 5).

Neuronale Netze generieren gewöhnlich C-Code, den Sie beispielsweise dazu benutzen können, zukünftigen Besuchern Ihrer Website per E-Mail zielgruppengerechte Produktangebote zumachen. C-Code selbst ist eine Menge von Gewichten, oder eine Formel, die Eingabewerte für die Berechnung eines projizierten Ausgabewertes oder Scores benutzt. Dieser Score wird in der Regel als binärer Wert dargestellt, wie zum Beispiel »0 = wird nicht kaufen« oder »1 = wird kaufen«. Der Ausgabewert kann auch eine quantitative Variable sein, wie zum Beispiel die Zahl an Käufen, die ein Online-Besucher voraussichtlich tätigen wird. Dies ist ein Beispiel für C-Code, der extrahiert und benutzt werden kann, um die Kaufneigung vorherzusagen:

```
double *purchase(double inarr[])
(
   /* visitor_age-Triplet */
   visitor_age = 0 - 22.0566 -  40.4871*node5 - 18.3542*pow2(node5)
   + 0.174813*pow3(node5) -  68.848*node31
   - 156.303*node5*node31 -  83.2704*pow2(node5)*node31
   - 44.5781*pow2(node31) -  37.7005*node5*pow2(node31)
   - 0.0442751*pow3(node31) -  64.3699*node32
   - 54.3879*node5*node32 - 185.61*node31*node32
   - 156.467*node5*node31*node32 -
   - 0.109251*pow2(node32) -  0.272628*node31*pow2(node32)
   - 0.00897233*pow3(node32) ;
```

Segmentierung

Welche Besucher besuchen meine Website? Worin unterscheiden sie sich? Mit Hilfe der Segmentierung, die maschinenlernende Algorithmen verwendet, werden Online-Besucher in separate Gruppen mit individuellen Verhaltensweisen aufgeteilt (s. Abb. 6). Mit diesen geschichteten Gruppen können dann statistische Projektionen, wie zum Beispiel die potenzielle Zahl der Käufe, gemacht werden.

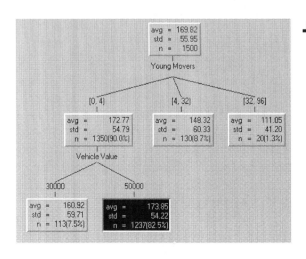

Abb. 6: *Segmentierung von projizierten Online-Umsätzen entsprechend der demographischen Daten von Online-Besuchern.*

Verborgene Datenschätze

Bei dieser Art der Segmentierungs-Analyse können darüber hinaus auch Prozessregeln direkt aus den Online-Daten extrahiert werden.

WENN	Suchbegriff	»Mathematiksoftware«
UND	Alter	38-42
UND	Geschlecht	Männlich
DANN	Durchschnittliche projizierte Kaufsumme	79,95 Dollar

Segmentierungs-Analysen können in Form von grafischen Entscheidungsbäumen dargestellt werden (s. Abb. 7). Die durchschnittlichen Online-Umsätze sind auf der linken Seite niedriger als auf der rechten Seite.

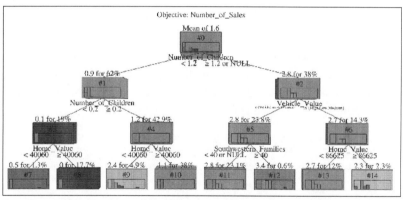

Abb. 7: *Ein weitverbreitetes Data Mining-Format ist der Entscheidungsbaum, der die Datenbank in verschiedene Segmente aufteilt.*

Die Abzweigungen der Entscheidungsbäume werden entweder durch Transaktionsdaten wie Verbindungsdauer oder der Domain des Besuchers, durch demographische Daten – beispielsweise Alter oder Anzahl der Kinder – oder durch ihre Zugehörigkeit zu einer Verbraucherklasse, die anhand der Postleitzahl ermittelt wurde, bestimmt.

Die Wenn/Dann-Regeln, die mit einer Segmentierungs-Analyse erhalten werden können, lassen sich auch als prägnante Beschreibungen spezifischer Marktsegmente darstellen:

Bedingung	Attribut	
WENN	Anzahl Kinder	>= 1.2
UND	Fahrzeugklasse	Luxusklasse
UND	Familie aus dem Südwesten der USA	>= 40%
DANN	Durchschnittliche Verkäufe	3.4 (Knoten #12)

Oder:

Bedingung	Attribut	
WENN	Subdomain	AOL
UND	Geschlecht	Männlich
UND	Alter	37-42
UND	Verbraucherklasse gemäß Postleitzahlenbezirk	»Hochpreismieter« 78-85%
DANN	wird kaufen	Wahrscheinlichkeitsgrad 81%

Assoziation

Welche Beziehungen bestehen zwischen meinen Online-Besuchern und meinen Produkten? Eine weitere Art der Data Mining-Analyse sucht nach versteckten assoziativen Beziehungen in den Daten, wie Alter, Geschlecht, Domains, etc.

Die in Abb. 8 dargestellte Analyse zeigt eine Beziehung, die zwischen Suchwörtern und Produktserien gefunden wurde. Es gibt einige Softwarepakete für Data Mining, Visualisierung und Webanalyse, die diese Art von Assoziationsbeziehungen ausgeben können. Im obigen Beispiel wird das Data Mining-Tool nicht nur zur visuellen Darstellung der starken Verbindungen zwischen Suchwörtern und bestimmten Produktserien genutzt, sondern es liefert darüber hinaus auch einen zusammenfassenden Ergebnisbericht (s. Abb. 9).

Verborgene Datenschätze

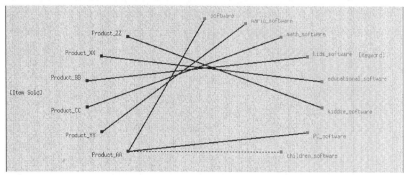

Abb. 8: *Je dicker die Linien sind, desto stärker ist die Assoziationsbeziehung.*

```
STRONG LINKS:
   Item Sold = Product_AA, Keyword = software (573)
   Item Sold = Product_YY, Keyword = mario_software (250)
   Item Sold = Product_CC, Keyword = math_software (211)
   Item Sold = Product_BB, Keyword = kids_software (187)
   Item Sold = Product_XX, Keyword = educational_software (181)
   Item Sold = Product_ZZ, Keyword = kiddie_software (74)
   Item Sold = Product_AA, Keyword = PC_software (53)

MEDIUM LINKS:

WEAK LINKS:
   Item Sold = Product_AA, Keyword = children_software (3)
```

Abb. 9: *Ergebnisbericht der Verbindungen, die auf einer Website gefunden wurden.*

Assoziationsregeln und -graphen verbinden eine bestimmte Schlussfolgerung (zum Beispiel den Kauf eines bestimmten Produktes) mit einer Reihe Bedingungen, wie zum Beispiel dem Kauf einiger anderer Produkte. Assoziationsregel-Algorithmen finden die Assoziationen automatisch und stellen sie visuell dar. Die Art der Analyse hat gegenüber durch Segmentierung gewonnenen Entscheidungsbäumen den Vorteil, dass Beziehungen zwischen beliebigen Attributen aufgestellt werden können. Während ein Entscheidungsbaum nur Regeln aufstellt, die zu einer einzigen Schlussfolgerung führen, versuchen Assoziationsalgorithmen

Gesetzmäßigkeiten zu finden, die zu verschiedenen Lösungen führen können.

Clusterung

Welche Gruppierungen sind in meinen Daten verborgen? Ein weiteres Verfahren ist die *Clusterung*, die oft eingesetzt wird, um in einem Datensatz nach einzelnen Gruppierungen mit charakteristischen Merkmalen zu suchen (s. Abb. 10). Die Analyse wird mit einer speziellen Art von Neuronalen Netzen, den sogenannten Kohonen-Netzen oder Selbstorganisierenden Karten (Self-Organization-Map, SOM), durchgeführt. SOM ist eine Form des »Unbeaufsichtigten Lernens«, das sich selbstständig um unterschiedliche Klassen in einer Menge von Datensätzen anordnet, ohne dass vorher Eingaben von Analysten gemacht werden müssen. SOMs werden von Händlern meist zur Durchführung von Warenkorb-Analysen eingesetzt, um innerhalb ihres Sortiments nach Produkten zu suchen, die sich gut für Cross Selling eignen. Auch im

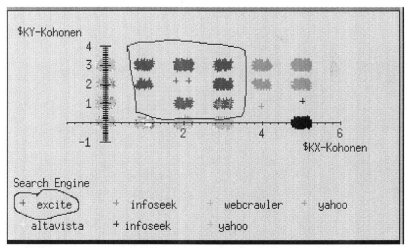

Abb. 10: *Klassen von Online-Besuchern basierend auf den Suchmaschinen, mit denen sie die Website gefunden haben.*

Internet kann ein SOM für die Suche nach Cross Selling-Potenzialen oder nach klar getrennten Klassen, beispielsweise nach charakteristischen Besuchereigenschaften eingesetzt werden.

Visualisierung

Welche Verteilungen und Muster gibt es in den Daten meiner Website? Das menschliche Auge ist für den Erfolg des Data Mining entscheidend. Es gibt viele verschiedene visuelle Darstellungsmethoden. In den Beispielen der Abbildungen 11, 12 und 13 wurde eine geographische Darstellung von Online-Besuchern gemäß ihrer (US)-Postleitzahl vorgenommen, die sie mittels eines Registrierungsformulars angegeben hatten. Wie zu sehen ist, verkleinert sich der geographische Ausschnitt von Abbildung zu Abbildung.

Optimierung

Wie kann ich meine Onlinepräsenz und meinen Absatz optimieren? Letztlich können Sie das Design Ihrer Website und den Online-Umsatz mit Hilfe von genetischen Algorithmen (GA) optimieren (siehe Abbildung

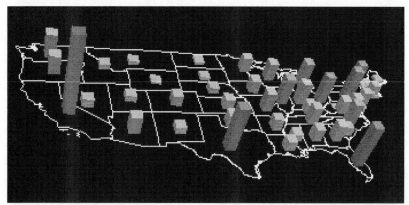

Abb. 11: *Die meisten Online-Besucher dieser Website stammen aus Kalifornien und Texas (USA).*

Verborgene Datenschätze

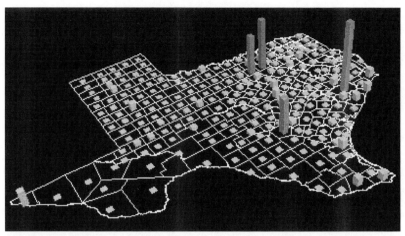

Abb. 12: *Mit diesem Data Mining-Tool kann der Benutzer für weiterführende Analysen tiefer hineinzoomen.*

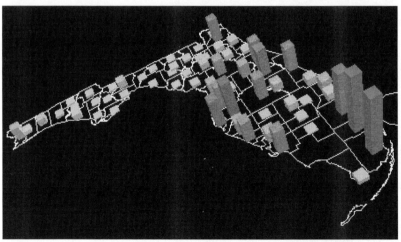

Abb. 13: *Farbe und Höhe der Säulen zeigen Bereiche mit überdurchschnittlicher Besucherzahl an.*

14). Wie schon anfangs erwähnt, sind genetische Algorithmen Optimierungstechniken und Programme, die Prozesse der natürlichen Evolution wie Selektion, Kreuzung und Mutation nachahmen (s. Abb. 15). Zum

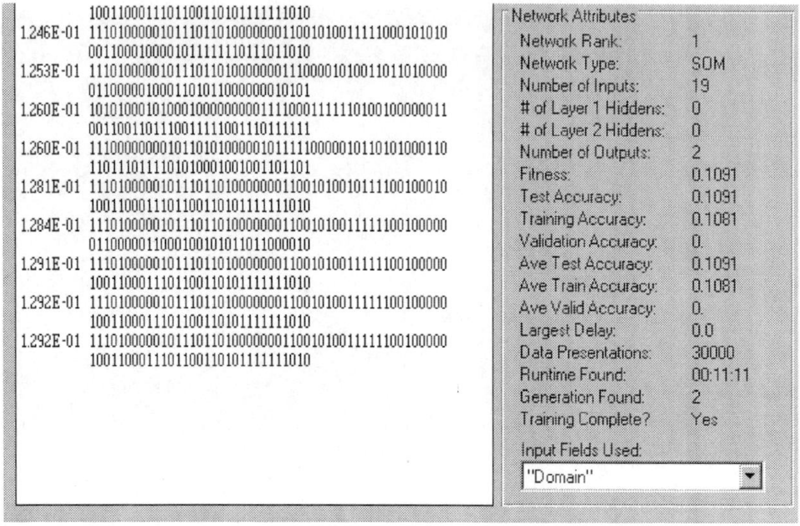

Verborgene Datenschätze

Abb. 14: *Ein genetischer Algorithmus kann dazu eingesetzt werden, um die Leistungsfähigkeit von Neuronalen Netzen zu steigern.*

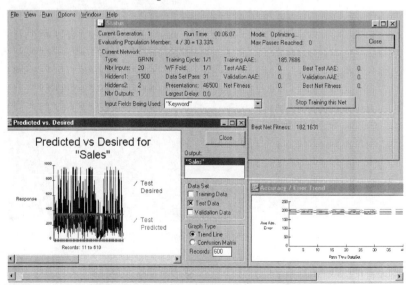

Abb. 15: *Genetische Algorithmen und Neuronale Netze können zur Vorhersage von Online-Verkäufen eingesetzt werden.*

Beispiel kann ein genetischer Algorithmus in einem Data Mining-Tools dazu eingesetzt werden, um Tausende von Eingabewerten und -Kombinationen für die Feinabstimmung eines Neuronales Netzes zu erzeugen. Neuronale Netze und genetische Algorithmen werden bereits für die Gestaltung von Schaufenstern eingesetzt und können auch online zur Optimierung des Webauftritts, beispielsweise der Anordnung von Produkten und Dienstleistungen, beitragen.

Die Feinabstimmung von Neuronalen Netzen mit genetischen Algorithmen kann als eine Art Datenkompression angesehen werden. Beispielsweise kann ein genetischer Algorithmus eine sehr große Datei mit Hunderten Variabeln auf wenige Eingabewerte zurückstutzen, die für die Vorhersage von Umsatzzahlen herangezogen werden. Diese Optimierung stellt eine Datenreduktion dar, in der die Software ihre eigene Fehlerrate zu verringern versucht, während gleichzeitig die Zahl der Eingabewerte komprimiert wird, die vom Neuronalen Netz verarbeitet werden muss.

Data Mining erfordert in der Regel den Einsatz mehrerer Techniken und Technologien (siehe Abbildung 16). Es ist zum Beispiel üblich, ein Segmentierungstool wie ein Entscheidungsbaum-Programm oder ein Assoziations-Tool einzusetzen, um in einer Datenbank mit einer großen Anzahl von Feldern wichtige Variabeln zu identifizieren. Anschließend wird mit einem Neuronalen Netz eine Prognose erstellt, die die selektierten Felder als Eingabewerte verwendet. Im nächsten Schritt kann das Neuronale Netz mit einem genetischen Algorithmus weiter optimiert werden, so dass noch weniger Variabeln nötig sind, um Vorhersagen bezüglich der Gesamt- oder Neukundenumsätze auf Ihrer Website zu machen. In einem letzten Schritt kann ein Visualisierungstool schließ-

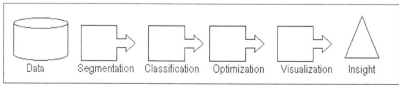

Abb. 16: *Die Identifizierung versteckter Muster umfasst mehrere Schritte.*

lich die Ergebnisse graphisch darstellen und so die im Data Mining-Prozess gewonnenen Einblicke verdeutlichen.

Obwohl alle diese Formate mit unterschiedlichen Eingabewerten arbeiten und unterschiedliche Ergebnisse liefern, schließen sie sich nicht gegenseitig aus. Sie ergänzen sich im Gegenteil und sollten auch in Kombination eingesetzt werden. Eine Visualisierung Ihrer Daten kann zum Beispiel schon während der ersten Analyse durchgeführt werden, um einen Überblick über Ihre Daten zu geben oder nachdem Segmentierung und Klassifizierung durchgeführt wurden. Welche Data Mining-Formate Sie aus Ihrer Analyse erhalten und welche Kombination von Techniken Sie wählen, hängt von Ihren speziellen geschäftlichen Anforderungen ab. Sie können durchaus bestimmen, nur eine einzige Technik einzusetzen – dies hängt ganz von Ihnen ab.

Die Ergebnisse, die Sie erhalten, werden die Schritte während des Data Mining-Prozesses beeinflussen. Es gibt zehn generelle Schritte, die später in diesem Buch näher erläutert werden. Die Formate, die Sie erhalten, werden sich auf jeden dieser Schritte auswirken, da sie Ihre Entscheidungen hinsichtlich Ihrer Zielfestlegung, der Auswahl und Vorbereitung der Serverdaten, der von Ihnen verwendeten Tools und der Integration der Ergebnisse in ihre Geschäftsprozesse beeinflussen wird.

Data Mining fördert das Relationship Marketing

Die Early Adopters der Data Mining-Technologie waren meist Unternehmen in informationsintensiven und umkämpften Branchen wie Finanzdienstleistung, Telekommunikation und Einzelhandel, die in ihren Data Warehouses sehr viele Kundeninformationen verwalten mussten. Mittlerweile hat nahezu jede Firma ihre eigene Website, über die riesige Mengen an Kundendaten generiert werden. Große gewerbliche Websites im elektronischen Einzelhandel müssen heute ähnlich wie Data Warehouses in der Lage sein, große Datenmengen zu verwalten. Für genau diesen Zweck wurden Data Mining-Tools entwickelt. Mit dem Aufkommen des Internet und des E-Commerce findet sich fast jede

Firma in einer »informationsbedarfsintensiven und umkämpften Branche« wieder, und kann daher von Data Mining profitieren. Das Internet ist ein ideales Umfeld für das Marketing, da jede Transaktion erfasst, gesammelt und mit Hilfe von Data Mining strategisch genutzt werden kann. Data Mining kann folgende Vorteile schaffen:
- Durch Identifizierung der Eigenschaften hochwertiger Kundensegmente lassen sich einzigartige Marktvorteile schaffen.
- Sie ermitteln die Schlüsseleigenschaften Ihrer Online-Kunden für jedes Ihrer Produkte.
- Sie wählen geeignete Werbestrategien, die sich genau an Ihren Verbrauchersegmenten ausrichten.
- Sie analysieren Ihre Online-Verkäufe, um die Anzahl höherwertiger Kunden zu steigern.
- Sie testen und bestimmen die erfolgreichsten Marketingaktivitäten.
- Sie ermitteln die Kunden, die sich am ehesten für Ihre neuen Produkte interessieren.
- Sie reduzieren die Kosten und verbessern die Kundenbindung.
- Sie verbessern das Cross Selling- und Upselling-Potenzial ihrer Website
- Sie erhöhen das Wissen über Ihre Online-Kunden.
- Sie ermitteln die aussichtsreichsten Dienstleistungen.
- Sie können die Gründe für Markenwechsel besser nachvollziehen.
- Sie betreiben erfolgreiches Customer Relationship Management.
- Sie optimieren die Werbe- und Verkaufsprozesse im Internet.
- Sie verbessern die Durchlaufzeit bei der Bannerrotation.

Mit Hilfe von Data Mining im Internet können Sie Ihre Anstrengungen auf Ihre rentabelsten und auf potenzielle Kunden lenken. Es ermöglicht Ihnen, Marketingstrategien zu entwickeln, die Schritt für Schritt mehr Kunden erreichen: vom Massenmarkt zum Marktsegment, vom Marktsegment hin zum Einzelkunden. Durch den Einstieg in den elektronischen Einzelhandel können Sie darüber hinaus Ihr Beziehungsmarketing durch das Mining der Daten verbessern, die sich täglich auf ihrem

Webserver anhäufen. Beziehungsmarketing bedeutet gezieltes Marketing in immer enger werdenden Marktsegmenten. Im Idealfall ist es auf jeden einzelnen Kunden zugeschnitten (One-to-One-Marketing) und basiert eher auf der Beobachtung von Verhaltensmustern als auf der reinen Betrachtung von demographischen Faktoren oder der Stichwörter, die in den Logdateien ausfindig gemacht wurden.

Der schnelle Zugriff auf eine stetig steigende Menge an Kundeninformationen, die durch die Website gewonnen werden sowie das Data Mining ermöglichen einem Unternehmen heute, jeden Online-Kunden über die Website individuell zu betreuen. Anders als beim Massenmarketing wird beim Beziehungsmarketing jeder Kunde zu einem eigenen Marktsegment. Relationales Marketing steigert den Nutzen des Online-Auftritts, indem es sich auf den wichtigsten Faktor konzentriert, der Umsatz und Profit garantiert: *den Kunden*. In einem so dynamischen und umkämpften Markt wie dem Internet muss der elektronische Einzelhandel erkennen, dass er sich nur durch die individuelle Betreuung seiner besten Kunden und treuesten Besucher wichtige Wettbewerbsvorteile schaffen kann.

Datenschutz im Internet
Der Datenschutz ist eines der wichtigsten Themen im elektronischen Handel. Online-Kunden müssen darüber informiert werden, wie ihre persönlichen Daten vor Missbrauch geschützt werden, andernfalls werden sie nicht bereit sein, persönliche Angaben zu machen. Dies hätte zur Folge, dass Sie weder das Data Mining noch Ihren Online-Shop realisieren könnten. Sie sollten die persönlichen Daten Ihrer Kunden als Ihr wertvollstes Unternehmensgut betrachten und in der Lage sein, dieses Gut zu schützen und zu garantieren, dass personenbezogene Daten nicht missbraucht werden. Die Privatsphäre von Online-Kunden muss in jedem Fall geschützt werden. Seien Sie in diesem Punkt besonders vorsichtig, denn Untersuchungen zufolge sind Verbraucher im Internet eher nicht dazu bereit, persönliche oder finanzielle Auskunft über ihre eigene Person zu erteilen, da sie fürchten, dass diese Informa-

tionen an Dritte weiterverkauft werden. Nach dem europäischen Datenschutzrecht können schon Fehler beim Schutz personenbezogener Daten strafrechtlich verfolgt werden, also ist besondere Vorsicht geboten.

Überzeugen Sie Ihre Online-Besucher und Ihre Kunden davon, dass jede personenbezogene Information dazu beiträgt, Zeit und Kosten zu sparen. Garantieren Sie es schriftlich. Der Schutz von Kundendaten zeugt nicht nur von einem moralisch einwandfreien Unternehmergeist, die Daten sind zudem ein wichtiges Gut, das Sie zu Ihrem strategischen Wettbewerbsvorteil nutzen können. Denken Sie darüber nach: Was wissen Sie über Ihren Online-Kunden, was Ihr Konkurrent nicht weiß? Wenn Sie vorhaben, das Mining web-erzeugter Daten für Marketing- und Verkaufszwecke einzusetzen, ist es notwendig, eine vertrauensvolle Beziehung zu Ihren Kunden und Online-Besuchern aufzubauen. Sie sollten eine explizite und deutlich sichtbare Sicherheitspolitik zum Schutz der Privatsphäre Ihrer Kunden einschlagen, um einen vertraulichen Dialog mit Ihren Online-Kunden zu ermöglichen. Geben Sie an:

- Welche Art an Informationen Sie von dem Kunden benötigen und warum dies Kosten und Zeit spart.
- Welcher Nutzen dem Kunden durch die Weitergabe persönlicher Daten entsteht.
- Welche Maßnahmen Sie zum Schutz von Kundendaten vor Missbrauch treffen.
- Welchen Zugriff der Kunde auf seine Daten hat, wie zum Beispiel das Recht, persönliche Daten zu löschen oder hinzuzufügen.
- Die Gewährleistung, dass Sie die angegebenen Informationen ausschließlich für die Verbesserung Ihres Services einsetzen.

Nutzen und Anreize

Online-Besucher und Kunden machen dann persönliche Angaben, wenn für sie daraus ein sichtbarer Nutzen entsteht. Das Internet wächst täglich, es gibt Millionen von Websites und ihre Anzahl steigt stündlich. Wenn Sie Ihre Online-Besucher davon überzeugen können, dass das Ausfüllen eines Fragebogens Ihnen die Möglichkeit gibt, die Produkte oder Dienstleistungen anzubieten, für die sich die Kunden besonders interessieren, versetzt Sie dies in die Lage, eine erfolgreiche Beziehung zu Ihren Kunden aufzubauen.

Der Kunde sollte das Gefühl haben, dass seine individuellen Bedürfnisse nach Schnelligkeit, Zuverlässigkeit und Kundenorientierung umso besser erfüllt werden, je mehr Informationen er über seine Person zur Verfügung stellt. Data Mining von Kundendaten sollte allein dem Zweck dienen, den individuellen Dienst am Kunden zu optimieren.

Es ermöglicht Ihnen vor allem, effizienter auf die jeweiligen individuellen Bedürfnisse und Vorlieben Ihrer Kunden reagieren zu können. Data Mining macht die Mustererkennung zu einem Geschäftsziel, in diesem Fall der Verbesserung des Kundendienstes. Es versetzt Sie in die Lage, zu wissen, was Ihre Kunden wollen, bevor die Kunden es selbst wissen. Das Ergebnis ist, dass die Kunden an dieser Händler-Kunden-Beziehung festhalten werden, da es ihnen zu aufwändig erscheinen wird, eine neue Beziehung zu anderen Anbietern aufzubauen.

Eine Methode, den Kunden dazu zu bringen, Angaben über seine Person zu machen, besteht darin, ihm im Gegenzug eine kostenlose Dienstleistung anzubieten. Die Firma HotMail zum Beispiel bietet kostenlose E-Mail-Accounts an. Eine weitere Möglichkeit, wertvolle Daten über Online-Besucher und Kunden zu erhalten, besteht darin, ihnen einen besonderen Preisnachlass auf Produkte oder Dienstleistungen anzubieten. Dies können einmalige Sonderangebote, Gutscheine, Rabatte, Freikarten, kostenlose Upgrades, kostenloser technischer Support, ein White Paper oder Ähnliches sein. Darüber hinaus gibt es die Möglichkeit des direkten Appells. Stellen Sie Ihren Online-Besuchern Fragen: Was können wir Ihnen Gutes tun? Ich würde Sie gerne mit Informationen aus Ihrer Region versorgen, beispielsweise der Wettervorhersage, doch wie ich kann dies tun, wenn ich Ihre Postleitzahl nicht kenne?

Sie sollten die Daten, die Sie für einen bestimmten Zweck erfragt haben, auch nur ausschließlich für diesen Zweck verwenden, es sei denn, Sie haben die Erlaubnis Ihres Online-Besuchers oder Kunden, die

Kundendaten anderweitig zu verwenden. Wenn die E-Mail-Adresse eines Kunden zum Beispiel ausschließlich dazu dienen soll, ihn im Falle eines Buchungsfehlers oder zur Bestätigung einer Bestellung zu kontaktieren, sollten Sie dies auch klar kommunizieren. Auf Ihrer Website sollte deutlich erkennbar sein, warum Sie nach Informationen fragen und wofür Sie diese verwenden möchten. Die Interessen Ihrer Online-Besucher sollten oberste Priorität haben, wenn es um das Sammeln und den Gebrauch seiner persönlichen Daten oder der Transaktionsdaten geht. Schließlich sollten Sie Ihrem Online-Besucher die Möglichkeit geben, selbst zu entscheiden, welche Daten er angeben möchte und welche nicht. Bieten Sie ihm mehrere Stufen zum Schutz seiner Privatsphäre an. Je mehr Angaben Ihre Kunden machen, desto mehr werden Sie auch bei Ihnen kaufen, da Sie in der Lage sind, die Kundenbedürfnisse individuell und schnell zu befriedigen.

Zehn Schritte bis zum Data Mining Ihrer Website

Bevor Sie mit dem Data Mining Ihrer Website beginnen, sollten Sie sich darüber klar werden, was Sie damit erreichen möchten und welche Informationen Sie benötigen, um Ihr Ziel zu erreichen. Es kann zum Beispiel nötig sein, Cookies zu setzen, während ein Besucher einen Fragebogen ausfüllt. Dies erlaubt Ihnen, die über einen Fragebogen erhaltenen Informationen (wie zum Beispiel die Postleitzahl) mit den über Cookies generierten Transaktionsdaten abzugleichen. Oder Sie können die Cookie-Informationen, die Ihnen zeigen, welche Seiten ein Besucher aufsucht, mit Attributen wie dem Alter oder Geschlecht verbinden, die Sie ebenfalls durch den ausgefüllten Fragebogen erhalten. Darüber hinaus können Sie anhand der Postleitzahl oder der Adresse eines Besuchers die Cookie- und Formulardaten mit zusätzlichen demographischen Daten ergänzen, die von einem Direktmarketingunternehmen gekauft werden.

Ihre web-erzeugten Daten müssen vor jeder Art von Data Mining-Analyse entsprechend auf- und vorbereitet werden. Logdateien können zum Beispiel recht redundant sein, denn jeder »Hit« speichert nicht nur die HTML-Seite selbst, sondern auch jede einzelne Grafik auf dieser Seite. Wenn Sie jedoch einmal ein Template, ein Skript oder eine Prozedur entwickelt haben, welche die geeigneten Daten eines Online-Besuches speichert, können Sie die Daten in ein Datenbank-Format bringen, in dem Sie weitere Veränderungen und Verbesserungen an den Daten vornehmen können. Wenn Sie ein Tool für die Analyse des Traffic auf der Website benutzen, sind diese Daten vermutlich schon im richtigen Format und können direkt für eine Data Mining-Analyse verwendet werden. Folgende Schritte sollten Sie vor einer Data Mining-Analyse unbedingt durchführen. Sie werden später im Buch ausführlich beschrieben:

- Bestimmen Sie Ihr genaues Ziel – *Profil Ihrer Besucher erstellen?*
- Wählen Sie die gewünschten Daten – *Formularbasierte Datenbank?*
- Bereiten Sie die Daten vor – *Zusätzliche demographische Daten nötig?*
- Evaluieren Sie die Daten – *Visualisieren?*
- Formatieren Sie die Lösung – *Segmentierung, Vorhersage?*
- Wählen Sie die geeigneten Tools – *Einzelne Tools oder eine Suite?*
- Erstellen Sie Modelle – *Anpassen und Evaluieren?*
- Bestätigen Sie Ihre Ergebnisse – *Sich mit den Teamkollegen austauschen?*
- Ausgabe der Ergebnisse – *als Bericht oder Code?*
- Integration der Ergebnisse – *Marketingkampagne?*

Nicht alle Schritte müssen tatsächlich durchgeführt werden. Sie sollten sich jedoch über jeden einzelnen Punkt Gedanken gemacht haben, bevor Sie mit einer tieferen Analyse beginnen. Die Reihenfolge der einzelnen Schritte muss nicht zwangsläufig eingehalten werden. Die Erfahrung zeigt jedoch, dass es in den meisten Fällen sehr nützlich ist, diese Schritte vor einem Data Mining-Projekt durchzuführen. In den meisten meiner bereits durchgeführten Data Mining-Projekte wurde mit Daten aus Kundendateien, Data Marts und Data Warehouses von Einzelhändlern, Banken, Versicherungen, Telekommunikationsunternehmen und Kreditkarteninstituten gearbeitet. Diese Unternehmen hatten alle die gleichen Fragen: »Wer sind meine Kunden? Was haben sie für Eigenschaften? Wie werden sie sich voraussichtlich verhalten?« Dieselben Fragen stellen sich auch elektronische Händler.

Wahrscheinlich müssen Sie Ihre Data Mining-Analyse auf einem separaten Server durchführen. Nach der Analyse sollten Sie Ihre Ergebnisse mit geeigneten Mitteln, wie zum Beispiel einer E-Mail-Testkampagne überprüfen. Denken Sie daran: Sie sparen Zeit und Geld, wenn Sie anstatt eines Postmailings oder einer Telefonaktion ein E-Mailing durchführen, um den Erfolg Ihrer Data Mining-Analyse und der Marketingkampagne zu beurteilen. Eine E-Mail-Kampagne ist eine sehr kostengünstige Evaluierungsmethode. Es kostet gerade zehn Pfennig, einen potenziellen Kunden anzumailen, verglichen mit ca. drei Mark für ein Postmailing und etwa 25 Mark für ein direktes Verkaufsgespräch per Telefon. Das Planen und Durchführen herkömmlicher Marketingkampagnen dauert in der Regel mehrere Monate. Eine E-Mail-Aktion dagegen dauert nur einige Stunden. Das Internet hat den Trend in Richtung One-to-One-Marketing und der Validierung von Data Mining-Ergebnissen dahingehend vorangetrieben, dass es eine schnelle Evaluierung von prädiktiven Modellen ermöglicht.

Es ist nicht besonders schwierig, die Vorteile von Data Mining und den resultierenden Return-on-Investment zu bestimmen. Vergleichen Sie einfach nur die Anzahl der angeklickten Werbebanner vor und nach dem Data Mining. Betrachten Sie den prozentualen Verlauf Ihrer Online-Verkäufe und der Kundenanfragen für Ihre Produkte sowie die Zusatzverkäufe, die aufgrund der Data Mining-Analyse zustande kommen. Um einen noch besseren Vergleich zu haben, betrachten Sie einfach die Zahlen vor und nach Ihrer Data Mining-Analyse. Wenn Sie auf der Grundlage Ihrer Data Mining-Analyse eine E-Mail-Kampagne starten, ermitteln Sie die Responserate, indem Sie die E-Mail-Empfänger in zwei Gruppen aufteilen: Mailen Sie zum einen die Kunden an, die Sie durch Ihre Data Mining-Analyse ermittelt haben, zum anderen diejenigen, die Sie auf die bisherige Weise fanden. Sie werden feststellen, dass die Responserate unter den Kunden wesentlich größer ist, die sie zuvor über die Analyse ermittelt haben.

Die Dynamik Ihrer Branche und Ihres Marktes entscheidet darüber, wie oft Sie eine Data Mining-Analyse durchführen müssen. Die Intervalle zwischen den Analysen hängen davon ab, wie schnell sich die Kundenattribute ändern. So kann eine Bank zum Beispiel ein Cross-Selling-Modell für ihr Call Center haben, das für mehrere Monate recht effektiv ist. Prognosen auf Monats- oder Quartalsebene reichen hier aus, um Unternehmensfragen wie Cross Selling-Potenziale von Produkten (Einlagezertifikaten, Bankkarten, Darlehen usw.) zu beantworten. Bei Portalen wie Suchmaschinen hingegen kann eine Erstellung von Prognosen auf wöchentlicher Basis erforderlich sein, da sich der Inhalt ständig verändert und immer wieder andere Online-Besucher mit neuen Eigenschaften auf die Website kommen. Auch das zu analysierende Endprodukt (zum Beispiel ein Banner) ändert sich bei einem Portal viel häufiger als das einer Bank (zum Beispiel ein Darlehen).

Für eine Internet-Firma, die ausschließlich im WWW operiert, ist der Data Mining-Prozess ein wichtiges Feedbacksystem für ihre komplette Lieferkette.

Data Mining zeigt dem elektronischen Händler wichtige Marktsegmente auf, mit direkten Auswirkungen für das Design der Website sowie das Lagerwirtschaftssystem. Wie im konventionellen Einzelhandel verbessert der Einsatz von Data Mining auch im elektronischen Einzelhandel die Positionierung von Botschaften, Produkten und Dienstleistungen, in dem diese zur richtigen Zeit dem richtigen Kunden auf die richtige Weise präsentiert werden.

Data Mining sollte nicht als isolierter Prozess betrachtet werden, der in einer Art Vakuum abläuft. Er muss in den gesamten Verkaufs- und Marketingprozess integriert werden. Dies gilt besonders für Online-Shops, da alle Vorgänge – sei es die Produktauswahl, eine Transaktion, eine Bestellung oder die Kommunikation mit dem Kunden – im »Internettempo« ablaufen. Für eine Website, die vollständig von Werbung getragen wird, ist Data Mining von noch größerer Bedeutung, da mit seiner Hilfe in kürzester Zeit die Wirkung einer Vielzahl von Bannern und Werbeanzeigen auf Online-Kunden ermittelt und untersucht werden kann.

Ein Beispiel: der Buchhändler

Data Mining bietet Web-Designern, Marketingfachleuten und Einzelhändlern (wie beispielsweise einem Online-Buchhändler) eine Vielzahl an Lösungen. So ermöglicht es einem Online-Buchhändler, einen wichtigen Einblick in die Aktivitäten in seinem Shop und in seine Klientel zu erhalten. Welche Bücher werden an welche Kunden verkauft?
– Wer sind meine Kunden und woher stammen sie?
– Welche Kunden sind am profitabelsten?
– Welche Faktoren beeinflussen die Online-Verkäufe?
– Wer kauft voraussichtlich welche Bücher?
Um diese Fragen zu beantworten, muss der Buchhändler seine Kundendaten analysieren. Die Kundendaten können aus verschiedenen Quellen stammen, beispielsweise von den Kunden selbst, indem sie einen Online-Fragebogen ausfüllen. Sie können auch dem internen Data Warehouse entstammen oder von externen Anbieter in Form von demographischen Daten und Haushaltsdaten geliefert werden (s. Abb. 17).

Basierend auf der Postleitzahl oder der gesamten Adresse der Kunden können Datenanbieter dem Buchhändler wichtige Fragen beantworten über das Einkommen der Kunden, welche Wagenklasse sie fahren, ob sie in Eigentum oder zur Miete wohnen, ob sie Kinder und welchen Lebensstil sie haben. Nachdem die Online-Daten derart ergänzt wurden, können verschiedene Data Mining-Technologien eingesetzt werden, um die Kunden zu visualisieren, zu clustern, zu segmentieren, zu klassifizieren und daraus ein Kundenprofil zu erstellen – einschließlich der Modellerstellung und Vorhersage des Kundenverhaltens. Für den Anfang könnte der Buchhändler folgende Ziele verfolgen:
– Die Daten zu *visualisieren*, um nach signifikanten Trends oder versteckten Assoziationen zu suchen.

Verborgene Datenschätze

Book Category	Income	State	Sales	Children	Gender	Age	LastSale	Top 1%	Wealthy Seaboard	Empty Nesters
Computers	51928	MA	366	0	M	55-59	19980215	0	0	0
Literature	25337	MA	272	2	M	40-44	19970829	0	0	0
Investing	25339	MA	153	1	M	40-44	19970829	0	0	0
Home	45575	MA	132	3	M	50-54	19970913	0	0	0
Internet	25340	MA	270	1	M	30-34	19970829	0	0	51
History	45576	MA	144	1	M	30-34	19970912	0	0	51
Horror	25342	MA	132	4	M	30-34	19970829	0	0	4
Garden	25343	MA	292	1	M	44-49	19970829	0	0	4
Home	25344	MA	144	2	M	40-44	19970829	0	0	4
History	25345	MA	226	2	M	50-54	19970829	0	0	0

Abb. 17: *Der Datenbestand eines Buchhändlers kombiniert Transaktions- und Kundendaten.*

– Die Daten *aufzuteilen*, um einmalige Klassen oder verschiedene Gruppierungen zu finden.
– Die Daten zu *modellieren*, um das Verhalten von Online-Besuchern vorherzusagen.

Ein Blick auf die Daten

Dieser Buchhändler könnte die Charakteristika seiner Kunden in Form eines Graphen oder Diagramms darstellen, um einen Überblick über seine Kunden zu bekommen. Solch eine visuelle Untersuchung kann bestimmte demographische Eigenschaften aufdecken, wie zum Beispiel, wer etwas kauft und wer nicht. Darüber hinaus gibt sie dem Web-Designer sowie dem Marketingteam des Buchhändlers Aufschluss darüber, welche Werbekampagnen, Preisangebote, Incentives oder Buchangebote sinnvoll sind und wem sie angeboten werden sollen. In unserem Beispiel ist die Kategorie »Science Fiction« die wichtigste der Website (s. Abb. 18).

Mit Hilfe der Visualisierung können darüber hinaus verschiedene Beziehungen aufgedeckt werden. Abbildung 19 zeigt Beziehungen zwischen Buchkategorie und Altersgruppe. Je stärker die Beziehung, desto dicker die Linien (s. Netzdiagramm, Abb. 20).

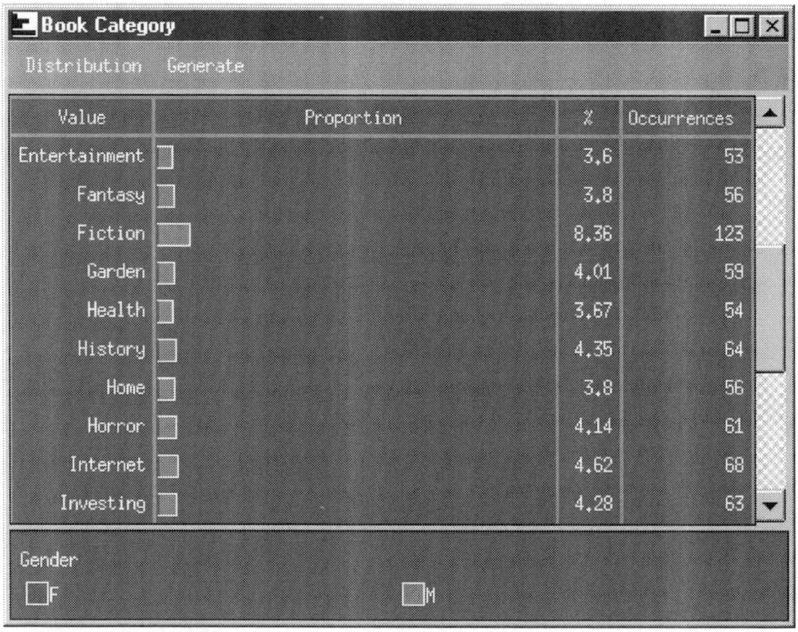

Book Category			
Value	Proportion	%	Occurrences
Entertainment	▯	3.6	53
Fantasy	▯	3.8	56
Fiction	▬	8.36	123
Garden	▯	4.01	59
Health	▯	3.67	54
History	▯	4.35	64
Home	▯	3.8	56
Horror	▯	4.14	61
Internet	▯	4.62	68
Investing	▯	4.28	63

Gender
☐ F   ☐ M

Abb. 18: *Die meisten Kunden sind männlich und kaufen Science Fiction- oder Internetbücher.*

Die im Diagramm dargestellten Assoziationen können auch tabellarisch zusammengefasst werden. Abb. 21 zeigt die Beziehung zwischen Buchkategorie und Altersgruppe in tabellarischer Form.

Die Auswertung kann anhand von Angaben über verkaufte Produkte und nach Kundeneigenschaften erfolgen. Data Mining hat um so mehr Vorteile und Gewicht, je umfangreicher und komplexer die zu analysierende Datenmenge ist. In diesem Beispiel wird nur eine recht kleine Testgröße betrachtet. Das Data Mining einer großen Website, wie der eines Online-Shops, erfordert in der Regel die Analyse von Hunderttausenden Transaktionen.

Daten aufteilen

Die *Clusterung* ist eine weitere Analyse zur visuellen Darstellung und zur Aufteilung der Daten. Klassen können auf zusätzliche Informationen

Verborgene Datenschätze

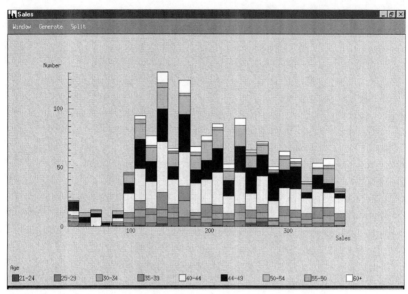

Abb. 19: *Die meisten Kunden dieses Buchhändlers sind zwischen 40-54 Jahre alt.*

hin untersucht werden, wie es zum Beispiel in der Analyse des Bereiches 2 auf der rechten Seite der Abb. 22 der Fall war. Clusterung bietet die Möglichkeit, über den so genannten Prozess der Selbstorganisation Gruppierungen in Datensätzen zu finden. Dies geschieht nicht auf Basis der menschlichen Intuition, sondern auf der Grundlage der Daten selbst. Diese Gruppierungen können mit einem Data Mining-Tool weiter zerlegt werden, um einige ihrer gemeinsamen Eigenschaften aufzuspüren. Anschließend können Regeln abgeleitet werden, welche die Eigenschaften der Klassen in Region 2 beschreiben (siehe Seite 46 oben).

Mit Hilfe der Segmentierungs-Analyse können wichtige Gruppierungen der Buchhändler-Website aufgedeckt werden. Der wichtigste Unterschied zwischen Segmentierung und Clusterung ist, dass es bei der Segmentierung eine klare Zielvorgabe gibt, wie zum Beispiel das Aufteilen der Daten gemäß eines speziellen Wertes oder Ausgabewertes (zum

Verborgene Datenschätze

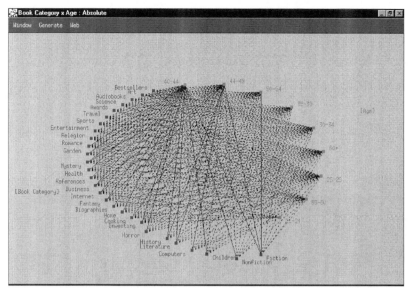

Abb. 20: *Beziehungs-Analyse, welche die Assoziationen zwischen Buchkategorie und Altersgruppe darstellt.*

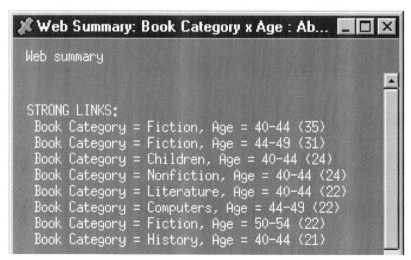

Abb. 21: *Verbreitete Beziehungen zwischen Buchkategorie und Altersgruppe.*

45

Verborgene Datenschätze

WENN	Alter	40-44
UND	US-Staat	New York
DANN	Region 2	Klasse von 56 Besuchern 98.2% Wahrscheinlichkeit

oder,

WENN	Alter	40-44
UND	Einkommen	> $26,976
UND	US-Staat	New York
DANN	Region 2	Klasse von 37 Besuchern 97,3% Wahrscheinlichkeit

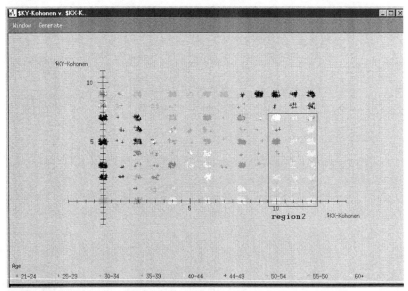

Abb. 22: *Datenklassen, gruppiert nach den Altersgruppen der Online-Besucher.*

Beispiel »projizierte Gesamtverkaufszahlen«). Bei der Clusterung gibt es keine festgelegte Zielvorgabe. Es handelt sich eher um eine erforschende Analyse, bei der den Daten eine Selbstorganisation ermöglicht wird. Eine Segmentierung würde der Buchhändler mit einer Frage wie »wer sind meine profitabelsten Kunden und wie erkenne ich sie?« starten, die im Folgenden durch den Entscheidungsbaum (s. Abb. 23) beantwortet wird.

Die Ergebnisse der Segmentierungs-Analyse können darüber hinaus auch als Regeln interpretiert werden. In Abb. 23 beträgt der größte projizierte Verkauf 244,77 Dollar, was durch folgende Regel formuliert werden kann:

WENN	Anteil der gemäß Postleitzahl im mittleren Amerika wohnenden Besucher größer als 0 Prozent und kleiner als 6 Prozent.
UND	Besucher kommen von Rhode Island, New Hampshire, oder Vermont
DANN	Projizierte Online-Verkaufssumme beträgt 244,77 Dollar, mit einer Standardabweichung von 83,19 Dollar

Datenmodellierung

Eine der wichtigsten Analysen für einen Buchhändler beinhaltet das Erstellen eines Modells des Kundenverhaltens. Diese Analyse wird als Klassifizierung oder Vorhersage bezeichnet und umfasst das Feststellen und Kennen lernen von Kundeneigenschaften und ihrem Online-

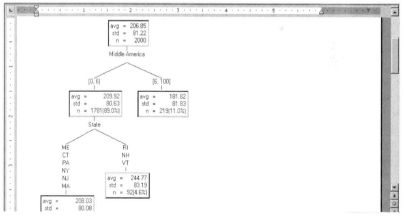

Abb. 23: *Entscheidungsbaum der Segmentierungs-Analyse mit den Werten avg = durchschnittlicher Verkauf (average sales), std = Standardabweichung (standard deviation) und n = Anzahl der Beobachtungen (number of observations). Anmerkung: Die durchschnittliche Gesamtsumme der Verkäufe dieser Website liegt bei 206,85 Dollar.*

Verhalten. Wie die Segmentierung untersucht die Klassifizierung das Kundenverhalten und die Neigung des Kunden, auf einen Werbebanner zu klicken oder einen Online-Kauf zu tätigen. Das Modellieren und die Vorhersage des Verhaltens von Online-Besuchern wird mit Hilfe von Data Mining-Tools durchgeführt, die auch Neuronale Netze integrieren (s. Abb. 24). Ein Neuronales Netz ist ein Modell, das selbstständig Muster in großen Datenbeständen aus Beispieldaten erlernt, die in diesem Fall die Aktivitäten ihrer Online-Besucher betreffen.

Modellieren umfasst das Aufdecken subtiler Kunden- und Transaktionsdetails, die in einer Formel als »Gewichte« codiert werden können, um das Verhalten zukünftiger Online-Besucher in Form von Maßzahlen festzuhalten (s. Abb. 25). Auf der Grundlage dieser Maßzahlen kann der Buchhändler gezielt mehrere E-Mail-Kampagnen erstellen, die nur den Personen eine bestimmte Buchkategorie anbieten, die sich voraussichtlich am meisten für diese Kategorie interessieren und daher zu einem Kauf neigen. Eine jüngst erschienene Studie fand heraus, dass Online-Besucher, die einen bestimmten Online-Buchshop aufgesucht haben, selten zu einem anderen Buchhändler wechseln. Wenn Online-Besucher eine Website kennen und diese Site Vorlieben und Verkaufsverhalten ihrer Kunden kennt, werden diese voraussichtlich bei diesem Anbieter bleiben.

Der Buchhändler in dem Beispiel ist nun dank Data Mining in der Lage, seinem Kunden soviel Service zu bieten, dass er ihn in eine

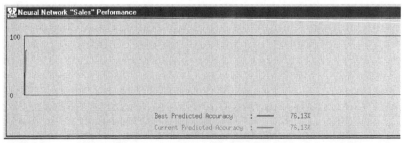

Abb. 24: *Ein Netzwerk führt Tausende Beobachtungen durch, um ein Muster zu entdecken.*

Verborgene Datenschätze

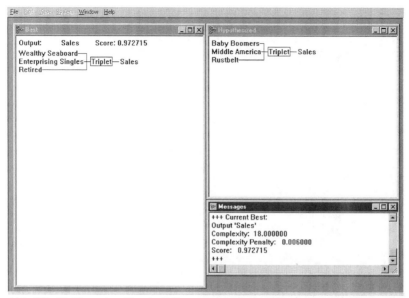

Abb. 25: *Ein Netzwerk probiert eine Reihe von Eingabekombinationen, um einen Ausgabe zu generieren.*

dauerhafte elektronische Händler-Kunden-Beziehung einbinden und so seine Online-Umsätze steigern kann. Ein bekanntes Marketinggesetz besagt, dass es zehnmal soviel kostet, einen neuen Kunden zu akquirieren als einen bestehenden Kundenkontakt aufrecht zu halten. Wenn das Unternehmen das bereits vorhandene Wissen über seine Kunden strategisch einsetzt, werden die Marketingkampagnen dieses Buchhändlers immer effizienter werden. Ein weiterer Vorteil besteht darin, dass er das Wissen über seine derzeitigen Kunden einsetzen kann, um neue potenzielle Neukunden zu identifizieren. Er kann ihnen ein bestimmtes Image, einen Lebensstandard oder eine Haltung zuordnen, die seinem Kundenmix entspricht.

Der Report der Sensitivitätsanalyse eines Neuronalen Netzes gibt dem Buchhändler Aufschluss über die Faktoren, die seine Online-Verkäufe beeinflussen. In diesem Beispiel sind dies der Heimatstaat (USA) des Online-Besuchers, die Buchkategorie, das Alter, usw. Der

Verborgene Datenschätze

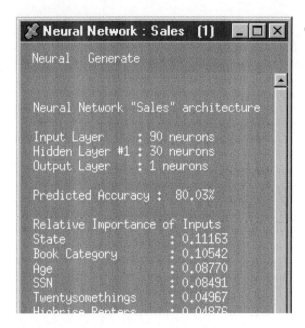

Abb. 26: *Report der Sensitivitätsanalyse eines Neuronalen Netzes.*

Report der Sensitivitätsanalyse in Abb. 26 deckt sich mit den Ergebnissen der visuellen Analyse, der Klassifizierung und der Segmentierung, durch die herausgefunden wurde, dass Kunden, die Science Fiction- und Internetbücher (Buchkategorie) kaufen, aus Rhode Island, New Hampshire und Vermont (Staat) stammen und zwischen 40 und 44 Jahre alt sind (Alter), die profitabelsten und treuesten Kunden sind. Das Geschlecht der Online-Besucher als Eingabewert wurde nicht mit in das Modell des Neuronalen Netzes einbezogen, da bereits bekannt war, dass männliche Kunden als Käufer dominierten.

Die Lösung integrieren

Data Mining sollte nicht als isolierter, unabhängiger oder einmaliger Prozess betrachtet werden. Stattdessen sollte es ein integrierter Analyseprozess sein, der jeden Aspekt eines Online-Shops beeinflusst. Auf der Basis einer Data Mining-Analyse kann der Händler seine Lieferressourcen optimal planen und verteilen, was einen großen Einfluss auf seine Lieferbereitschaft und die Just-In-Time-Lieferung bestellter Waren haben kann. Über das Internet zu verkaufen, bedeutet nicht nur den physikalischen Transport von Waren, sondern beinhaltet vielmehr auch den elektronischen Transport von Informationen. Auf der Basis dieser Analyse können saisonale und produktspezifische Trends erfasst und aufgezeichnet werden. Bestimmte Muster können aufgedeckt werden, die dem Händler anzeigen, welche Ressourcen er benötigt, um seine Produkte und Dienstleistungen just-in-time liefern zu können.

Durch das Data Mining seiner Verkaufsdaten ist der Online-Händler in der Lage, Marketingstrategien für seine Website zu formulieren. Die Analyse der demographischen Angaben seiner Online-Besucher sowie der von ihnen gekauften Produkte kann einen wertvollen Einblick geben. Produktspezifische Muster können aufgedeckt werden, die der Evaluierung von Marketingkampagnen dienen können. Mit Hilfe von Data Mining kann ermittelt werden, wie Domain, Suchwort, Geschlecht, Alter, Einkommen und andere Besucherattribute mit jedem einzelnen Verkauf in einem Online-Shop in Verbindung stehen. Marketingstrategien können dann mit zielgerichteten Werbebannern und E-Mail-Promotions auf bestimmte Produkte ausgerichtet werden.

Wie auch im physikalischen Handel hat die Warenkorbanalyse Einfluss auf das Tagesgeschäft, einschließlich der Warenbestandskontrolle. Durch die Analyse der Verkaufsdaten kann ein Online-Shop die Produktnachfrage adäquat planen und vorhersehen. Die Vorteile einer solchen Analyse schlagen sich in niedrigeren Gesamtkosten und einer optimierten Just-In-Time-Lieferung nieder. Saisonale Trends werden rechtzeitig vorhergesehen und die Lagerhaltung integriert, egal, ob es sich um Bücher, CDs oder Software handelt. Die Analyse von demographischen Kundendaten gibt dem Händler wichtige Hinweise darauf, wer was wann und warum kauft.

In einem so schnelllebigen Umfeld wie dem E-Commerce müssen Händler darauf vorbereitet sein, schnell und flexibel auf die Wünsche ihrer Online-Kunden zu reagieren. Der Online-Handel eröffnet ihnen die Möglichkeit, Verkäufe aufzuzeichnen, schnelle Preisanpassungen vorzunehmen und die Verfügbarkeit von Produkten und Dienstleistungen zu gewährleisten. Das Data Mining von Verkaufsdaten, die über Barcode oder als Serverdaten erfasst wurden, entschlüsselt wichtige Trends und Muster, die Auswirkungen auf alle Unternehmensbereiche, einschließlich Vertrieb, Marketing, Lagerhaltung und Verkauf, haben können.

Zusammenstellen einer Identität

»*Wer wird kaufen?*«, »*was wird gekauft?*«, und »*wie wird am besten verkauft?*« Die Beantwortung dieser Fragen anhand von web-erzeugten Transaktions- und Kundendaten sowie die Antwort auf die Frage nach der Kompilierung dieser Daten erfordern zunächst einen eindeutigen Identifikator: eine ID-Nummer des Besuchers, oder einen *Schlüssel*. Dieser Schlüssel dient dazu, alle diese Komponenten in einem Protokoll für jeweils einen Online-Besucher zusammenzufassen. Anschließend kann dieser einzelne Protokoll-String mit zusätzlichen Daten aus Ihrem Data Warehouse verbunden oder an externe demographische Daten angehängt werden. Nach Fertigstellung dieses Besucherprofils können mehrere Analysen durchgeführt werden.

Eine bewährte Methode, um Online-Besuchern einen Schlüssel zuzuteilen, ist, sie dazu zu bringen, sich bei Ihnen registrieren zu lassen. Dies erreichen Sie dadurch, indem Sie dem Besucher ein an die Registrierung gebundenes Angebot machen oder im Gegenzug für die Registrierung Zugang zu geschützten Bereichen Ihrer Website gewähren. Eine andere Methode besteht darin, in bestimmten Abständen Wettbewerbe durchzuführen oder Preise zu verlosen und die Teilnahme an eine Registrierung zu binden. Während des Registrierungsvorgangs könnten Sie ein Cookie setzen, den Sie als eindeutige ID-Nummer verwenden. Von diesem Zeitpunkt an können Sie jede Interaktion mit diesem Besucher zurückverfolgen. Darüber hinaus ermöglicht Ihnen der Schlüssel, Daten der Server-Logdateien, Cookies und Fragebogen mit Daten aus Ihrem Data Warehouse oder anderen demographischen Daten zu verbinden. Server-Logdateien liefern Informationen über die Zugriffszeit, Domains der Besucher sowie Suchmaschinen und Suchbegriffe, durch die die Site gefunden wurde:

      13:04.9, »furby«, Excite, id344,384 usw.
          id344,384

Cookies, die vom Server gesetzt werden, verfolgen Browserbesuche und die angesehenen Seiten zurück:

      id344,384, visit_3, prod22.htm, usw.
          id344,384

Fragebogen erfassen wichtige persönliche Kundendaten wie Geschlecht, Alter oder Postleitzahl:

      id344,384, male, 35, 94551, usw.
          id344,384

Demographische Daten können angehängt werden, wie zum Beispiel Kaufverhalten oder Jahreseinkommen:

      id344,384, Excite, prod22.htm, male, 35, 94551,
          total_sales_$350, $75k_income, id344,384
          SUV, 2_children, usw.

Der oben aufgeführte String kann aus einer Oracle-Datei, einem Flat-File oder einer komma-separierten ASCII-Datei stammen, die von einem Data Mining-Tool Ihrer Wahl verarbeitet werden kann.

Die Architektur der Analyse

Die Analyse, die Sie durchführen, kann eine Art Feedbacksystem für Ihren Shop darstellen, das einen Einfluss auf die Arbeit des Design-, des

Verkaufs-, und des Lagerhaltungsteams haben kann. Das Data Mining Ihrer Kundendaten kann folgende Fragen beantworten:
- *Wer kauft:* Kundenprofile, wer kauft welche Produkte und zu welchen Preisen.
- *Was verkauft sich gut:* Anpassung der Lagerbestände, Planen des Bestellungsablaufs, Lieferung und Lagerhaltung.
- *Wie wird verkauft:* Welche Anreize, Sonderangebote, Werbebanner, welches Web-Design und welcher Stil sind am erfolgreichsten.

Data Mining-Reports können verschiedene Formate annehmen, einschließlich von Berichten, statistischen Modellen, Grafiken, Karten, SQL-Syntax, und/oder C-Code, der die Gewichte für die Vorhersage des Besucherverhaltens enthält. Diese Analysen sind iterativ. Das liegt teilweise an der Dynamik der Website und den generierten Zugriffs-Mustern, die für die Modellierung eingesetzt werden.

Der Datenzugriff für die Analyse erfolgt entweder über eine einfache ASCII-Datei oder über ODBC-Treiber. Je nachdem, welche Tools Sie einsetzen, können Sie die Daten direkt aus bereits existierenden Tabellen auf Ihrem Server (oder Servern) extrahieren. Die meisten Hochleistungs-Tools unterstützen den Zugriff auf Datenbanken wie Informix, Ingress, Oracle und Sybase. Wenn Sie ASCII-Dateien benutzen, müssen Sie eine festgelegte Länge oder eine begrenzte Zeichenanzahl genau bestimmen. Durch Komma getrennte ASCII-Dateien sind am kompaktesten und sollten verwendet werden, wenn die Speicherkapazität beschränkt ist. Die meisten Tools konvertieren die importierten Daten in ihr eigenes, proprietäres Format, das dann für die tatsächlichen Ansichten und Analysen verwendet wird. In den meisten Fällen muss die Data Mining-Analyse auf einem zusätzlichen Server oder auf einem Data Mart ablaufen.

Personalisierte Zukunft

Heute können Sie jedes größere Portal, über das Sie in das Internet gehen, personalisieren. Das heißt, dass Sie »das Internet« zu »Ihrem Internet«

machen. Sie können jede Art von Information, gleichgültig ob News, Wetter-, Markt- oder Börsenberichte, auf Ihre eigenen Bedürfnisse zuschneiden. Als Gegenleistung für Ihre persönliche Sicht der Welt benötigen die meisten Portale, wie große Suchmaschinen, Webverzeichnisse und große Content-Provider, einige Angaben zu Ihrer Person. Die meisten Portale bitten Sie um das Ausfüllen eines kurzen Fragebogens, der wiederum wichtige Informationen für das Mining dieser Website liefert und so einen gezielteren und aktiveren Dialog zwischen Ihnen und der Website ermöglicht. Mit Hilfe von Data Mining werden diese Informationen zusammen mit den von Ihnen gewählten Themen und den Suchbegriffen, die Sie mit der Zeit verwenden, dazu genutzt, ein Profil von Ihnen zu erstellen. Dieses Profil dient unter anderem dazu, neue Websites vorzuschlagen, rechtzeitig bestimmte Produkte und Dienstleistungen zu empfehlen und vor allem gezielt die Werbebanner und Buttons zu schalten, die von Ihnen am ehesten angeklickt werden. Mit der Zeit gewöhnen sich die Anwender daran, dass ihnen Angebote und Empfehlungen gemacht werden, die an ihre Vorlieben und persönlichen Eigenschaften angepasst sind. Letztere lassen sich einfach durch Mining der Daten ermitteln, die durch das Anmeldeformular geliefert werden.

Das Internet bietet eine riesige und ständig verfügbare Zahl an Wahl- und Informationsmöglichkeiten, die ein weites Spektrum an cleveren und sachkundigen Kunden hervorgebracht hat. Heute ist es einfach, in großem Umfang Produktinformationen zu sammeln und zu vergleichen. In einer kundenorientierten Umgebung wie dem Internet hat der Kunde nicht nur immer Recht, er ist auch noch sehr gut informiert. Um in dieser Umgebung wettbewerbsfähig zu bleiben, müssen Sie über Ihre Website eine Beziehung zwischen Ihnen und Ihrem Kunden aufbauen. Die Kundendaten, die Sie sammeln, müssen nicht nur geschützt, sondern darüber hinaus strategisch genutzt werden. Sogar inaktive Daten können via Data Mining in handlungsrelevante Informationen umgewandelt werden.

Die gestiegenen Wahlmöglichkeiten haben zudem die Markentreue geschwächt. Bietet ein Portal zum Beispiel nicht die Information, die den Anwender interessiert, wird er per Mausklick zu einem Konkurrenten wechseln, der diese Information liefert. Eine Möglichkeit, in dieser konkurrenzstarken Umgebung zu überleben, ist die Personalisierung der Website. Auf diese Weise können Sie von einer erhöhten Kundentreue, reduzierten Marketingkosten und Wettbewerbsvorteilen profitieren. Die Vorteile entstehen durch die Beziehungen, die Sie zwischen Ihrer Website und Ihren Online-Kunden schaffen.

Sie sollten die Bedürfnisse Ihrer Kunden erfüllen, indem Sie es ihnen durch maßgerechte Angebote so bequem wie möglich machen, mit Ihnen ins Geschäft zu kommen. Wenn ein Kunde sich die Zeit nimmt, einen Fragebogen auszufüllen, muss er schließlich Zeit und Aufwand in den Aufbau einer geschäftlichen Beziehung mit Ihnen investieren. Data Mining bietet Ihnen die besten Möglichkeiten, von den gewonnenen Kundendaten zu profitieren.

Wie schon erwähnt, besteht ein Weg, den Nutzen der gewonnenen Informationen zu maximieren, darin, die Daten Ihrer Website in ein Data Warehouse zu integrieren, das weitere Kundeninformationen enthält (s. Abb. 27). So können Sie Data Mining auf Basis individueller

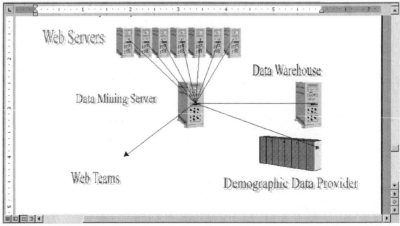

Abb. 27: *Am Data Mining können viele verschiedene Unternehmensmitarbeiter, Prozesse und Datenquellen beteiligt sein.*

Interaktionen betreiben und Kundenprofile erstellen. Durch die verschiedenen Komponenten Ihrer Website, zum Beispiel Foren und Chatrooms oder durch E-Mail können Sie viel von Ihren Kunden lernen und sie dazu ermutigen, an einem interaktiven Dialog teilzunehmen. Dies wiederum treibt die Personalisierung der Website voran.

Zur Personalisierung der Website benötigen Sie Informationen von Ihren Kunden, die Sie dann für die Data Mining-Analyse in einer Datenbank abspeichern. Dies erhöht die Chancen, für die Kunden unentbehrlich zu werden und stärkt somit die Kundenbindung mit jeder Transaktion. Für eine erfolgreiche Personalisierung ist es notwendig, den Online-Kunden und Besuchern die Möglichkeit zu geben, ihre eigenen Profile zu erstellen, zu verändern, zu steuern und zu löschen. Sie profitieren von dieser Interaktion, da erstens der Marketingaufwand für diese Online-Kunden mit der Zeit sinkt und zweitens das Kaufvolumen der Kunden die Kosten für die Personalisierung der Website übersteigen wird. Sie können die durch Personalisierung erzielte Wertschöpfung berechnen, indem Sie die Dauer der Kundenbeziehung zu Ihrer Website oder die Zahl der getätigten Transaktionen ermitteln.

Personalisierung gibt den Online-Besuchern und Kunden die Möglichkeit, Einfluss auf die Art und das Format der Informationen zu nehmen und mitzubestimmen, in welchen Zeitabständen sie diese Information erhalten. Sie können so ihr eigenes Profil erstellen und die Dauer der Beziehung zu Ihrem Unternehmen steuern. Das Internet hat den Online-Markt angekurbelt, indem es dem Verbraucher immer mehr Optionen anbietet. Um auf Ihrer Website personalisierte Dienstleistungen anbieten zu können, müssen Sie mit Hilfe von Data Mining zunächst die verschiedenen Kundensegmente identifizieren und anschließend individuelle Profile erstellen. Wie weit Sie Ihre Website mit Hilfe von Data Mining personalisieren, hängt im Wesentlichen von Ihrem Budget und Ihren Ressourcen ab.

Unaufdringlicher und freundlicher Service wird im Internet immer mehr zur Norm werden. Die Kunden werden es bevorzugen, wenn sie die gesuchten Produkte, Dienstleistungen oder Informationen zu dem

Zeitpunkt finden, zu dem sie diese benötigen – und das zum möglichst niedrigen Preis. Gewerbliche Websites müssen mit dem firmeninternen Warenwirtschaftssystem verbunden sein, um erstens das richtige, auf den Kunden zugeschnittene Produkt bereitzustellen und zweitens, um zusätzliche Cross-Selling-Angebote machen zu können, die anhand

Allgemein	Segmentiert	Relationship
Massenkommunikation	Demographisch	One-to-One E-Mail
Ohne Targeting	Content Targeting	Spezielles Targeting
Ohne Data Mining	Data Mining mit Entscheidungsbaum	Data Mining mit Neuronalen Netzen
Keine Analyse von Internet-Daten	Analyse von Logdateien und Formularen	Cookie- und Profilanalyse

einer Data Mining-Analyse zusammengestellt wurden. Beispiel: Wenn eine Data Mining-Analyse in Verbindung mit Clusterung durchgeführt wird und zum Ergebnis hat, dass Personen mit bestimmten demographischen Eigenschaften dazu neigen, sich für ein bestimmtes Produkt zu interessieren, werden Sie vermutlich ein Produkt anbieten wollen, das genau zu den persönlichen Daten dieser Kunden passt.

Die Analyse von Kunden- und Transaktionsdaten sollte sorgfältig geplant und regelmäßig durchgeführt werden. Denken Sie daran, dass persönliche Kundendaten ständig anwachsen und nicht alle gleichzeitig während eines einzelnen Kundenkontaktes erfragt werden sollten. Stattdessen sollten Sie erst dann um die Daten bitten, wenn Sie sie für die Personalisierung Ihres Services benötigen. Fragen sie zum Beispiel erst nach einer E-Mail-Adresse, wenn Sie sie für das Versenden von Mitteilungen brauchen. Später, wenn der Kunde erneut auf Ihre Site kommt, um etwas zu kaufen, sollten Sie bei jeder einzelnen Transaktion weitere Informationen erfragen, so dass Sie die Interaktionen mit dem Kunden durch die zuvor gesammelten Kundendaten immer kundenorientierter gestalten können. Personalisierung bedeutet, die während einer Händler-Kunden-Beziehung gesammelten Daten strategisch zu nutzen und mit Hilfe von Data Mining zu analysieren, so dass für den Kunden das Einkaufen auf Ihrer Seite zu einem besonderen Erlebnis wird.

Das zurzeit explosionsartige Wachstum von Internetdatenbanken zieht ein Überangebot an Kundendaten nach sich. Die Fähigkeit Ihres Unternehmens, diese Terabytes von Online-Daten strategisch zu nutzen, hängt von dem effektiven Einsatz der Data Mining-Technologie ab. Data Mining ermöglicht Ihnen neue Einblicke und hilft Ihrem Unternehmen beim Umgang mit dem personalisierten Internet. Um wettbewerbsfähig zu bleiben, sollten Sie die Trends Ihrer Website mit Hilfe Ihrer Onlinedaten genau aufzeichnen, so dass Sie Ihre loyalsten und profitabelsten Kunden stets gezielt bedienen können. Wenn es Ihnen gelingt, Kundendaten zu erhalten, sollten Sie diese direkt strategisch einsetzen, damit diese Kunden immer wieder auf Ihre Website kommen. Schließlich ist das Mining Ihrer Website ganz einfach eine Möglichkeit, sich ein Bild von den Online-Kunden zu machen, mit ihnen zu kommunizieren und sie so an sich zu binden.

Warum sich Kopfzerbrechen bereiten?

Data Mining, sei es für den konventionellen Markt oder für den E-Commerce, war immer schon mehr als nur der einfache Einsatz von Software-Tools. Es ist ein *Unternehmensprozess*, der dazu dient, handlungsrelevante Informationen für die Produkt- und Finanzanalyse, für Verkauf, Marketingsupport und Kundensegmentierung zu extrahieren. Data Mining deckt bis dahin unbekanntes Wissen auf, das Sie zu Ihrem strategischen, greifbaren Wettbewerbs- und Unternehmensvorteil nutzen können. Diesen nutzbringenden Einblick erhalten Sie über die dynamischen Daten, die Sie täglich in Ihrer Online-Kundeninformationsdatei, der Website, ansammeln.

Mit Hilfe des Data Mining der Website kann eine Firma die unterscheidenden Merkmale ihrer Online-Besucher ermitteln und ihnen so die Informationen, Produkte und Dienstleistungen liefern, für die sie sich voraussichtlich am meisten interessieren. Darüber hinaus kann Data Mining dazu beitragen, das allgemeine Design der Website und die Richtung festzulegen, in die sich die Site mit der Zeit entwickeln soll. Das Mining, Verändern, Vermarkten und Entwickeln einer Website, die im Zuge der Kundenanpassung einem ständigen Wechsel unterworfen ist, kann nahezu als *organischer Prozess* bezeichnet werden. Ähnlich wie bei anderen Data Mining-Tools, die ihre Wurzeln in Konzepten der Informatik haben, die der Evolution entlehnt sind, liegt der Zweck des Data Mining von Websites darin, die Kunden zu erkennen und von ihnen zu lernen, so dass Sie in der Lage sind, ihnen mehr Service zu bieten als Ihre Konkurrenz.

Da Websites immer häufiger den ersten Kontakt zwischen einem Unternehmen und seinen bestehenden und potenziellen Kunden herstellen, ist das Data Mining von Online-Daten eine wichtige Mcthode zur Kundengewinnung und Kundenbindung geworden. Dies gilt vor allem für einen Markt, in dem es Millionen von Websites gibt, die Aufmerksamkeit und Dollars von Millionen von Surfern und Shoppern anziehen wollen. Wie auch im konventionellen Handel, bei Telekommunikationsfirmen, Banken und Kreditkarteninstituten wird das Data Mining von Webserver-Daten zum einen von dem Wettbewerb angetrieben, der in diesem Markt herrscht, und zum anderen durch die Notwendigkeit, das Kundenverhalten zu kennen und vorherzusagen. Es ist vor allem das Internet, das den Trend zum One-to-One-Marketing vorangetrieben hat. Data Mining spielt in diesem Zusammenhang eine sehr wichtige Rolle.

Etwa zu der Zeit, als ich im E-Mail-Kontakt mit dem Suchmaschinen-Anbieter war, war ich an einem Vorgespräch mit einer Versicherung beteiligt, in der es um das Mining der Daten von deren Call Center ging. Zu dieser Zeit wurde mir klar, dass mit der zunehmenden Zahl an Internetnutzern immer mehr Kunden ihre Transaktionen über die Website tätigen werden, anstatt das Call Center zu nutzen. Dies gilt für Versicherungen ebenso wie für Händler und Dienstleister. Die Transaktionsdaten dieser Firmen, die ich für gewöhnlich mit Hilfe von Data Mining analysiere, wandern immer stärker auf deren Websites, wo eine Bestellung, die Kontrolle des Bestellstatus, eine Zimmerreservierung oder die Beschaffung von Informationen oft schneller gelingt, als über den üblichen Weg des Vermittlers, seien es unabhängige Vertreter oder das firmeninterne Call-Center-Team.

Es wird immer deutlicher, dass die Zukunft des elektronischen Handels von der Positionierung des »richtigen« Web-Contents und der »richtigen« Produkte und Dienstleistungen abhängen wird und dass man dadurch in die Lage versetzt wird, Kunden anzuziehen und dauerhafte Kundenbindungen zu schaffen. Es wird eine E-Commerce-Zukunft sein, in der die Anzahl der Online-Firmen voraussichtlich demnächst in die Hunderttausende gehen wird. Ein Markt, in dem die Anzahl der Kunden, die über das Internet einkaufen, schon bald die Hundertmillionengrenze überschreiten wird und die Zahl der Verkäufe von einigen wenigen auf mehrere hundert Milliarden steigen wird. Ein Markt, in dem sich durch die Zu- und Abnahme der Online-Transaktionen immer klarere Muster herausbilden werden, anhand derer Online-Händler in der Lage sein werden, mittels Data Mining die Tendenzen, Vorlieben, Eigenschaften und Verhaltensweisen ihrer Kunden aufzudecken. Die Zukunft des E-Commerce hängt von dem strategischen Einsatz der Data Mining-Technologie ab, denn sie ermöglicht dem Händler, personalisierte Dienstleistungen und Produkte sofort anzubieten – der Verkäufer wird voraussichtlich immer mehr durch künstliche Intelligenz ersetzt werden.

Was ist Data Mining?

Von Raubtieren und Onlinekunden

Data Mining ist eine »brandneue« Technik für eine der ältesten menschlichen Bemühungen: *Mustererkennung*. Unsere behaarten Vorfahren waren abhängig von ihrer Fähigkeit, die Muster von Raub- und Beutetieren, Pfaden und Jahreszeiten zu erkennen, wenn sie überleben wollten. Heute werden Firmen tagtäglich mit riesigen Datenmengen überschwemmt, die durch Kundentransaktionen, Zugriffe auf die Website, Barcodes, Kreditkarten und Telefonanrufe generiert werden. Sie stehen vor der gleichen Herausforderung, wenn sie überleben wollen; nämlich Muster zu erkennen, die ihnen nutzen oder schaden könnten. Stürzen Sie sich in das Internet, in diesen Markt der Konkurrenz, der Echtzeit und der Vernetzung, und Sie werden verstehen, warum das Entschlüsseln dieser Muster in kürzester Zeit zu einem entscheidenden Unternehmensfaktor wird.

Nehmen wir zum Beispiel an, Sie seien ein Online-Händler für Chilisoßen. Ein Data Mining-Tool kann folgenden Score und damit wichtige Einblicke in Ihre Kunden und deren Einkaufsverhalten liefern:

WENN	Besucher Subdomain ist AOL
UND	Besuchergeschlecht ist männlich
UND	Besucheralter ist 37-42
UND	Besucher stammt aus dem Postleitzahlengebiet »Hochpreismieter« 78-85%
DANN	Kauf-Score des Besuchers = 81%

Natürlich können Sie von Data Mining profitieren, auch wenn Sie etwas anderes als Soßen online verkaufen. Egal, ob Sie ein Produkt oder eine Dienstleistung anbieten: Data Mining hilft Ihnen, zuvor unbekannte Verhaltensmuster oder Eigenschaften Ihrer Website-Besucher und Online-Kunden sowie Ihre Beziehung zu beiden aufzudecken. Wenn Sie erkennen, wer Ihre Kunden sind, können Sie eine engere Beziehung zu ihnen aufbauen, was auf lange Sicht Ihre Chancen steigert, sie ihr ganzes Verbraucherleben hindurch zu begleiten.

Data Mining unterscheidet sich grundsätzlich von anderen Methoden der Datenanalyse: Es entdeckt versteckte Strukturen, Beziehungen, Muster und Signaturen. Data Mining ist unschlagbar dynamisch, da Sie weder Datenbankabfragen noch sonst etwas vorbereiten müssen, bevor Sie mit der Analyse beginnen. Data Mining holt Beziehungen aus Ihren Daten hervor, auf deren Basis weitere Analysen durchgeführt werden können. Das gefundene Muster beim Chilisoßen-Beispiel könnte Sie zum Beispiel auf die Idee bringen, nach weiteren Online-Besuchern zu suchen, die zu der gleichen Verbraucherschicht »Hochpreismieter« oder der gleichen Altersgruppe gehören.

> Genauso wie ein Ermittlungsbeamter Größe und Gewicht des Übeltäters anhand eines einzigen Fußabdrucks schätzen kann, kann Ihr Unternehmen den Wert und die einzigartigen Eigenschaften seiner treuesten Besucher und Kunden einschätzen. Wie? Durch eine sorgfältige Analyse von Verhaltensmustern, die Sie täglich über Ihre Online-Transaktionen erhalten. Ihre Website liefert Ihnen tagtäglich neue Kundenprofile und potenzielle Kundentypen. Die Hinweise zur Identifizierung profitabler Besucher und potenzieller Kunden sind in den Daten enthalten, die Sie über Ihre Logdateien, Cookies und Fragebögen generieren. Data Mining bietet die Tools und Techniken, um diese Muster herauszufiltern.

Data Mining – eine Definition

Data Mining ist ein Prozess zur Aufdeckung nutzbringender und aussagekräftiger Muster, Profile und Trends. Dies geschieht mit Hilfe von Mustererkennungs-Verfahren, wie zum Beispiel Neuronalen Netzen und maschinenlernenden sowie genetischen Algorithmen, mit denen Sie Ihre Online-Daten nach Mustern durchsuchen. Es ist ein iterativer Prozess, der sämtliche Muster – vom Klicken eines Banners bis hin zur Produktanfrage per E-Mail oder der Registrierung über ein Formular – aus den Transaktionsdaten zu dem Zweck extrahiert, das

wirtschaftliche Ergebnis Ihres Unternehmens zu verbessern. Mit Hilfe von Data Mining können Sie in Ihren Serverdaten nützliche Informationen automatisch finden. Es macht die Mustererkennungs-Technologie zu einer wichtigen Unternehmenshilfe, die folgende Fragen beantworten kann:
– Wer sind meine profitabelsten Kunden?
– Wie vergrößere ich meine Marktanteile?
– Wie optimiere ich mein Sortiment?
– Wer sind meine Besucher?

Datenflut und Information

Datenspeicher werden heutzutage immer preisgünstiger, während zur gleichen Zeit die anfallenden Datenmengen explodieren. Der im Jahr 1996 erschienene Bericht der Vereinten Nationen zur Bevölkerungsentwicklung geht davon aus, dass das jährliche Bevölkerungswachstum weltweit 3,1 Prozent beträgt. Im Gegensatz dazu beträgt das Wachstum im Bereich der Datensicherung auf Speichermedien nach einer Schätzung der IT-Marktforschungsgruppe International Data Corporation (IDC), jährlich etwa 130 Prozent. Diese Zahlen und Vorhersagen berücksichtigen dabei noch nicht das Internet, wo mit jeder Sekunde Tausende von neuen Websites online gehen.

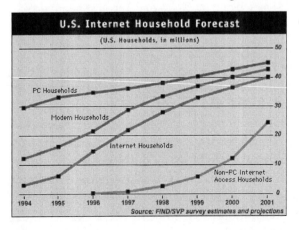

Abb. 28: *Das Wachstum des Internet hält weiterhin an. Mit Genehmigung der Emerging Technologies Research Group.*

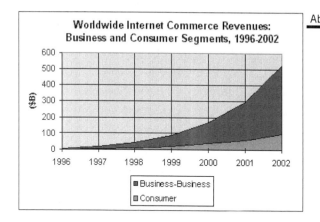

Abb. 29: *Projiziertes Wachstum des E-Commerce. Mit Genehmigung der International Data Corporation.*

Jeden Tag erhalten Sie über die Website Ihres Unternehmens neue Daten – Daten über Besucher und potenzielle Kunden. Diese Datenmengen haben einen so großen Umfang, dass ein durchschnittliches Unternehmen in der Regel nur sieben Prozent der gespeicherten Daten nutzt. Eine anderes Marktforschungsunternehmen, die Gartner Group, schätzt, dass derzeit sogar nur zwei Prozent der vorhandenen Online-Daten analysiert werden – ein Prozentsatz, der sehr schnell gegen Null strebt, da sich die Menge an gespeicherten Daten jährlich mehr als verdoppelt. Dabei kann man davon ausgehen, dass sich das Wachstum des Internet, seiner Websites und des E-Commerce in den nächsten Jahren fortsetzen wird. Abbildung 28 zeigt die Einschätzung der Emerging Technologies Research Group, nach der die Nutzung des Internet mit allen seinen Zugriffsformen weiter stark wachsen wird. Forrester Research, Inc. schätzt, dass der E-Commerce-Umsatz im Jahr 2003 einen Wert von 3,2 Billionen Dollar erreicht.

Es wird auch vermutet, dass sich das Wachstum noch dramatischer steigern wird, wenn die Business-to-Business-Transaktionen im E-Commerce zunehmen (s. Abb. 29). Bei dieser Entwicklung gibt es nur eine Möglichkeit: Die gespeicherten Daten, die bislang nur unzureichend verwertet werden, müssen mit Hilfe fortschrittlicher Methoden der Analyse und der Mustererkennung effizienter genutzt werden. Diese neuen Ansätze bilden die Grundlage der Technologien, die heute in Data Mining-Tools zum Einsatz kommen.

Während der letzten zehn Jahre konnten Daten immer besser generiert und gesammelt werden. Eine Handelskette wie Wal Mart muss ihr Data Warehouse täglich um Millionen von Transaktionen aktualisieren, um ihre Bestandsanalysen durchführen zu können. Bedingt durch die Entwicklung des Internet finden heute weltweit tagtäglich Millionen von neuen Transaktionen statt. Eine Suchmaschine muss *täglich* 25 bis 75 Millionen Transaktionen analysieren! (Einige der ersten Data Mining-Applikationen, wie Autoclass, stammten aus den Entwicklungen der NASA. Warum? Stellen Sie sich vor, Sie müssten Muster in einer Datenmenge von 50 Gigabytes finden, die stündlich über das Satelliten-Erdbeobachtungssystem der NASA generiert werden).

Diese riesige Menge an Transaktionen, die nicht zuletzt durch kostengünstige Speicherlösungen möglich wurde, hat Datenbanken- und Internetserver überflutet. Neue Tools werden dringend gebraucht, um die Informationsflut effizient zu analysieren. Mit Hilfe von Data Mining kann dieses Problem gelöst werden, da Data Mining *automatisch* nach Eigenschaften von Online-Besuchern und Kunden sucht. Ein weiteres wichtiges Merkmal von Data Mining ist, dass es beim Erstellen von prädiktiven Modellen völlig unvoreingenommen und nichtlinear ist.

Manuelle Methoden zur Datenanalyse, wie die von Datenbankabfrage-Tools, Statistikprogrammen oder Website-Traffic-Reports sind einfach nicht in der Lage, mit dem explosionsartigen Wachstum der Online-Daten mitzuhalten. Denn Datenanalysen, die auf Hypothesen beruhen, sind sehr zeitaufwändig, und die gängigen Analysetools für Websites sind nur eingeschränkt in der Lage, Eigenschaften von Online-Besuchern und Kunden zu finden.

Die Komplexität der Kundentreue

Das wichtigste Gut einer Website sind ihre Besucher – besonders die treuen Kunden, die die Website über einen längeren Zeitraum immer wieder besuchen. Der Wert eines Kunden wird gemessen an seinem Lebenszeitwert (LZW; engl. Life Time Value), das heißt der Dauer der Beziehung zwischen Kunde und Website und der Geldmenge, die er in dieser Zeit ausgibt. Seitdem der elektronische Handel aufgekommen ist, haben Websites aus Rentabilitätsgründen damit begonnen, ihre Kunden in LZW-Klassen mit bestimmten Ansprüchen an das Marketing einzuteilen. Der Händler kann so seine Marketingstrategien entsprechend der verschiedenen Kundenziele und des potenziellen Wertes der verschiedenen Kunden für die Website entwerfen. Je treuer und profitabler der Kunde ist, desto mehr Sondervergünstigungen und Anreize bekommt er.

Die Ermittlung des Kundenwertes erfordert eine tiefgreifende Marktforschung und -analyse. Wie kann man z.B. in einer Fragebogen-Datenbank mit Tausenden von Aufzeichnungen und Hunderten von Attributen demographische und psychographische Kennzeichen identifizieren, die die profitablen Kunden von den weniger profitablen Kunden unterscheiden? Wann unterscheidet man zwischen »hochwertigen« und »mittelwertigen« Kunden? Wie findet man versteckte Gruppen von Neukunden, Markenwechslern, Schläfern, Aufrüstern, zurückgewonnenen Kunden und allen möglichen anderen Gruppen in dem Datenbestand? Kurz gesagt, wie misst man Kundentreue? Die Antwort ist: mit Data Mining.

Die Kundendatenbank eines Unternehmens kann Hunderte von Feldern besitzen, die die verschiedenen Transaktionsarten (offline und online) aufzeichnen. Ihre Daten erhalten diese Felder über verschiedene Wege, zum Beispiel über die Website des Unternehmens (s. Tabelle auf Seite 68).

Um ein Modell der Kundentreue zu erstellen, müssen Sie in Ihren Daten zwei Hauptfelder finden: die signifikanten *Attribute* und die *Intervalle*, die ein Muster oder eine Signatur derjenigen Kunden ergeben, die an das Unternehmen gebunden wurden. Dazu kann es erforderlich sein, die Attribute bestehender Kunden und neuer Online-Besucher, die sich erst kürzlich an die Website gebunden haben, miteinander zu kombinieren.

Datenfeld	Kundenattribut
Feld 1	Startdatum des Accounts
Feld 2	Anzahl der Käufe
Feld 3	Postleitzahl
Feld 798	Gesamtsumme der Besuche
Feld 799	Durchschnittliche Besuchsdauer
Feld 800	Monatliche Zugriffsrate

Durch diesen Prozess kann die »Signatur« eines potenziell sehr treuen und profitablen Neukunden identifiziert werden. Dieser Neukunde kann dann gezielt durch besondere Anreize und Angebote angesprochen werden.

Das erste Ziel der Analyse ist das Auffinden von Attributen. Sie geben die wichtigsten Hinweise zur Identifizierung der potenziell profitabelsten Kunden. Ist dieses Attribut die Postleitzahl oder das Datum der Account-Einrichtung? Ist es die monatliche Zugriffsrate auf das Webangebot, das Alter oder das Geschlecht? Oder ist es eine Kombination mehrerer Attribute, und wenn ja, welcher?

Das zweite Ziel ist die Beantwortung der Frage: Welche Bereiche oder Intervalle beschreiben meine Kunden? Nach welchem Zeitraum seit der Account-Einrichtung wird ein Kunde zum Beispiel kaum mehr zur Konkurrenz wechseln? Oder ab welcher Zahl von Seitenzugriffen spricht man von einem treuen oder profitablen Kunden?

Theoretisch könnten Sie diese Attribute und Bereiche auch manuell finden – es würde Sie mehrere Wochen Ausprobieren kosten. Mit einem Data Mining-Tool, das mit maschinenlernenden Algorithmen oder einem Neuronalen Netz arbeitet, benötigen Sie dagegen nur einige Stunden, um die Antworten auf Ihre Fragen zu finden. Die Erfahrung lehrt, dass mit steigender Anzahl von Datenattributen die Komplexität des Problems zunimmt. Für einen Online-Händler ist Data Mining deshalb eine besonders geeignete Methode für eine schnelle und effektive Analyse.

Treue zu messen bleibt dennoch immer schwierig, besonders im Internet, wo die ohnehin komplexe Datenanalyse durch die zeitliche Dynamik weiter erschwert wird. Bei einem Markt, in dem es Kunden nicht viel Mühe kostet, Anbieter von Produkten und Dienstleistungen zu wechseln, können Sie sicher sein, dass dieser Markt sehr konkurrenzstark ist. Das Internet ist genau solch ein so genannter Spot-Markt. Der Online-Besucher beziehungsweise der Kunde kann Ihre Website problemlos per Mausklick verlassen und zu einem Konkurrenten wechseln. Data Mining bietet dem elektronischen Händler in so einer Umgebung viele Vorteile.

Unternehmen, die in gesättigten Märkten wie dem Einzelhandel oder dem Finanzdienstleistungssektor tätig sind, sind schon lange auf die intensive Nutzung ihrer Daten angewiesen, wenn es um Geschäftsentscheidungen geht. Sie nutzen die Daten zur Kundenbindung, zur Vergrößerung ihrer Marktanteile und zur Abgrenzung von ihren Konkurrenten. Dieses Vorgehen ist auch im Internet richtig, wo der Wettbewerb hart und die Kundentreue kurzlebig ist.

Traditionelle Anwendungsbereiche von Data Mining

Eine kürzlich von der META Group durchgeführte Untersuchung ergab, dass Fortune 500-Firmen Data Mining im Wesentlichen für drei Zwecke einsetzen:
- strategische Planung (64 Prozent),
- Schaffung von Wettbewerbsvorteilen (49 Prozent) und
- Vergrößerung von Marktanteilen (46 Prozent).

Eine Studie dieser Forschungsgruppe mit dem Titel *Data Mining: Trends, Technology and Implementation Imperatives* (1998) sagt ein starkes Wachstum des Einsatzes von Data Mining voraus, angetrieben vom Database Marketing. Die Studie nennt als Anwendungsbereiche
- Kundenbindungs- und Kundenschwund-Management,
- Cross-Selling und Up-Selling,

- Kampagnenmanagement,
- Markt-, Verkaufskanal- und Preisanalysen sowie
- Analysen zur Kundensegmentierung.

Die Studie weist darauf hin, dass »der Wettbewerbsvorteil der Technologie-Elite, die Data Mining schon sehr früh angewendet hat, im Laufe des Jahres 2000 mit Sicherheit verschwinden wird. Angetrieben von der Notwendigkeit eines kundenorientierten Marketings wird Data Mining schnell zu einer normalen Erscheinung. IT- und Marketingabteilungen, die bei diesem Trend nicht ganz vorne mitmischen, werden eines Tages aufwachen und feststellen, dass ihre Konkurrenten sie überflügelt haben.«

Der Bericht fährt fort, dass Data Mining »den Unternehmen extrem wertvolle Einblicke in Bereiche ermöglicht, die als geheimes Unternehmens-Knowhow gelten, das geschützt werden muss, um den Wettbewerbsvorteil zu sichern.« Im Folgenden werden herkömmliche Anwendungen von Data Mining in verschiedenen Industriezweigen aufgelistet:

Einzelhandel	Database Marketing, Werbeeffizienzmessung, Bestands- und Sortimentsmanagement
Banken und Versicherungen	Entwicklung von Finanzmodellen, Betrugsaufdeckung, Erstellung von Markt- und Industrieprofilen, Database Marketing, Kundensegmentierung
Makler, Börsenwesen	Entwicklung von Finanzmodellen, Betrugsaufdeckung
Telekommunikation	Detail-Bericht-Analyse für Call-Center, optimaler Einsatz der Kapitalausstattung, gezieltes Marketing
Regierung	Steuerschätzungen, Planung von Personalkapazitäten, Betrugsaufdeckung, Logistik, Informationsrecherche
Produzierendes Gewerbe	Produktionsqualitäts-Kontrolle, Management der Lieferkette und Verwaltung des Warenbestandes

Die zitierte Untersuchung berücksichtigt jedoch nicht die voraussichtliche Zunahme des Einsatzes von Data Mining im elektronischen

Handel. Kundenorientiertes Marketing erfordert in diesem Bereich hochentwickelte Data Mining-Applikationen, um das Ziel zu erreichen, Kunden in ihrer Gesamtheit besser zu verstehen, einschließlich ihres Kaufverhaltens, ihres demographischen Hintergrundes, psychographischer Trends und anderer Formen der Kundenkenntnis. Diese Art von Marketing wird zusammen mit dem elektronischen Handel und der Dynamik und dem explosionsartigen Wachstum von internetgenerierten Datenbanken stark zunehmen.

Neue Anwendungsbereiche von Data Mining

In einer internetorientierten Netzwerkumgebung kann Data Mining in zwei Bereichen bei der Unterstützung von Entscheidungen angewendet werden: Einmal kann Data Mining dazu genutzt werden, die über eine Website generierten Daten zu analysieren. Dieses Thema wird im vorliegenden Buch behandelt. Ein zweiter Anwendungsbereich ist das Aufzeigen von Mustern von Netzwerkanomalien und möglichen Problemen und das Erkennen solcher Probleme, bevor sie auftreten.

Man kann Data Mining beschreiben, indem man dieses Verfahren gegen die herkömmlichen Methoden der Datenanalyse abgrenzt. Solche Methoden beruhen auf der Nutzung von Statistiktools, dem Online Analytical Processing (OLAP), Visualisierungstools und Traffic-Analyse-Tools. Im Folgenden werden diese Methoden der Datenanalyse näher betrachtet, und es wird gezeigt, dass sie sich nicht gegenseitig ausschließen, sondern ergänzen. Jede Methode kann dazu beitragen, Online-Besucher und Kunden besser zu verstehen und damit die Webpräsenz so effektiv wie möglich gestalten zu können.

Statistik

Seit Jahrhunderten untersuchen Menschen die Welt und sammeln Daten, um Erklärungen für natürliche Phänomene zu finden. Bei ihrer Suche nach Mustern und Erklärungen haben sie Daten manuell analysiert. Die Wissenschaft der Statistik entstand aus der Notwendigkeit, Beobachtungen zu verstehen. Mit der Zeit hat sich die *traditionelle*

Statistik zu einem Hilfsmittel für Wissenschaftler, Ingenieure, Psychologen und Unternehmensanalytiker entwickelt und dient ihnen zum besseren Verständnis von gesammelten Daten. Die *deskriptive Statistik* liefert allgemeine Bezugspunkte zu getätigten Beobachtungen, wie etwa Durchschnitts- und Medianwerte, beobachtete Fehler und Werteverteilungen. Eine andere Form der Statistik, die *Regressionsanalyse*, dient dazu, die getätigten Beobachtungen zu inter- und extrapolieren, um aussagekräftige Vorhersagen über die Zukunft machen zu können.

Versicherungen und Finanzdienstleister waren zwei der ersten Branchen, die versucht haben, Kundenverhalten vorherzusagen und Risikoanalysen durchzuführen. Banken und Versicherungen setzen Regressionsmodelle meist ein, um den Gesamtwert oder das Gesamtrisiko ihrer Kunden einzustufen. All dies sind Versuche, einem beobachteten Phänomen eine Struktur zu geben. Die Firma SAS hat ein ganzes Imperium aufgebaut, indem sie dem Finanzdienstleistungssektor die Betreuung unternehmensweiter Statistik-Anwendungen anbot. Fair Isaac, ein anderer amerikanischer Anbieter von Lösungen für die Prognoseerstellung, bietet ebenfalls ein großes Spektrum von Dienstleistungen an: Statistik für den Bereich Kundenverhalten und das selbstentwickelte FICO Credit Scoring für Finanzdienstleister oder andere Unternehmen, die keine hausinternen Analysen durchführen. Die Firma Claritas bietet Finanzdienstleistern demographische Daten an, die dazu dienen, das Kaufpotenzial ihrer Kunden einzuschätzen oder den Markt nach Alter, Einkommen usw. zu segmentieren. Darüber hinaus verkauft Claritas unter der Bezeichnung P$YCLE demographische Daten an Finanzinstitute, die es denen ermöglichen, Haushalte aufgrund ihres zu erwartenden Finanzverhaltens zu unterscheiden.

Für solche statistischen Datenanalysen sind Analytiker notwendig, die zunächst eine Theorie über eine eventuell bestehende Beziehung in der Datenbank formulieren und anschließend die Hypothese in einer Datenbankabfrage formulieren. Es ist ein manueller, vom Anwender gesteuerter Top-Down-Ansatz zur Datenanalyse. In der Statistik beginnt der Prozess der Datenanalyse meist mit der Aufstellung einer

Hypothese über Datenbeziehungen, also genau umgekehrt wie beim Data Mining. Folgende Statistik-Tools sind besonders weit verbreitet:

⇨ *Data Desk* verwendet Animationen, um Muster erkennbar zu machen, die bei einer statischen Darstellung vielleicht übersehen werden. Man kann zum Beispiel einen Schieberegler (Slider) mit einer beliebigen Variablen der Gleichung verbinden und die durch das Schieben sich verändernden Resultate als Display-Update betrachten. Data Desk erzeugt automatisch Slider, mit denen man optimale Variablenwerte finden kann. Schon kleinste Veränderungen beeinflussen die Analyse und die Sensitivität der nichtlinearen Regression. Das Tool erlaubt es, mit einfachen Mitteln eigene Animationen zu erstellen.

⇨ *MATLAB* ist eine leistungsstarke, integrierte technische Entwicklungsumgebung, die numerische Berechnungen mit anspruchsvollen Grafiken und Visualisierungsmöglichkeiten sowie einer mächtigen Programmiersprache kombiniert.

⇨ *SAS* ist eine modular aufgebaute, integrierte und hardwareunabhängige Statistik- und Visualisierungs-Software für die unternehmensweite Bereitstellung von Information. SAS entdeckte vor kurzem die Vorteile des Data Mining und bietet jetzt *Enterprise Miner* als Zusatzmodul an.

⇨ *S-Plus* ist die kommerzielle Version von »S«, einer interaktiven, objektorientierten Programmiersprache für die Datenanalyse, entwickelt von den AT&T Bell Labs, vermarktet und betreut von MathSoft. *S/S-Plus* hat sich als Plattform für die allgemeine Datenanalyse (Clusterung, Klassifizierung, Zusammenfassung, Visualisierung, Regression) und CART (Classification and Regression Tree) bewährt.

⇨ *SPSS* ist ein leistungsstarkes, einfach zu bedienendes Statistik-Paket für den Unternehmens- oder Forschungsbereich. Es besitzt alle Standard-Merkmale eines Statistikprogramms. Zudem bietet es hochauflösende Grafiken, sowie Berichts- und Distributionsfunktionen. SPSS, der Hersteller des Programms, reagierte auf die Bedeutung von

Data Mining mit dem Kauf von Clementine, einem Data Mining-Tool der Firma ISL (Integration Solution Limited).
⇨ *STATlab* ist eine Software für die Datenanalyse in der Forschung. Sie erlaubt die eingehende Untersuchung von Daten und die Durchführung vielfältiger Analysen. STATlab kann Daten aus gängigen Quellen importieren, zum Beispiel aus relationalen Datenbanken, ASCII-Dateien, Spreadsheets und den meisten anderen Statistikprogrammen.

(Links zu Statistiksoftware siehe www.symposion.de/datamining/links.htm)

Data Mining im Vergleich zur statistischen Analyse
Der entscheidende Unterschied zwischen Data Mining und der statistischen Analyse liegt in der Art der Abfrage. Beim Data Mining wird die Interpretation der Daten von einem maschinenlernenden Algorithmus oder Neuronalen Netz übernommen, während diese Aufgabe bei der statistischen Analyse von einem Statistiker oder Unternehmensanalytiker ausgeführt wird. Mit anderen Worten, Data Mining ist datengesteuert, während die statistische Analyse meist benutzergesteuert oder hypothesentestend ist. Statistische manuelle Faktorenanalysen und multivariate Streuungsanalysen werden etwa durchgeführt, um Beziehungen zwischen Faktoren zu bestimmen, die einen Einfluss auf das Ergebnis der Produktverkäufe haben. Dazu verwendet man beispielsweise Tools von SPSS oder SAS. Eine sogenannte Pearson-Korrelation kann für jedes Datenbankfeld generiert werden, um Intensität und Richtung der Beziehungen abhängiger Variablen, wie beispielsweise der Variable »Gesamtumsatz«, zu messen.

Ein qualifizierter SAS-Statistiker, der mit der PROC-Syntax dieses Systems vertraut ist, kann diese Art von Analyse recht schnell durchführen. Das Problem der Methode ist aber, dass sie erstens sehr speicher- und rechenintensiv ist, und dass zweitens die eingesetzten Techniken meist auf Aufgaben zugeschnitten sind, bei denen die Variablen kontinuierliche oder ordinale Werte besitzen. Viele dieser Techniken sind zudem parametrisch. Ein linearer Klassifikator geht zum Beispiel davon aus, dass eine Klasse als Linearkombination der Attributwerte dargestellt werden kann.

Die statistische Methodik geht auch von einer Normalverteilung der Daten aus, wie sie weder in der realen Geschäftswelt noch in Internet-Datenbanken vorkommt. Die Anbieter von Statistik-Tools sind sich dieser Unzulänglichkeiten durchaus bewusst. SPSS und SAS sind daher zur Zeit dabei, neue Data Mining-Module und Add-Ons für Ihre Basismodule zu entwickeln.

Data Mining ist im Vergleich zu statistischen Analysen umso vorteilhafter, je mehr der Umfang der Datenbank zunimmt. Manuelle Methoden werden in diesem Fall einfach unpraktisch. Nehmen wir zum Beispiel an, es gibt in einer Datenbank 100 Attribute, aus denen man auswählen kann; es ist jedoch nicht bekannt, welche Attribute von Bedeutung sind und welche nicht. Bereits bei einem so kleinen Problem wie zwei frei wählbaren Attributen gibt es 100 x 99 = 9.900 mögliche Kombinationen. Gibt es drei Klassen, wie zum Beispiel Alter, Artikelart, Kaufsumme, resultieren daraus bereits 100 x 99 x 98 = 970.200 mögliche Kombinationen. Stellen Sie sich nun eine Datenbank mit 800 Attributen vor, wie zum Beispiel die Kundendatenbank eines großen Online-Buchhändlers. Denken Sie an die tägliche anfallende Analyse von Millionen von Transaktionen, wie das bei einem großen Shop der Fall ist. Dann wird Ihnen schnell bewusst, dass die manuelle Methode der Mustererkennung dieser Aufgabe nur unzureichend gewachsen ist. Data Mining schränkt die Anwendung der traditionellen statistischen Methode aber keinesfalls ein, im Gegenteil: Es erweitert sie, indem es die automatische Bewertung einer großen Anzahl an Hypothesen sowie die Segmentierung sehr großer Datenbanken ermöglicht.

Online Analytical Processing (OLAP)

OLAP-Tools sind die Nachfolger der Datenbankabfrage-Software, die wiederum Mainframe-Batchreport-Programmen abgelöst haben. Wie ihre Vorfahren dienen OLAP-Tools dazu, Top-Down-Datenbankabfragen zu bearbeiten oder »was wäre wenn...«-Szenarios für Unternehmensanalytiker zu entwickeln. In der letzten Zeit sind OLAP-Tools sehr beliebt geworden als Methode der Wahl für den Zugriff auf Datenbanken, Data Mart und Data Warehouses von Unternehmen.

OLAP-Tools wurden ursprünglich dazu entwickelt, um Datenanalytikern über das Erstellen einfacher Reports hinaus die »Würfelkonstruktion« zu ermöglichen. Die OLAP-Datenstruktur ähnelt sozusagen einem mit Daten gefüllten Rubik-Würfel, den der Analytiker so drehen und wenden kann, dass unterschiedliche Berichte und »Was-wärewenn...«-Szenarios das Ergebnis sind. OLAP-Tools liefern hauptsächlich multidimensionale Datenanalysen, das heißt, sie erlauben es, die Daten aufzuteilen und zum Beispiel nach Produktreihe und Marketing-Region zusammenzufassen. Der grundlegende Unterschied zwischen OLAP und Data Mining besteht darin, dass OLAP mit Aggregaten und Data Mining mit Verhältnismässigkeiten arbeitet. OLAP ist Addition, und Data Mining ist Division.

OLAP arbeitet mit *Fakten* und *Dimensionen*, die in der Regel Transaktionsdaten beinhalten, welche die Produkte, Produktionsstätten und Arbeitsabläufe eines Unternehmens betreffen. Jede Dimension kann darüber hinaus eine Hierarchie besitzen. So kann zum Beispiel der Zeitraum von jährlich auf vierteljährlich, dann auf monatlich oder sogar auf wöchentlich und täglich heruntergezoomt werden. Ein geographischer Raum kann von der Stadt zur Region, zum Bundesland, zum Staat und sogar bis zur globalen Betrachtung heraufgezoomt werden, wenn dies erforderlich ist. Beispiel: »Gegenstand A., westliche Region, November« kann weiter heruntergezoomt werden auf: »Blauer Gegenstand A., San Jose, 10. November«. Die Daten in diesen Dimensionen, genannt »*Measures*«, werden in der Regel als Gesamtwert dargestellt (zum Beispiel als Durchschnitts- oder Gesamtabsatz in Geld oder anderen Einheiten, als Budgetbetrag oder als Absatzprognose).

Viele Unternehmen haben bereits in der Vergangenheit beträchtliche Mengen an Daten gesammelt, die sie nun für ihre Unternehmensplanung sinnvoll nutzen können. Frühere Trends und Zukunftsprognosen können dazu verwendet werden, Alternativen zu analysieren und fundiertere Entscheidungen zu treffen, die einen Wettbewerbsvorteil bringen oder erhalten. Dafür sind während der letzten zehn Jahre Data Warehouses in großen Unternehmen zunehmend gebräuchlich geworden, von denen viele die OLAP-Tools für Analysen und die Entscheidungsunterstützung nutzen.

Diese OLAP-Tools können in vielen Unternehmensbereichen eingesetzt werden. Finanzabteilungen setzen sie für Anwendungen wie Budgeting, Prozesskostenrechnung (Budgetzuordnung), Performanceanalysen und Finanzplanung ein. In Vertriebsabteilungen werden OLAP-Tools für die Absatzanalyse und zum Forecasting eingesetzt. Marketingabteilungen nutzen sie unter anderem für Marktforschungsanalysen, Absatzprognosen, Werbe-Analysen, Kundenanalysen und zur Markt- bzw. Kundensegmentierung. Typische Einsatzgebiete für OLAP-Tools im produzierenden Gewerbe sind die Produktionsplanung und die Fehleranalyse.

Im Folgenden werden einige der wichtigsten, derzeit auf dem Markt verfügbaren OLAP-Tools aufgeführt:

> **Aktuelle OLAP-Tools**
>
> ActiveOLAP, Analyzer, Aperio, Acuity/ES, Advance für Windows, amis, Arbor Essbase Analysis Server, BrioQuery, Business Objects, Commander OLAP, Decision, Prism, Control, CrossTarget, Crystal Info für Essbase, Cube-It, FICS Group datadriller, OpenAir Software, Inc., Dataman, DataTracker, dbProbe, DescisionSuite, DecisionView, Delta Solutions ALEA, Demon für Windows, DSS Agent, DynamicCube.OCX, EKS/Empower, Essbase/400, Express Server, Objects Fiscal, Fusion, FYI, Planner, Gentia, Harry Cube, Helm, Holos, Hyperion, OLAP, InfoBeacon, Informer, inSight, Intelligent Decision Server, IQ/Vision, Khalix, Lightship, Matryx, Media, Metacube, MIK Solution, MineShare, MIT/400, MUSE, NetCube, NGS-IQ, OpenOLAP, Pablo, ParaScope, PowerPlay, Rapid OLAP, Sagent Datamart Solution, SAS System, SpaceOLAP, StarTrieve The Ant Colony, TM/1, Toto für Excel, Track Objects, Visualizer Plans für OS/2, VSFLEX
>
> (Links zu diesen Produkten siehe www.symposion.de/datamining/links.htm)

Data Mining im Vergleich zu OLAP

Mit der starken Verbreitung der Data Warehouses kommen immer mehr Data Mining-Tools auf den Markt. Sie versprechen, verstecktes Gold in Ihren Daten zu finden. Viele herkömmliche Berichts- und Datenbankabfrage-Tools sowie Statistik-Analyse-Systeme tragen den Begriff »Data Mining« in ihrer Produktbeschreibung. Angesichts dieser Marketingaktivitäten ist es manchmal schwierig zu verstehen, was ein Data Mining-Tool ist und wie es funktioniert. Eine Definition bringt vielleicht ein wenig Licht in die Sache.

Die Methodik des Data Mining umfasst das Extrahieren versteckter prädiktiver Informationen aus großen Datenbanken. Mit einer so allgemeinen Definition könnte ein OLAP-Produkt aber ebenso gut als Data Mining-Tool durchgehen.

Doch hier kommt die verwendete Technologie ins Spiel: Ein Data Mining-Tool sollte in der Lage sein, versteckte Informationen *automatisch* zu finden.

Ein weiterer Unterschied zwischen OLAP und Data Mining besteht darin, *wie* mit den Daten *gearbeitet* wird. Ähnlich wie die statistische Analyse verfolgt OLAP bei der Datenanalyse den Top-Down-Ansatz. OLAP-Tools sind leistungsstarke und schnelle Tools zur *Berichterstattung* über Daten. Im Gegensatz dazu konzentriert sich Data Mining auf das *Finden von Mustern* in den Daten. OLAP ermöglicht zum Beispiel die Zusammenfassung mehrerer Datenbanken zu hochkomplexen Tabellen. OLAP-Tools arbeiten mit Aggregaten. Ihre wichtigsten Funktionen sind eigentlich die Addition und die Zusammenfassung von numerischen Werten, wie zum Beispiel von Geldbeträgen. Manuelles OLAP geht von dem konkreten Ansatz aus, etwas *wissen* zu wollen, zum Beispiel die regionalen Verkaufszahlen sortiert nach der Art der Produkte. Automatisches Data Mining geht dagegen von dem Ansatz aus, die Faktoren *finden* zu wollen, die zu diesen Verkäufen führten.

Ein OLAP-Tool ist kein Data Mining-Tool, da, anders als beim Data Mining, der Anwender die Datenbankabfrage startet. Neuronale Netze, maschinenlernende und genetische Algorithmen dagegen zählen zu den

Data Mining-Tools, weil sie in den Daten selbstständig nach Mustern suchen. Dies wird als *Beaufsichtigtes Lernen* bezeichnet, im Gegensatz zu einer anderen, weniger gebräuchlichen Data Mining-Methode, der »Klassifizierung«, die als *Unbeaufsichtigtes Lernen* bezeichnet wird. In beiden Fällen wird die Datenanalyse mit einem Bottom-Up Ansatz durchgeführt, und dies unterscheidet Data Mining grundsätzlich von OLAP.

Die besten OLAP-Tools, die zur Zeit auf dem Markt erhältlich sind, besitzen zwar enorme Fähigkeiten bei der Durchführung anspruchsvoller, benutzergesteuerter Datenbankabfragen, sind aber nur eingeschränkt dazu fähig, die in Datenbanken versteckten Muster und Trends zu finden. Tools für statistische Analysen sind hervorragend dazu in der Lage, große Datenmengen zu beschreiben, zu visualisieren und hypothesentestende Analysen durchzuführen. Data Mining-Tools, die auf der KI-Technologie beruhen, sind jedoch die einzigen Tools, die den Prozess des Entdeckens von Wissen automatisch durchführen.

Dieser Prozess wird zudem durch folgende ihrer Eigenschaften optimiert:
- Hohe Stabilität bei der Verarbeitung beliebiger Daten: beschädigter, verrauschter, gemischter Daten.
- Lösungen können in Form von praktischen Business-Regeln dargestellt werden.
- Ergebnisse werden leicht verständlich in Form von grafischen Entscheidungsbäumen ausgegeben.
- Genaue Ergebnisse, besonders bei real anfallenden Datensätzen.

Nach dieser Definition ist Data Mining also datengesteuert und nicht benutzergesteuert oder hypothesentestend.

Bisher werden Identifizierung und Verarbeitung von Informationen, die in Daten versteckt sind, hauptsächlich mit Hilfe von Generatoren für Datenbankabfragen und Dateninterpretationssystemen durchgeführt. Diese Methoden erfordern einen Anwender, der eine Theorie über mögliche Beziehungen in einer Datenbank aufstellt und diese Hypothese dann in einer Datenbankabfrage formuliert. Dieser Anwender könnte zum Beispiel eine Hypothese aufstellen über eine Beziehung beim Verkauf von Farbdruckern an Geschäftskunden. Es würde also eine Datenbankabfrage im Data Warehouse oder in der Bestandsdatenbank der Website durchgeführt. Unter Verwendung von Branchencodes und den Online-Umsätzen pro Quartal würde dann, basierend auf Kundenrechnungen, ein Report generiert. Und tatsächlich würden die so gewonnenen Informationen einen guten Überblick über die eventuell bestehenden Beziehungen zwischen Branchen und Druckerverkäufen liefern. Dennoch ist diese Art der Analyse im Vergleich mit dem Data Mining-Ansatz in verschiedener Hinsicht beschränkt, denn zunächst beruht sie nur auf dem Gefühl, dass es eine Beziehung zwischen den Branche, zu denen die Unternehmen gehören und der Anzahl der Drucker, die sie kaufen oder leasen, geben könnte. Des Weiteren basiert die Qualität der extrahierten Informationen auf der Interpretation der Ergebnisse durch den Anwender und ist somit fehleranfällig.

In einem anderen Fall kann ein OLAP-Tool einem Buchhändler Auskunft über die Gesamtzahl der Bücher geben, die er in einer bestimmten Region innerhalb eines Quartals verkauft hat. Data Mining gibt ihm dagegen Aufschluss über die *Faktoren,* die den Verkauf seiner Bücher *beeinflussen*. Ein typischer OLAP-Bericht besteht aus einer Zusammenfassung verschiedener Tabellen:

Kategorie	Menge	Prozentabweichung vom Budget
Produktverkäufe		
Fiction	1.847.743,00	2,13%
Non-Fiction	606.735,00	2,03%
Periodika	807.987,00	0,19%
Zubehör	532.585,00	1,77%
Gesamtverkäufe	3.262.465,00	1,76%
Bruttogewinn	2.189.687,00	1,64%
Ausgaben gesamt	1.262.312,00	2,04%
Gewinn	927.375,00	1,07%

So kann OLAP die Gesamtzahl der in dieser Region und diesem Quartal verkauften Bücher ermitteln. Data Mining gibt darüber hinaus Aufschluss über die Verkaufsmuster, während die statistische Analyse wieder eine andere Aussage über diese Verkäufe machen kann. OLAP und die statistische Analyse führen Top-Down- und abfragegesteuerte Analysen durch, während Data Mining die entdeckungsgesteuerte Bottom-Up-Analyse benutzt. Beim Data Mining müssen zudem keine Hypothesen aufgestellt werden. Es identifiziert Fakten oder gibt Handlungsempfehlungen aus den gefundenen Mustern.

Analyse-Tools für die Website

Da die Website eines Unternehmens immer häufiger den ersten Kontakt zwischen dem potenziellen Kunden und dem Unternehmen herstellt, hat sie stark an Bedeutung gewonnen. Design und Pflege der Website sind heute Full-Time-Jobs, die ein millionenschweres Budget erfordern. Das Management eines Unternehmens muss wissen, wer die Website besucht und, was noch wichtiger ist, wer etwas kauft. Darüber hinaus möchten Firmen, die Werbebanner schalten, die Effektivität dieser Banner ermitteln. Websites werden heute als Investition gesehen und müssen ihre Notwendigkeit, wie jede andere Marketinginvestition, begründen. Hier kommen Website-Analyse-Tools zum Einsatz.

Jedes Mal, wenn ein Surfer eine Website besucht, trägt der Webserver einen Bericht über das Ereignis in eine Logdatei ein. Beim Besuch einer E-Commerce-Site werden zudem häufig Cookies gesetzt, anhand derer zurückverfolgt werden kann, wofür sich Besucher interessieren und welche Produkte oder Dienstleistungen sie kaufen beziehungsweise in Anspruch nehmen. Bei jedem Ausfüllen eines Fragebogens werden Daten in einer Datei gespeichert.

Zwar enthalten Server-Logdateien- und Datenbanken, die aus Formularen gespeist werden, in der Regel sehr interessante Informationen, doch sind die Daten oft abgekürzt oder kryptisch oder liegen in einem ASCII-Format vor, was eine Data Mining-Analyse sehr zeit- und kostenaufwändig macht. Auch ist das Datenvolumen überwältigend groß: Eine 1MB-Logdatei enthält in der Regel lediglich die Daten von 4.000 – 5.000 Seitenanfragen. Website-Analyse-Tools importieren die Logdatei-Daten in eine integrierte Datenbank, die die Daten wiederum in zusammenfassende Berichte oder Graphen umwandelt.

Diese Daten können dann noch feiner bearbeitet werden, bis sie die unterschiedlichen Anforderungen der Mitarbeiter Ihrer Firma erfüllen. Für einen Webmaster könnte es zum Beispiel interessant sein, etwas über die Klicks zu erfahren, die zu bestimmten Dokumenten, Bildern, Dateien, Skripts und Applets führen. Ein Designer möchte dagegen wissen, wie der Besucher durch die Site navigiert und ob es Pfade oder Punkte gibt, über die viele Besucher die Site verlassen. Das Marketingteam wird wissen wollen, wie effektiv bestimmte Werbekampagnen waren. Werbefachleute und Kooperationspartner könnten sich dafür interessieren, wie oft über ein Banner zur Zielseite durchgeklickt wurde.

- Die meisten Website-Analyse-Tools beantworten Fragen wie:
- Welche Wege zu den wichtigsten Seiten der Website werden am häufigsten genutzt?
- Welche Suchbegriffe von Suchmaschinen bringen der Site den meisten Traffic?
- Wieviel Zeit kostet es einen Anwender aus – sagen wir – Texas, einzelne Seiten zu laden?

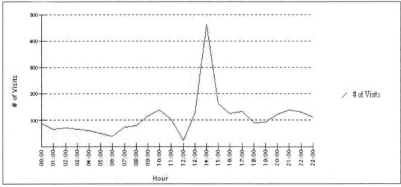

Abb. 30: *Grafische Darstellung der täglichen Website-Hits.*

- Wie viele Besucher stammen aus Europa oder Asien?
- Wie lange bleiben die Besucher auf der Site?
- Wie viele neue Besucher gewinnt die Website pro Monat?

Die meisten dieser Tools stellen den Traffic Ihrer Website nach verschiedenen Kriterien grafisch dar und liefern die gleichen Gesamtansichten wie OLAP- und Statistik-Tools. Der in Abbildung 30 dargestellte Bericht zeigt die Anzahl der Online-Besucher pro Stunde eines Tages. Ein »Besuch« (visit) ist eine Serie von Klicks eines Anwenders. Der Website-Traffic-Report in Abbildung 31 zeigt, über welche Organisationen und Suchmaschinen die Besucher am häufigsten auf diese Site kommen. Zur Erstellung eines solchen Berichts sind detaillierte Informationen aus der Logdatei notwendig.

Je mehr Sie darüber wissen, wie viele Anwender Ihre Website besuchen, wer sie sind und welche Bereiche Ihrer Website sie besuchen, desto mehr wird Ihre Website davon profitieren. Wenn Sie diese Informationen zur Optimierung Ihrer Website nutzen und mit anderen gängigen Marketingaktivitäten verbinden, können Sie Ihren gesamten Internetauftritt stark verbessern.

Nach den Schätzungen der International Data Corporation gibt ein durchschnittliches US-Unternehmen heute zwischen 25.000 Dollar pro Jahr für ein Standard-Intranet und 1,25 Millionen Dollar pro Jahr für eine vollfunktionsfähige E-Commerce-Website aus. Bei solch immensen Kosten müssen die Ausgaben auch gerechtfertigt sein.

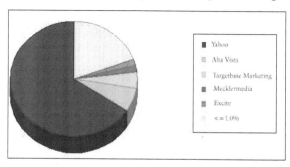

Abb. 31: *Grafische Darstellung weiterleitender Websites und Suchmaschinen.*

Eine Möglichkeit, Investitionen abzusichern, liegt in der Auswertung der Zugriffe auf die Website. Die beste – und manchmal einzige – Methode, um an diese Informationen in einem brauchbaren Format heranzukommen, ist der Einsatz eines Tools zur Trafficanalyse. Diese Software ist in allen Funktionalitäts- und Preisklassen verfügbar – von kostenlosen Tools bis zu 100.000 Dollar teuren Paketen. Mit kostengünstigen Grundpaketen und herunterladbaren Utilities können schon erste Analysen für kleine und mittelgroße Websites und Intranets durchgeführt werden. Die Softwarepakete liefern Ihnen meist folgende Informationen: die Anzahl der Besucher Ihrer Website, die am seltensten und am häufigsten nachgefragten Seiten, über welche Seiten die Besucher Ihr Angebot betreten oder verlassen haben sowie Analysen weiterer wichtiger Pfade und Daten zu historischen Tends. Unternehmen mit sehr großen Websites, über die E-Commerce betrieben wird, neigen eher dazu, sich für komplexere und somit teure Softwarepakete zu entscheiden, die eine umfangreiche Analyse des Online-Traffic ermöglichen und detailliertere Informationen zu jedem einzelnen Online-Besucher und seinem Weg durch die Site liefern. Zu wissen, wer auf die Website kommt und wer die Produkte kauft, ist ein wichtiger Faktor für den Erfolg oder Misserfolg jedes E-Business.

»Logdatei-Analyzer« machen also genau das, was ihr Name sagt: sie nehmen die auf einem Server gespeicherten Daten und fassen sie in einem nützlichen Format zusammen. Die meisten Analyzer kompilieren Daten in eine Datenbank, von wo aus sie Reports starten können. Ihre Geschwindigkeit wird gemessen an der Zeit, die sie zum Laden der Daten in die Datenbank und zum Erstellen eines Reports benötigen. Es gibt einige Programme, die die Daten in Echtzeit laden können, indem sie jedes Datenpaket einzeln einlesen und in der Datenbank ablegen. Andere Programme laden die Logdatei in die Datenbank, wenn das System wenig ausgelastet ist. Der Zeitpunkt wird vom Systemadministrator festgelegt. Komplexe Websites können darüber hinaus Analysetools erfordern, die in der Lage sind, qualitative und quantitative Analysen von marketing- und werberelevanten Daten durchzuführen.

Wenn ein Unternehmen Banner auf drei verschiedenen Websites geschaltet hat, soll das Tool ermitteln können, wie viele Online-Besucher von jeder der drei Sites weitergeleitet wurden oder welche Links anschließend am häufigsten angeklickt wurden.

Schließlich gibt es Tools, die Auskunft darüber geben, welche Suchbegriffe die Anwender verwendet haben, welche Seiten Links zum eigenen Angebot gelegt haben und die meisten Anwender überweisen und über welche Suchmaschinen die wertvollsten Online-Besucher auf die Site kommen. All diese Informationen können aus den Logdateien herausgefiltert werden. Da die meisten Besucher auf eine Website über eine Suchabfrage stossen, kann es sehr wichtig sein, zu wissen, wonach sie suchen. Jeder, der nachvollziehen kann, woher seine Besucher kommen, wohin sie gehen und wie lange sie auf der Website bleiben, kann seine Website zu einem effektiven Marketinginstrument machen. Im Folgenden werden einige Website-Analysetools mit einigen ihrer Eigenschaften und Limitierungen aufgelistet:

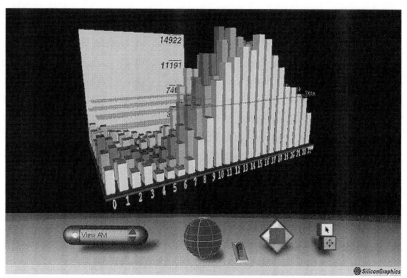

Abb. 32: *Dreidimensionale Darstellung des Online-Traffics einer Website während eines Monats.*

⇨ *3Dstats* ist ein Zugriffsstatistik-Generator. Er analysiert Webserver-Logdateien und erstellt ein Virtual Reality Markup Language (VRML)-Modell mit den durchschnittlichen Lasten pro Tag und Stunde. Mit einem VRML-Viewer wie CosmoPlayer kann der Anwender durch die statistische »Szene wandern« und das Säulendiagramm aus verschiedenen Perspektiven betrachten und tägliche, wöchentliche oder monatliche Reports erstellen (siehe Abbildung 32).

⇨ *Accrue Insight* analysiert Datenpakete in Echtzeit (auch als *»Packet Sniffing«* bekannt). Insight misst darüberhinaus die Performance entsprechend der Geschwindigkeit, mit der der Server auf Anfragen reagiert. Das Programm kann Daten von mehr als einer Millionen Hits pro Stunde sammeln und speichern. Die anfallenden Daten werden in möglichst kleinen Einheiten abgespeichert, damit sie auf verschiedene Weise sortiert, analysiert und zu Reports zusammengefasst werden können. Die Software ist besonders gut dazu geeignet, Durchklickverläufe in einer großen gewerblichen Multiserver-Website zurückzuverfolgen.

⇨ *Aquas Bazaar Analyzer* basiert vollständig auf Java, das heißt, die Reports können mit jedem beliebigen Browser angesehen werden. Mit diesem Analyzer braucht die Logdatei nicht zum Rechner des Betrachters übertragen werden, um dargestellt zu werden. Die Reports werden direkt im Browserfenster generiert, Graphen erscheinen als individuell anpassbare Java Applets.

⇨ *Aria* benutzt Intelligente Softwareagenten, um die aktuellen Zugriffe zur Echtzeit direkt auf dem Server zu analysieren und generiert Echtzeit-Reports mit einer Vielzahl an Informationen. Die Aria Architektur besteht aus drei Komponenten: dem Monitor, dem Recorder und dem Reporter. Der Monitor übernimmt die Funktion von Server-Agents, die den Traffic vom Webserver abfangen. Der Recorder übernimmt und verarbeitet die so gewonnen Daten, und der Reporter stellt die Information in Diagrammen dar. Das Monitormodul zeichnet Informationen über die Aktivitäten zwischen Web-Client und Server auf, einschließlich Anfragedaten, Daten die über Formularfelder eingehen, Antwortdaten vom Server, Cookie-Daten und Anwenderprofil-Daten. Es speichert die Informationen in einer eigenen objektorientierten Datenbank, so dass weitere Datenbanken nicht erforderlich sind.

⇨ *Astra* testet und prüft sämtliche Links und zeigt an, wenn es irgendeine Art von Zugriffsproblemen gibt. Ihre Website wird als Baumdiagramm dargestellt, inklusive der Links zu CGI-Skripten und Java Applets. Fehlerhafte Links werden in dem Diagramm als rote Punkte dargestellt, damit sie schnell repariert werden können. Man kann den Astra SiteManager aber auch als Logdatei-Analysetool einsetzen: Er liest die Logdatei des Servers und überlagert die erstellte Sitemap direkt mit Nutzungsmustern, die anzeigen, welche Seiten die meisten Klicks bekamen (siehe Abbildung 33). Astra SiteManager scannt die gesamte Website und hebt funktionale Bereiche mit farbcodierten Links und URLs hervor. Der Nutzer erhält so eine vollständige »Landkarte« seiner Website.

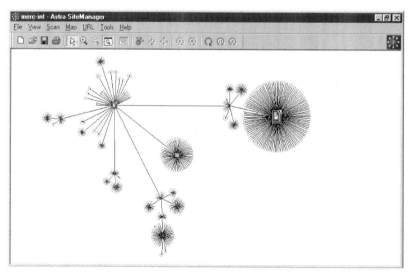

Abb. 33: *Der Astra SiteManager von Mercury Interactive stellt die Website-Aktivität als dynamische Link-Map dar.*

⇨ *Hit List Standard* und *Hit List Pro* von Marketwave bieten eine Auswahl von 27 vordefinierten Reports, die bei der Beobachtung des Website-Traffic hilfreich sind. Hit List erstellt seine eigene relationale Datenbank aus den Server-Logdateien, anstatt direkt mit den Logdateien zu arbeiten. Sämtliche Reports können über eine Design-Funktion verändert werden. Hit List Standard verfolgt die Wege der Anwender zur und durch die Website und zeichnet Download-Versuche auf. Hit List Pro kann die durchschnittliche Seitenanzahl berechnen, die Anwender, die von einer bestimmten Site kommen, tendenziell ansehen. Darüber hinaus kann es Suchbegriffe von anderen Websites (wie zum Beispiel Yahoo!) analysieren, und genau bestimmen, warum und wie ein Anwender zu Ihrer Seite kommt. Zudem bietet es weitreichende Abfrage-Funktionen zur Ermittlung von Durchklickraten bestimmter Werbungschaltungen.

⇨ *Intersé* bietet eine Tracking-Software mit mehreren Standard-Reports, die Hits, Besucher, verwendete Browser und Traffic-Muster näher beschreiben. Dieses Tool erzeugt seine Reports offline aus Logdateien. Das ist besonders nützlich in Fällen, in denen ein Provider den Einsatz eigener Software in seinem Netzwerk nicht erlaubt und wenn monatliche Reports ausreichen. Man kann die Daten mehrerer Websites zueinander in Beziehung setzen oder die Nutzungsanalyse durch Hinzufügen von Daten aus zusätzlichen Quellen erweitern, wie zum Beispiel aus Anmeldeformularen, die demographische oder psychographische Informationen erfassen.

⇨ *net.Analysis Pro* von net.Genesis bietet marketingorientierte und technische Reports. Das Programm führt eine umfangreiche Analyse der Nutzerpfade durch und liefert Zugangs- und Abgangsreports sowie einige demographische Informationen. net.Analysis Pro listet die wichtigsten Internet Service Provider (ISP) und die geographischen Regionen auf, von denen aus auf die Website zugegriffen wurde, setzt sie zueinander in Beziehungen und fasst sie in einem Report zusammen. Diese Information ist allerdings begrenzt auf große ISP in den USA, wie Earth Link oder FlashNet.

⇨ *NetIntellect* ist ein weiteres Logdatei-Analysetool. Durch Komprimierung ist die NetIntellect-Datenbank um 95 Prozent kleiner als die ursprünglichen Logdateien. Das Komprimieren von Reports, die Wochen-, Monats- oder sogar Jahresdaten enthalten, ist essenziell wichtig, da diese Dateien unkomprimiert oft zu groß für die Datenverarbeitung sind. Mit NetIntellect können Sie mehrere Logdateien gleichzeitig bearbeiten. Zudem bietet es die Möglichkeit, Logdateien miteinander zu vergleichen.

⇨ *NetStats Pro* besitzt einen Query Builder, mit dem individuelle Logdateien-Reports erstellt werden können. Über eine Filterfunktion kann bestimmt werden, welche Datenfelder in den Report einbezogen und welche ausgeschlossen werden sollen (komplett mit multiplen Booleschen Ausdrücken und Zeit/Datum-Bereichen). Das Programm kann lokale Logdateien analysieren oder sie über eine FTP-Verbindung vom Server herunterladen. Der Standardreport beinhaltet Details über alle Besucher, die von den drei für diese Site wichtigsten Top-Level-Domains kommen, wie zum Beispiel die Dateien, auf die sie zugreifen und die Tages- und Wochen-Aktivität.

⇨ *NetTracker* ist ein weiteres auf Java basierendes Analysewerkzeug. Anwender müssen weder Logdateien auf Ihre Systeme herunterladen, noch müssen sie, außer ihrem Browser, noch andere Software laufen lassen.

⇨ *PressVu* ist ein Logdatei-Analysetool für kleine, sogenannte Peer-Websites, die über Direktwahl-Verbindungen auf Microsoft PWS (Personal Web Server) unter Windows 95 oder auf NT Workstations laufen. PressVu Desktop importiert Text-Logdateien in ein xBase-Datenbankformat. Das Hauptinterface von PressVu unterstützt den einfachen Zugriff auf die InterNIC WHOIS-Datenbank und DNS Hostname Lookup.

⇨ *SurfReport* ist ein in seiner Art einzigartiges Website-Traffic-Analysetool. Es kann Reports via E-Mail oder Browserzugriff generieren. SurfReport läuft auf nahezu jeder Plattform und unter jedem Betriebssystem und ist vollständig serverbasiert. Dies ermöglicht die Erstellung von Reports von jeder beliebigen Stelle im Internet aus.

⇨ *WebTrends* ermöglicht das Einlesen Ihrer Serverstatistiken fast ohne Zeitverlust. Das Programm kompiliert die Daten im Hintergrund. Ein langwieriges vorheriges Importieren von Logdateien in eine Datenbank vor der Analyse ist nicht notwendig, die ersten Reports werden dynamisch zur Laufzeit bereits während des Einlesens der Logdateien erstellt. WebTrends arbeitet hauptsächlich mit Server-Logdateien. und ermöglicht die Erfassung von Cookie-Informationen, transferierenden Websites, Browseridentitäten und verschiedenen Anwenderdetails.

(Links zu den Programmen finden Sie unter www.symposion.de/datamining/links.htm)

Website-Analysetools im Vergleich zu Data Mining-Tools

Moderne Analysetools für Websites bieten dieselben Datenansichten wie Statistik- und OLAP-Tools. Sie zeigen Gesamtzahlen und räumliche Darstellungen des Website-Traffic über die Zeit. Wie die Statistik- und OLAP-Tools sind sie jedoch nur dann in der Lage, verborgene Muster zu entdecken, wenn umfangreiche Abfragen durchgeführt werden.

Aufgrund der riesigen Datenmengen, die schon die einfachste Logdatei enthält, kann der Mustererkennungsprozess mit dieser Tool-Generation sehr schwierig, wenn nicht sogar unmöglich, sein. Wie Statistik- und OLAP-Tools arbeiten auch Website-Analysetools hypothesentestend und nach dem Top-down-Ansatz, anstatt die Daten selbstständig über maschinenlernende Algorithmen oder Neuronale Netze anzuordnen. Website-Analysetools sind wie OLAP-Tools gut dazu geeignet, Gesamtreports über mehrere Dimensionen zu erstellen, die dann für Management, Webadministratoren und Designer von großer Bedeutung sind, wenn nur Browser-, nicht jedoch Kaufaktivitäten gemessen werden sollen.

Aber nahezu kein Website-Analysetool ist in der Lage, auf der Grundlage der web-erzeugten Daten wichtige Marktsegmente zu identifizieren. Mit

Tagesgesamtzahlen für http://www.webminer.com/

Datum	Anwender	Hits	Pageviews
Mo, 28.10.1999	196	1291	407
Die, 29.10.1999	165	1092	330

Summe über den Auswertungszeitraum für http://www.webminer.com/

	Anwender	Hits gesamt	Pageviews
	353	2383	737

Tagesdurchschnitte für http://www.webminer.com/

	Anwender	Hits	Pageviews
	181	1192	369

Ausnahme von Aptex wendet kein Website-Analysetool Mustererkennungstechniken an. Aptex ist eigentlich ein System zur Textanalyse, das integrierte Neuronale Netze und proprietäre Modellierungs-Technologien besitzt (Aptex entwickelt für Sites wie Netscape, Excite und InfoSeek prädiktive Modelle auf der Grundlage von Neuronalen Netzen, um »intelligente Werbung« auf diesen Sites zu ermöglichen).

Fast alle derzeit verfügbaren Website-Analysetools führen eine sehr brauchbare und weit entwickelte Datenberichterstattung mit Tabellen, Diagrammen und 3D-VRML durch. Verschiedene Anbieter, wie zum Beispiel Astra, beginnen damit, weiterentwickelte Visualisierungstechniken wie die Linkanalyse einzusetzen. Einige Anbieter, wie zum Beispiel NetTracker und SurfReport, haben ihre Tools in Java geschrieben und nutzen die Vorteile des Internet, indem sie die Ergebnisse über Thin Client-Browser liefern. Wieder andere, wie *Netline* von I/PRO, bieten Dienstleistungen an, wobei die Trafficdaten zur Analyse und zum Auditing direkt auf deren »Third Party«- Server geleitet werden.

Die heutigen werbefinanzierten Websites sind auf Nutzerstatistiken angewiesen wie ein Fernsehsender auf Zuschauerquoten. Hits, das ursprüngliche Maß für die Effektivität einer Website, ist für Werbefachleute völlig uninteressant. Und mehr als an der Anzahl abgerufener Seiten sind sie daran interessiert, jedes Element (sei es eine Grafik, ein CGI-Skript oder eine Java-Klasse) ermitteln zu können, das zu einem Durchklick oder einem Verkaufsvorgang geführt hat. Betreiber von werbefinanzierten Sites möchten nicht nur wissen, wie viele Seiten angeschaut wurden (Pageviews), sondern darüber hinaus auch, wie viele Personen die Website besuchten. Sie müssen über demographische Daten ihrer Nutzer verfügen, um ihre Werbeplätze besser vermarkten zu können. Werbetreibenden möchten sie zum Beispiel sagen können, wer die Website besucht und woher diese Besucher kommen. Einige dieser Informationen, wie zum Beispiel Informationen über den Referrer, sind über Logdateien erhältlich, andere wiederum nicht. Hier können Data Mining-Tools und -Techniken Vermarkter und Shop-Betreiber effektiv unterstützen.

Ein Data Mining-Tool ersetzt kein Website-Analysetool, aber es eröffnet dem Webadministrator viele zusätzliche Möglichkeiten zur Beantwortung verschiedener Marketing- und Planungsfragen. Versuchen Sie zum Beispiel, auf folgende Fragen eine Antwort zu finden:
– Wie kann ich meine Besucher optimal segmentieren?
– Wer wird voraussichtlich meine neuen Online-Produkte und -Dienstleistungen kaufen oder in Anspruch nehmen?
– Welches sind die wichtigsten Verhaltenstrends meiner Besucher?
– Welche Eigenschaften oder Merkmale besitzen meine treuesten Kunden?

Diese Fragen könnten theoretisch mit einem Statistik-Tool beantwortet werden. Ein Webadministrator könnte zum Beispiel versuchen, Kriterien für ein Kundenprofil zu formulieren, die er dann über eine Abfrage testen kann. Durch Ausprobieren könnte ein Marketingexperte bis zu einem bestimmten Grad ein Gefühl dafür entwickeln, welche Eigenschaften die für diese Site typischen Besucher haben, zum Beispiel hinsichtlich Alter, Geschlecht, Wohnort, Einkommensstufen, usw. In einer so dynamischen Umgebung wie dem Internet ist eine solche Analyse jedoch äußerst zeitaufwändig, subjektiv und fehleranfällig.

Mit der oben beschriebenen manuellen Herangehensweise kann es Tage oder Monate dauern, um in diesem dynamischen Marktsegment das optimale Kundenprofil für einen großen Online-Shop zu erstellen. Ein Data Mining-Tool (wie ein Entscheidungsbaum-Generator), das maschinenlernende Algorithmen verwendet, könnte die Fragen automatisch, besser und in sehr viel kürzerer Zeit – meist in wenigen Minuten – beantworten. Noch wichtiger ist, dass diese Art der autonomen Segmentierung unvoreingenommen und datengesteuert ist und nicht, wie bei anderen Tools, auf der Intuition des Analytikers beruht.

Mit Hilfe eines Data Mining-Tools kann eine Logdatei zum Beispiel schnell in statistisch relevante Klassen segmentiert werden. Der Entscheidungsbaum in Abbildung 34 wurde mit einem Data Mining-Tool erzeugt, das mehrere symbolische Klassifikatoren einsetzt, einschließlich ID3 (Interactive Dichotomizer, ein maschinenlernender Algorithmus) und zwei statistische Algorithmen, CHAID (CHI-squared Automatic Interaction Detection) und CART (Classification and Regression Tree). Ein besonderes Merkmal dieses Tools ist, dass CART und CHAID

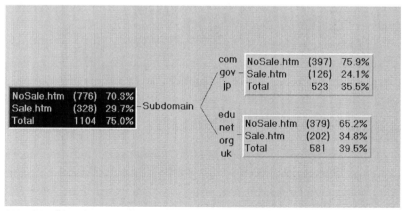

Abb. 34: *Über Data Mining können die in einer Website verborgenen Beziehungen bei Online-Verkäufen aufgedeckt werden.*

Was ist Data Mining?

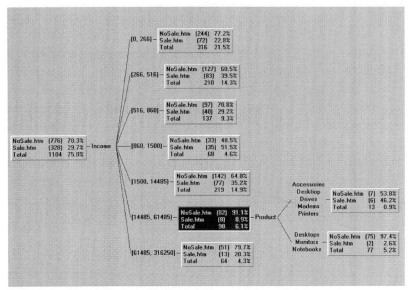

Abb. 35: *Die Endpunkte des Entscheidungsbaums repräsentieren Marktsegemente.*

gleichzeitig laufen, das heißt, kontinuierliche und diskrete, abhängige und unabhängige Variablen können ohne Preprocessing oder Skalierung modelliert werden. Das Tool erzeugt multivariate Entscheidungsbäume, Wenn/Dann-Regeln und SQL-Syntax.

In Abbildung 35 hat ein Data Mining-Tool einen Entscheidungsbaum erzeugt, indem es zwei wichtige Attribute der Besucher identifizierte. Es fand *Schlüsselattribute*, nämlich die Typen der auf dieser Site verkauften Computerprodukte und *Intervalle*, in diesem Fall die Einkommensklassen der Besucher, unterschieden nach Käufern und Nicht-Käufern.

Entscheidend ist, dass diese Klassen, die die verschiedenen Marktsegmente repräsentieren, innerhalb weniger Minuten von einem maschinenlernenden Algorithmus entdeckt wurden und nicht durch eine vom Webadministrator manuell durchgeführte Analyse der Reports. Data Mining ersetzt nicht die Datenanalyse, es automatisiert sie einfach. Genauso wichtig ist, dass, während das Data Mining-Tool eine Klasse oder ein potenziell profitables Marktsegment findet, ein Website-Analysetool die erforderliche Analyse liefern kann, um die Profite jedes der Marktsegmente projizieren zu können. Ein Statistik-Tool kann die Diagramme liefern, und so die Ergebnisse visualisieren, um dem Management die Wichtigkeit dieser neu entdeckten Marktsegmente bewusst zu machen. Letztendlich sollten also alle Tools verwendet werden, die zur Verfügung stehen. Wie bei dem Bau eines Gebäudes werden immer mehrere Werkzeuge benötigt, die jeweils bestimmte Aufgaben übernehmen und damit zur Realisierung des Gesamtprojektes beitragen.

Visuelles Data Mining
Eine Data Mining-Analyse kann alternativ auch mit Visualisierungs-Tools durchgeführt werden. Besonders sinnvoll ist das dann, wenn sie etwa zusammen mit Neuronalen Netzen und maschinenlernenden Algorithmen angewendet werden. Einige Merkmale gängiger Visualisierungs-Tools wurden auch bereits in bestehende Website-Analysetools integriert. Ein Beispiel ist Mercury Interactive's Astra Sitemanager, der eine Art Linkanalyse bietet.

Die folgenden Abschnitte stellen einige Visualisierungstools und deren spezielle Fähigkeiten vor, einschließlich ihrer Leistungsmerkmale, Funktionen, Benutzeroberflächen, Umfang der gelieferten Information, Skalierbarkeit, Integrationsfähigkeit und typischer Anwendungsbereiche. Es wird gezeigt, wie mit diesen Tools, in Verbindung mit anderen Data Mining-Tools, noch tiefere Einblicke in die verschiedenen Muster der Website gewonnen werden können. Diese Systeme zur Datenvisualisierung werden in drei verschiedene Klassen eingeteilt: Gesamt-Pakete, Systeme zur Linkanalyse und quantitative Displays.

Gesamtpakete

Bei der *Datenvisualisierung* werden abstrakte Repräsentationen in interaktiven, virtuellen 3D-Umgebungen eingesetzt, um grosse Datenmengen darzustellen. Dies ist eine der besten Methoden, um Trends in einem Data Warehouse (oder im Datenbestand einer Website) proaktiv aufzuzeigen. Erreicht wird das mittels Navigation durch Datenlandschaften und visueller Ausrichtung der Daten, um versteckte Abweichungen zu entdecken. Systeme zur Datenvisualisierung dienen zudem der Unterstützung von Echtzeit-Anwendungen, da parametrische Werte als animierte oder simulierte Datendimension dargestellt werden können. Folgende Tools stehen exemplarisch für solche Gesamtpakete zur Datenvisualisierung: *SpotFire, Visual-ID (Lucent Technologies), Visible Decisions (VDI) und Metaphor Mixer (Maxus Corporation).*

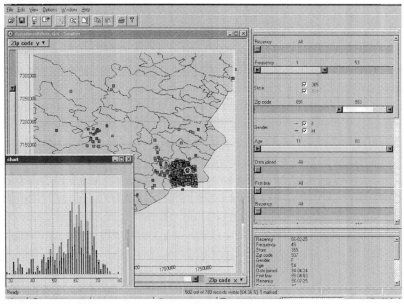

Abb. 36: *Variablen wie zum Beispiel das Geschlecht können rechts verändert und auf der Landkarte sowie im Diagramm betrachtet werden.*

(Links zu den Programmen finden Sie unter www.symposion.de/datamining/links.htm)

Abbildung 36 zeigt eine Ansicht der Kunden eines Einkaufszentrums, das mit Hilfe eines Visualisierungs-Tools Direktmail-Kampagnen entwirft. Als Basis dafür dienen verschiedene Kundeneigenschaften, wie zum Beispiel Postleitzahl, Geschlecht und Alter. Ein solches Tool kann auch dazu verwendet werden, demographische Daten von Online-Besuchern zu analysieren, um mögliche geographische Schwerpunkte über Postleitzahlen und andere Kriterien zu finden. Das Beispiel-Tool bietet interaktiv die Möglichkeit, Schieberegler auf der rechten Bildschirmseite zu bewegen und die Veränderungen mehrerer Variablen wie Kauffrequenz und durchschnittliche Rechnungssumme gleichzeitig auf der Landkarte und dem Balkendiagramm links zu beobachten.

Systeme zur Linkanalyse

Die Linkanalyse basiert auf einem speziellen Zweig der Mathematik: *der Graphentheorie*. Sie erfasst binäre Zusammenhänge, die zwischen Objektdarstellungen bestehen, um Interaktions- und Beziehungsnetzwerke aus festgelegten Datensätzen zu generieren. Die Linkanalyse kann weder auf alle Datentypen angewendet werden noch jede Art Problem lösen. Die Gesamtzahl der Datensätze, die mit Hilfe der Linkanalyse dargestellt werden kann, ist begrenzt, und die Analyse konzentriert sich meist auf die Verifizierung verwandter Informationen. Durch verschiedene Layouts, Filter und Darstellungsformate erhält die Linkanalyse jedoch eine herausragende Fähigkeit: Sie kann Muster identifizieren, die durch ungewöhnliche Beziehungen, sich plötzlich bildende Gruppen und starke Verbindungen entstehen.

Die Linkanalyse wird in einigen Anwendungsbereichen erfolgreich eingesetzt. Dazu zählen die Analyse von Telefonanrufmustern und die Zusammenfassung von relevanten Informationsquellen. Ein Mobilfunknetz-Betreiber könnte die Linkanalyse etwa einsetzen, um Anrufmuster zu untersuchen und damit herauszufinden, worin sich seine

Was ist Data Mining?

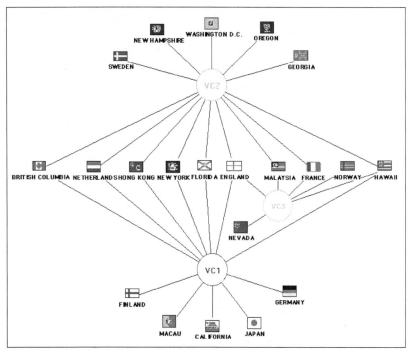

Abb. 37: *Ein Linkanalyse-Tool entdeckte das Verhalten und die Beziehungen in einem Betrugs-Schema.*

Kunden unterscheiden. Das FBI nutzt ein Linkanalyse-System, um Daten aus verschiedenen Quellen zusammenzufassen und damit bei der Aufdeckung von Verbrechen zu helfen. Die Linkanalyse ist in der Lage, Beziehungen auszuwerten und daraus Eigenschaften abzuleiten, die von klassischen Analysemethoden in der Regel übersehen werden.

Eine Linkanalyse kann dazu eingesetzt werden, Beziehungen zwischen bestimmten Produkten oder Pages Ihrer Website aufzuzeigen. Darüber hinaus kann sie weitere verborgene, auf demographischen Daten Ihrer Besucher beruhende Beziehungen visualisieren (siehe Abbildung 37). Ein großer Nachteil der Linkanalyse-Systeme liegt jedoch in ihrer schlechten Leistung in Verbindung mit relationalen Datenbanken.

Folgende Tools stehen exemplarisch für Systeme zur Linkanalyse: *NETMAP* (ALTA Analytics), *IMAGIX-4D* (Imagix Corporation), *Analyst Notebook* (I2), *WATSON* (Harlequin) und *GVA* (United Information Systems).
(Links zu den Programmen www.symposion.de/datamining/links.htm)

Visualisierungswerkzeuge

Visualisierungswerkzeuge können extrem große Datenmengen erfassen. Sie enthalten meist numerische Darstellungen. Die Diagramme sehen häufig wie traditionelle Statistikdiagramme aus und bieten Clusterung, Summierung und Bereichsvergleiche. Neueste Implementierungen haben die Leistungsgrenzen dieser Diagramme neu abgesteckt, so können sie nun auch hyperdimensionale Analysen durchführen. Dies macht sie zu idealen Kandidaten für die Identifizierung von in Datensätzen

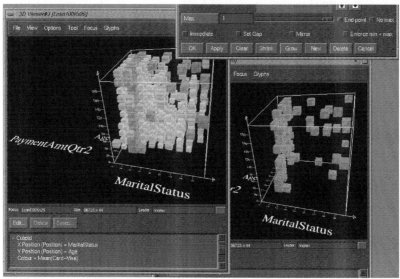

Abb. 38: *In einer 3D-Umgebung können Schichten mit »verrauschten« Daten entfernt werden, um verborgenes Wissen zu finden.*

auftauchenden linearen oder exponentiellen Trends (siehe Abbildung 38).

Folgende Tools stehen exemplarisch für Displaysysteme: *DIAMONDS* (IBM/SPSS), *CrossGraphs* (Belmont Research) und *Temple-MVV* (Mihalisin).
(Links zu den Programmen www.symposion.de/datamining/links.htm)

Data Mining - Ergebnisse und Ergebnisformate
Data Mining kann Beobachtungen bestätigen, die die Marketingabteilung und das Management von der Website und ihren Besuchern gemacht haben. Mit Hilfe von Data Mining können diese Beobachtungen quantifiziert werden, so dass erkennbar wird, zu welchem Zeitpunkt voraussichtlich Käufe getätigt werden, oder wie groß der monetäre Wertebereich zwischen profitablen und unprofitablen Internetsitzungen ist. Data Mining kann sowohl zu kleinen Verbesserungen der Effektivität als auch zu durchschlagenden Veränderungen im Design und der Struktur einer Website führen. Über das Data Mining Ihrer Website könnten Sie vielleicht herausfinden, dass Ihre besten Kunden zwischen 36 und 42 Jahre alt sind, oder Sie entdecken zu Ihrer Überraschung, dass sich Ihre Produkte und Dienstleistungen besser an Frauen verkaufen lassen als an Männer, wie Sie ursprünglich annahmen. Informationen, die Sie aus Formularen und dem Auswerten des Inhalts Ihrer Datenbank erhalten, können diese und andere Geheimnisse lüften, so wie zum Beispiel, welche Produkte Sie zur Nutzung von Cross-Selling-Möglichkeiten zusammenstellen können, oder welche Inhalte und welche Werbung Sie Ihren Online-Besuchern je nach Geschlecht, Alter, Demographie und Lifestyle-Typ anbieten sollten. Auch auf anderen Wegen gesammelte Informationen können mit Hilfe der über die Formulare erfassten Postleitzahlen zugeführt werden.

Wie schon erwähnt, ist Data Mining mehr als der einfache Einsatz von Software. Es ist ein Unternehmensprozess, der dazu dient, Entscheidungsgrundlagen für die Produkt- und Finanzanalyse, den Vertrieb, das Marketing und die Kundensegmentierung aus Kundendatenbanken zu

Was ist Data Mining ?

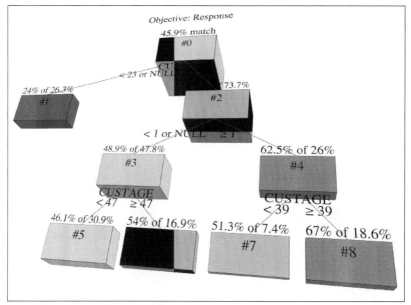

Abb. 39: *Eine weitverbreitete Darstellungsmethode des Data Mining ist der Entscheidungsbaum, der eine Datenbank in Segmente aufteilt.*

extrahieren. Data Mining deckt Wissen auf, das Sie zu Ihrem strategischen Vorteil nutzen können. Das Format einer Data Mining-Analyse beziehungsweise eines Data Mining-Tools kann dabei von Fall zu Fall unterschiedlich sein. Ein Format ist zum Beispiel die Visualisierung in einem Entscheidungsbaum (siehe Abbildung 39).

Die Ergebnisse einer Data Mining-Analyse können auch als Wenn/Dann-Regeln formuliert werden, die üblicherweise Marktsegmenten entsprechen, welche aus den Daten einer Website abgeleitet sind (siehe Tabelle Seite 102 oben).

Ein anderer möglicher Ausgabewert des Data Mining-Prozesses ist C-Code, der in der Regel Gewichte oder Formeln repräsentiert. Diese Gewichte werden meist mittels eines Data Mining-Tools gewonnen, dessen Kerntechnologie ein Neuronales oder ein polynominales Netz ist.

WENN	Alter des Online-Kunden ist kleiner als 47
DANN	Response auf ein Angebot beträgt 46,1%
WENN	Alter des Online-Kunden ist größer gleich 47
DANN	Response auf ein Angebot beträgt 54%
WENN	Alter des Online-Kunden ist kleiner als 39
DANN	Response auf ein Angebot beträgt 51,3%
WENN	Alter des Online-Kunden ist größer gleich 39
DANN	Response auf ein Angebot beträgt 67%

```
**************/
double *webminer (double inarr[])
(
/* node5-Successuful_Suburbanities */
node5 = -1.19493 + 0.032543*LIMIT(Successful_Suburbanities ,
0,82.9);
/* node31-Young_Frequent_Movers */ node31 = -0.22708 +
0.0943097*LIMIT(Young_Frequent_Movers , 0.100);
/* node32-Rural_Industrial_Workers */
node32 = - 0.367938 + 0.0455085*LIMIT(Rural_Industrial_Workers
,0,100);
/* node51-Triplet */
node51 = 0 - 22.0566 -  40.4871*node5 -  18.3542*pow2(node5)
+ 0.174813*pow3(node5) -  68.848*node31
- 156.303*node5*node31 -   83.2704*pow2(node5)*node31
- 44.5781*pow2(node31) -  37.7005*node5*pow2(node31)
- 0.0442751*pow3(node31) -  64.3699*node32
- 54.3879*node5*node32 -   85.61*node31*node32
- 156.467*node5*node31*node32 · 0.270547*pow2(node31)*node32
- 0.109251*pow2(node32) -  0.272628*node31*pow2(node32)
- 0.00897233*pow3(node32) ;
```

Einige Data Mining-Tools können auch eine SQL-Syntax erzeugen, die exportiert und in einem Produktionssystem eingesetzt werden kann, um Datensätze in der Datenbank zu finden, die den Parametern der Abfrage entsprechen.

```
/* SQL 1 */
select * from table
where
    (
        High Rise Renters = 0 or
        High Rise Renters = 0.1 or
        High Rise Renters = 0.6
    );
/* SQL 2 */
select * from table
where
    (
        High Rise Renters = 1.7
    );
/* SQL 3 */
select * from table
where
    (
        High Rise Renters = 11.7 or
        High Rise Renters = 28.4
    );
/* SQL 4 */
select * from table
where
    (
        High Rise Renters = 51.3 or
        High Rise Renters = 83 or
        High Rise Renters = 91
    );
```

Denken Sie daran, dass der Data Mining-Prozess und die vielfältigen Arten seiner Ergebnisdarstellung nur ein Ziel verfolgen: Einblick in das Verhalten Ihrer Online-Besucher und Kunden zu geben.

Warum und wer, nicht was

Data Mining behandelt das *warum* und nicht das *was*. Es soll zum Beispiel herauszufinden, *warum* die Gesamtverkäufe Ihrer Website bei einem bestimmten Produkt oder einer bestimmten Dienstleistung gestiegen sind und *warum* bestimmte Online-Besucher mit einer bestimmten Postleitzahl und Zugehörigkeit zu einer Altersgruppe etwas Bestimmtes aus Ihrem Online-Katalog gekauft haben, und andere nicht. Data Mining sagt, warum bestimmte Online-Besucher dazu neigen, immer wieder Produkte und Dienstleistungen bei Ihnen zu kaufen, und andere nicht. Beim Data Mining geht es darum, warum der Traffic in Ihren WebsiteTraffic-Reports so ist, wie er ist, und ist damit eine sehr viel leistungsstärkere Technologie, als es das einfache Summieren von Domainbesuchen ist.

Data Mining betrifft auch die Frage, *wer*. Wer besucht Ihre Website und kauft Ihre Produkte und Dienstleistungen, wer sind Ihre treuesten und profitabelsten Online-Kunden? Data Mining beschäftigt sich mit Verhältnismäßigkeiten, Regeln, Attributen, Merkmalen, Mustern, Signaturen und Einfluss-Faktoren, die in den Daten einer Website verborgen sind. Es soll die Gründe und Zusammenhänge hinter den Zahlen der Zugriffs-Statistik aufdecken. Darüber hinaus zeigt es die wichtigsten Unterschiede zwischen Online-Besuchern, Online-Kunden, zwischen Dienstleistungen, Produkten und Verkäufen. Data Mining behandelt das *warum* und *wer*, nicht das *wie viele*. Es kann zur Beantwortung folgender Fragen dienen:

- Warum ist ein Online-Besucher profitabel oder unprofitabel?
- Welche Online-Besucher antworten auf Ihre Werbeaktionen?
- Welche gemeinsamen Eigenschaften zeichnen profitable Besucher aus?
- Warum liess sich dieses Produkt an jenen Besucher verkaufen?
- Welche Produkte werden diese Online-Besucher nächste Woche kaufen?

Beim Data Mining geht es um den Einsatz von autonomen Mustererkennungs-Technologien zur Erreichung eines bestimmten Geschäftszieles, zum Beispiel der Steigerung Ihrer Online-Verkäufe. Es geht um *Wahrnehmung*, *Lernen* und *Weiterentwicklung* – eben jene menschlichen

Funktionen, die Ihrem Unternehmen helfen, sich in der schnelllebigen E-Commerce-Umgebung zurecht zu finden. Das Ziel von Data Mining kann beispielsweise die Vergrößerung Ihrer Marktanteile durch das Ermitteln Ihrer wertvollsten Online-Kunden sein – das Verständnis ihrer Eigenschaften und die Nutzung dieses Wissens für die Gewinnung neuer Online-Besucher durch gezielte Marketing- und Werbemaßnahmen.

Der Online-Laden um die Ecke

Stehen detaillierte Informationen über typische Gewohnheiten Ihres Kunden in dem Moment zur Verfügung, in dem er die Site besucht, kann die Site ihm eine fast ebenso persönliche Interaktion bieten wie der Laden an der nächsten Ecke. Zum Beispiel kann die Website eines Buchhändlers Titel zeigen, die genau die individuellen Vorlieben des Kunden treffen. Nimmt diese Art von Zuwendung mit jeder Transaktion zu, wird der Kunde einen Mehrwert in dieser Geschäftsbeziehung wahrnehmen. Hauptziel dieses One-to-One-Marketing ist, auf längere Sicht das Geschäft mit jedem einzelnen Kunden zu steigern. Ein eindeutiger Vorteil dieses Relationship-Marketing besteht darin, dass das Unternehmen, während es an der Steigerung des Umsatzes mit dem Kunden arbeitet, gleichzeitig eine langfristige Beziehung aufbaut und mit jeder Transaktion Neues über den Kunden erfährt. Was einen zusätzlichen Vorteil bringt, weil es einfacher ist, den Umsatz mit schon vorhandenen Kunden zu erhöhen, als neue Kunden zu gewinnen.

Die Website kann Kunden »aufspüren«, sie kann einen interaktiven Dialog in Gang setzen und macht es möglich, Massenmarketing von Produkten und Dienstleistungen so anzulegen und zu präsentieren, dass es den individuellen Bedürfnissen und Ansprüchen des einzelnen Kunden entspricht. Der Schlüssel dazu ist das möglichst umfassende Wissen über jeden Kunden. Dialog ist der wichtigste Aspekt beim Relationship-Marketing. Vereinfachen Sie die Kommunikation mit Ihren Besuchern, machen Sie sich das Feedback zu Nutze und gehen Sie auf die Besucher ein. Machen Sie Vorschläge und geben Sie Empfehlungen, um Vertrauen und Loyalität aufzubauen, die sich in höherem Umsatz und mehr Gewinn auszahlen werden.

Die Verwendung von »psychographischen« Daten, also Daten zu den Lebensgewohnheiten, wurde in den achtziger Jahren zum beherrschenden Thema, bevor dann in den Neunzigern Regis McKenna den Begriff des Relationship-Marketing einführte. McKenna schlug vor, vom Marketing für Jedermann wegzukommen und sich statt dessen darauf zu konzentrieren, die Kunden besser kennen zu lernen und eine enge Beziehung zu ihnen aufzubauen. Sein Konzept besteht darin, Produkte und Dienstleistungen zu entwickeln, die einen spezifischen Bedarf bedienen, indem man die Standards in diesem Markt setzt und eine intensive Beziehung mit den Kunden aufbaut. Es hat sich gezeigt, dass Relationship-Marketing ein ideales Konzept für das Internet und den elektronischen Einzelhandel ist. Durch die rapide fallenden Computerpreise bei gleichzeitig immenser Steigerung der Leistungs- und Speicherkapazitäten wurde während der letzten zehn Jahre die Verwendung von Datenbanken im Marketing fast schon zur Selbstverständlichkeit.

Ein neueres Konzept geht dahin, das Marketing noch mehr einzugrenzen, weg vom Segment und hin zur Einzelperson. Die Marketing-Visionäre Peppers und Rogers sahen in ihrem Buch *The One-to-One Future* schon ein Jahr, bevor das Web die Bühne betrat, das zukünftige Marketingumfeld voraus. In ihrem Buch führten sie das Konzept des auf die Einzelperson abzielenden One-to-One-Marketing ein, als einen längeren Prozess, während dessen so viel Wissen über den Kunden zusammengetragen wird als möglich. Heute kann sich ein Online-Händler ähnlich wie der Kaufmann an der Ecke merken, welche Produkte seinen Kunden am meisten zusagen, kann diese für sie vorrätig halten und ihnen dann per E-Mail produktspezifische Angebote unterbreiten.

Verkaufen als Dienstleistung

Verkaufen im Internet verfolgt das Ziel, die Wiederholungsrate der Einkäufe zu steigern, indem man sich den Wiedererkennungseffekt von

Marken und die Profitabilität der Kunden über ihre »Lebenszeit« zu Nutze macht. Verkaufen im Web ist eine Chance, die Kunden enger an sich zu binden, so den Kundenschwund zu mindern und gleichzeitig den Gewinn pro Kunde zu steigern. Da jede Folgetransaktion geringere Kosten verursacht als die erste, sind treue Kunden am profitabelsten, denn je länger sie Kunden sind, desto mehr geben sie im Lauf der Zeit aus. Kundentreue kann gefördert werden durch die Möglichkeit zum Feedback, das man über Fragebögen und E-Mails unterstützen sollte. Damit können die Kunden mitteilen, wer sie sind und was sie von Ihrem Webangebot erwarten.

Im Geschäftsverkehr mit Ihren Kunden ist es von besonderer Bedeutung, dass Sie die Vertraulichkeit der Daten garantieren, die Ihnen Ihre Kunden anvertrauen. Denken Sie bitte daran, dass Kundeninformationen ein wichtiges Kapital im Wettbewerb sind und ohne Zustimmung Ihrer Kunden weder mit einer anderen Firma geteilt noch einem anderen Unternehmen zugänglich gemacht werden dürfen. Achten Sie in Ihren Fragebögen darauf, dass Sie nicht sofort nach allen Informationen fragen und Ihren Kunden die Möglichkeit geben, zu entscheiden, welche Angaben sie Ihnen liefern wollen. Und schließlich, honorieren Sie die Bereitschaft Ihrer Kunden zur Weitergabe von Informationen, indem Sie ihnen zum Beispiel einen speziellen Shopping-Bereich zugänglich machen oder einen Preisnachlass anbieten.

Data Mining erfüllt viele Funktionen: Es kann helfen, den Erfolg Ihrer Website zu messen und die Profile Ihrer Website-Besucher zu vervollständigen; es kann Hilfe bieten bei der Segmentierung von Kunden nach Rentabilität, Treuewert, Gesamtnutzung und Anzahl der Besuche; und schließlich kann Data Mining auch bei der Entwicklung von prädiktiven Modellen zur Zielgruppenbestimmung zukünftiger Kunden helfen.

Der Prozess der Datengewinnung ist eine kontinuierliche Entwicklung. Zum Beispiel wird anfangs primär der Inhalt Ihrer Website bestimmen, welche Zielgruppen Ihre Produkte und Serviceleistungen erreichen. Ein Kunde wird zu einer Auto-Website gehen, wenn er

Informationen zu einem bestimmten neuen Sportwagen sucht, er wird zu einer Sport-Seite gehen, wenn er Einzelheiten über das Spiel von gestern Abend erfahren will. Dies ist die erste Stufe. Die zweite Stufe des Prozesses bezieht einige Server- und Browser-Daten ein, die in Logdateien gespeichert sind, wie zum Beispiel Zugriffstag und Uhrzeit, Referrer, Subdomain sowie aufgerufene und betrachtete HTML-Seite. Die dritte Stufe bezieht über Formulare auch demographische Informationen mit ein, die aus Postleitzahlen abgeleitet werden können. Auf dieser Stufe befinden wir uns noch auf der Marktsegment-Ebene, wo man mit Data Mining-Tools wie zum Beispiel einem Entscheidungsbaum-Generator arbeiten kann. Auf der vierten und letzten Stufe werden auch individuelle Kundengewohnheiten mit einbezogen, wie Pageviews, geklickte Links, Suchbegriffe, Ad Impressions und Transaktionen. Auf dieser eigentlichen One-to-One-Ebene ist ein Neuronales Netzwerk-Tool erforderlich, mit dessen Hilfe die Kaufneigung einzelner Personen gegenüber bestimmten Produkten oder Dienstleistungen eingeschätzt werden kann.

Internet-Marketing

Da im Internet die Aktivität eines Besuchers sehr detailliert verfolgt werden kann, kann Werbung – gestützt auf Nutzerprofilen und ermitteltem Konsumentenverhalten – gezielt an solche potenzielle Kunden gerichtet werden, die sich mit hoher Wahrscheinlichkeit durch diese Werbung angesprochen fühlen. Zum Data Mining gehört typischerweise eine Verfahrensklasse, die als »*Unbeaufsichtigtes Lernen*« bezeichnet wird und mit dem ein Muster oder eine Signatur für eine bestimmte Konsumentengruppe aufgedeckt wird. Das sind Kunden, die bestimmte Neigungen und Eigenschaften teilen. Hat man letztere identifiziert, kann man sie dazu verwenden, um seine Marketingstrategie auf neue potenzielle Kunden mit ähnlichen Profilen auszurichten. Der Vorteil des Relationship-Marketing mit Hilfe von Data Mining besteht schließlich gerade darin, dass Ihre Besucher und Kunden die Möglichkeit haben, Sie zu »lehren«, was sie wirklich wollen und wünschen.

Bevor Sie die Daten Ihrer Website mit Data-Mining-Verfahren auswerten können, müssen Sie zunächst die Prozesse planen und ausarbeiten, mittels derer die Eigenschaften Ihrer Besucher und Kunden ermittelt werden sollen. Sind Sie neu im Netz, werden Sie die Daten Ihrer Website in mehreren Schritten dazu nutzen, Werbung, Produkte und Dienstleistungen zu positionieren. Der erste Schritt beginnt mit Ihren Server-Logdateien:
- geographischer Standort
- frühere Käufe
- Browser-Typ
- Tageszeit
- letzte Klicks
- IP-Adresse

Wenn Sie Formulare für Kaufvorgänge, Registrierung, Spiele, Gästebücher, Wettbewerbe oder andere Werbeaktionen einsetzen, haben Sie bereits den zweiten Schritt gemacht, mit dem Sie anfangen können, tatsächlich Informationen zum Profil Ihrer Besucher und Kunden zu sammeln, wie zum Beispiel:
- Tätigkeit
- Beruf
- Postleitzahl
- Geschlecht
- Alter

In einem dritten Schritt erfassen Sie schließlich das tatsächliche Verhalten Ihrer Kunden, deren Aktivitäten Sie nun auswerten können, um spezielle Muster oder Signaturen zu erkennen. Gleichzeitig können Sie auch beginnen, zusätzlich Daten aus Cookie-Dateien zu sammeln und auszuwerten, um die Neigung von Kunden, bestimmte Links zu klicken zu ermitteln und ihre Käufe zu analysieren. Daten, die Sie in den zwei vorhergehenden Schritten gesammelt haben, können zugemischt werden, um so Modelle und Profile zur Identifizierung der Eigenschaften dieser Kunden zu erstellen.

Sind die Informationen zusammengetragen, kann man Data Mining-Techniken einsetzen, um anhand von Ähnlichkeiten in Lebensstil, Charaktereigenschaften und Gewohnheiten auf die Kundenzusammensetzung zu schließen. Mit diesen Erkenntnissen können Sie Ihre Werbe- und Marketingkampagnen feinabstimmen. Durch sorgfältige Gestaltung und Einbeziehung von Formularen können Sie nun von Ihren Besuchern und Kunden erfahren, was ihnen an Ihren Produkten und Dienstleistungen und denen Ihrer Konkurrenten gefällt oder auch nicht gefällt. Durch dieses Verfahren werden Sie mit jedem Kunden einen höheren Umsatz erzielen und so einen Wettbewerbsvorteil erlangen. Im Laufe dieses Prozesses der Kundenbindung reduzieren sich die Kosten für die Gewinnung neuer Kunden, denn es kostet weniger, Kunden zu halten als ständig neue zu akquirieren. Das Erfassen und Auswerten von Daten, die Sie aus der Werbung und speziell aus den Werbeaktionen auf Ihrer Website gewinnen, ist also sehr wichtig, besonders dann, wenn Sie demographische Daten sammeln können, die Sie Ihrem Unternehmensziel näher bringen, im Internet erfolgreich zu verkaufen.

Je präziser Ihre Werbung und Ihre Online-Verkaufsaktionen ausgerichtet sind, desto qualifiziertere Kontakte werden Sie bekommen und desto größer wird vermutlich der Response sein. Website-Besucher und -Kunden zeigen unterschiedliche Verhaltensweisen und haben individuelle Gründe für die Benutzung des Internet, das heißt, Sie sollten auf diese persönlichen Einstellungen achten. Mit dem Data Mining Ihrer Website werden Sie Schritt auf Schritt »lernen«, mit Ihren Kunden zurückhaltend aber effizient umzugehen – mit unterschiedlichen Ansprachen, Angeboten und Inhalten – und Sie können sie viel zielgerichteter als über herkömmliche Medien erreichen.

Sie können über Ihre Website individuell zugeschnittene Produkte und Dienstleistungen anbieten, wenn für das Data Mining genügend Informationen aus Log- und Cookie-Dateien erfasst und personenbezogene Daten aus Formularen ausgelesen werden können. Es gibt auch zusätzliche Techniken, Technologien und Dienste, die nur im Internet zur Verfügung stehen und die Sie dazu nutzen können, Daten für das Data Mining zu generieren; hierzu gehören zum Beispiel die Produkte und Dienstleistungen von BroadVisions's Relational, ADSmart, Engage Technologies und GuestTrack. Doch bevor Sie hier tätig werden, müssen Sie Bedenken hinsichtlich der Sicherheit und des Datenschutzes ausräumen. Gehen Sie auf Bedenken Ihrer Kunden und Besucher ein, die unbemerkt ablaufendem Tracking mittels Cookies, Collaborative Filtering oder Ad-Servern sehr kritisch gegenüber stehen. Dazu gehört, dass Sie Besucher und Kunden ausdrücklich darüber informieren, wie Sie die beim Besuch der Website gesammelten Daten nutzen wollen, dass Sie damit nämlich ein persönlicheres Umfeld schaffen möchten. Der Hauptgrund für jedes Data Mining sollte sein, den Kundenservice auf ein so hohes Niveau zu bringen, dass Ihre Kunden keinen Grund sehen, zur Konkurrenz zu wechseln.

Online-Coupons
Online-Coupons sind ein sehr kostengünstiges Instrument für die Marktforschung über das Internet und es lassen sich damit sehr genaue Konsumenten-Produkt-Informationen zusammentragen. Kunden, die Online-Coupons sammeln möchten, wählen Sonderangebote aus einer speziellen Auswahl auf der Website eines Händlers. Haben sie ihre Wahl getroffen, erhalten sie mit der Post nicht kopierfähige Gutscheine, die in einem der physischen Läden des Händlers eingelöst werden können.

In einer Mischung aus traditioneller Marktforschung und Ad-Tracking setzen inzwischen elektronische wie konventionelle Einzelhändler Online-Coupons ein, um auf effiziente und kostengünstige Weise mehr über ihre Kunden zu erfahren. (vgl. Abbildung 40) Besucher von Shops können Formulare ausfüllen, um Gutscheine zu erhalten. Bei dieser Gelegenheit werden ihnen Fragen gestellt, beispielsweise nach dem Geschlecht, wie viele Personen in ihrem Haushalt wohnen, ob sie ein Haustier haben und so weiter, damit die Gutscheine auf die spezifischen Bedürfnisse des einzelnen Konsumenten maßgeschneidert werden kön-

Was ist Data Mining ?

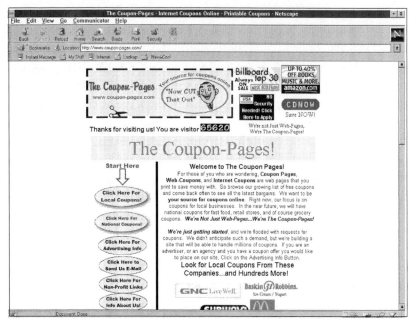

Abb. 40: *Mit Online-Coupons können Sie wichtige Konsumenteninformationen sammeln.*

nen. Online-Coupons haben hohe Responseraten – in manchen Fällen mehr als 20 Prozent, wenn es um Markenprodukte führender Konsumartikelhersteller geht. Herkömmliche Gutscheine haben dagegen eine durchschnittliche Rücklaufquote von weniger als 2 Prozent.

Data Mining und Kundenwert

Viele der heutigen Data Mining-Tools stützen sich zum Teil auf statistische Algorithmen wie zum Beispiel CHAID (CHI-square Automatic Interaction Detection) oder CART (Classification and Regression Trees) und teilweise auf verschiedene Techniken aus dem Bereich der

WENN	Gesamtzahl der getätigten Besuche	= 7 bis 9
UND	Kategorie des gekauften Buches	= Datenbankverwaltung
DANN	Gesamtumsatzprognose für das Jahr	= $90

112

künstlichen Intelligenz, welche zur Nachahmung menschlicher Wahrnehmung entwickelt wurden, wie Neuronale Netzwerke und Machine-Learning. Einige dieser Data Mining-Tools suchen nach Datenmustern und organisieren ihre Ergebnisse dann als Verknüpfungen oder Regeln. Data Mining-Analytiker können ihre Lösungen als praktisch anwendbare Business-Statements formulieren, die leicht zu begreifen sind und vom Internet- oder Marketingteam umgesetzt werden können:
Im Unterschied zur Tracking-Software wurden Data Mining-Techniken dazu entwickelt, Hunderte und sogar Tausende von Datenfeldern zu durchforsten, um die wenigen Felder zu finden, die zur Profilerstellung unter dem Gesichtspunkt potenziell profitabler Gruppen oder Marktsegmente signifikant sind. Die Technologie der meisten heutigen Data Mining-Tools erlaubt es, Hunderttausende von Datensätzen und Datenfelder einer web-erzeugten Datenbank zu zerlegen und auszuwerten, um so die Attribute herauszufiltern, über die wichtige Business-Faktoren wie der Gesamtabsatz beeinflusst werden können (siehe Tabelle auf Seite 112 unten).

Die den meisten Data Mining-Tools zugrunde liegende Mathematik zeigt sich darin, wie der »Informationszuwachs«, den ein Datensatz der ihm zugeordneten Klasse zufügt, berechnet wird. Das *Kriterium für den Zuwachs* ist faktisch eine Messung der Information oder des Umfangs der Information, die übermittelt wurde. Data Mining-Tools (zumindest

	Niedriger LZW	Hoher LZW
Postleitzahl	94501	94502
Kunde seit	1994	1996
Katalognummer	V78	B49
Letzter Einkauf	96/04	98/04
Kreditlimit	$7,500	$51,000
Kredit-Inanspruchnahme	45%	34%
Subdomain	ORG	COM
# der Angestellten	32	12
SIC	896	456

solche, die symbolische Klassifikationsalgorithmen verwenden) nehmen diese Messung vor, während sie die Datensätze in einer Datenbank auf ihrer Suche nach Mustern durchforsten. Sie »fragen« die Datenbank ab, indem sie in einem sequenziellen Prozess kleine Fragen stellen, wobei jede Entscheidung konzeptionell einer ja/nein-Klassifizierung, basierend auf Inhalten jedes Kundendatensatzes, entspricht. Im Folgenden sehen Sie ein Beispiel, wie mit einer Data Mining-Analyse eine einzelne Transaktion auf einer Website, von der aus Business-to-Business-Handel betrieben wird, zerlegt werden kann (siehe Tabelle auf Seite 113) In diesem Beispiel werden die Transaktionen in niedrige und hohe LZW unterteilt (*LebensZeitWert* bedeutet die Dauer der Beziehung der Kunden zu einer Website und den Betrag, den sie während dieser Zeit ausgeben). Die Klassifizierung der vorhandenen Daten erfolgt dabei in einem automatisch ablaufenden Zerlegungsverfahren – es handelt sich also nicht um eine Hypothese, Ahnung oder Intuition des Internet- oder Marketingexperten. Die meisten Data Mining-Tools unterziehen eine Datenbank einem vergleichbaren Prozess: Sie zerlegen sie in Klassen, die sich so weit wie möglich in Bezug auf einen gewählten Ausgabewert unterscheiden, wie zum Beispiel den Gesamtumsatz. Mit anderen Worten, eine Internet-Datenbank wird in Untermengen zerlegt entsprechend den Ergebnissen von statistischen Tests, die, ausgerichtet auf einen bestimmten Ausgabewert, mit Data Mining-Algorithmen – und nicht von einem Statistiker, Internet- oder Marketing-Analytiker – durchgeführt wurden.

Man könnte diesen Prozess als eine Art von »Heiteres Beruferaten« beschreiben, bei dem ein Spieler Ja-/Nein-Fragen stellt, um herauszufinden, was der andere Spieler ist. Auf eine große webgenerierte Kundendatenbank mit unterschiedlichen Werten für »*Gesamtumsatz*« angewendet, stellt ein Data Mining-Tool eine Reihe von Fragen nach dem LZW jedes Datensatzes mit dem Ziel, jede Datenprobe in eine Klasse oder Gruppe einzuordnen. LZW-Klassen werden also anhand der Eigenschaften von Datensätzen in einer Datenbank bestimmt und aus speziellen Beispielen in dieser Datenmenge zu prädiktiven Modellen verallgemeinert.

Man kann Data Mining-Techniken andererseits auch als »Simplifier« betrachten. Denn mit ihrer Hilfe lässt sich »der Wald lichten«, so dass der Marketingexperte oder Händler die spezifischen Kundeneigenschaften – wie *Tag der Account-Einrichtung* oder *Subdomain* – herausfinden kann, die für die Prognose des LZW der Online-Kunden die größte Aussagekraft haben. Eine LZW-Analyse kann zum einen die Marketinganstrengungen um die gewinnversprechendsten Online-Kunden vereinfachen und verbessern. Sie kann vor allem aber auch zeigen, bei welchen Kunden mit niedrigem LZW sich zusätzliche Betreuung lohnen könnte, um sie zu hohen LZW-Kunden zu machen, und bei welchen Kunden sich kein zusätzliches Marketing bezahlt macht.

Data Mining-Analysen können außerdem für das Marketing von Nutzen sein; bei der Suche nach neuen Online-Zielgruppen, die zu dem

Der Gelegenheits-Internet-Kunde: Niedriger LZW			
WENN	Subdomain	=	AOL
UND	Verbindungsdauer	=	4 bis 6 Minuten
UND	Geschlecht	=	Weiblich
DANN	Gesamtumsatz	=	$70
Der Durchschnitts-Internet-Besucher: Mittlerer LZW			
WENN	Transaktionen	=	3-4
UND	Alter	=	40-49
UND	Geschlecht	=	Männlich
DANN	Gesamtumsatz	=	$200
Der Vorzugs-Internet-Kunde: Hoher LZW			
WENN	Alter	=	25-39
UND	Subdomain	=	NET
UND	Geschlecht	=	Weiblich
DANN	Gesamtumsatz	=	$900

hohen LZW-Profil der jetzigen Kunden »passen«. Die folgende Internet-Datenbank weist einen Durchschnittsumsatz pro Kunde von 200 Dollar aus, eine Data Mining-Analyse ermittelte jedoch drei Klassen von Kunden mit verschiedenen LZW und einigen aufschlussreichen Merkmalen. Die drei Gruppen von LZW-Kunden zeigen eine Umsatzspannweite von minimal 70 bis maximal 900 Dollar.

Verfügt ein Shop-Betreiber über eine solche Analyse, kann er Werbebanner, Print-Werbung und Marketingaktivitäten auf die Bindung aller weiblichen Kunden zwischen 25 und 39 mit der Subdomain *.net* konzentrieren, da sie den höchsten LZW für sein Unternehmen aufweisen. Gleichzeitig könnte der Betreiber dieser Website auch eine Marketingkampagne planen, die Gelegenheitskunden zusätzliche Produkten näherbringen soll, auf die sie bislang nicht geachtet haben. Dies könnte beispielsweise mit Bannern geschehen, die die Kunden »steuern« mit dem Ziel, den Pro-Kopf-Umsatz zu steigern. Auf der Basis dieser Segmentierung kann ein Händler Marketingkampagnen entwickeln, abgestimmt auf die Bedeutung jedes Marktsegmentes für sein Unternehmen. Wichtig ist bei diesem Beispiel, dass durch den Data Mining-Prozess besondere Merkmale und Intervalle aufgedeckt wurden, die jeweils eine besondere »Signatur« von Kunden mit hohem LZW und Kunden mit niedrigem und mittlerem LZW anzeigen.

Ein wesentliches Unterscheidungskriterium zwischen manuellen Verfahren zur Analyse von Online-Daten und Data Mining ist, dass letzteres benutzt wird, um die *Schlüsselattribute* der Kunden, wie Subdomain und Geschlecht, oder die *Intervalle*, also die Zahl der Transaktionen von 3-4 oder die Altersspanne von 25 bis 39, in der Datenmenge zu entdecken. Das ist genau der grundlegende Unterschied beim Einsatz von Data Mining-Tools zur Analyse von Online-Daten: dass der Algorithmus und nicht der Anwender die Kundenattribute und Wertebereiche entdeckt hat. Data Mining-Verfahren können auch die Schlüsselintervalle aufdecken, die anzeigen, wann ein Kunde vermutlich von einem niedrigen LZW zu einem hohen LZW überwechseln wird. Mit der iterativen Analyse der Online-Daten und aufsetzend auf historischen

Trends und Transaktions-Mustern, ist es darüber hinaus möglich, Kundenprofile wie »Markenwechsler« oder »zurückgewonnener Kunde« für ein bestimmtes Produkt oder eine bestimmte Dienstleistung zu bilden.

Sobald ein LZW-Profil durch das Mining von web-generierten Daten erstellt ist, können durch einen Appendix aus externen demographischen und Haushalts-Datenbanken zusätzliche Erweiterungen vor-

Name	Wertebereich	Platzierung
Postleitzahl	1211 bis 98776	13
Zahl der Beschäftigten	03 bis 89	49
SIC	000 bis 999	03
Kunde seit	1996 bis 1998	04
Kreditlimit	0 bis 90000	01
Kredit-Inanspruchnahme	0 bis 100	06

genommen werden. Eigene Kundendatenbanken können mit »Merge-Purge«-Methoden verbessert werden, indem man sie zum Beispiel mit externen Informationen zu Lifestyle- und demographischen Merkmalen anreichert (»merge«). Durch diesen Prozess lassen sich möglicherweise neue Eigenschaften von Online-Kunden entdecken. Im nächsten Schritt könnten mit Data Mining-Verfahren die zur Bestimmung des LZW nicht relevanten Eigenschaften aus der Datenbank entfernt werden (»purge«). Ein Internet-Anbieter könnte zum Beispiel herausfinden, dass Online-Kunden mit hohem LZW ganz spezifische Eigenschaften hinsichtlich bestimmter Einkommensbereiche oder anderer Lifestyle-Merkmale aufweisen. Sobald die Data Mining-Tools die signifikanten Eigenschaften jeder LZW-Gruppe »gelernt« haben, können sie diese entsprechend ihrer statistischen Aussagekraft gewichten (siehe Tabelle oben).

Mit Hilfe eines solchen Rankings kann ein Internet-Anbieter aus seiner Datenbank die Kundeneigenschaften entfernen, die nur eine geringe oder gar keine Rolle bei der Identifizierung der Kunden mit hohem LZW spielen. In der obigen Data Mining-Analyse eines Shops im Business-to-Business-Bereich ist zum Beispiel *Kreditlimit* das wichtigste Attribut unter den Daten, während *Zahl der Beschäftigten* keine Bedeutung hat und folglich aus späteren Analysen ausgeschlossen werden kann. Das Merge-Purge-Verfahren kann als eine Methode zur »Kondensierung« sehr großer Datenbanken betrachtet werden, die es dem Betreiber und seinen Marketing-Leuten möglich macht, sich nur auf die Faktoren zu konzentrieren, die für die Bildung umsatzträchtiger Kundengruppen relevant sind.

Netze und Algorithmen

Vom Lernen und vom Entwickeln

In den vorangegangenen Kapiteln wurden einige E-Commerce-Anwendungen des Data Mining beschrieben und es wurde dargestellt, inwiefern sich die Data Mining-Technologie von klassischen Methoden der Datenanalyse unterscheidet. Im Folgenden werden die Technologien, die dem Data Mining zugrunde liegen, im Detail beschrieben. Es wird untersucht, wie sie mit Datensätzen arbeiten und welche Einblicke sie Ihnen in Ihre Website gewähren. Wie lernen Neuronale Netze aus Daten? Wie segmentieren maschinenlernende und statistische Algorithmen eine Datenbank? Wie optimieren genetische Algorithmen den gesamten Lernprozess im Sinne des Evolutionary Computing? Kurz gesagt, wie funktionieren die zugrunde liegenden Mustererkennungsprozesse heutiger Data Mining-Tools?

Um den Prozess der Mustererkennung zu verstehen und ihre Vorteile optimal auszunutzen, muss man zu den Anfängen dieser Technologie zurückkehren. Wir werden einen kleinen historischen Streifzug durch verschiedene Zweige der Künstlichen Intelligenz unternehmen und einige Schlüsselereignisse beschreiben, die zur Entwicklung und Verbreitung Neuronaler Netze, maschinenlernender und genetischer Algorithmen beigetragen haben. Wir werden auch das Gebiet der Fuzzy Logik streifen und eine Einführung in die statistischen Algorithmen CART (Classification and Regression Trees) und CHAID (CHI-squared Automatic Interaction Detection) geben. Die angesprochenen Methoden bilden das Herzstück der meisten aktuellen Data Mining-Tools, daher ist ihr Verständnis wichtig, um ihre Vorteile zu nutzen und sie effektiv zu kombinieren.

Wir werden nicht in die kleinsten Details der Mathematik gehen, die hinter Backpropagation- und Kohonen-Netzen oder Algorithmen wie dem Interactive Dichotomizer und C5.0 steht. Stattdessen werden wir uns darauf konzentrieren, die Konzepte und Unterschiede zwischen ihnen zu erläutern. Vor allem werden wir betrachten, wie die Verfahren mit Daten arbeiten und welche Ergebnisse sie für Ihre Unternehmensziele liefern. Der Schwerpunkt des Kapitels wird sein, Ihnen zu zeigen, wie Sie diese Technologien einsetzen können, um Ihre Präsenz und die Effektivität Ihres Marketings im Internet zu steigern.

Data Mining wurzelt in der Künstlichen Intelligenz (KI). Die KI ist ein weitverzweigtes Feld, das von Spracherkennungssystemen bis hin zu Expertensystemen die unterschiedlichsten Bereiche umfasst. Die meisten aktuellen Data Mining-Tools basieren auf Neuronalen Netzen, genetischen und maschinenlernenden Algorithmen – drei Feldern der KI, die während der letzten zehn Jahre durchschlagende Erfolge verzeichnen konnten und sich immer noch weiterentwickeln. Es sind recht ausgereifte Technologien, die Eingang in kommerzielle Anwendungen gefunden haben. Dazu zählen Data Mining-Tools für Einzelplatzsysteme ebenso wie High-End-Programme, die auf mehrere Technologien zurückgreifen und auf den Einsatz in Parallelrechnern ausgelegt sind.

Ein wesentliches Ziel der Erforschung der Künstlichen Intelligenz besteht darin, menschliches Denken abzubilden. Ihre Anwendungen sollten Maschinen in die Lage versetzen, menschliche Tätigkeiten zu übernehmen. Ob als Fabrikroboter oder als Intelligente Softwareagenten, sie wurden entwickelt, um ihren Schöpfern zu dienen. Ebenso sind Neuronale Netze, maschinenlernende Algorithmen und genetische Algorithmen in Programmiercode niedergeschriebene Versuche, nachzuahmen, was der Mensch seit Anbeginn vermag: Muster zu erkennen. Die KI versucht, das menschliche Gedächtnis, sein Lernverhalten und seine Entwicklung nachzubilden. Jedoch wurde noch vor nicht all zu langer Zeit die Frage, mit welchen Technologien dieses Ziel am besten zu erreichen, heftig und kontrovers diskutiert. Zwei Hauptströmungen der KI kämpften gegeneinander. Nicht nur darum, mit welchem Ansatz menschliche Fähigkeiten am besten zu simulieren seien, sondern auch um Forschungsgelder und die Aufmerksamkeit der Öffentlichkeit.

Der KI-Krieg

Im Wesentlichen gibt es zwei Denkschulen, die beschreiben, wie Maschinen lernen sollten: die *induktive* und die *deduktive* Analyse (siehe Abbildung 41). Der deduktive Ansatz umfasst die Erstellung von Regeln, nachdem Experten zu ihrem Wissensgebiet befragt wurden. Ihre Antworten werden anschließend von Knowledge Engineers zu Regelsätzen zusammengestellt und fließen in die Programmierung eines »Expertensystems« ein, das »Alarm schlägt«, sobald vom Anwender bestimmte Bedingungen eingegeben werden. Beim induktiven Ansatz werden die Regeln dagegen direkt aus den Daten heraus und nicht durch die Befragung von Fachleuten generiert.

Der Top-Down-Ansatz

Der deduktive Ansatz war während der Siebziger und Achtziger der vorherrschende KI-Zweig, der die meiste Aufmerksamkeit auf sich zog. Zehn Jahre zuvor, als die Künstliche Intelligenz noch eine »brandneue« Technologie war, erhielten die Expertensysteme den Großteil der Unterstützung durch Regierungsgelder und Drittmittel. Expertensysteme nutzen spezielle Programmiersprachen, wie LISP und Prolog, und in einigen Fällen erfordern sie eigens dafür eingerichtete Computerarbeitsplätze. Zu dieser Zeit setzte American Express ein Expertensystem für die Kreditgewährung ein und International Revenue Service (IRS) versuchte, mit Hilfe eines Expertensystems Steuererklärungen zu überprüfen. Ein Suppenhersteller probierte, das Know How seines Chefkoches in einem Expertensystem abzubilden.

Der Erfolg dieser Expertensysteme war jedoch nur von kurzer Dauer, denn die Programme hatten schwerwiegende Nachteile: Sie waren fehleranfällig und teuer in der Wartung. Einige Expertensysteme benötigten Hunderte von Regeln, die manuell gepflegt und aktualisiert werden mussten, um mit den schnellen Marktveränderungen mitzuhalten. Sie entpuppten sich als zu empfindlich und unflexibel für die ständig wechselnden Anforderungen des Tagesgeschäfts. Nichtsdestotrotz schrieben in dieser Periode zwei Forscher des Massachusetts Institute of

Netze und Algorithmen

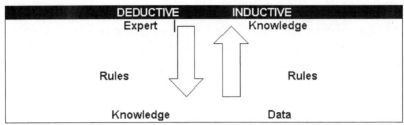

Abb. 41: *Data Mining basiert auf dem induktiven Ansatz zur Wissensentdeckung.*

Technology, Seymour Papert und Marvin Minsky, die um finanzielle Unterstützung für die Technologie der Expertensysteme wetteiferten, über die Mängel von Neuronalen Netzen und legten damit der Weiterentwicklung des induktiven Ansatzes mehrere Jahre lang Steine in den Weg.

Der Bottom-Up-Ansatz

Der alternative Ansatz der Künstlichen Intelligenz ist die induktive Analyse. Sie extrahiert Muster aus Daten und lernt anhand von Beispielen. Der induktive Ansatz generiert Regeln aus Tausenden von Fällen und nicht durch Expertenbefragungen wie bei der deduktiven Analyse. Dieser Ansatz zur Regelgenerierung kam nicht recht voran, bis ihn in den Achtzigern die Arbeit mehrerer Forscher aus verschiedenen Bereichen der Mathematik, der Statistik und der Informatik bekannt machte.

John Hopfield entwickelte das Konzept eines rückgekoppelten Neuronalen Netzes weiter. Der Mathematiker J. Ross Quinlan schuf den Interactive Dichotomiser ID3, einen maschinenlernenden Algorithmus, und John Holland entdeckte die genetischen Algorithmen. Diese drei Forscher, die unabhängig voneinander arbeiteten, beeinflussten das Data Mining wesentlich, denn die Ergebnisse ihrer Arbeiten bilden die Basis der meisten aktuellen Data Mining-Tools, seien es Entscheidungsbäume, Neuronale Netze, Regelgeneratoren oder Evolutionäre Programme. Mit einem rückgekoppelten Neuronalen Netz zeigte Hopfield, wie sich ein Neuronales Netz anpasst und schließlich Muster erlernt, indem es wiederholt mit Fallbeispielen konfrontiert wird. Quinlans Arbeit mit dem ID3-Algorithmus führte zu einem der ersten lernenden Systeme, das in der Lage war, Regeln in Form eines Entscheidungsbaums zu generieren. Hollands Arbeit an der University of Michigan führte zur Schema-Theorie, das die Grundlage für genetische Algorithmen bildet. Er demonstrierte mit ihnen, wie Programme zusammenarbeiten können, um Lösungen zu optimieren. Holland und seine Mitarbeiter umrissen die Zukunft des Evolutionary Computing, das einen langfristigen Einfluss auf die Zukunft des Data Mining und des E-Business haben wird.

Neuronale Netze

Die Bezeichnung Neuronale Netze basiert auf ihrer Architektur, die die Struktur des menschlichen Gehirns nachahmt. Beide besitzen hochgradig untereinander vernetzte Neuronen. Wie das Gehirn ist auch ein Neuronales Netz ein massiv parallel arbeitendes dynamisches System aus interagierenden, vernetzten Elementen. Es ist in der Lage, nichtlineare prädiktive Modelle zu erstellen, die durch Training lernen und in ihrer Struktur den biologischen neuronalen Einheiten ähneln. Die Fähigkeit, zu lernen, ist eine der Eigenschaften Neuronaler Netze, sie werden weniger programmiert als vielmehr trainiert.

Im Herzen des Netzwerkes befinden sich die verborgenen Verbindungen, die Schichten von »Gewichten« beinhalten, welche die Rezeptur für die Mustererkennung bilden.

Sie arbeiten auch, wenn sie nur unvollständige Informationen erhalten. Die meisten Neuronalen Netze besitzen eine Art »Trainings-Regel«, mit deren Hilfe die Gewichte der Verbindungen auf der Basis von präsentierten Mustern angepasst werden; sie lernen anhand von »Beispielen«.

Ein Neuronales Netz besteht aus Schichten von Neuronen, die alle untereinander verbunden sind. Einige dieser Neuronen werden benutzt, um Daten in das Netz einzugeben und an die inneren Neuronenschichten weiterzuleiten. Die Output-Neuronen sorgen für die Ergebnisausgabe des

Neuronalen Netzes. Die Neuronen sind verbunden und zusammengeschlossen, um einen Ausgabewert zu generieren (siehe Abbildung 42).

Mit anderen Worten: Ein Neuronales Netz ist ein System aus Softwareprogrammen und Datenstrukturen, das die Arbeitsweise des menschlichen Gehirns nachahmt. Neuronale Netze erfordern in der Regel eine große Anzahl parallel geschalteter Prozessoren, von denen jeder seine eigene kleine Wissenssphäre und Datenzugriff auf einen lokalen Speicher hat. Ein Neuronales Netz wird in der Regel »vortrainiert« oder mit einer großen Menge an Daten und Regeln über Datenbeziehungen gefüttert (zum Beispiel: »AOL-Nutzer kaufen Drucker, aber keine Scanner«). Neuronale Netze sind im Grunde »rechnende Speicher«, die mit der Assoziation und der Suche nach Ähnlichkeiten operieren. Sie können sich merken, wenn Ereignisse zusammenpassen, beispielsweise ein Produkt wurde verkauft, also wird ein anderes vermutlich ebenso verkauft werden. Zu diesen Ergebnissen gelangen Neuronale Netze anhand von ähnlichen Mustern der Produkte, die sie im Laufe der Zeit angesammelt haben.

Nachdem ein Neuronales Netz ein Muster gelernt hat, zum Beispiel, wenn ein Online-Besucher Websites in einer bestimmten Abfolge aufruft, untersucht es die verschiedenen Möglichkeiten und gibt sofort eine passende Lösung an, beispielsweise einen spezifischen Werbebanner, ein Angebot, eine Preisauszeichnung oder einen Link. Bei dieser Fragestellung kann ein Marketingfachmann seine Entscheidung noch aufgrund seiner persönlichen Beobachtungen treffen. Was jedoch, wenn die Fragestellung nicht nur eine Seite betrifft, sondern Hunderte? Und was, wenn es nicht zwei oder drei mögliche Lösungen gibt, sondern 20 oder 30? Dies sind die Bedingungen, unter denen Neuronale Netze zum Zuge kommen und darauf trainiert werden, subtile Unterschiede zu erkennen. Es kann sich die Interaktionsmuster und Aktivitäten innerhalb der Website merken und die Information auf seine Neuronen aufteilen. Es wird in Hunderten oder Tausenden von Sitzungen trainiert, so dass es sehr schnell lernt, welchem Besucher welcher Weg durch die Website vorgeschlagen werden sollte.

Netze und Algorithmen

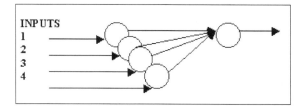

Abb. 42: *Dieses Netzwerk mit einem Output-Neuron ist das Äquivalent zur logistischen Regression.*

Von der Nacktschnecke zur VISA-Karte

Im Jahre 1982 stellte John Hopfield vom Caltech (California Institue of Technology) der National Academy of Sciences die erste Veröffentlichung zum Neural Programming vor. Das Paper beschrieb Hopfields neuronales Computersystem, das so genannte Hopfield-Modell oder »Assoziative Querverbindungs-Netz«. Basierend auf Forschungen am Riechsystem von Nacktschnecken stellte Hopfield ein neuronales Computersystem vor, das aus miteinander verknüpften Prozessorelementen besteht, die ein möglichst niedriges Energieniveau anstreben. Hopfields Modell beschrieb eine Neuronenoperation als eine Schwellenwertoperation und das Gedächtnis als eine Information, die in den Verbindungen zwischen den Neuroneneinheiten gespeichert wird. Er veranschaulichte und modellierte ferner die Fähigkeit des Gehirns, auf einen Reiz hin in verschiedenen Bereichen eine Reaktion hervorzurufen. Er legte dar, wie ein neuronales System bei einem bestimmten Eingabewert Informationen aus verschiedenen Speichern »assoziiert«.

Hopfields enthusiastische, kompetente und klare Darstellung wurde positiv aufgenommen und brachte Forscher dazu, sich erneut mit dem faszinierenden Gebiet der Neuronalen Netze zu beschäftigen. Das gestiegene Interesse an dieser Technologie eröffnete zahlreiche Geldquellen, um die notwendige Forschung im Bereich Neuronaler Netze voranzutreiben und den induktiven Ansatz der Künstlichen Intelligenz zu verfolgen. Hopfields Arbeit führte zu einem explosionsartigen Anstieg an Veröffentlichungen, Konferenzen und Softwarefirmen im Bereich der Neuronalen Netze. Diese Entwicklung hält noch heute an. Heute werden Neuronale Netze erfolgreich in Bereichen eingesetzt, wo

125

eine Vorhersage, eine Datenklassifikation und eine Suche nach zusammengehörigen Mustern nötig ist. Beispiele für erfolgreiche Applikationen liegen in den Bereichen Evaluierung des Pfändungsrisikos, Produktionskontrolle, Handschrifterkennung und Kreditkartenbetrug. In den USA wird jede Kreditkarte rund um die Uhr durch ein Neuronales Netz überwacht. Ziel ist, potenzielle Muster über Unregelmäßigkeiten zu erfassen. Das System, das in den USA häufig eingesetzt wird, stammt von der Firma HNC, einem Unternehmen aus San Diego, das sich auf Neuronale Netze spezialisiert hat, und mehr als 150 Millionen Kreditkarten auf diese Weise überwacht.

Backpropagation-Netzwerke

Neuronalen Netzen wurde früher nicht allzuviel Bedeutung beigemessen, bis 1974 die durchschlagende Harvard-Doktorarbeit von Paul Werbo, *Beyond Regression* erschien. Sie bildete die statistische Grundlage für die Arbeit an der Backpropagation-Netzwerk-Architektur, die von Forschern aus verschiedenen Bereichen durchgeführt wurde. Im Jahre 1985 wurde die Backpropagation-Netzwerk-Architektur gleichzeitig von drei Forschergruppen entwickelt: von der Gruppe um D. E. Rumelhart, G. E. Hinton und R. J. Williams, dem Team von Y. Le Cun und den Mitarbeitern um D. Parker.

Ein Backpropagation-Netzwerk besteht aus mehreren Input-Knoten, einigen versteckten Knoten und einem oder mehreren Ausgabeknoten. Daten werden durch die Knoten »getrieben«, damit das Netz lernt und sich anpasst (siehe Abbildung 43). Backpropagation ist eine lernende Methode, bei der ein Fehlersignal eines Ausgabeknotens zurück

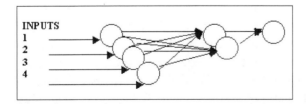

Abb. 43: *Dieses Netz mit einer versteckten Schicht ermöglicht die Erkennung von Mustern.*

LOGIC TRUTH TABLE	
INPUTS	OUTPUTS
1 1	0
0 0	0
1 0	1

Abb. 44: *Die einfache XOR Funktion.*

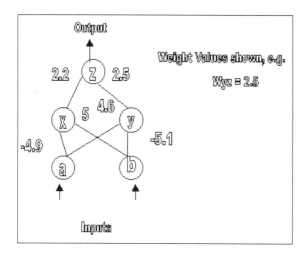

Abb. 45: *XOR-Funktion, die lineare Schwellenwert-Einheiten in einem Backpropagation-Netzwerk benutzt.*

geschickt wird und dadurch eine Veränderung der Gewichte des Neuronalen Netzes bewirkt. Auf diese Weise wird verhindert, dass derselbe Fehler erneut auftritt. Dieser Prozess ist, wie bei anderen Netzarten auch, ein Prozess des ständigen Lernens, der sich mit der Zeit inkrementell verbessert, bis das Netz ein Muster erlernt hat. Dieses Muster kann irgend etwas sein, einschließlich des Verhaltens von Online-Besuchern und Kunden. Backpropagation-Netzwerke sind bisher die rentabelsten unter den Data Mining-Tools, die auf dem Überwachten Lernen aufsetzen.

Um zu demonstrieren, wie ein Backpropagation-Netzwerk arbeitet, können wir die ausschließende ODER-Funktion (XOR) lösen, deren Ausgabewert logisch wahr ist (oder den Wert »1« hat), wenn zwei Eingaben zwei verschiedene Werte haben (siehe Abbildung 44). Die Nummern zwischen den Neuronen repräsentieren die Stärke (oder das Gewicht) der Verbindungen zwischen ihnen. Die Werte der Gewichte verändern sich mit dem zunehmend trainierten Netz. Für den Trainingsstart erhält das Netz willkürliche Gewichte (siehe Abbildung 45).

Wir beginnen mit der Annahme, dass der Schwellenwert eines Neurons 0,01 beträgt. Das heißt, wenn die Summe der Eingabewerte größer als 0,01 ist, beträgt der Ausgabewert des Neurons 0. Wenn die Summe der Eingabewerte kleiner als 0,01 ist, dann hat der Ausgabewert den Wert 1. Nachdem ein Trainings-Muster von 1 auf jeden der zwei Eingabewerte angewendet wird, werden die Ausgabewerte der Neuronen berechnet und angepasst (siehe Abbildung 46).

Der Ausgabewert eines jeden Neurons wird für jeden Knoten zusammen mit der Summe der internen Signale des Neurons notiert. Die Neuronen *a* und *b* senden jeweils das Gewicht 1 zur nächsten Schicht.

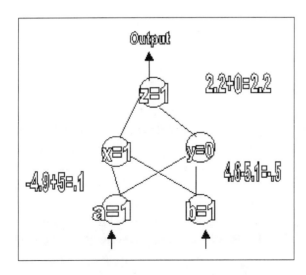

Abb. 46: *XOR-Eingabewertkalkulationen eines Backpropagation-Netzwerkes*

Das Neuron x erhält zwei Signale, eins von Neuron a und eins von Neuron b. Das Gewicht der Neuronen a zum Neuron x beträgt Wxa, mit einem Wert von -4,9. Wir multiplizieren das Signal mit seinem Gewicht und erhalten -4,9. Der Eingabewert zum Neuron x von Neuron b hat das Gewicht Wxb, das ist gleich 5. Das Signal für das Gewicht von b ist ebenfalls 1. Dies trägt den Wert 5 zum Neuron x hinzu. Als nächstes addieren wir -4,9 und 5 und erhalten ein internes Gesamtsignal von 0,1 am Neuron x. Dieser Wert ist größer als der Schwellenwert 0,01, so dass das Neuron x den Wert 1 ausgibt. Auf gleiche Weise können die Ausgabewerte von y und z berechnet werden. Der letzte Ausgabewert hätte gemäß des Trainingsmusters des Netzes 0 betragen müssen und nicht 1. Das Netz bestimmt einen Fehlerfaktor, indem es die Gewichte an der letzten Schicht an die erste Schicht anpasst. Dabei durchläuft es jeden einzelnen Layer. Der Fehler an Neuron z, Ez, ist der gewünschte Ausgabewert minus dem tatsächlichen Ausgabewert $Ez = 0-1 = -1$.

Die Anpassung des Gewichtes <DELTA>Wzx wird berechnet, indem der Fehler des Neurons mit dem Ausgabewert des Neurons multipliziert wird, mit dem die Gewichtung stattgefunden hat, so dass $Wzx = -1 * 1 = -1$ beträgt. Dieser Wert wird mit dem bisherigen Wert addiert und ergibt den neuen Wert $Wzx = -1 + 2,2 = 1,2$. Dieses neue Gewicht ist nun der Fehler an z mal dem Signal von y, addiert zum gegenwärtigen Wert von Wzy. Das neue Wzy beträgt $(-1 * 0) + 2,5 = 2,5$. Wzy bleibt unverändert. Als nächstes berechnen wir den Fehler an den Neuronen im nächsten zurückliegenden Layer. Für Neuron x ist er gleich dem Fehler an z mal dem Gewicht der Verbindung von x nach z: $Ex = -1 * 2,2 = -2,2$. Um den neuen Wert für Wza zu berechnen, multiplizieren wir den Fehler an x mit dem Signal von a und addieren dann den aktuellen Wert von Wxa, so dass der neue Wert von $Wxa = (-2,2 * 1) -4,9 = -7,1$ beträgt. Nachdem alle Gewichte angepasst wurden, wird ein neues Eingabemuster angewendet, und wenn ein Fehler auftaucht, wird der Backpropagation-Algorithmus wiederholt. Wenn alle vier Eingabemuster-Paare die korrekten Ausgabewerte erzeugen, wird der Prozess beendet.

Überwachtes Lernen

Die meisten Neuronalen Netze lernen im Grunde anhand eines Beispiels durch Überwachung. Beaufsichtigte Modelle, wie Backpropagation-Netzwerke, werden mit Paarbeispielen (positiv – negativ) trainiert. Ein gegebenes Muster von Eingabewerten erhält ein passendes Soll-Output-Muster. Ein beaufsichtigtes Netz zu trainieren ist ein Prozess, in dem das Netz gleichzeitig Mengen von Ein- und Ausgabewerten zum Test bereitgestellt bekommt. Das Netz trainiert sich, indem es jedes Eingabe-Muster aufnimmt, ein Ausgabe-Muster erzeugt und diesen Ausgabewert mit dem Soll-Ausgabewert vergleicht. Unterscheidet sich der Ist-Ausgabewert des Netzes von dem Soll-Ausgabewert, korrigiert das Netz die Stärke (Gewichte) seiner internen Verbindungen, um die Differenz zwischen Ist- und Soll-Ausgabewert auszugleichen. Passt der Ist-Ausgabewert jedoch zum Soll-Ausgabewert, hat das Netz das Muster erlernt und führt keine Korrektur durch.

Dieser Vorgang wird solange weitergeführt, bis die Eingabe/Ausgabe-Muster korrekt sind oder eine akzeptable Fehlerrate erreicht ist. Da das Netzwerk einen Mustersatz korrekt erzeugt und einen anderen wiederum nicht, sind kontinuierliche Anpassungen erforderlich. Aus diesem Grund ist Training eines Netzwerkes ein iterativer Prozess, bei dem immer wieder Eingabe/Ausgabe-Muster präsentiert werden, bis die Muster korrekt sind.

In einer Website werden die Daten, die für die Eingabe erforderlich sind, entweder als quantitative Variablen oder als Wertesätze vorliegen. So könnte zum Beispiel die Verbindungsdauer von Internetsitzungen entweder durch die tatsächliche Minutenanzahl (eine kontinuierlich gewertete Variable) oder durch eine von vier Zuständen (Zeitintervallen) dargestellt werden: -30 Sekunden, -90 Sekunden, -300 Sekunden und +300 Sekunden. Im letzten Fall wären vier Neuronen, jedes mit binären Werten, geeignet. Im ersteren Fall würde ein einziges Neuron eingesetzt.

In der Regel erlernt ein Neuronales Netz einen Datenbestand mit unterschiedlichen Antworten leichter, als eine Antwort mit quantitativen Variablen. Eine quantitative Variable in künstliche unterschiedliche Kategorien zu trennen kann dem Data Mining-Tool das Erlernen von Beispielen jedoch erschweren, die auf oder in der Nähe der Grenzen zwischen zwei Gruppen liegen. Aus diesem Grund sollten quantitative Eingabe-Variablen mit Vorsicht genossen werden, wenn unterschiedliche Quantitäten wie die Verbindungsdauer aus Logdateien oder das Alter der Online-Besucher aus Anmeldeformularen dargestellt werden sollen.

Trainieren eines Netzes
In den meisten Fällen werden Sie für diese Aufgabe ein Backpropagation-Netzwerk einsetzen, das mit Überwachtem Lernen trainiert wird. Das bedeutet, dass die verwendete Trainingsmenge Datensätze enthält, deren Vorhersage- oder Klassifizierungswerte bereits bekannt sind. Es ist unumgänglich, Ihr Netz mit geeigneten aktuellen Daten zu trainieren. Die Auswahl der geeigneten Daten für den Trainingsprozess ist vermutlich der wichtigste Schritt in Ihrer Data Mining-Analyse, denn die Auswahl ungeeigneter Daten beeinträchtigt den gesamten Prozess, egal, wie gut oder schlecht Ihr Tool ist oder wie viel Geld Sie in das Tool investiert haben.

Der wichtigste Punkt bei der Auswahl der Daten ist, sicherzustellen, dass sämtliche Wertebereiche aller Variablen in die Auswahl einbezogen werden, denen das Netz ausgesetzt wird. Für Ihre Website bedeutet dies, die günstigsten und die teuersten Produkte, die kleinsten und größten Verkaufsmengen und Stückzahlen sowie die kürzesten und längsten Online-Sitzungen einzubeziehen. In einer Trainingsmenge sollten mehrere Beispiele für jeden Wert eines qualitativen Attributes sowie für einen Wertebereich für sortierte diskrete oder kontinuierlich gewertete Attribute vorhanden sein.

Ein trainiertes Netz besitzt die Fähigkeit, sein Wissen auf unbekannte Daten zu übertragen (Generalisierung) das heißt, es kann Beispiele analysieren, die nicht im Trainingsdatenbestand enthalten waren. Nachdem Sie Ihr Neuronales Netz trainiert haben, sollten Sie es testen.

Konfrontieren Sie es mit Beispieldaten, die es noch nie zuvor gesehen hat und betrachten Sie seine Output-Daten. Eine weitverbreitete Methode ist das Aufteilen der Daten. Mit einem Teil der Daten wird das Netz trainiert und mit dem Rest der Daten wird es getestet. Um die Muster zu finden, die Ihr Neuronales Netz nur mit größten Schwierigkeiten lernt, sollten Sie die Fehler, die es macht, genau betrachten. Um die Fehler zu beheben, können Sie Ihr Neuronales Netz weiter trainieren, indem Sie ihm weitere Beispiele geben, bei denen es Fehler gemacht hat.

Datenvorbereitung
Reale Daten, wie die Daten Ihrer Website, können beschädigt, verunreinigt oder verzerrt sein. Das heißt, sie können ungleichmäßig verteilt sein, so dass das Neuronale Netz Probleme hat, sie zu einem brauchbaren Modell zusammenzuführen. Eine ungleichmäßige Verteilung kann das Netz dabei behindern, ein in Ihren Daten vorhandenes, wichtiges Attribut effektiv zu nutzen.

Eine gängige Methode, um diesem Problem zu begegnen ist, ein Attribut zu diskretisieren. Anstatt von einem einzelnen Eingabewert für die Verkaufssumme auszugehen, sollten Sie den Wert in verschiedene Bereiche aufteilen. Es folgt ein Beispiel. Nehmen wir an, Ihre Website verkauft Softwareprodukte in den Bereichen »sehr günstig« bis »sehr teuer«.

10-19 Mark	Sehr günstig	=	00001	=> Eingabewert 1
20-50 Mark	Günstig	=	00010	=> Eingabewert 2
51-100 Mark	Durchschnittlich	=	00100	=> Eingabewert 3
101-199 Mark	Teuer	=	01000	=> Eingabewert 4
200-999 Mark	Sehr teuer	=	10000	=> Eingabewert 5

Die meisten Data Mining-Tools sind heute in der Lage, die Daten in diese diskreten Bereiche einzuteilen, doch Sie werden einige dieser Umwandlungen selbst durchführen müssen, falls die Tools diese Funktionalität nicht besitzen. Eine weitere Methode, mit ungleichmäßig

Attributes	Range of Values	Value	Conversion
Time(seconds)	1-1254	210	.4646
Age	5-57	9	.3333
Gender	M-F	F	.0000
Sub-Domain Type	com,net,edu	com	.1000
ZIP Code	01254-95432	94125	.0010
Registered User	Y-N	Y	.1000
Referred From	Engine-Other	Engine	.1000
Sale Price(dollars)	2-567	120	.5263

<u>Abb. 47</u>: *Gewöhnliche Eigenschaften, die während einer Internet-Sitzung erfasst und verarbeitet werden.*

verteilten und qualitativen Daten umzugehen, ist, ihren Logarithmus oder den Wert ihrer Quadratwurzel zu nehmen sowie »1 von N«-Konvertierungen vorzunehmen, wie das Beispiel auf Seite 132 zeigt.

In der Initiierungsphase muss ein Neuronales Netz trainiert werden, indem es Beispielen von Website-Sitzungen, in denen tatsächliche Verkäufe stattgefunden haben, ausgesetzt wird. Diese Beispiele sollten so viele Merkmale wie möglich beinhalten, wie zum Beispiel, wann ein Kauf getätigt wurde und wer ihn ausgeführt hat (siehe Abbildung 47). Da ein Neuronales Netz jedoch am besten arbeitet, wenn alle Ein- und Ausgabewerte zwischen 0 und 1 liegen, müssen die web-erzeugten Daten konvertiert werden. Quantitative und qualitative Werte müssen konvertiert werden. Gute Data Mining-Tools erledigen diese Aufgabe in der Regel problemlos.

Merkmale erfassen

Datums- und Zeitfelder können auf zwei verschiedene Weisen in das Neuronale Netz Ihrer Website eingegeben werden. Jedes Datum kann in der ursprünglichen Form gelassen werden und als eine einzelne Zahl für einen spezifischen Monatstag stehen. Eine Variable wie die Verbindungsdauer in Sekunden oder Minuten kann ebenso als ein festgelegter Zeitpunkt repräsentiert werden. Da Sie die Transaktionsmuster Ihrer Website betrachten wollen, möchten sie vielleicht eventuelle Datenkonvertierungen vornehmen, um Trends in den Bereichen Werbung,

Marketing, saisonale Schwankungen, Netzwerkzyklen usw. zu erfassen. Nehmen wir an, Sie möchten ein Datum extrahieren und dieses als zusätzlichen Eingabewert für Ihr Netzwerk benutzen:

Zugangsdatum	Wochentag	Zusätzlicher Eingabewert
030299	Montag	00001
030399	Dienstag	00010
030499	Mittwoch	00100
030599	Donnerstag	01000
030699	Freitag	10000

Adressfelder im Internet stellen ein weiteres Problem dar. Die (US-) Postleitzahl 94502 ist zum Beispiel nicht um 1 größer als die 94501 oder um 93269 größer als 01233. Stattdessen bildet sie eine neue *Klasse*. Eine Postleitzahl ist eine Kategorie und kein fortlaufender Zahlenwert. Eine der besten Methoden, mit diesen kategorischen Variablen umzugehen ist, ein anderes Tool oder Netz für das Clustering einzusetzen. Die Zeit, die man für das Trainieren eines Neuronalen Netzes benötigt, wird direkt durch die Anzahl der Eingabemerkmale beeinflusst, die vom Neuronalen Netz benutzt werden. Das heißt, je mehr Merkmale einzugeben sind, desto länger braucht das Netz für die Zusammenführung.

Am besten benutzen Sie für diese Art Eingabedaten einen maschinenlernenden Algorithmus, mit dem Klassen mit ähnlichen Postleitzahlen erzeugt werden. Diese können dann zur Eingabe in Ihr Neuronales Netz in »1 von n«-Werte umgewandelt werden. Eine gute Möglichkeit zur Bestimmung der wichtigsten Attribute für das Training und die Erstellung Ihres Modells ist, ein anderes Tool einzusetzen, um die Eingabewerte in das Neuronale Netz nach Prioritäten zu sortieren. Eine andere Technik zur »Datenkomprimierung« ist die statistische Korrelation (nach Pearson). Einige der neueren Neuronalen Netzwerktools sind in der Lage, Variablen »zurechtzuschneiden«, bevor das Netz mit Datenbeständen trainiert wird.

Kaufneigung

Das Format des Outputs eines Neuronalen Netzes ist eine quantitative Variable. Sie kann nur schlecht in qualitativen Ergebnissen, wie zum Beispiel in »wird kaufen vs. wird nicht kaufen«, interpretiert werden. Es gibt jedoch eine Möglichkeit, wie Sie mit einem gewöhnlichen Ausgabewert eines Neuronalen Netzes qualitative Ergebnisse erzielen können. Dazu ist die Erzeugung multipler Ausgabewerte notwendig (siehe Abbildung 48).

Der Trainingszyklus

Ihre Hauptaufgabe besteht darin, relevante und wichtige Merkmale von Ihrer Website zu erfassen, die für eine Vorhersage und eine Klassifikation benutzt werden können. Folgende Schritte sollten Sie bei einem Einsatz eines Neuronalen Netzes durchführen.
1. Identifizieren Sie die Eingabe-Variablen – dies ist *sehr* wichtig!
2. Transformieren Sie die Variablen in brauchbare Wertebereiche – wählen Sie ein Tool, das diese Aufgabe ausführt.
3. Entscheiden Sie, welches Format der Ausgabewert haben soll – quantitativ oder qualitativ?
4. Wählen Sie eine Trainingsmenge und erstellen Sie einen Trainingsplan.
5. Testen Sie das Modell und wenden Sie es auf Ihre Ziele an.

Es ist wichtig, einen Zeitplan für das Training des Netzes aufzustellen, denn Ihr Modell wird mit der Zeit an Qualität nachlassen. Jedes Modell

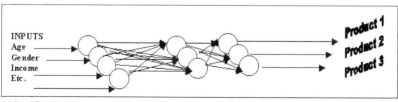

Abb. 48: *Ein Netz mit multiplen Ausgabewerten zur Vorhersage der Kaufneigung für verschiedene Produkte.*

wird im Laufe der Zeit an Wert verlieren, insbesondere solche, die das Online-Verhalten vorhersagen, denn sie werden sehr schnell überholt sein. Das Modell, das Sie mit einem Neuronalen Netz erzeugen, wird alt und gebrechlich, wenn die Nutzung ihres Online-Angebotesüber die Daten hinauswächst, die Sie zum Training des Netzes benutzt haben. Sobald Sie neue Produkte oder Dienstleistungen einführen oder Änderungen und Verbesserungen an Ihrer Website vornehmen, werden sich auch die Zahl der Seitenaufrufe und die Transaktionsmuster verändern. Zu diesem Zeitpunkt sollten Sie Ihr Netz mit neuen Daten trainieren.

Selbstorganisierende Karten (Self-Organizing Maps, SOM)

Neuronale Netze arbeiten am besten, wenn die Ausgabewerte nichtlinear sind oder ein komplexes Problem vorliegt, das keine absolut genaue Lösung benötigt. Sie sind optimal für Situationen geeignet, in der eine große Menge an Altdaten für das Trainieren des Netzes zur Verfügung stehen, eine »Black-Box-Lösung« ausreichend ist und keine besonderen Erklärungen notwendig sind. Die meisten der heutigen Data Mining-Tools besitzen zwei Hauptarten an Neuronalen Netzen: Backpropagation-Netzwerke und SOMs, auch bekannt unter dem Namen Kohonen-Netz (nach dem Entdecker).

1981 stellte Tuevo Kohonen eine völlig neue Netzwerkarchitektur vor. Ein SOM-Netz ähnelt einer Menge von Neuronen, bei der wie im menschlichen Gehirn jedes Neuron mit seinem Nachbarneuron verbunden ist. Wenn ein SOM einer Auswahl von Datensätzen ausgesetzt wird, beginnt es damit, selbstorganisierende Klassen zu erzeugen, so wie Cellophan, das sich über Datenklötzchen legt. Nach und nach organisiert ein Kohonen-Netz Cluster und kann dann in Situationen benutzt werden, in denen kein Ausgabewert oder keine abhängige Variable bekannt ist. SOMs werden eingesetzt, um Assoziationen aufzudecken, zum Beispiel im Vertrieb bei einer Warenkorbanalyse.

Der Hauptunterschied zwischen Backpropagation-Netzwerken und Kohonen-Netzen besteht darin, dass das Erstere für das Überwachte Lernen eingesetzt wird, wo eine Trainingsmenge für den Aufbau eines

Klassifikationsmodells benötigt wird. Beispielsweise wird bei einem Backpropagation-Netzwerk beim Training eine Auswahl/Stichprobe von Online-Besuchern benutzt, in dem die Anzahl der Besucher, die einen Kauf getätigt haben und die Anzahl derjenigen Besucher, die nichts gekauft haben, ausgeglichen ist. Im Gegensatz zu einem Backpropagation-Netzwerk, das in der Regel nur einen Ausgabewert hat, kann ein SOM-Netz mehrere Ausgabewerte haben, die miteinander konkurrieren. SOMs lernen durch Unüberwachtes Lernen, das heißt durch eine Trainingsmenge, für die kein Ausgabewert bekannt ist. Sie werden meist eingesetzt, um Beziehungen zwischen den Daten eines Datenbestandes aufzudecken. Natürlich ist es möglich, beide Paradigmen einzusetzen – in einem ersten Schritt ein SOM-Netz, um eine Subklasse innerhalb der Daten zu finden und in einem zweiten Schritt ein Backpropagation-Netzwerk zur Klassifikation dieser Klasse. Dasselbe gilt für den Einsatz Neuronaler Netze in Verbindung mit genetischen und maschinenlernenden Algorithmen.

Gemessen an der Anzahl der Applikationen und Tools werden SOMs, verglichen mit der Backpropagation-Architektur, vermutlich nur am zweithäufigsten eingesetzt. Der grundlegendste Unterschied zwischen Backpropagation-Modellen und Selbstorganisierende Karten besteht darin, dass SOMs ohne Überwachung trainiert werden. Das SOM-Netz ist stärker biologisch orientiert als das Backpropagation-Netzwerk, da es dem menschlichen Lernen und der Struktur des Gehirns noch ähnlicher ist. Sollten Sie nicht genau wissen, was Sie klassifizieren möchten (wie etwa die Muster, nach denen Sie in Ihren Online-Daten suchen), oder falls Sie das Gefühl haben, dass es mehr als einen Weg gibt, Ihre Besucher und Kunden zu kategorisieren, ist ein SOM genau das Richtige für den Anfang.

Untersuchung von Clustern

Beim Einsatz eines SOMs zur Identifikation von Clustern in Ihren Daten kann ein Problem auftauchen, wenn Sie versuchen, für jede Cluster-Gruppe eine Bedeutung zu extrapolieren. Es gibt zwei Möglichkeiten, um diesem Problem zu begegnen. Bei der ersten Methode wird ein Durchschnittswert für jede Eigenschaft ermittelt. Wenn zum Beispiel die Anzahl der Kinder oder das Kundenalter eines der Eingabewerte ist, müssen Sie lediglich den Durchschnittswert für jede dieser Eigenschaften, in jedem der durch das SOM identifizierten Cluster ermitteln. Bei der zweiten Methode wird auf jedes Cluster ein maschinenlernender Algorithmus angewendet, der eine Regelsammlung generiert, die die Eigenschaften dieser Gruppierung beschreibt. Bei dieser zweiten Methode muss der Ausgabewert eines SOMs mit dem Eingabewert eines maschinenlernenden Algorithmus wie C4.5, CHAID oder CART verbunden werden. Bei einigen neueren Data Mining-Tools oder Toolpaketen wie zum Beispiel »Clementine« ist dies möglich. Denken Sie daran, dass Neuronale Netze im Grunde Speicher sind, die eher Antworten speichern als Lösungen berechnen. In diesem Zusammenhang sind die Daten, die zum Training des Netzes dienen, ein wichtiger Faktor bei der Bestimmung der Genauigkeit des Netzwerkmodells. Wenn der Speicher richtig strukturiert ist, sind die Spezifikationstabellendes Netzes und seine wichtigsten Gewichte (worum es bei Neuronalen Netzen ja im Grunde geht) in der Lage, sehr genau zu generalisieren. Trotz des Vorurteils, nach dem Neuronale Netzwerke für Blackbox-Wunder gehalten werden, für deren Ergebnisse keine Erklärung zu erwarten ist, (was, überspitzt ausgedrückt, eher von der Regression behauptet werden kann), sind sie sehr nützliche Werkzeuge. Neuronale Netze sind sehr gute Data Mining-Tools für die Klassifizierung und die Vorhersage und arbeiten am besten, wenn sie in Verbindung mit maschinenlernenden und genetischen Algorithmen eingesetzt werden.

Neuronale Netzwerk-Tools
Beim Einsatz von Neuronalen Netzen nimmt die Datenvorverarbeitung die meiste Zeit in Anspruch. Die meisten aktuellen Data Mining-Tools sind zum Glück so weit entwickelt, dass sie diese »schmutzige« Arbeit, wie zum Beispiel das Balancing von Daten, übernehmen können. Beim Balancing wird zum Training des Netzes eine Menge benutzt, in der die

positiven und negativen Fälle (zum Beispiel Käufer vs. Nicht-Käufer) ausgeglichen sind. Eine weitere Aufgabe besteht in der Skalierung der Daten; sämtliche Eingabewerte werden in einen Wertebereich von 0 bis 1 transformiert und im Ausgabewert zurücktransformiert. Um mit beschädigten Daten arbeiten zu können, kann der Einsatz von Funktionen (wie zum Beispiel die Logarithmusfunktion oder die Quadratwurzelfunktion) erforderlich sein, bevor die Daten durch das Neuronale Netz geschickt werden. Noch eine weitere Aufgabe besteht darin, qualitative Eingabedaten entweder in »1 von n«-Werte oder in skalierte Werte zu konvertieren.

Wenn Anzahl Kinder gleich	1 von n-Wert	Skalierter Wert
0	00001	0,5000
1	00010	0,7500
2	00100	0,8750
3	01000	0,9375
4	10000	1,0000

Die folgenden Data Mining-Tools benutzen die Backpropagation und in manchen Fällen auch SOM-Netzwerke für die Klassifizierung der Daten. Die meisten dieser Software-Tools sind ausgereifte Versionen der dritten oder vierten Generation und bieten verschiedene Funktionen zur Datenvorverarbeitung sowie für das Balancing von Eingabedaten, die ablaufen, bevor das Netz trainiert und Modelle erstellt werden. Sie sollten noch immer mit Vorsicht eingesetzt werden, da sie einige Anpassungen erfordern, wie zum Beispiel die Selektion ihrer Topographie und das Bestimmen der Lernraten.

Bei der nächsten Tool-Generation hat man damit begonnen, genetische Algorithmen zu integrieren, um die Einstellungen und die Ergebnisse des Netzes zu optimieren. Unter diesen Tools sind: 4Thought, BrainMaker, INSPECT, MATLAB NN Toolbox, ModelQuest, NGO, NeuralWorks Predict, NeuralWorks Professional II/PLUS, Proforma, PRW, SPSS Neural Connection und Trajecta.

(Internetadressen finden Sie unter www.symposion.de/datamining/links.htm).

Es ist ratsam, sich vor dem Einsatz eines auf einem Neuronalen Netz basierenden Data Mining-Tools folgende Fragen zu stellen:
- Habe ich es mit einem komplexen Problem zu tun, das viele Eingabewerte erfordert und für das weder ein korrektes mathematisches Modell noch eine klar abgesteckte Lösung mit absoluter Genauigkeit existiert?
- Reicht es, der eigentlichen Lösung nur nahe zu kommen?
- Habe ich vor, nichtlineare Probleme zu lösen, das heißt, gibt es eine klare Beziehung zwischen meinen Ein- und Ausgabewerten?
- Arbeite ich mit einer großen Menge an historischen Daten?
- Benötige ich eine schnelle Lösung und erfordert diese Lösung Erläuterungen (ist ein Black-Box-Modell ausreichend)?

Erfüllt Ihr Problem Ihrer Meinung nach diese Anforderungen, ist der Einsatz eines Neuronalen Netzes zu empfehlen. Es ist jedoch nicht zu empfehlen, wenn Ihr Problem ein korrektes mathematisches Modell erfordert. Ebenso sollte ein Neuronales Netz nicht eingesetzt werden, wenn Sie ein Muster, das Sie zu entdecken versuchen, bis ins Detail ermitteln und verstehen müssen. Einige Neuronale Netze liefern Sensitivitäts-Berichte, die Ihnen die Beziehungen zwischen Eingabe- und gewünschten Ausgabewerte verdeutlichen.

Maschinenlernende Algorithmen

Maschinenlernende Algorithmen werden in der Regel eingesetzt, wenn eine Datenbank in Segmente zerlegt werden soll. Die Ausgabewerte erfolgen in Form eines Entscheidungsbaums oder als Wenn/Dann-Regeln. Maschinenlernende Algorithmen arbeiten meist in Überwachten Lernumgebungen, wo sie nach einem Verfahren suchen, um die Datenbank nach den gewünschten Kategorien zu klassifizieren (zum Beispiel »Online-Besucher wird kaufen vs. wird nicht kaufen«). Das Ziel dieser Algorithmen besteht in beiden Fällen darin, den Prozess nachzuahmen, durch den ein gelernter Statistiker einen Datenbestand analysieren würde: das Identifizieren wichtiger Datenmengen von Merkmalen innerhalb einer Datenbank.

Data Mining-Tools, die mit maschinenlernenden Algorithmen wie CART (Classification and Regression Trees), CHAID (Chi-Squared Automatic Integration Detection), ID3 (Interactive Dichotomizer) oder C4.5 oder C5.0 arbeiten, teilen einen Datenbestand auf in statistisch relevante Cluster von Klassen, die jeweils eine vordefinierte Klassen beschreiben. Wie schon bemerkt wurde, generieren einige dieser Tools Entscheidungsbäume, die die Datenverteilungen graphisch (als eine Art Karte signifikanter Cluster) darstellen. Andere Tools dagegen generieren Wenn/Dann-Regeln, die einen Datenbestand in Klassen einteilen, die wichtige *Wertebereiche* und *Eigenschaften* repräsentieren. Eine Wenn/Dann-Regel besteht aus zwei Komponenten, der Bedingung (Wenn) und der Folge (Dann). Sie wird folgendermaßen dargestellt:

Wenn der Kundencode gleich 03
Und die Anzahl der diesjährigen Käufe gleich 06
Und die Postleitzahl gleich 79905 ist
Dann wird der potenzielle Kunde Produkt X kaufen
Regelwahrscheinlichkeit: 0,88
Die Regel basiert auf 13000 Datensätzen
Signifikanzniveau: Fehlerwahrscheinlichkeit < 0,13

Ein Maß für Daten

Die meisten dieser Data Mining-Tools stammen aus zwei Strömungen der Forschung und Entwicklung. Die erste benutzt statistische Entscheidungsbäume und die zweite arbeitet mit maschinenlernenden Algorithmen wie ID3. Der Mathematiker J. Ross Quinlan führte mit seinem ID3-System das heute gängige Konzept für Entscheidungsbaum-Tools ein. Es gibt zwei Grundtypen von Entscheidungsbäumen: binäre und multiple Zweige. Bei einem binären Entscheidungsbaum teilt sich ein

Zweig jeweils in zwei Unterzweige auf. Jeder Knotenpunkt repräsentiert somit eine Ja-Nein-Frage. Das Programm ID3 erzeugt automatisch Entscheidungsbäume auf der Basis von positiven und negativen Fällen. Die Zweige eines Baums repräsentieren somit jeweils positive oder negative Werte.

Um einen bestimmten Eingabewert zu klassifizieren, betrachten wir zunächst die oberste Ebene des Baums und gehen jeweils eine Ebene tiefer, bis wir eine Antwort gefunden haben. In einem ID3-Algorithmus ist zum Beispiel die Sequenz der als Prädiktoren ausgewählten Felder durch das Maß der Entropie bestimmt. Dieser Informationsmesswert ist am besten geeignet für das Attribut, dessen Wert, falls bekannt, die Abweichung einer Vermutung oder Vorhersage vom tatsächlichen Wert der unabhängigen Variablen minimiert. Weitere Felder werden dann auf ihre Fähigkeit hin untersucht, Werte in den höheren Knoten des Ergebnisbaums weiter zu differenzieren. Im ID3-Algorithmus wird die mit jedem Attribut verbundene Entropie wie folgt berechnet:

Anstatt an dieser Stelle tief in die Mathematik einzusteigen, ist es ausreichend, zu erwähnen, dass der ID3-Algorithmus die Entropie oder das Rauschen misst, um die Menge der Daten zu messen, die ein Attribut enthält. Die Gesamtentropie der Klassifizierung ist die erwartete Menge an Informationen, die man erhält, wenn eine Klasse spezifiziert wird. Nehmen wir zum Beispiel an, Sie möchten bestimmen, welches Attribut die meisten Informationen in der Klasse »Frucht« enthält:

»Was ist das, eine Banane, ein Apfel oder eine Orange?«		
Daten	Attribut	Informationsgewinn
Sie wiegt 39 Gramm.	Gewicht	Wenig
Sie ist rund.	Form	Mittel
Sie ist rot.	Farbe	Hoch

Abbildung 49 zeigt einen ID3 Entscheidungsbaum. Wie man sieht, erzeugt ID3 je einen Unterbaum für eindeutige Cluster mit ähnlichen Einkommensstufen. ID3 ist der Vorgänger von C4.5 und C5.0, die ebenfalls von Quinlan entwickelt wurden und das Kriterium des *Informationsgewinns* benutzen, um mögliche Aufteilungen innerhalb eines Datenbestandes zu vergleichen und zu erzeugen. C5.0, der modernste und neueste Algorithmus, berechnet das Verhältnis des gesamten Informationsgewinns eines Splits zum Informationsgewinn, der lediglich auf

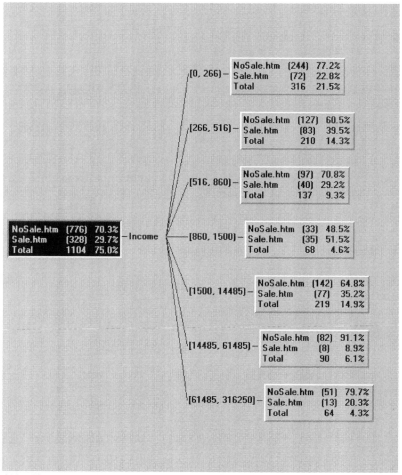

Abb. 49: *Ein Entscheidungsbaum kann Ihre Online-Kunden aufgrund verschiedener Attribute wie Einkommen, Alter, Geschlecht, Domain, oder Wohnort klassifizieren.*

die Anzahl durch eventuelle Splits zurückzuführen ist, um damit die Bewertung möglicher Splits vornehmen zu können. Die Algorithmen ID3 und C4.5 bauen auf dem konzeptionellen Lernen auf, wobei die Anzahl der Unterbäume gleich der Anzahl der Kategorien des Prädiktor-Ausgabewertes ist.

Die Regeln

Maschinenlernende Algorithmen bilden die Kerntechnologie der meisten Entscheidungsbäume und der meisten regelerzeugenden Data Mining-Tools. Sie folgen dem Motto: »Teile und herrsche«. Die Algorithmen suchen in einem beliebigen Datenbestand, wie zum Beispiel in einer Logdatei- oder Fragebogen-Datenbank, nach Attributen (Domain, weiterleitende Suchmaschinen, Alter, Geschlecht) und führen einen Test an einem Knotenpunkt eines Baumes oder einer Regel durch, um eine Anzahl möglicher Zweige oder Wenn/Dann- Aussagen zu generieren. Ist das an einem Knoten getestete Attribut nominal, so ist die Anzahl der Zweige eines Entscheidungsbaums in der Regel gleich der Anzahl möglicher Werte des Attributs (beim Geschlecht wäre dies zum Beispiel männlich, weiblich oder unbekannt). Ist das Attribut numerisch, wird an den Knoten eines Entscheidungsbaums geprüft, ob sein Wert kleiner

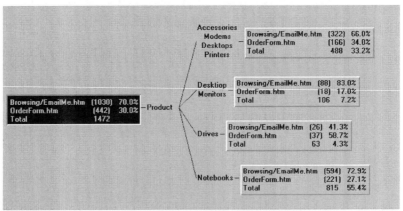

Abb. 50: *Aus einem Entscheidungsbaum können Regeln abgeleitet werden.*

ist als eine vorbestimmte Konstante, und der Knoten spaltet sich in zwei Zweige. Fehlende Werte in einem Datenbestand werden als eigenständige Attributwerte behandelt. Der Grund dafür ist, dass auch ein fehlender Wert für die Analyse signifikant sein kann.

Manche Data Mining-Tools sind in der Lage, direkt aus der Datenbank heraus Entscheidungsregeln zu generieren und stellen somit eine interessante Alternative zu Entscheidungsbäumen dar. Darüber hinaus ist es möglich, direkt aus dem Entscheidungsbaum ein Regelmenge abzuleiten. In diesem Fall wird pro Zweig eine Regel generiert.

WENN	Produkt = Zubehör, Modems, Desktops oder Drucker	
DANN	HTM = Browsing/E-MailMe.htm	66,0%
	HTM = Bestellformular.htm	34,0%
WENN	Produkt = Desktop oder Monitore	
DANN	HTM = Browsing/E-MailMe.htm	83,0%
	HTM = Bestellformular.htm	17,0%
WENN	Produkt = Laufwerke	
DANN	HTM = Browsing/E-MailMe.htm	41,3%
	HTM = Bestellformular.htm	58,7%
WENN	Produkt = Notebooks	
DANN	HTM = Browsing/E-MailMe.htm	72,9%
	HTM = Bestellformular.htm	27,1%

Beachten Sie, dass diese Regeln dieselben sind wie in Abbildung 50. Sie können mit Hilfe der Software generiert werden.

Die Entscheidungsbäume

Es gibt eine Vielzahl an Algorithmen, mit denen Entscheidungsbäume generiert werden. Der CART-Algorithmus generiert binäre Bäume, die sehr gut für die statistische Vorhersage geeignet sind. Er erzeugt zwei Zweige an jedem Verbindungsknoten und benutzt Quervergleiche und Abschnitte, um die Größe des Baumes zu bestimmen. Sein Ausgabewert oder seine Antwortvariable kann quantitativ oder nominal sein. CART teilt einen Datenbestand aufgrund von Unterschieden auf und betrachtet sämtliche Variablen einer Datenbank, um zu bestimmen, welche am besten als Diskriminator oder Splitkriterium geeignet ist. Die besten Separatoren sind solche Datenfelder, die eine Datenbank in verschiedene Gruppen, mit einer dominanten Klasse einteilen. Die Eingabewerte oder unabhängige vorhersagende Variablen können nominal oder ordinal sein. Kontinuierliche Prädiktoren werden ebenfalls unterstützt.

Des Weiteren gibt es die AID-Familie unter den Algorithmen: AID, THAID, CHAID, MAID, XAID, FIRM, TREEDISC und andere. Diese Algorithmen, von denen CHAID der bekannteste ist, basieren auf dem Konzept der Aufdeckung komplexer statistischer Beziehungen. Sie generieren Entscheidungsbäume, deren Anzahl der Zweige von zwei bis zur Anzahl der Kategorien des Prädiktors variiert. Ein Hauptunterschied zwischen CHAID und CART oder C4.5 liegt darin, dass CHAID sehr konservativ ist. Er stoppt das Wachstum eines Baums, um Overfitting zu vermeiden. Darüber hinaus arbeitet CHAID ausschließlich mit kategorischen Variablen. Sämtliche der aufgeführten Algorithmen splitten Datenbestände auf der Basis von statistischen Signifikanz-Tests, die sie ebenfalls für die Bestimmung der Größe Ihres Entscheidungsbaums einsetzen. AID, MAID und XAID wurden für quantitative Antworten entwickelt, während THAID, CHAID und TREEDISC für nominale Antworten ausgelegt sind. Einige Data Mining-Tools kombinieren zwei oder mehrere Algorithmen, wie zum Beispiel das Tool KnowledgeSEEKER. Es verwendet CART, CHAID und ID3-Algorithmen. Ein weiteres Beispiel ist Clementine, ein Tool, das ID3 und C5.0 Algorithmen benutzt. Der C5.0 Algorithmus wird von Quinlans eigener Firma, Rulequest, angeboten.

Bäume vs. Regeln

Entscheidungsbäume sind in vielen Bereichen des Marketing sehr beliebt und können auch für die Analyse von web-generierten Daten verwendet werden. Die Vorteile von Entscheidungsbäumen liegen in ihrer Fähigkeit, verständliche Business-Regeln in einer Decision-Support-Umgebung zu generieren und nichtlineare Beziehungen mit logischen Regeln zu modellieren. ID3 und seine Nachfolger C4.5, C5.0, CART, CHAID und andere Arten von maschinenlernenden Algorithmen, führen den gleichen Prozess mit einer Datenbank durch: *Sie teilen die Datenbank in Klassen ein, die sich in ihrer Beziehung zu einem ausgewählten Ausgabewert so stark wie möglich unterscheiden.* Mit anderen Worten, eine Datenbank wird entsprechend der Ergebnisse statistischer Tests – und nicht durch den Anwender – in Unterklassen aufgesplittet. Bei diesen Tests werden die *Algorithmen* auf einen Ausgabewert angewendet. Der 1984 von L. Breimen entwickelte CART-Algorithmus erzeugt binäre Bäume, die eine Klassifizierung auf Basis der Attribute ermöglichen. Attribute sind die geeignetesten Splitkriterien und Separatoren. Der CHAID-Algorithmus, der fast ein Jahrzehnt zuvor (1975) von J.S. Hartigan entwickelt wurde, dient der Aufdeckung von statistischen Beziehungen in Daten und arbeitet ausschließlich mit kategorischen Variablen.

Regeln sind meist komplexer als nötig, und die von Entscheidungsbäumen abgeleiteten Regeln werden normalerweise gekürzt, um redundante Tests zu entfernen. Nichtsdestotrotz sind Regeln nicht wesentlich kompakter als ein Entscheidungsbaum und im Grunde erhalten Sie ja auch genau dieselben Regeln. Genauso, als wenn Sie die Regeln von einem Baum ablesen würden. In manchen Fällen sind Regeln jedoch sehr viel kompakter als Bäume. Dies gilt besonders, wenn es eine Default-Regel gibt, die die Fälle abdeckt, die nicht durch andere Regeln definiert werden. Ein Grund für die Beliebtheit von Regeln ist, dass jede Regel einen unabhängigen Einblick in die Datenbank zu ermöglichen scheint. Neue Regeln lassen sich zu einem bestehenden Regelmenge hinzufügen, ohne die schon vorhandenen Regeln zu beeinflussen, während das Hinzufügen eines Elementes zu einem Entscheidungsbaum die gesamte Baumstruktur verändert. Die meisten Regeln erreichen eine erstaunlich hohe Genauigkeit. Dies liegt vermutlich daran, dass die Struktur, die zahlreiche reale Datenbestände darstellen, recht rudimentär ist und Interaktionen zwischen den Attributen problemlos ignoriert werden können.

Automatische Segmentierung

Der Prozess der Schichtung oder Klassifizierung wird auf der bestehenden Datenbasis automatisch durch maschinenlernende Algorithmen durchgeführt und nicht auf Grundlage einer Hypothese oder eines Gefühls des Anwenders. Zur Aufteilung des Datenbestandes werden Attribute gewählt, und für jeden Teilsatz wird ein Entscheidungsbaum erzeugt, bis alle Elemente der Teilmengen der gleichen Klasse angehören. Die Wahl des geeignetesten Algorithmus hängt von der Art Ihrer Fragestellung ab.

Beachten Sie, für welche Aufgabe die jeweiligen Algorithmen entwickelt wurden und wie sie mit den Daten arbeiten. CHAID wurde dazu entwickelt, die statistischen Beziehungen zwischen Variablen zu entdecken. Er ist auf die Analyse von qualitativen Werten wie niedrig, mittel, hoch, beschränkt. Mit Hilfe von CART kann der Grad der Unterschiedlichkeit zwischen Variablen ermittelt werden, indem die Daten zerlegt werden. Er sucht in einer Datenbank nach den Variablen, die am besten als Splitterkriterien oder Separatoren geeignet sind (mit anderen Worten, er sucht nach dem Attribut, das Ihre Käufer am besten von Ihren Surfern unterscheidet). ID3 und C4.5 benutzen für die Aufteilung das Prinzip des »Informationsgewinns«: Welches Attribut sagt am meisten über Käufer und Nichtkäufer meiner Website aus? Der Informationsgewinn hängt ab von der Attributwahrscheinlichkeit, gemessen in Bits, wie auch vom negativen Algorithmus zur Basis zwei dieser Wahrscheinlichkeit.

Die CART-Prozeduren erzeugen rein binäre Entscheidungsbäume, während ID3 die Daten anhand von Attributwerten zerlegt. Darüber hinaus benutzt CART eine statistische Resampling-Technik für die Fehlereinschätzung und das kostenaufwändige »Pruning« der Daten. Schließlich sollten Sie bedenken, dass sich die Ausgabewerte der jeweiligen Algorithmen in gewisser Weise unterscheiden – nahezu alle erzeugen einen bestimmten Entscheidungsbaum und die meisten generieren eine verschiedene Anzahl von Wenn/Dann-Regeln. Denken Sie daran, dass CART und ID3 ausschließlich binäre Bäume erzeugen, während CHAID, C4.5 und C5.0 multiple Entscheidungsbäume erstellen.

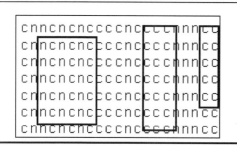

Abb. 51: *C = Online-Kunde; N = Nicht Online-Kunde*

Wie Sie maschinenlernende Algorithmen auf Ihre Website anwenden

Data Mining-Tools, die maschinenlernende Algorithmen verwenden, sind besonders effizient in der Aufdeckung von Mustern innerhalb Ihrer Website sowie in der Identifikation von Clustern profitabler Kunden (siehe Abbildung 51).

Die blockartigen Cluster in Abbildung 51 repräsentieren gemeinsame Charakteristika innerhalb der Daten und können die in Ihren Daten verborgenen Schlüsselbeziehungen und Muster aufzeigen. Darüber hinaus geben sie den Webmastern, Marketingfachleuten und dem Management leicht verständlich Auskunft darüber, was sich auf einer großen Website ereignen kann.

WENN POSTLEITZAHL	[93011-94123)
UND REGISTRIERUNGSNUMMER	[0051-0943)
UND USER ID NUMMER	[4566JK33-4558DL01)
DANN	/WEBSELL/PRODUCTS8.HTM 87%

Diese Regel kann in folgende Komponenten zerlegt werden: Zunächst deutet die Postleitzahl auf einen kalifornischen Postleitzahlbereich von 93011 bis (nicht einschließlich) 94123. Dies grenzt den prozentualen Anteil der möglichen Haushalte erheblich ein, lässt jedoch noch keinen Aufschluß Aufschluss bezüglich der demographischen Daten auf die Lebensstile der Konsumenten zu. Als nächstes wurde ein Bereich von

Registrierungsnummern gefunden: 0051 bis (nicht einschließlich) 0943. Die Ziffern repräsentieren einen bestimmten Zeitabschnitt, in dem Registrierungen erfolgt sind. Schließlich wurde ein Cluster von Cookie-Idenfikationsnummern gefunden, was auf eine vermutlich noch unbekannte Assoziation hindeutet. Eine weitere Analyse kann Ähnlichkeiten im Surfverhalten aufdecken. Im Data Mining-Prozess wurde herausgefunden, dass wenn alle der genannten Bedingungen erfüllt wurden, eine große Neigung zur Auswahl der Seite PRODUCT8.HTM bestand. Es handelt sich hierbei um eine der Hauptseiten dieser gewerblichen Website.

Einer der wichtigsten Unterschiede und ein Vorteil von maschinenlernenden Algorithmen im Vergleich zu statistischen Klassifizierungssystemen, wie z.B. der Regression, liegt in ihrer Fähigkeit, getrennte Bereiche in einer Datenmenge zu klassifizieren. Diese Data Mining-Tools sind zum Beispiel in der Lage, Gruppen von Online-Kunden zu finden, die mit Hilfe der Regression nur schwer klassifiziert werden könnten. Es gibt verschiedene Methoden, nach denen profitable Online-Besucher identifiziert werden können. Ein Kundentyp könnte zum Beispiel viele Produkte zu günstigen Preisen kaufen, während ein anderer wenige Produkte zu hohen Preisen erwirbt. Beide Fälle repräsentieren Klassen von Online-Umsätzen.

Selbstlernende Tools

Ein gute Möglichkeit, den richtigen Algorithmus zu wählen, ist anhand eines einzelnen Datenbestandes verschiedene Tools mit derselben abhängigen Variable zu testen. Die mit den einzelnen Tools erzielten Ergebnisse können dann betrachtet und verglichen werden, und die Genauigkeit des Entscheidungsbaums lässt sich evaluieren. Darüber hinaus sollten Sie daran denken, dass Sie es oft mit mehr als einem Datenbestand zu tun haben und es in solchen Fällen wichtig ist, Zugang zu den wichtigsten Algorithmen zu haben, da sie mit verschiedenen Datenvariablen sowie mit Datenbeständen arbeiten, die zu unterschiedlichen Ergebnissen führen.

Die folgenden Data Mining-Tools haben die herausragenden Fähigkeiten, mit einer großen Anzahl an Attributen und Datensätzen zu arbeiten, die statistische Relevanz zu schätzen, mit kategorischen und numerischen Attributen zu arbeiten, transparente Regeln zu erlernen und sich inkrementell zu verbessern. Diese Gruppe von Data Mining-Tools, in denen maschinenlernende Algorithmen verwendet werden, umfasst: *AC2, Alice, Business Miner, Clementine, C5.0 (Rule Quest), CART, Cognos Scenario, Data Surveyor, Decisionhouse, IDIS, IND, KATE-Tools, KnowledgeSEEKER, Preclass, PQ->R, SAS Enterprise Miner, SuperQuery, Profiler und WizWhy.*

(Internetadressen hierzu finden Sie unter www.symposion.de/datamining/links.htm)

Mit Hilfe eines Entscheidungsbaums-Tools wie *KnowledgeSEEKER* kann eine Datenbank sehr schnell in statistisch signifikante Cluster zerlegt werden. Wie andere High-End-Tools arbeitet auch *KnowledgeSEEKER* mit den Algorithmen CART, CHAID und ID3. Eine einzigartige Eigenschaft dieses Tool ist, dass es CART und CHAID gleichzeitig laufen lässt. Das bedeutet, dass kontinuierliche und diskrete abhängige und unabhängige Variablen ohne Vorverarbeitung, Zerlegung oder Skalierung Ihrer Daten modelliert werden können.

Das Tool generiert multivariate Entscheidungsbäume, Wenn/Dann-Regeln sowie SQL-Syntax. In dem in Abbildung 52 dargestellten Beispiel war das Data Mining-Tool in der Lage, einen Entscheidungsbaum zu generieren, indem es ein Klassifizierungsattribut (Kreditkennzahl) und Intervalle (Dollarbereiche) identifizierte, mit dem die Kunden, die online etwas gekauft haben, von denen, die nichts kauften, unterschieden werden können.

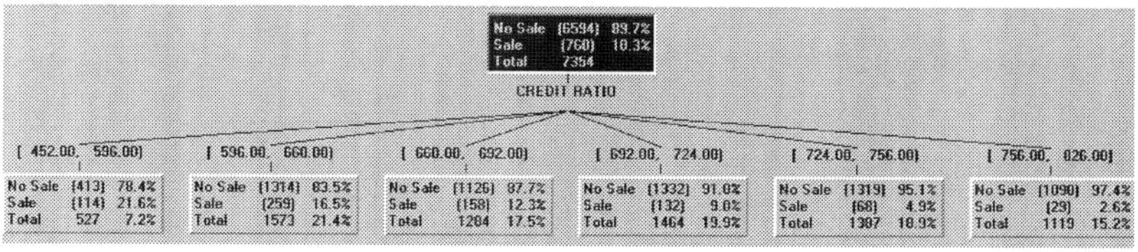

Abb. 52: *Die Zweige eines Entscheidungsbaums repräsentieren die Klassen der Online-Kunden.*

Genetische Algorithmen

Ein genetischer Algorithmus (GA) ist im Grunde eine Programmversion des Evolutionsprozesses. Der Hauptunterschied liegt natürlich darin, dass in einem System ein Programm innerhalb von Mikrosekunden verändert werden kann. Genetische Algorithmen sind Programmroutinen zur Optimierung, deren Prinzip aus der natürlichen Evolution stammt. Es handelt sich um Suchprozeduren, die auf den Konzepten der natürlichen Selektion und der Genetik basieren. Genetische Algorithmen stellen eine zuverlässige Alternative zur linearen Programmierung und der mathematischen Optimierung dar. Dem elektronischen Einzelhändler dient diese Technologie zur Optimierung von Design und Aufbau seiner Website, deren Positionierung und der Verbesserung der Kommunikation mit den Kunden.

Im Zusammenspiel mit Neuronalen Netzen und maschinenlernenden Algorithmen entwickeln genetische Algorithmen erstaunliche Fähigkeiten bei der Aufdeckung des Verhaltens von Online-Besuchern und der Optimierung des Designs der Website. Aufgrund ihres inhärenten Designs sind sie sehr gut formbar und besonders geeignet für Umgebungen, wie sie das Internet darstellt. Während der siebziger Jahre entwickelte John Holland die ersten genetische Algorithmen an der University of Michigan. Dr. Holland war beeindruckt von der Einfachheit, mit der biologische Systeme Aufgaben ausführen konnten, bei denen die mächtigsten Computer überfordert waren. Er wusste, dass die Evolution in kleinen Einheiten auf Chromosomenebene erfolgte und dass die Natur dazu tendierte, Chromosomen zu bevorzugen, die lebensfähigere Organismen hervorriefen. Das grundlegende Konzept, das Holland entwickelte, zeigt, wie stochastische Suchvorgänge ablaufen: Anstatt an nur einer Lösung eines bestehenden Problems zu arbeiten, erarbeiten genetische Algorithmen eine ganze *Population von Lösungen.*

Der Überlebenscode

Um einen genetischen Algorithmus zu benutzen, müssen Sie die Lösungen zu Ihrem Problem in einer Struktur kodieren, die in einem Computer gespeichert werden kann. Diese kodierte Lösung bezeichnet man als *Genom* oder *Chromosom*. Diese Chromosomen stellen eine Population möglicher Lösungen dar. Sie bestehen im Grunde aus einer Menge von Zeichenketten, analog zu den Basis-4-Chromosomen, wie wir sie auch in unserer eigenen DNA vorfinden. Die Testlösung, in der die Nummern als Eingabevariablen benutzt werden, produziert ein Ergebnis oder eine Outputfunktion, die die Qualität der Testlösung beschreibt. Der Ausgabewert wird in der Regel als »*Fitness*« bezeichnet, da er beschreibt, wie »*fit*« die Testlösung ist. Die Fitnessfunktion für die Antwort auf ein Angebot Ihrer Website kann Eingabevariablen wie die Verbindungsdauer, die Postleitzahl oder die Gesamtsumme der Käufe besitzen.

Jedes Element einer Population hat somit eine identische Anzahl an Genen, beziehungsweise Eingabevariablen. Der genetische Algorithmuserzeugt zunächst eine Population aus Genomen. Anschließend wendet er die Kreuzung und die Mutation auf die einzelnen Elemente der Population an, um neue Elemente zu schaffen. Der genetische Algorithmus verwendet verschiedene Selektionskriterien, um die besten Elemente für den Paarungsvorgang und die anschließende Kreuzung auszuwählen. Der Schlüssel zu genetischen Algorithmen liegt in der »Zielfunktion«, da sie bestimmt, wie »gut« jedes Element ist. Wichtig ist zudem, wie die Genome oder Chromosomen als mögliche Lösung (Eingabewerte) für eine Fitnessfunktion strukturiert sind.

Genetische Algorithmen basieren auf dem Konzept der Schemata, das in den frühen Siebzigern von John Holland entwickelt wurde. Ein Schema ist eine einfache Schablone, das die möglichen Muster einer gegebenen Lösung repräsentiert, die mit genetischen Algorithmen als Genom oder Chromosom dargestellt wird. Dieses Schema wird in einer Reihe von aufeinanderfolgenden Symbolen von 1-en, 0-en und *-en in einer festen Position repräsentiert. Das Schema **01 besteht zum Beispiel aus folgenden Genomen: 0001, 1001, 1101 und 0101. Diese Chromosomen enden alle mit der Zahlenfolge 01. Darüber hinaus sind sie kodierte, strukturelle Lösungen zu einem Problem, das ein Computer lösen kann. Die Beziehung zwischen einem Genom und einem Schema besteht darin, dass sie überleben, wenn sie zusammenpassen.

Die Fitness eines bestimmten Schemas ist die durchschnittliche Fitness aller Genome einer gegebenen Population, die in das Schema passen. Die Fitness des obigen Beispiels repräsentiert die durchschnittliche Fitness der Genome 0001, 1001, 1101 und 0101. Holland fand heraus, dass ein Schema umso eher von einer Generation zur nächsten weitergegeben wird, je kleiner die definierende Länge des Schemas ist. Die definierende Länge eines Schemas ist die Distanz zwischen den äußersten festen Positionen. Beispiel: Die definierende Länge von 1*10111 ist gleich 6 (7-1).

Die Schemata niedrigerer Ordnung sind die Codes der genetischen Algorithmen, die sich von Generation zu Generation aufbauen. Die Anpassungsfähigsten überleben und durch die Vermischung mit anderen Algorithmen entstehen immer bessere Lösungen. Hollands Schema-Theorem erklärt, wie genetische Algorithmen wirklich in möglichen Schemata nach der geeignetsten Lösung für die nächste Generation suchen. Holland arbeitete vorwiegend mit Bit-Strings, doch es können auch Felder, Bäume, Listen und jedes beliebige andere Objekt eingesetzt werden. Dabei ist wichtig, dass Sie die genetischen Operatoren Reproduktion, Kreuzung und Mutation definieren müssen.

Reproduktion

Mit Hilfe dieses Prozesses überprüft ein Programm die Zeichenketten, die entsprechend des gewünschten Ausgabewerte kopiert wurden, mit den Zeichenketten großer Werte, die erwartungsgemäß eine Nachkommenschaft oder mehr für die nächste Generation erzeugen.

Genetische Algorithmen starten mit relativ schlechten Testlösungen, also mit Elementen einer Population, die eine schlechte Fitness besitzen. Der erste Prozess, die Reproduktion, umfasst den Austausch von Informationen zwischen den Elementen einer Population. Die Größe der Population wird durch Selektion konstant gehalten. Die Fitness der nächsten Generation wird jedoch verbessert.

Die Selektion ähnelt dem Prozess der »natürlichen Selektion«, wo nur die anpassungsfähigsten Individuen einer Population überleben, um ihr genetisches Material an die nächste Generation weiterzugeben. Die Wahrscheinlichkeit, dass ein Genom bis zur nächsten Generation überlebt, ist proportional zu seinem Fitnesswert. Nehmen wir zum Beispiel an, Sie möchten die Koordinatenpunkte an einer x- und y-Achse bestimmen, die einen maximalen Wert z auf einer Oberfläche suchen. In diesem Fall sind x und y der Eingabewert und z der Ausgabewert. Der erste Schritt würde darin bestehen, eine Population mit beliebig vielen möglichen Lösungen zu erzeugen, in diesem Fall sind einige Koordinaten besser als andere:

- $x = 4,5$, $y = 6,0$
- $x = 3,0$, $y = 5,0$
- $x = 2,5$, $y = 4,5$
- $x = 2,0$, $y = 4,0$
- $x = 1,5$, $y = 3,5$
- $x = 1,3$, $y = 2,5$

Als nächstes erstellen Sie eine Rangfolge Ihrer Lösungen (Selektion) und behalten die Koordinaten, die die besten Ergebnisse erzielen:

1.	x = 4,5	y = 6,0	Behalten
2.	x = 3,0	y = 5,0	Behalten
3.	x = 2,0	y = 4,5	Entfernen
4.	x = 2,5	y = 4,0	Entfernen
5.	x = 1,5	y = 3,5	Entfernen
6.	x = 1,3	y = 2,5	Entfernen

Kreuzung

Bei einer *Kreuzung* tauschen zwei Zeichenketten Informationen aus, wodurch neu kombinierte Szenarien entstehen. Das Überleben basiert auf der zufälligen Auswahl der fittesten Genome. Dies geschieht durch die Auswahl zweier Individuen, die Auswahl eines Mutationsortes im

Genom und den Austausch von Werten zwischen den zwei Strings. Kreuzungen kommen auch in der Natur vor. Durch sie werden zwei neue Genome aus bestehenden Genomen erzeugt, indem beide einen Teil ihres Genoms austauschen. Passen Elemente einer Population zusammen, kreuzen die Partner Genwerte aus. Das Ergebnis ist ein »Handel« von Werten. Auf diese Weise werden die Informationen der Genwerte innerhalb einer Population miteinander vermischt, und es entstehen neue unterschiedliche »Nachkommen«. Unser Beispiel dieser höher eingestuften Koordinaten würde diesen Prozess folgendermaßen durchlaufen:

	Vor der Kreuzung	Vor der Kreuzung
Szenario 1	2,0; 4,5	2,5; 4,5
Szenario 2	2,5; 4,0	2,0; 4,0

Mutation
Mit Hilfe der Mutation werden Veränderungen erzeugt, um die Vielfältigkeit in einer Population möglicher Szenarios zu gewährleisten. In einem binär-kodierten genetischen Algorithmus erfolgt dies durch die gelegentliche Änderung einer Bit-Position. Nachdem eine Kreuzung stattgefunden hat, werden die Nachkommen einer Mutation unterzogen. Die Werte der einzelnen Gene von Mitgliedern der Population können geändert (mutiert) werden. Die Mutation ist ein wichtiger Evolutionsprozess, da er im Gegensatz zur Kreuzung (bei der lediglich Gene *ausgetauscht* werden) neue *Genwerte* einführt und so die Vielfältigkeit der Population steigert.

Reproduktion und Kreuzung sind gut dazu geeignet, einen möglichen Lösungsraum zu suchen. Sie hängen jedoch von Ausgangsbedingungen und Zufallsereignissen ab, die möglicherweise gar nicht auftreten. Die Mutation bietet einen zusätzlichen Katalysator, mit dem neue Kombinationen erzeugt werden können. Trotz dieser Vorteile wird die Mutation nur so selten wie möglich eingesetzt, da ihre tiefgreifenden Veränderungen sich genauso destruktiv wie produktiv auswirken können. Sie sollte deshalb nur angewendet werden, um frühzeitige Annäherungen an ein lokales Optimum zu verhindern.

Nachdem Kreuzung und Mutation stattgefunden haben, ersetzen die neuen Populationsmitglieder die alten Mitglieder, wenn sie sich als besser herausstellen. Auf diese Weise kann sich die Fitness der Populationselemente mit jedem neuen Kreuzungs-, Mutations- und natürlichen Selektionszyklus (das heißt mit jeder neuen Generation) verbessern. Programmanwender möchten die Fitness in der Regel maximieren oder minimieren. Das Überleben des Programmablaufes mit der besten Fitness hängt davon ab, ob die neue Fitness besser oder schlechter ist als die der vorhergehenden Population. Der Prozess bringt schließlich eine sich ständig verbessernde Lösung des Problems hervor, und die optimale Lösung wird oftmals erstaunlich schnell identifiziert.

Step-by-Step: Beispiel für den Einsatz eines binär-kodierten genetischen Algorithmus

1. Ziel: Maximum der Funktion finden

$F(x) = X^2$ (Ziel)
Wobei $0 = < X = < 31$ (Bereich)

2. Schema kodieren. Verwenden Sie einen binären String mit der Länge = 5.

Beispiel: $11000 => 1 \times 2^4 + 1 \times 2^3 + 0 \times 2^2 + 0 \times 2^1 + 0 \times 2^0 = 24$

3. Reproduktion der Ausgangspopulation, zum Beispiel 4 Strings:

Stringnummer	String	x	Fitness	Prozent von gesamt
1	00010	2	4	1,8 %
2	00011	3	9	4,0 %
3	01110	14	196	87,1 %
4	00100	4	16	7,1 %
Durchschnittliche Fitness = 56,25				

Beginnen Sie die Reproduktion. Drehen Sie das Rouletterad der Evolution viermal, um folgende Ergebnisse zu erhalten:

Stringnummer	String	Anzahl Treffer
1	00010	0
2	00011	1
3	01110	2
4	00100	1

4. Kreuzung. Elemente der neu reproduzierten Chromosomen werden willkürlich gepaart. Nehmen wir an, die Stringnummern 3 und 4 sowie 3 und 2 werden gepaart.

Für 3 und 4	Split	Vorher	Nachher
String 3	01110	01110	01110
String 4	00100	00100	00100
String 2	00011	00011	01011
String 3	01110	01110	00011

5. Mutation. Angenommen wir wählen p = 0,002. Wir würden erwarten, dass 20(0,002) = 0,04 bits die Mutation durchlaufen.

6. Die neue Population:

Stringnummer	String	x	Fitness	Prozent von gesamt
1	01110	14	196	53,1 %
2	00100	4	16	4,3 %
3	00110	6	36	9,8 %
4	01011	11	121	32,8 %
Durchschnittliche Fitness = 92,25				

Der Prozess wird iterativ fortgesetzt, bis eine akzeptable Lösung erreicht wird.

Data Mining mit Hilfe von genetischen Algorithmen

Genetische Algorithmen bringen sukzessive neue Generationen von Lösungen hervor, die durch Zerlegung und Zusammenführung mit jedem Schritt besser werden. Genetische Algorithmen sind somit Optimierungs-Werkzeuge, die derzeit in Data Mining-Applikationen benutzt werden, um die Leistung Neuronaler Netze zu verbessern. Die meisten Data Mining-Tools dienen der Aufdeckung von Mustern, während genetische Algorithmen auf die Optimierung fokussiert sind. Wird ein genetischer Algorithmus jedoch im Gespann mit Neuronalen Netzen benutzt, kann er deren Leistung bei der Klassifizierung und Vorhersage optimieren. Obwohl genetische Algorithmen in heutigen Data Mining-Tools noch nicht üblich sind, sind sie auf dem besten Weg, zum Standard bei der Leistungsoptimierung Neuronaler Netze zu werden. Die Data Mining-Tools, die sowohl Neuronale Netze als auch genetische Algorithmen besitzen, nutzen genetische Algorithmen zur Optimierung ihrer Einstellungen, der Topographie und der Lernrate ihres Neuronalen Netzes, um die Gesamtleistung zu verbessern.

Genetische Algorithmen können ebenfalls in Verbindung mit Regel-Generatoren verwendet werden, um leistungsfähigere Vorhersage-Regeln zu erzeugen. Der Ansatz beinhaltet (wie bei den meisten genetische Algorithmen) die Aufstellung einer Fitness-Funktion – in diesem Fall einer Klassifikator-Fehlerrate. Die Genome und Chromosomen repräsentieren die von einem maschinenlernenden Algorithmus erzeugte Regelmenge. Das Ziel ist die Fokussierung auf die Erzeugung von Wenn/Dann-Regeln und die anschließende Rekombination und Mutation dieser Chromosomen (Regeln), um die schwächsten Elemente auszumustern, so dass die starken Regeln die minimale Clustergröße (und damit die maximale Genauigkeit) erreichen. Teil dieses Prozesses ist die Aufstellung von Klassifikator-Gruppen. Hierbei handelt es sich um Mengen unterschiedlicher Klassifikatoren, deren Vorhersagen als Durchschnittswerte dargestellt werden:

Regel 1:	0,93	WENN Alter = 32	DANN wird Produkt X kaufen
Regel 2:	0,66	WENN Geschlecht = M	DANN wird Produkt Y kaufen
Regel 3:	0,87	WENN vor Kauf Y	DANN wird Produkt Z kaufen
Gruppendurchschnitt: 0,82			
Durchschnittliche Kaufwahrscheinlichkeit für Produktgruppen X,Y,Z			

Wiederholte Durchläufe genetischer Algorithmen werden ausgeführt, indem man eine willkürliche Anzahl von verschiedenen Kernregeln benutzt. Bei diesem Prozess werden alle drei Schritte (Reproduktion, Kreuzung, Mutation) absolviert, um sicherzustellen, dass schwache Regeln (Klassifikatoren) durch die Klassifikator-Gruppen aussortiert werden. Der Grund für den gemeinsamen Einsatz von genetischen und maschinenlernenden Algorithmen liegt in der Optimierung des Suchraums und der Verbesserung der allgemeinen Genauigkeit.

Es sind zur Zeit nur einige wenige kommerzielle Data Mining-Tools auf dem Markt, die genetische Algorithmen verwenden. Dies erschwert die Integration der Technologie in die Analyse Ihrer web-erzeugten Daten. Für den Desktop-Bereich gibt es Evolver, ein Add-On für Microsoft Excel. Das Produkt ist schon seit einiger Zeit auf dem Markt, recht stabil und basiert auf einer fundierten Theorie. Aus den Niederlanden stammt ein neueres Paket, das OMEGA Predictive Modeling System. Es benutzt einen genetischen Algorithmus zur Optimierung des Lernprozesses. Ein weiteres Tool, der NeuroGenetic Optimizer (NGO) besitzt einen integrierten genetischen Algorithmus mit einem Backpropagation-Netzwerk und einem SOM-Netz (Self-Organizing-Map). Im High-End-Bereich gibt es die NeoVista Solutions Software, die ein GA-Modul als Teil seiner Data Mining-Toolbox besitzt. Darüber hinaus kann im Internet frei zugänglicher Code für die Entwicklung eigener Applikationen genutzt werden.

Applikationen für genetische Algorithmen

Eine der faszinierendsten Applikationen für genetische Algorithmen liegt im Bereich des Einzelhandels und ist speziell auf die Optimierung von Produktregalen in Bezug auf Größe und Positionierung ausgelegt. Einige Einzelhändler haben damit begonnen, genetische Algorithmen für das Design und die Optimierung ihrer Geschäfte und Produkte einzusetzen, um je nach den demographischen Gegebenheiten eines Geschäfts die Einnahmen zu maximieren. Eines der Probleme, das unter Einzelhändlern immer wieder auftaucht, ist das gleiche wie bei großen E-Commerce-Websites: das Handling einer großen Anzahl von Produkten. Hinzu kommen die sich ständig verändernden demographischen Daten der Kunden, die stets eine detaillierte und sehr genaue Reorganisation einzelner Produkte der jeweiligen Filialen nach sich ziehen. E-Commerce-Websites, die eine große Palette an Produkten und Dienstleistungen anbieten, sehen sich denselben Problemen ausgesetzt.

Die derzeitigen Lösungen erfordern umfangreiche Planungen und Ressourcen. Genetische Algorithmen sind für Logistikprobleme, die sich für große elektronische Einzelhändler im Internet zu scheinbar unüberwindbaren Hindernissen auftürmen, besonders gut geeignet. Neben dem Problem des optimalen Designs besteht das Problem der Bestandskontrolle. Auch hier sind genetische Algorithmen besonders zu empfehlen. Mit ihrer Hilfe kann Überschuss reduziert, fehlendem Vorrat vorgebeugt und die Bestandsplanung optimiert werden.

Durch den Einsatz von genetischen Algorithmen kann der Online-Umsatz einer Website gesteigert werden, indem das Design der Seite sowie die Produktpositionierung mit Blick auf Cross-Selling-Angebote optimiert werden. Genetische Algorithmen können den Einsatz von Investitionsmitteln verbessern und aufgrund von demographischen Kundendaten die Gruppierung von Produkten gemäß den Affinitäten der Verbraucher vorantreiben. Das Gruppieren nach Affinitäten ist darüber hinaus auch hilfreich bei der Positionierung von Produkt-Items aufgrund von Online-Kunden-Profilen. Einzelhändler nutzen genetische Algorithmen derzeit für sehr ähnliche Zwecke. Das Konzept des evolutionären Verkaufens ist ein Bereich, in dem genetische Algorithmen und Neuronale Netze zur Optimierung des Designs und der Funktionalität von Online-Schaufenstern und Portalen eingesetzt werden. Mit ihrer Hilfe wird der zur Verfügung stehende Raum für den Handel optimal ausgenutzt.

Die KI-Vetter: Fallbasiertes Schließen und Fuzzy Logik

Es gibt zwei weitere Technologien, die aus der künstlichen Intelligenz hervorgingen und das Potenzial besitzen, Ihnen bei der Optimierung Ihrer Anstrengungen im E-Commerce und Ihres Kundenservices behilflich zu sein. Es handelt sich um das *Case-Based Reasoning* (CBR) oder Fallbasiertes Schließen und die *Fuzzy Logik*. Obwohl nur wenige Data Mining-Tools diese Technologien besitzen, sollten Sie ihre grundlegende Funktionsweise kennen und erfahren, welche Möglichkeiten sie bieten. Ebenso sollten Sie wissen, wie Sie sie in Zukunft einsetzen könnten.

Fallbasiertes Schließen (CBR)

Ein CBR-System prüft, inwieweit neue Probleme zu vergangenen »Fällen« in einer Datenbank passen. Anschließend bietet es erfolgversprechende Lösungen für das aktuelle Problem an. Case Based Reasoning wurde bisher im Bereich Kundensupport sowie in der Qualitätssicherung und in Wartungsapplikationen eingesetzt. In diesen Bereichen wartet Case Based Reasoning die gespeicherten, in der Vergangenheit aufgetretenen Probleme. Erfolgt eine Anfrage, werden passende alte Situationen herausgesucht, die eine Antwort auf das neue, ähnliche Problem darstellen. Case Based Reasoning ist eine sehr einfache und doch sehr hilfreiche Methode des Indizierens, die eher mit dem *Erinnern* als mit dem *Lernen* verwandt ist. CBR-Systeme arbeiten also anders als andere Data Mining-Technologien.

Ein CBR-System ist ein kollaboratives System, das Fallbeispiele von Lösungen speichert, die es dann verwendet, um eine Problemlösung für ein neues Problem anzubieten. Die herkömmlichste Verwendung dieses indizierenden Systems liegt im Bereich der Help-Desk-Systeme. Die CBR-Technologie wird hierbei eingesetzt, um Antworten auf Problemstellungen zu finden, indem im Speicher nach ähnlichen Fällen gesucht und die damals passende Lösung an das aktuelle Problem angepasst wird. Die CBR-Technologie wurde ursprünglich in den Achtzigern entwickelt. Die wohl bekannteste Arbeit ist die von Roger Schank im KI-Labor an der Yale University. Eine ähnliche Applikation findet man in Collaborative Filtering-Software wie Firefly, die aufgrund von Fallbeispielen Produktempfehlungen gibt.

Die Arbeitsgrundlage eines CBR-Systems ist die Wartung einer Datenbank mit bekannten Datensätzen. Sie könnten zum Beispiel eine Datenbank früherer Online-Kunden speichern, die umfangreiche Käufe getätigt haben. Mit Hilfe des CBR-Systems könnten Sie neue Online-Besucher erfassen, die früheren Kunden ähneln. Auf dieser Grundlage können Sie dann die Klassifizierung und Vorhersage durchführen. Case Based Reasoning verwendet Distanz- und Kombinationsfunktionen, um zu neuen Online-Besuchern passende frühere Kunden zu finden. Case Based Reasoning ist zudem recht anpassungsfähig. Wenn neue Kunden identifiziert sind, werden neue Arten von »Nachbarschaften« erzeugt, was das Klassifizieren neuer Online-Besucher ermöglicht.

Das gesamte Konzept beruht auf der Assoziation: Neue Online-Kunden, die voraussichtlich auf ein Angebot antworten, haben vermutlich ähnliche Eigenschaften wie frühere Kunden, die in der Vergangenheit auf ähnliche Angebote und Anreize reagiert haben. Case Based Reasoning arbeitet problemlos mit allen Datenformaten, einschließlich nicht-relationaler Texte und Bilder. Nichtsdestotrotz besitzt Case Based Reasoning auch Nachteile. So sind zum Beispiel sehr große Mengen bestehender Daten notwendig, um verwandte Daten zu finden. Die Klassifizierung neuer Datensätze kann das Bearbeiten sämtlicher alter Datensätze erfordern, bis ähnliche profitable Nachbardaten gefunden werden. Die Stärke der CBR-Technologie liegt zweifelsohne in ihrer Einfachheit, die auf folgenden Satz hinausläuft: »*Ich glaube, dieser Online-Besucher wird auf diese Werbung reagieren, da er anderen Online-Besuchern sehr ähnelt, die ebenfalls auf den Link geklickt haben.*«

Die Anzahl der Anbieter der CBR-Technologie ist begrenzt. Einer von ihnen ist Inference's CBR Express. Die direkteste Anwendung der

CBR-Technologie liegt im Bereich des Kundenservices, wo Besucher mit der CBR-Engine interaktiv kommunizieren können, um Lösungen hervorzubringen, die zuvor bereits schon einmal gefunden wurden.

Fuzzy Logik

Der Name ist irreführend: Eigentlich müsste der richtige Name »kontinuierliche Wertelogik« lauten. Fuzzy Logik bietet eine fortgeschrittene Methode der Datenmodellierung. Entwickelt im Jahre 1965 von Lotfi Zadeh, einem Ingenieur und Professor an der University of California in Berkeley, liefert die Fuzzy Logik eine Methode sowohl zur Reduzierung als auch zur Erklärung komplexer Systeme. Dr. Zadeh machte sich Sorgen um den rapiden Verfall der Informationen, die von klassischen mathematischen Modellen geliefert wurden, während die Komplexität der Zielsysteme zunahm. Seine Theorie lautete wie folgt:

Während die Komplexität eines Systems zunimmt, nimmt unsere Fähigkeit, präzise und dennoch signifikante Aussagen über sein Verhalten zu machen, ab, bis ein Schwellenwert erreicht ist, ab dem Präzision und Signifikanz (oder Relevanz) sich gegenseitig ausschließen.

Ein Großteil dieser Komplexität ließ sich, wie er bemerkte, auf die Art und Weise zurückführen, nach der die Variablen des Systems dargestellt und manipuliert wurden. Da diese Variablen den Zustand eines Phänomens lediglich als »an« oder »aus« darstellen konnten, wurde die zur Evaluierung der Operationen nötige Mathematik an verschiedenen »Grenzzuständen« immer komplexer. Dies führte ab einem gewissen Punkt zu einem Labyrinth von Gleichungen, die nur einen kleinen Einblick in den darunter liegenden Prozess gewährten. Zadeh bezeichnete diesen Zustand als das *Prinzip der Inkompatibilität.*

Die Fuzzy Logik ist ein Kalkulus der Kompatibilität. In der Fuzzy Logik gibt es weder schwarz noch weiß, sondern verschiedene Graustufen. Alles wird in *Graden der Zugehörigkeit* gemessen. Der Wert der Fuzziness ist das Maß dafür, wie gut ein Fall (Wert) einem semantischen Ideal oder Konzept entspricht. Er beschreibt den Grad der Zugehörigkeit zu einer Fuzzy-Menge. Dieser Grad der Zugehörigkeit kann als Schwellenwert der Kompatibilität zwischen einer Instanz eines Domänenpaares und dem Konzept, das dieses Paar überlagert, angesehen werden. Beispiel: In der Fuzzy-Menge WIRD KAUFEN hat der Wert JA einen Grad von 0,31, was bedeutet, dass er nur leicht kompatibel zu WIRD KAUFEN ist. Dies wird als »Maß der Fuzziness« bezeichnet, da es dazu benutzt wird, den Grad der Zweideutigkeit oder Unsicherheit zu bestimmen, die jede Fuzzy-Menge enthält. Bedenken Sie, dass ein Online-Besucher gleichzeitig verschiedenen Fuzzy-Mengen angehören kann.

| WENN WIRD KAUFEN DANN [,31] |
| WENN MÖCHTE INFORMATIONEN DANN [,35] |
| WENN WIRD NICHT KAUFEN DANN [,34] |

Die Fuzzy Logik wird, wie genetische Algorithmen auch, immer häufiger in Neuronalen Netzen eingesetzt. Dennoch wird sie nicht am »Eingang« des Neuronalen Netzes zur Optimierung der Einstellungen eingesetzt, sondern zur Erklärung seiner »Black-Box«- Ergebnisse. Der wichtigste Vorteil der Fuzzy Logik besteht darin, dass es die Kategorisierung ungenauer Zustände mit einfachen »Wenn/Dann« Beziehungen ermöglicht, die problemlos geprüft und optimiert werden können. Umgekehrt besteht der Vorteil eines Neuronalen Netzes darin, dass es aus Datenbeständen lernen kann. Eine Kombination beider Technologien ermöglicht daher die Nutzung ihrer beider Vorteile. Die Firma Management Intelligenter Technologien GmbH ist ein Data Mining-Anbieter, der in seinem Produkt DataEngine die Fuzzy Logik und Neuronale Netze miteinander verbindet. Die Fuzzy Logik ist eine leistungsstarke Technologie, die besonders für das Data Mining von Websites geeignet ist. Sie dient zur Datenkompression und ermöglicht einen Einblick in Hunderttausende von Online-Mustern. Darüber hinaus wird die Fuzzy Logik als neue Methode für den Kauf und Verkauf von Aktien sowie eventuell für den Verkauf von Produkten über das Internet durch das OptiMark-System eingesetzt.

Schlussfolgerung

Man sollte sich immer wieder zu verdeutlichen, dass die heutigen Data Mining-Tools von den drei Zweigen der künstlichen Intelligenz abstammen. Die künstliche Intelligenz zeichnet die menschlichen Vorgänge der Wahrnehmung, des Lernens und der Evolution nach. Sie sollten sich ferner darüber im Klaren sein, wie Sie diese Tools strategisch am besten einsetzen können, um den Wert Ihrer Website sowie Ihre Präsenz im elektronischen Handel zu optimieren. Die heutigen Data Mining-Tools besitzen Technologien, die wertvolles Wissen extrahieren und einen Einblick in die Struktur Ihrer Online-Kunden in Form von Business-Regeln, C-Code, Entscheidungsbäumen für die Segmentierung, Klassifizierungen, Vorhersagen und Optimierungen gewähren können.

Beschränken Sie sich nicht auf ein einzelnes Tool oder eine einzige Technologie. Mehrere Tools gemeinsam können Ihre Daten am besten analysieren und den Lernprozess optimieren. Benutzen Sie für die Komprimierung Ihrer Daten und zur Identifikation wichtiger Attribute ein Tool, das mit maschinenlernenden Algorithmen arbeitet. Für die Optimierung Ihres Neuronalen Netzes sollten Sie einen genetischen Algorithmus einsetzen, um die Genauigkeit Ihres Modells zu maximieren. Benutzen Sie ein Fuzzy-Logik-System zur Extraktion von Regeln aus einem Neuronalen Netz.

Schlussendlich sollten Sie daran denken, dass diese Kerntechnologien aus der künstlichen Intelligenz in Kürze nicht nur in Data Mining-Tools, sondern auch in anderen Softwaretools zu finden sein werden. Einige der Segmentierungsalgorithmen wie C5.0 oder CART könnten schon bald in Software für die Websiteanalyse integriert werden. Ebenso könnten Neuronale Netze in naher Zukunft ein Bestandteil neuer Serverprodukte im Bereich E-Retailing sein. Überlegen Sie sich, inwiefern diese Technologien zur Steigerung Ihres Online-Umsatzes beitragen können. Sie helfen Ihnen dabei, bestehende Kunden zu binden und neue Kunden zu akquirieren. Genauso wie physikalische Einzelhandelsketten (wie Wal Mart) genetische Algorithmen und Neuronale Netze dazu einsetzen, ihre Filialen zu optimieren, können diese Technologien dasselbe mit elektronischen Einzelhandelsseiten wie Amazon.com machen. Die Kerntechnologien des Data Mining sind weit ausgereift und stabil und werden schon seit einiger Zeit erfolgreich eingesetzt. Ihr Einsatz in der neuen, interaktiv vernetzten Umgebung des Internet stellt, Online-Anbieter, elektronische Händler und den Bereich des E-Mining vor neue Herausforderungen.

Zehn Schritte zum Data Mining

Das Mining von Online-Daten beginnt bereits lange vor dem Einsatz eines Data Mining-Tools und ist mit der Analyse noch lange nicht abgeschlossen. Vor Beginn der eigentlichen Daten-Analyse sind mehrere Schritte notwendig, damit der Data Mining-Prozess ein Erfolg wird und sich die Mühe auszahlt. Data Mining-Tools erleichtern und automatisieren zwar die Analyse von Datenbanken, sie müssen aber überlegt eingesetzt werden, da sie sonst zu fehlerhaften Ergebnissen und falschen Schlussfolgerungen führen.

Identifizieren des Unternehmensziels im Internet

Das Mining einer Website erfordert einige Vorüberlegungen zur Art der Informationen, die auf dem Server erfasst werden sollen und über die zusätzlichen Daten, die mit diesen Informationen zusammengeführt werden sollen. Diese Vorbereitung bietet die Gewähr, dass ein Data Mining-Projekt messbare Ergebnisse für ein Unternehmen bringen kann. So muss zum Beispiel das Web-Team planen, welche Arten von Log-, Cookie- und Formulardaten zu welchem Zeitpunkt erfasst werden sollen. Dann müssen die Verantwortlichen aus den Bereichen Planung, Vertrieb und Marketing mitentscheiden, welche demographischen Daten zugekauft werden sollen, um die Serverdaten zu ergänzen. Außerdem müssen auch die jeweils zuständigen IT-Verantwortlichen hinzugezogen werden, wenn Data Mart, Data Warehouse und Kundendatenbank integriert werden sollen.

Solche Vorplanungen können bei Data Mining-Projekten Zeit und Geld sparen. Sie führen im allgemeinen auch zu schnelleren Ergebnissen, was den Erfolg des Projektes sichert. Denken Sie an das Prinzip: besser mehr Daten als zu wenige. Die Berücksichtigung der Unternehmens- und Marketingziele ist eine wichtige Grundlage aller Vorbereitungen, denn letztere bestimmen, welche Daten eigentlich benötigt werden. Wenn das Ziel zum Beispiel die Reduzierung von Kündigungen ist, muss zunächst ein »Kündigungsmodell« erarbeitet werden. Dafür müssen Sie genügend Kundenkonten zur Verfügung haben, die erst kurz zuvor gekündigt wurden, damit in der Analyse die Unterschiede zwischen aktiven und ehemaligen Kunden und die Verhaltensmuster in diesen Gruppen untersucht werden können.

Schon bei der Vorbereitung wird unter Umständen der Einsatz von Modellierungstools und -techniken erforderlich, um das Data Mining-Projekt exakt planen zu können. Modellierungstechniken können die Grundlagen für ein Data Mining-Projekt liefern und sicherstellen, dass es dem tatsächlichen Bedarf des Unternehmens entspricht. Das Modellieren kann zudem auf mögliche Hindernisse aufmerksam machen, wie zum Beispiel den fehlenden Zugriff auf bestimmte Daten. Ein weiterer Vorteil liegt darin, dass mit dem Modell zugleich eine Dokumentation des Data Mining-Projekts entsteht. Nicht zuletzt erlauben Prozessmodellierungstools das Benchmarking von Verbesserungen und können eine Plattform sein, die der projektgebundenen Kommunikation zwischen verschiedenen Arbeitsgruppen und der Geschäftsführung dient. Im Folgenden sind einige der Modellierungstools aufgeführt, die Sie verwenden können, um ein erfolgreiches Data Mining-Projekt vorzubereiten:

Produkt	Anbieter	Website
Corporate Modeler	Casewise Systems	casewise.com
ProCarta	Domain Knowledge	domainknowledgeinc.com
Aris Toolset	IDS Scheer	ids-scheer.com
LiveModel	IntelliCorp	intellicorp.com
WorkFlow Modeler	Meta Software	metasoftware.com
Designer/2000	Oracle	oracle.com
Aion	Platinum Technology	platinum.com
ProVision Workbench	Proforma	proformacorp.com
Visio	Visio	visio.com

Bevor so ein Projekt begonnen wird, sollte also Klarheit darüber herrschen, was mit der Analyse der Website erreicht werden soll. Das Mining von Online-Daten sollte ein Unternehmen wettbewerbsfähiger zu machen und muss deshalb wie vergleichbare Projekte auch ein messbares Ziel haben. In der Regel werden andere Abteilungen oder Mitarbeiter des Unternehmens an einem Data Mining-Projekt beteiligt sein. Bei einem großen Online-Shop gehören dazu beispielsweise folgende Personen:

Hardware-Betreuer	Entscheidungsunterstützungs-Analyst
Netzwerkspezialist	Production Engineer
Oberflächen-Designer	Production Content Manager
Netzwerk-Administrator	Design Lead
Technologie-Verantwortlicher	Internetseitenautor
Oberflächen-Analyst	Promotions Manager
Brand Manager	Web-Publisher (verantwortlich für Uploads)
Internetseiten-Entwickler	Forum-Manager (Betreuer von Foren und Chat)
Online Documentation Manager	Redakteur
Web-Partner-Services (verantwortlich für die Betreuung von Kooperationspartnern)	Marketing-Texter
Web-Account-Manager (verantwortlich für die Betreuung der Online-Kunden)	Web-Administrator (verantwortlich für die Links der Website)
Web-Producer (Marketing) (verantwortlich für die Umsetzung von Marketing Massnahmen)	Web-Designer (verantwortlich für die Gestaltung von Webseiten)
Software-Entwickler Administrator(verantwortlich für Bannerschaltung und Reporting)	Partner Advertising
Grafiker	Production Marketing Manager
Netzwerk-Entwickler	Web Content Publisher (Verantwortlich für die Inhalte)

Es ist wichtig, dass diese Personen an der Formulierung der Ziele beteiligt sind, sei es für die Steigerung der Online-Verkäufe, des Traffic oder andere messbare Ziele. Da zu diesem Zeitpunkt Zustand und Probleme der Website, des Internet Auftritts und der Online-Verkäufe schon bekannt sind, können folgende Überlegungen angestellt werden:

- Wie verbesserungsbedürftig sind Werberesponse- und Verkaufsquoten?
- Welcher Bereich der Website soll durch das Data Mining von Kundentransaktionen verbessert werden?
- Ist der Nutzen des Data Mining messbar und wenn ja, wie wird der Erfolg definiert?

Sowohl vor als auch nach einem Data Mining-Projekt ist Dokumentation sehr wichtig. Data Mining wird die Website auf jeden Fall erfolgreicher machen, sowohl in operativen Details, aber auch ganz allgemein. Die Frage ist nur, wie sehr? Deshalb sollten Erfolgskriterien festgelegt werden für Response, E-Mail-Anfragen, Online-Verkäufe, Durchklickraten und so weiter.

Die Bewertungsbasis

Eine Möglichkeit zur Festlegung der Bewertungsbasis ist, die aktuellen Verkaufsquoten für die wichtigsten Produktlinien zu betrachten. Wenn zum Beispiel 80 von tausend Besuchern zum Bestellformular durchklicken und Produkt A kaufen, beträgt die Bewertungsbasis für dieses Produkt acht Prozent. Ziel des Data Mining wird sein, diese Quote zu erhöhen. Werden mehrere Produkte verkauft, müssen für jedes Produkt, mindestens aber für die wichtigsten Produktlinien, eine Bewertungsbasis ermittelt werden, damit die Auswirkungen von Data Mining-Analysen auf den Gesamtabsatz und auf Marketingaktivitäten bewertet werden können. Es müssen auch einige allgemeine Bewertungsbasis ermittelt werden, zum Beispiel durchschnittliche Response- oder Verkaufsquoten, um den Vorteil von Data Mining gegenüber einem zufällig gewählten Verfahren messen zu können. Zum Einstieg finden Sie hier einige mögliche Ziele für das Mining Ihrer Online-Daten.

Sollen neue potenzielle Online-Kunden identifiziert werden? Dies ist wahrscheinlich das häufigste Ziel von Data Mining. Eine Klassifizierung beinhaltet die Aufdeckung von Eigenschaften, Merkmalen und Verhaltensweisen der bestehenden Online-Kunden. Dieses Ziel wird leichter erreicht, wenn möglichst viele Informationen darüber vorliegen, wer auf der Website kauft und wer nicht. Die Klassifizierung teilt dann Besucher in Käufer und Nicht-Käufer ein – und erlaubt damit eine ganz eindeutige Prognose.

Damit ein Data Mining-Tool wie beispielsweise ein Neuronales Netz die einzelnen besonderen Merkmale der Online-Kunden erlernen kann, muss es mit einer großen Anzahl von Beispieldaten trainiert werden. Sie benötigen Beispiele von Online-Kunden mit sehr vielen Merkmalen. Beginnen Sie deshalb bereits vor der eigentlichen Data Mining-Analyse, diese Daten zu sammeln. Beginnen Sie damit, Formulare so zu gestalten, dass möglichst viele Informationen über die Kunden erfasst werden können. Denken Sie darüber nach, wie Sie die Online-Daten mit anderen internen Datenquellen wie der Kundeninformationsdatei oder einem Data Warehouse verbinden können. Planen Sie Investitionen für den Erwerb von externen demographischen und anderen Daten ein, mit denen Online-Daten angereichert werden können.

Möchten Sie spezielle Verkaufstrends von Produkten ermitteln? Möchten Sie aufschlussreiche Online-Trends oder enge Beziehungen zwischen bestimmten Webseiten mit Produkt- oder Dienstleistungsangeboten erkennen? Mit anderen Worten, besteht Ihr Data Mining-Ziel darin, spezielle Beziehungen unter Online-Objekten aufzudecken? Diese Art von Informationen können Ihnen helfen, Webseiten, Angebote, Kaufanreize und Links richtig zu positionieren. Das Aufdecken von Beziehungen unter einzelnen Produkten und Dienstleistungen kann sogar Einfluss auf das Designkonzept einer gesamten Website haben. Wie hoch ist die Wahrscheinlichkeit, dass Besucher, die auf Produkt001.htm klicken, auch auf Produkt002.htm, Produkt003 usw. klicken? Und, was noch wichtiger ist, wie hoch ist die Wahrscheinlichkeit, dass ein Kunde, der Produkt003.htm gekauft hat, auch Produkt009.htm erwirbt?

Möchten Sie spezielle Kaufmuster auf Ihrer Website im Zeitverlauf sehen? Dann sind Sie mit dem Thema der Sequenziellen Assoziation konfrontiert, das der Frage nach den Beziehungen noch eine zusätzliche zeitliche Dimension gibt. Sequenzielle Assoziation bedeutet das Ermitteln von Entwicklungstrends, etwa der monatlichen oder wöchentlichen Online-Umsätze bestimmter Produkte oder Dienstleistungen. Bei stark besuchten Websites wie beispielsweise einer Suchmaschine oder einem beliebten Content-Provider kann es sinnvoll sein, dieses Intervall auf die stündliche Ermittlung solcher Trends zu verkürzen. Viele Fragen zur Prognose von Online-Marketing und E-Commerce werden mit sequenzieller Assoziation oder Zeitreihenanalysen beantwortet, dabei werden in festgelegten Zeitintervallen Stichprobendaten gezogen.

Sequenzielle Assoziation ist das üblicherweise verwendete Verfahren. Denn anstatt nur eine einzelne Online-Transaktion mit nur einem gemessenen Wert pro Merkmal zu betrachten, wird dasselbe Merkmal zu verschiedenen Zeiten gemessen. Eines der häufigsten Probleme beim Website-Management ist die Vorhersage von Seitenzugriffen: Wie viele Besuche oder Verkäufe sind auf der Basis der in einem Zeitraum beobachteten Muster zu erwarten? Zur Beantwortung der Frage ist eine Sequenzielle Assoziation erforderlich. Das Erkennen von Online-Mustern, beginnend mit der Anmeldung eines Besuchers, ist ebenfalls ein Sequenzierungsproblem der sequenziellen Assoziation. Hierbei wird versucht, beispielsweise mit Hilfe von Cookies, die Bewegungen der Besucher durch die Website zu verfolgen. Dies ähnelt dem Analysieren von Beziehungen, hat jedoch zusätzlich das Zeitelement.

Prognose, Assoziation, Klassifizierung, Clusterung und sequenzielle Assoziation sind aber keine eigenständigen Ziele. In der Folge einer Data Mining-Analyse werden sie vermutlich zusammen auftreten. Wichtig sind vor allem die geschäftlichen Ziele, da sie nicht nur die Auswahl der einzusetzenden Daten und Tools beeinflussen, sondern vor allem auch die Art der Lösung. Deshalb stehen diese geschäftlichen Ziele auch immer im Vordergrund.

- Soll die Responserate einer Online-Kampagne erhöht werden?
- Soll herausgefunden werden, welche Produkte sich gut zusammen verkaufen lassen?
- Sollen die Warenkörbe analysiert werden?

– Sollen die Merkmale der Kunden bestimmt werden, die den meisten Gewinn einbringen?

Die Auswahl der Daten

Wenn die geschäftlichen Ziele festgelegt wurden, müssen in einem nächsten Schritt die Server- und Firmendaten ausgewählt werden, die zum Erreichen des Zieles nötig sind. Im Folgenden dazu eine kurze Checkliste:

– Sind die Daten dazu geeignet, die Erscheinungen zu beschreiben, die die Data Mining-Analyse zu modellieren versucht?
– Gibt es Schlüsselfelder, über die die Online-Daten mit anderen Daten zusammengeführt werden können?
– Können die Daten der Website mit den Daten im Data Warehouse zusammengeführt werden?
– Sind die für das Mining eingesetzten Daten nach der Analyse noch die gleichen und weiterhin verfügbar?
– Welche zusätzlichen internen und externen Informationen sind für die Analyse verfügbar?
– Wie hoch sind die Aktualität und die Relevanz der Daten?
– Sind die Datenbestände nach dem Merging noch konsistent?
– Wer kann etwas über die Qualität der gesammelten Daten sagen?
– Gibt es Redundanzen in Folge des Zusammenlegens von Datenbanken?
– Welche Schnittstellen werden für die verschiedenen Datenbanken benötigt?
– Sind Lifestyle- oder demographische Daten verfügbar?

Kundendaten generieren

Einer der Vorteile des Data Mining von Websites ist, dass die nötigen Kundendaten dynamisch zur Laufzeit generiert werden können. Es gibt mehrere Marketingmodelle für den Verkauf von Produkten und Dienstleistungen im Internet. Sie alle bieten gleichzeitig auch Möglichkeiten, Kundendaten für das Mining zu generieren. Die bekanntesten Marketing-

Zehn Schritte zum Data Mining

modelle sind Brand Sites (Aufbau von Web-Marken oder Transfer bereits bekannter Marken ins Internet), Werbebanner, Buttons (Schaltflächen), Pop-Ups, Chat, Push-Technik, E-Mail und Intelligente Softwareagenten.

Brand Sites

Brand Sites gehörten zu den allerersten Websites. Sie wurden von Firmen eingesetzt, die im Zuge des allgemeinen Trends eine Website haben wollten. Ursprünglich betrieben nur wenige von ihnen E-Commerce. Brand Sites bieten meistens nutzenorientierte Inhalte wie Preisausschreiben, Spiele, Newsletter oder Sonderangebote und sollen die Kundentreue fördern und den Bekanntheitsgrad erhöhen.

Solche Websites gibt es für fast alle Produkte und Dienstleistungen. Zwei Beispiele dafür sind in den Abbildungen 53 und 54 dargestellt.

Abb. 53: Diese Website bietet Spiele, Informationen und einen Shop, in dem Produkte gekauft werden können.

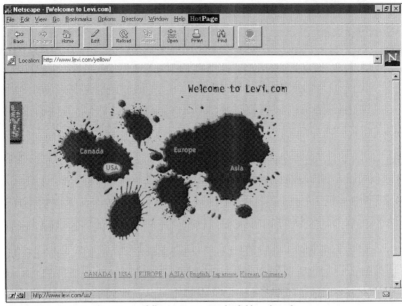

Abb. 54: *Eine Site, die mit ausgefallenem Design Markenbildung betreibt.*

Abbildung 53 zeigt eine typische Website der neueren Generation, die bereits Waren zum Kauf anbietet. Brand Sites bieten die Möglichkeit, mit Hilfe von Log- und Cookie-Dateien oder Formularen Daten für das Mining zu sammeln. Außerdem können webspezifische Software und Dienstleistungen eingesetzt werden, wie zum Beispiel BroadVisions's Relational, GuestTrack, DoubleClick, LikeMinds oder FireFly, mit denen ein genaueres Profil der Besucher erstellt und deren Vorlieben für bestimmte Produkte und Dienstleistungen ermittelt werden kann. Brand Sites sind sehr gut dafür geeignet, allgemeine demographische Informationen über die Besucher zu erfassen.

Werbebanner

Werbebanner sind rechteckige, statische oder dynamische Werbefelder, die häufig oben auf den Seiten von Suchmaschinen, Web-Verzeichnissen und anderen beliebten Websites angezeigt werden (Abbildung 55). Sie sollen dazu anregen, die Anzeige anzuklicken, was den Besucher auf eine neue Website leitet. Es gibt auch interaktive Banner, die besonders viele Besucher anziehen und darüber hinaus das Erfassen von Besucherinformationen für das Data Mining unterstützen.

Die Durchklickrate für die meisten Banner beträgt in der Regel unter einem Prozent. Sie kann aber auf bis zu sechs Prozent gesteigert werden, wenn der Banner zum Beispiel in Abhängigkeit von der Eingabe bestimmter Suchbegriffe durch den Benutzer einer Suchmaschine oder eines Web-Verzeichnisses eingeblendet wird (Keyword-Advertizing). In einem Umfeld mit affinem Inhalt können sogar Durchklick-Quoten von neun Prozent und mehr erreicht werden. Spezielle Adserver wie SelectCast von Aptex, das mit Neuronalen Netzen und einer proprietären Indexierung arbeitet, sollen ihren Nutzern sogar Quoten von 14

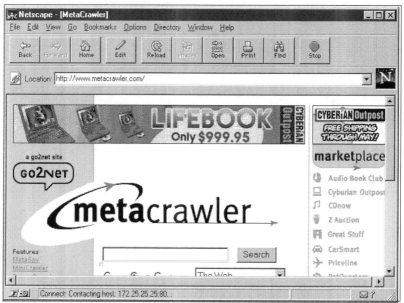

Abb. 55: *Dieser Banner befindet sich am Kopf der Seite einer bekannten Suchmaschine und rotiert bei jedem Visit.*

Prozent bringen. Weitere Möglichkeiten zur Verbesserung der Durchklickraten sind klassische Marketingschlagworte wie »Neu«, »Kostenlos« oder »Klicken Sie hier«, oder der Einsatz von Animationen und auffallenden Farben. Untersuchungen haben ergeben, dass Animationen die Durchklickraten um bis zu 15 Prozent gegenüber statischen Bannern steigern. Außerdem können auch Pulldown-Menüs, interaktive Spiele und Laufschrift als Gestaltungsmittel für Banner verwendet werden.

Buttons

Buttons nehmen üblicherweise ungefähr ein Viertel der Größe eines normalen Banners ein. Die Information, die sie übermitteln können, ist darum sehr begrenzt und richtet sich oft an spezielle Zielgruppen. Buttons findet man zum Beispiel auf Websites, über die Software oder

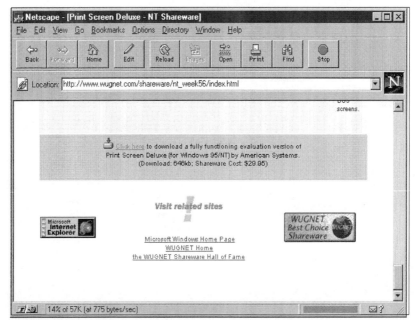

Abb. 56: *Beachten Sie die Browserbuttons unten auf der Seite.*

Hardware vertrieben wird. Die Buttons leiten dann zum Beispiel den Besucher zur Site eines bestimmten Computerherstellers oder auf eine Downloadseite, beispielsweise für Browser von Microsoft oder Netscape (siehe Abbildung 56). Buttons auf den Seiten beliebter Online-Magazine oder auf branchen-spezifischen Webangeboten zu platzieren ist eine weitere Möglichkeit, Durchklicks zu erzeugen. Buttons sind nicht so aufdringlich wie Banner, sind aber gleichwohl geeignet Kundendaten für das Mining zu sammeln.

Pop-Ups

Pop-Ups sind genau wie Buttons ein neueres Werbekonzept. Es sind Fenster, die von einer Website aus geöffnet werden, um ein bestimmtes Produkt oder einen Service zu präsentieren. Der Unterschied zwischen

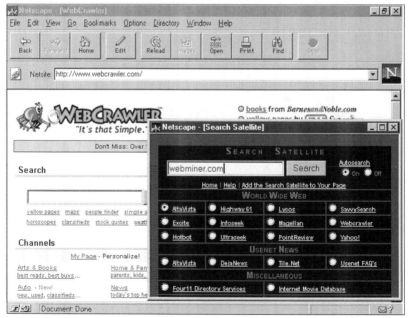

Abb. 57: *Auf dieses Pop-Up kann zugegriffen werden, ohne dabei die ursprünglich besuchte Site verlassen zu müssen.*

Buttons und Pop-Ups besteht darin, dass sich bei Pop-Ups ein neues Browserfenster öffnet, das normalerweise einen Teil des ursprünglichen Fensters verdeckt. Dadurch können sie die Aufmerksamkeit des Besuchers erregen, ohne ihn ganz von der eigentlichen Site wegzuführen (siehe Abbildung 57). Besucher können über das Formular eines Pop-Up-Fensters oder über ein dort platziertes Banner interagieren und dabei gleichzeitig auf der ursprünglich angesurften Site bleiben, wo sie ebenfalls Aktionen durchführen oder Produkte einkaufen können. Pop-Ups können, im Gegensatz zu Bannern und Buttons, von Besuchern geschlossen werden. Auch mit Pop-Ups lassen sich persönliche Informationen über potenzielle Kunden sammeln, die dann zum Data Mining verwendet werden können.

Push

Beim Push, auch als »Webcasting« oder »Channel« bekannt, kann der Anwender auswählen, welche Art von Content zu ihm befördert (»push«) wird. Genau wie Chat erfordern auch die meisten Push-Dienste wie z.B. PointCast eine vorherige Anmeldung und eine Auswahl bestimmter Themen, was wiederum für das Sammeln von Informationen für eine Data Mining-Analyse ein großer Vorteil ist. Durch das Ausfüllen des Anmeldeformulars, mit dem meist Alter, Geschlecht und Postleitzahl erfragt werden, liefert der Besucher dem Anbieter wichtige Hinweise, für welche Informationen er sich interessiert, und damit werden wichtige Daten für die Data Mining-Analyse gesammelt. Bei der Anmeldung bei einem Channel Provider gibt der Besucher Themen und Interessengebiete an, die dann sein Präferenzprofil bilden. Einige der wichtigsten Anbieter von Push-Technologie sind BackWeb, Intermind, NETdelivery und Marimba.

BackWeb kann vom Anwender festgelegte Inhalte in Echtzeit aus einer Vielzahl von Quellen pushen, darunter auch Dateien in Sonderformaten.

Intermind kann via Lotus Notes/Domino sowohl externe (sogar eingeschränkt zugangsberechtigte) als auch Intranet-Inhalte pushen.

Für Customer-Support-Anwendungen sind auch Channels innerhalb eines Extranets realisierbar.

NETdelivery ist ein spezieller Pushdienst, der verschiedene Postfächer als Icons auf dem Bildschirm darstellt.

Marimbas Castanet-Technologie ist so ausgelegt, dass die erforderliche Bandbreite dadurch verringert wird, dass nur die jeweils neuen Inhalte aktualisiert werden. Castanet kann sich selbstständig verteilen und verwalten.

E-Mail

E-Mail ist eine sehr einfache Möglichkeit, mit Besuchern, Kunden und Zielgruppen zu kommunizieren. Durch E-Mail können nicht nur Beziehungen aufgebaut und Besuche und Käufe gesteigert, sondern auch Daten über Interessen und Wünsche der Kunden ermittelt werden. E-Mail verbessert die Möglichkeiten, durch persönlichen Dialog eine enge Beziehung zum Kunden aufzubauen. Je mehr ein Website-Betreiber über seine Besucher und Kunden weiß, desto leichter ist es, diese mit den gewünschten Produkten und Dienstleistungen zu versorgen. Dabei ist E-Mail ein sehr effektiver und kostengünstiger Weg, um Kunden zu gewinnen und zu betreuen. Es ist unaufdringlich und überall verfügbar.

Bei der Ermittlung von Kundendaten per E-Mail müssen jedoch gewisse Dinge beachtet werden: Die Kunden müssen sich freiwillig anmelden, sie dürfen nur die gewünschten Informationen in den gewünschten Zeitabständen zugesandt bekommen und, was besonders wichtig ist, sie müssen die Möglichkeit haben, sich aus der Mailingliste streichen zu lassen. Es gibt mehrere Mailserver, die es Ihnen ermöglichen, Abonnenten-Datenbanken auf der Grundlage von Kundenprofildaten zu erstellen. Server und Softwareprodukte wie Aptex, Egain, Majordomo, Pegasus, Revnet, ListProc, AltaVista, Arial, InfoPress und UnityMail ermöglichen Ihnen die Erstellung von Formularen, aus denen Kundendaten für Data Mining-Zwecke direkt in eine Datenbank übertragen werden. Die E-Mail-Software Kana Customer Messaging

System enthält ein Modul, das zur Analyse und Sortierung von eingehenden E-Mails KI-Technologien einsetzt.

Chat

Eine weitere Methode, Kunden anzuziehen und Daten für die Data Mining-Analyse zu gewinnen, sind Chatforen, die man an besonders stark frequentierten Stellen im Internet wie z.B. auf Suchmaschinen oder Web-Verzeichnissen findet. Da die meisten Chatforen eine Registrierung der Besucher erfordern, können Daten gesammelt und genutzt werden, zum Beispiel, um auf der Grundlage von Demographie, Psychographie, Geschlecht, Alter, Einkommen und natürlich des Chat-Themas gezielt Banner einzublenden. Da Chats in der Regel themengebunden sind, bieten sie eine gute Möglichkeit, Daten über die Interessen der Teilnehmer zu sammeln.

Intelligente Softwareagenten

Agenten oder »Collaborative-Filtering«-Programme geben einem Besucher Empfehlungen, die auf der Analyse des Nutzungsverhalten von anderen Besuchern der Website beruhen, die ein ähnliches demographisches oder psychographisches Profil aufweisen. Collaborative Filtering-Programme wurden entwickelt, um Empfehlungen von
Personen vermitteln zu können, die die gleichen Vorlieben und Abneigungen haben wie ein bestimmter Besucher. Am weitesten verbreitet unter den Collaborative Filtering-Programmen ist FireFly, ein Vorreiter im Einsatz von KI im kommerziellen Bereich. Diese Programme werden häufig auf Websites eingesetzt, die Musik, Videos, Bücher und andere Konsumgüter verkaufen.

Einige Agenten arbeiten wie Filter, indem sie durch große Datenmengen streifen und ihren Nutzern nur die Informationen liefern, die den eingestellten Kriterien entsprechen. Die meisten Intelligenten Softwareagenten sammeln im Web ganz bestimmte Informationen, die der

Nutzer mit der Anmeldung angefordert hat. Es gibt Softwareagenten, die an einen bestimmten Server gebunden sind. Andere durchsuchen das ganze Web im Auftrag ihrer Nutzer nach bestimmten Stichworten, Branchen, Firmennamen oder Informationen zu bestimmten Technologien, Nachrichtenthemen, Produktankündigungen, Aktienkursen oder Kursbewegungen usw. Diese Agenten unterscheiden sich wesentlich in ihrem Intelligenzgrad. Einige sind lediglich in der Lage, nach bestimmten Themen zu suchen, die der Anwender festgelegt hat. Andere Intelligente Softwareagenten können dem Nutzer »über die Schulter sehen« und schalten sich bei bestimmten Stichworten ein, die häufiger eingegeben werden. Sie »merken sich also Interessen und können aufgrund dieser Beobachtungen Informationen, Produkte oder Dienstleistungen suchen und vorschlagen. Da Agenten eine Registrierung des Anwenders sowie spezielle persönliche Daten und die Angabe von Themen oder Suchbegriffen erfordern, stellen sie eine gute Möglichkeit dar, wichtige Personendaten für das Mining zu gewinnen.

Der Umgang mit Transaktionsdaten

Bevor Sie sich zum ersten Mal mit den Transaktionsdaten befassen, die Sie über Ihre Website gewonnen haben, sollten Sie herausfinden, wie diese eigentlich generiert wurden. Welche Richtlinien gibt es und wie oft werden die Datenbanken für Logdateien und Formulare aktualisiert? Genau wie beim Aufbau eines Data Warehouses erfordert das Zusammenführen von Daten aus unterschiedlichen Systemen häufig den Umgang mit einfachen Flat Files, relationalen Tabellen und hierarchischen oder relationalen Strukturen aus verschiedenen Programmen, die gleiche Attribute (in diesem Fall Daten) manchmal unterschiedlich behandeln. Die Koordination und Auswahl dieser Datenbestände erfordert viel Zeit und Mühe und kann der zeitaufwändigste Teil des Data Mining-Prozesses sein.

Schlüsselfaktoren, die die Entscheidung bei der Auswahl der Online-Daten erfahrungsgemäß beeinflussen, sind die Portabilität und die Kosten sowohl der internen als auch der externen Datenbanken. In diesem Zusammenhang müssen auch die Sicherheit und Vertraulichkeit der Daten beachtet werden, vor allem wenn Daten genutzt werden, die von Kunden zur Verfügung gestellt wurden. Denken Sie daran, dass einige der Informationen, die Sie zur Erstellung von Kundenprofilen benötigen, vielleicht nicht unmittelbar zur Verfügung stehen, und rechnen Sie damit, noch weitere Daten recherchieren zu müssen. Sie müssen auch auf inkonsistente Datenbeschreibungen, unterschiedliche Verschlüsselung der Daten und widersprüchliche Werte gefasst sein, wenn Daten aus verschiedenen Quellen zusammengeführt werden.

Welche Daten Sie für Ihre Data Mining-Analyse benötigen, hängt unmittelbar davon ab, welche Ergebnisse bzw. Erkenntnisse Sie aus Ihrer Web-Datenbank gewinnen wollen. Für die meisten Analysen gilt aber der allgemeine Grundsatz: Je mehr, desto besser. Ein zweiter Grundsatz für die Auswahl der Daten ist, dass Sie stets bemüht sein sollten, eine Auswahl hinsichtlich des Verkaufserfolges positiver und negativer Beispiele von Kunden und Konten zu haben. Bedenken Sie: Je mehr Informationen über einen Online-Besucher oder Kunden für die Analyse zur Verfügung stehen, desto genauer sind die prädiktiven Modelle, die man erhält. Zuerst und vor allem anderen muss aber klar sein, für welche Zwecke die Daten eigentlich gesammelt werden, die nun in Data Mining-Analysen verwendet werden sollen. Außerdem müssen Sie damit rechnen, dass vielleicht zusätzliche Informationen benötigt werden, die gerade nicht zur Verfügung stehen.

Der Kern der Sache ist, dass Sie mit den Daten wirklich vertraut sein müssen. Wenn dies nicht der Fall ist, sollte vielleicht eine andere Person zu Rate gezogen werden, die sich in dem entsprechenden Problembereich auskennt. Entscheidend ist, die wichtigen abhängigen (Output) und unabhängigen (Input) Variablen auszuwählen. Wenn Sie mit Daten oder Datenbanken anderer Abteilungen arbeiten, sollten Sie sich zuerst erkundigen, wofür diese Daten eigentlich gesammelt wurden. In dieser Phase ist es sehr wichtig, die Unterstützung der Mitarbeiter aus Sortimentsplanung, Marketing, Verkauf und Vertrieb sowie natürlich die des Webteams zu haben.

Die Vorbereitung der Daten

Nachdem die Daten zusammengestellt und begutachtet wurden, muss eine Entscheidung über die Attribute getroffen werden. Welche können ausgeschlossen werden, welche müssen in ein geeignetes Format konvertiert werden.

- In welchem Zustand sind die Daten, und welche Schritte sind notwendig, um sie für die Analyse vorzubereiten?
- Welche Konvertierungen und Zuordnungen der Daten sind vor der Analyse noch erforderlich?
- Sind diese Prozesse den Beteiligten zumutbar und durchführbar im Hinblick auf eine aussagekräftige Lösung?
- Welche Strategien sollen gewählt werden, um mit fehlenden oder verrauschten Daten und mit Ausreißern umzugehen?
- Wie verzerrt sind die Daten? Sind logarithmische oder quadratische Transformationen erforderlich?
- Müssen Kategoriefelder in eine »1 von n«-Form umgewandelt werden?
- Müssen Felder für Geldbeträge normalisiert werden, indem die Beträge durch 1.000 geteilt werden?
- Müssen kalendarische Kaufdaten in quantitative Werte konvertiert werden?
- Müssen Adressen zu Sektoren konvertiert werden?
- Müssen Ja/Nein-Felder in 1/0-Angaben konvertiert werden?
- Listende

Ein Grafikprogramm oder ein guter Dateieditor kann Ihnen helfen, den Zustand der Daten zu überprüfen. Eine visuelle Inspektion sollte Ihnen einen Überblick über die Anzahl und den Prozentsatz an leeren Feldern in den Datenbeständen geben. Außerdem kann Ihnen ein Statistikprogramm dabei helfen, wichtige Beziehungen zwischen Variablen in den Daten zu erkennen. In großen Datenbeständen wird das jedoch möglicherweise nicht funktionieren. Betriebsdaten sind aus Gründen der Geschwindigkeit und Effizienz meist kompakt aufgebaut; und genau dieser Aufbau ist für die Analyse nicht geeignet. Überprüfen Sie das Format sorgfältig und rechnen Sie damit, dass Sie es vielleicht noch in ein Format konvertieren müssen, das Erkenntnisse bringen kann, wenn die Analyse darüber läuft. Es könnte zum Beispiel effizient sein, das Datum einer Kontoeröffnung in dem Format TT/MM/JJ abzuspeichern, für die Analyse könnte es aber durchaus notwendig sein, dieses Feld in ein Feld »Dauer des Bestehens des Kontos in Tagen: NNNN« umzuwandeln.

Wenn Sie mit einer sehr großen Datenbank arbeiten, konvertieren Sie nicht unterschiedslos den gesamten Datenbestand. Es ist sicherer, zunächst einen zufällig gewählten Teil zu extrahieren, dann die Transaktionen sowie anschließend die Data Mining-Analyse durchzuführen und die Ergebnisse zu evaluieren. Wenn Sie die Verwendung eines Neuronalen Netzes in Betracht ziehen, werden weitere Konvertierungen der Daten notwendig, damit Kategoriewerte in »1 von n«-Werte und alle quantitativen Werte in Wertbereiche zwischen 0 und 1 oder logarithmischen oder quadratischen Funktionen konvertiert werden. Eine übliche Methode, um die Daten zu glätten, besteht darin, die Anzahl der möglichen unterschiedlichen Werte eines Merkmals zu reduzieren. Auf ähnliche Weise kann man ein kontinuierlich bewertetes Merkmal »diskret« durch eine Anzahl von Wahr-oder-Falsch-Aussagen darstellen, von denen jede einen festen Wertbereich abdeckt.

Fehlende Daten stellen, besonders bei der Arbeit mit einem Neuronalen Netz, ein großes Problem dar, da dieses nicht mit fehlenden Werten umgehen kann. Die meisten modernen Data Mining-Tools bieten verschiedene Optionen an, wie mit fehlenden Werten umgegangen werden soll. Dabei muss aber geprüft werden, ob ein fehlender Wert nicht eigentlich eine negative Antwort ist, die, neu codiert, sehr wohl benutzt werden kann. Ersetzen Sie gegebenenfalls alle fehlenden Werte durch eine Null oder einen Durchschnittswert. Der Nachteil dieses Verfahrens besteht allerdings darin, dass der eingesetzte Wert nicht korrekt ist. Zuletzt nehmen Sie noch eine Stichprobe der Daten, besonders wenn Sie mit einer großen Datenbank arbeiten, und beginnen mit einem kleinen Prototyp. Fangen Sie klein an und erweitern Sie ihre Data Mining-Analyse dann allmählich. Statt alle Fragen zu allen Produkten auf einmal beantworten zu wollen, sollten Sie zunächst probeweise lediglich einige wenige Antworten zu den wichtigsten Produktlinien finden.

Aufbereitung der Daten

Eine Strategie, die Sie eventuell für die Vorbereitung Ihrer Daten für die Data Mining-Analyse wählen, ist, sie mit den Daten anderer Datenbanken zu verbinden. Diese Datenbanken könnten aus Dateien des täglichen Betriebs stammen. Im Folgenden werden einige Dateitypen mit ihrem jeweiligen Inhalt aufgelistet:

Dateitypen des Unternehmens	Inhalt
Transaktionsdaten	Art der verkauften Produkte oder Dienstleistungen
Kundendemographien	Geschlecht, Alter, Einkommensstufe, Kinder
Mailingverteiler	Response-Verhalten, geographische Lage, Haushaltsdaten
Telemarketing	Responserate, Anzahl der Kontakte
Kundeninformationen	Gesamtzahl der Verkäufe, Daten über die Dauer der Kundenbeziehung
Data Warehouse	Kundenprofil nach Produkt und Dienstleistung
Data Mart	Kundenprofil nach Abteilung oder Marke
Kunden-Kreditdatenbank	Kreditkarten, Besitz, Hypotheken

Bewertung der Daten

Eine Bewertung der Struktur Ihrer Daten ist sinnvoll, um festzustellen, welche Data Mining-Tools sich für die Analyse eignen.
- Wie ist das Verhältnis von qualitativen zu binären Attributen in der Datenbank?
- Wie ist die Beschaffenheit und die Struktur der Datenbank?
- Wie ist der allgemeine Zustand der Daten?

- Wie ist der Datenbestand verteilt?
- Wie verzerrt sind die Daten?

Dienstprogramme zum Aufbereiten und Anzeigen der Daten

In dieser Phase eines Data Mining-Projekts ist es häufig notwendig, große Textdatenmengen wie zum Beispiel eine Server-Logdatei am Bildschirm zu überprüfen. So kann es zur Behebung von Importfehlern notwendig sein, eine ASCII-Datei zu öffnen und die entsprechende Zeile zu suchen. Für solche Aufgaben sind folgende Dienstprogramme recht hilfreich:

UltraEdit-32
Das ist ein leistungsfähiger und nützlicher Editor mit folgenden Funktionen für Datenbanken:
- Diskbasierte Textverarbeitung – Dateigrößen bis zu 2 GB bei minimalen RAM-Speicherbedarf.
- Einfügen eines Strings bei jedem Inkrement (sehr nützlich beim Formatieren von Datenbankeinträgen und Einfügen von harten Zeilenwechseln)
- Einfügen/Ausfüllen von Spalten, Einfügen von Zeilennummern, Addieren von Spalten/Auswahl
- Bearbeiten von Spalten/Blöcken – ermöglicht das Einfügen/Entfernen von Datenspalten

Wenn Datenbanken aus verschiedenen Quellen stammen, sind unterschiedliche Dateiformate zu verarbeiten. Zum Beispiel müssen Datenbestände importiert und in ein einheitliches Format konvertiert werden, das wiederum in das Data Mining-Tool importiert werden kann. Das folgende Programm ist für diese Aufgabe sehr gut geeignet.

Data Junction
Mit diesem Datenkonvertierungsprogramm können Daten in oder aus nahezu allen strukturierten Dateiformaten konvertiert werden (u.a.

Datenbanken, Flat Files, Tabellen, ASCII, Binäre Dateien, EBCDIC, Bericht- und Textdateien, SQL, ODBC, COBOL, ISAMs, Serienbriefe, statistische/mathematische Daten). Data Junction hat Filter-, Bearbeitungs- und Darstellungsfunktionen für die Konvertierung von Zeichen, Feldern und Datensätzen in das gewünschte Format. Optionen können mit Hilfe einer leistungsfähigen grafischen Benutzeroberfläche oder automatisch mit einem Batch definiert werden.

Im Allgemeinen sind Neuronale Netze am besten für Datenbestände mit einer großen Anzahl numerischer Attribute geeignet. Maschinenlernende Algorithmen, die in den meisten Data Mining-Tools mit Entscheidungsbaum- und Regelgenerierung eingesetzt werden, eignen sich am besten für Datenbestände mit einer großen Anzahl von Datensätzen und verschiedenen Attributen. Empirische Untersuchungen haben gezeigt, dass die Struktur der Daten entscheidenden Einfluss auf die Genauigkeit hat, mit der ein Data Mining-Tool arbeitet. Für Datenbestände mit ungleicher Verteilung (Schiefe > 1 und Kurtosis > 7), mit zahlreichen binären oder qualitativen Attributen (> 38 Prozent) sind zum Beispiel Data Mining-Tools mit selbstlernenden Funktionen die bevorzugte Lösung.

Häufig werden von Eingabefeldern abgeleitete Verhältniszahlen benötigt, um die Bedeutung oder den tatsächlichen Wert der Eingaben zu erfassen (zum Beispiel die Dynamik von Kundenbewertungen wie Profitabilität oder Kaufneigung). Eine oft verwendete abgeleitete Verhältniszahl ist das Verhältnis des Einkommen zu den Verbindlichkeiten: als getrennte Eingaben sind die Attribute bei weitem nicht so aussagekräftig wie als Verhältnis der Werte zueinander. Bei der Analyse der Website kann ein besserer Einblick in den tatsächlichen Wert eines Online-Kunden gewonnen werden, wenn die Anzahl der Besuche und Käufe über einen bestimmten Zeitraum betrachtet wird:

Anzahl der getätigten Käufe/Anzahl der Besuche:	7/9 = 0,77 Kaufneigungszahl
Gesamtumsatz /Gesamtzahl der Besuche:	$39/9 = 4,3 Nutzenzahl

Die Ergebnisformate

Die Frage, die sich im Zusammenhang mit der Analyse der Daten und der geschäftlichen Zielsetzung stellt, ist, welches Format die Ergebnisse annehmen sollen.

- Besteht das gewünschte Format aus einem Entscheidungsbaum, aus Regeln, C-Code, Grafiken oder eine Abbildung?
- Ist das beabsichtigte Ergebnis eine Klassifizierung, eine Regression, eine Clusterung oder eine Segmentierung?
- Wie sollen die Erkenntnisse aus dem Data Mining-Prozess im Unternehmen bekannt gemacht werden?
- Welche Ergebnis-Formate erlaubt der geplante Data Mining-Prozess?
- Was will das Management wirklich: grundlegendes Verständnis oder einfach höhere Verkaufszahlen?
- Welcher Nutzen soll aus dem Data Mining-Prozess gezogen werden?

Die Art des Data Mining, die sich für Ihre Website am besten eignet, erfordert unter Umständen mehrere Tools. Zum Beispiel kann es erforderlich sein, Regeln aus einer Clusterung zu extrahieren. Dazu muss zunächst die Clusterung mit Hilfe einer Selbstorganisierenden Karte oder Kohonen-Netzwerkes durchgeführt werden. Danach müssen die identifizierten Klassen einen maschinenlernenden Algorithmus durchlaufen, um die deskriptiven Wenn/Dann-Regeln, die den gewonnenen Klassen ein »Profil« geben, generieren zu können. Umgekehrt müssen Sie bei Datenbeständen mit einer großen Zahl von Attributen zuerst eine Analyse mittels eines maschinenlernenden Algorithmus durchführen, um die Daten zu komprimieren beziehungsweise einige signifikante Attribute zu identifizieren, und dann diese signifikanten Attribute für das endgültige Klassifizierungsmodell durch ein Neuronales Netz laufen lassen.

Kompromisse können notwendig sein, aber Sie müssen abgewogen werden gegen die Anforderungen die vom Unternehmen gestellt werden oder sich aus den Gegebenheiten der Website und den Möglichkeiten der einzusetzenden Tools ergeben. Worauf kommt es Ihnen an: auf

Einblicke oder konkrete Maßnahmen? Häufig wird das einzusetzende Data Mining-Tool durch das Format des Ergebnisses bestimmt. Wenn nachvollziehbar werden soll, wie und warum ein bestimmtes Muster in den Daten zustande kommt, ist der Einsatz eines maschinenlernenden Algorithmus, zum Beispiel eines Entscheidungsbaum- oder Regelgenerators, sehr hilfreich. Wenn es vor allem auf sichere und umsetzbare Entscheidungen ankommt, reicht ein Neuronales Netz aus. E-Commerce-Sites sollten am besten beide Strategien verfolgen, da sowohl die Kenntnis demographischer Kundendaten als auch höhere Umsätze angestrebte Ziele sind.

Die Auswahl der Tools

Die Auswahl des richtigen Tools hängt eindeutig davon ab, welche Aufgabe Sie lösen möchten. Die folgende Tabelle zeigt, welche Technologie für welche Aufgabe geeignet ist:

Technologie	Klassifizierung	Clusterung	Beschreibung
Genetische Algorithmen	Ja	Nein	Nein
Maschinenlernende Algorithmen	Ja	Ja	Ja
Neuronale Netze	Ja	Ja	Nein
Selbstorganisierende Karten	Nein	Ja	Nein

Neben der Auswahl der geeigneten Technik sind es die Besonderheiten und Strukturen der vorhandenen Daten, welche die Wahl des passenden Tools bestimmen. Bevor Sie sich für ein Data Mining-Tool entscheiden, sollten Sie folgende kurze Checkliste zur Beurteilung der Daten durcharbeiten:
- Anzahl der Felder mit quantitativen Werten
- Anzahl der abhängigen Variablen
- Anzahl der kategorisierten Felder
- Länge und Typ der Datensätze
- Verzerrung des Datenbestands

Maschinenlernende Algorithmen arbeiten in der Regel effizienter auf verzerrten Datenbeständen mit einer großen Anzahl an qualitativen Attributen und einer Vielzahl von Feldern pro Datensatz. Neuronale Netze dagegen kommen eher mit numerischen Daten zurecht. Im Folgenden finden Sie eine Reihe von Kriterien, die Sie bei der Wahl des geeigneten Data Mining-Tools beachten sollten. Diese betreffen die Software- und die Hardwareanforderungen.

Skalierbarkeit
Die Performance eines Data Mining-Tools sollte parallel zum Wachstum der Website und der Datenbanken für Logfiles und Formulare steigen. Skalierbarkeit bedeutet, dass der Anwender durch Ausnutzung der Vorteile von auf Parallel-Processing ausgelegten Datenbank-Management-Systemen und zusätzlicher CPUs in der Lage ist, größere Datenmengen zu bearbeiten, mehr Modelle zu erzeugen und die Leistung des gesamten Systems zu optimieren. Immer größer werdende Datenmengen führen auch zu mehr Komplexität. Dies gilt nicht nur für die Anzahl der Datensätze, sondern ebenso für die Anzahl der Attribute, der Variablen und der möglichen Muster. Ist eine Datenbank nicht skalierbar, wird sich der rechenintensive Prozess des Data Mining verlangsamen und möglicherweise als System zur Unterstützung von Entscheidungen nicht mehr viel taugen.

Die Anzahl der Beziehungen zwischen den Variablen und die Anzahl der nichtlinearen Parameter führt ebenfalls zu einem Anwachsen der Komplexität. Da die Muster durch Verrauschung immer schlechter zu erkennen sind, wird Genauigkeit immer wichtiger. Für diesen Fall muss geprüft werden welche Möglichkeiten der Parallelverarbeitung das einzusetzende Tool unterstützt. Ein Tool kann etwa ein symmetrisches Multiprocessing System (SMP) oder ein massiv paralleles Processing System (MPP) unterstützen. Die technischen Faktoren, die die Anforderungen an die Skalierbarkeit beeinflussen, sind die Datenbankgröße, dann die Komplexität der Modelle und die Performance- und Monitoring-Anforderungen an diese Modelle sowie an ihre effektive Validierung. Die Skalierbarkeit eines Data Mining-Tools drückt eigentlich aus, wie gut es das Design der Hardware ausnutzt, bis hin zum Einsatz paralleler Algorithmen und des direkten Zugriffes auf parallele Datenbankmanagement-Systeme (DBMS). Ein Data Mining-Tool der High End-Klasse muss in der Lage sein, auf einer skalierbaren Datenbank zu laufen.

Genauigkeit

Die Genauigkeit wird gemessen an der Fehlerrate der Algorithmen oder des Neuronalen Netzes bei der Erstellung von Vorhersagen. Sie kann auf verschiedene Art und Weise evaluiert werden. Ein Maß für die Genauigkeit ist der *Fehlergrad*, der beschreibt, *wie* falsch die inkorrekten Antworten waren. Bei manchen Anwendungen ist es aufschlussreich, zu sehen, ob das System mit »keine Antworten« oder »falsche Antworten« reagiert, und bei welchen Werten der bedingenden Attribute dies der Fall ist. Die Struktur des für den Test eingesetzten Datenbestands muss dabei berücksichtigt werden (siehe R. D. King, C. Feng und A. Sutherland »STATLOG: Comparison of Classification Algorithms on Large Real World Problems,« Applied Artificial Intelligence 9(3): 289-333, Mai – Juni 1995).

- Wie ermittelt der Algorithmus des Tools, ob ein Problem vorliegt?
- Welche Vorkehrungen werden getroffen, um mit Problemen wie fehlenden oder verrauschten Daten und Kostenschätzungen umzugehen?
- Wie schnell lässt sich das Tool trainieren, und wie verarbeitet es die neuen Daten?
- Wie verhält sich das Tool gegenüber abhängigen und unabhängigen Variablen?
- Wieviel Verrauschung kann es ausgleichen, ohne Genauigkeit einzubüßen?
- Wie empfindlich ist der Algorithmus gegenüber Verrauschung?
- Wie empfindlich reagiert er auf fehlende Daten?

Formate

Ein Data Mining-Tool, das einen maschinenlernenden Algorithmus verwendet, sollte eine Ansichtsfunktion besitzen, über die die wichtigsten gefundenen Regeln oder Einflussfaktoren angezeigt werden können. Das Tool sollte nicht nur effektiv nach Mustern suchen, sondern auch einen Einblick in die Vorgänge der Website bieten sowie den schnellen und einfachen Umgang mit den Daten ermöglichen. Die einfachste Erklärung für die Aktivitäten auf der Website ist auch die beste, wenn es um die Aufdeckung der Hintergründe verschiedener Kundentransaktionen in der Analyse geht. Ein Data Mining-Tool sollte seine Ergebnisse (Entscheidungsbäume, Formeln, Gewichte, Graphen oder Regeln) so einfach wie möglich formulieren, um möglichst viele unbekannte Zusammenhänge aufzudecken. Hat der Datenbestand eine gewisse Größe, wie zum Beispiel bei einem großen Shop, ist es für den Anwender fast unmöglich, sich mit sämtlichen Regeln zu befassen, selbst wenn sie leicht verständlich sind. Aus diesem Grund sollte ein Tool eine Lösung verallgemeinern können und Eigenschaften besitzen, die eine zu starke Spezialisierung vermeiden. Das bedeutet, dass allgemeine Regeln das Wichtigste zusammenfassen sollten, das auf einer Website passiert.

Berücksichtigen Sie bei der Entscheidung für ein Tool, ob es eine Funktion zur Prioritätsvergabe für erzeugte Regeln besitzt und wie diese festgelegt werden? Welche Faktoren benutzt es, welchen Relevanz-Level verwendet es, wie hoch ist die Treffsicherheit und die Genauigkeit, aus wie vielen Einzelfällen ermittelt es die Regel, und so weiter. Besitzt das Tool auch Visualisierungstechniken? Erstellt es zum Beispiel ein Fehler-Histogramm als Business-Grafik oder können die Marktsegmente geographisch dargestellt werden? Ist das Tool für eine Desktop- oder eine Client/Server-Umgebung ausgelegt? Die Größe eines Systems ist nicht der ausschlaggebende Faktor bei der Frage, wie komplex die zu analysierenden Daten sein können. Sie gibt lediglich Aufschluss darüber, wie groß die Datenmenge sein kann.

Ergebnisse

Ein Data Mining-Tool sollte Ihnen die Ergebnisse seiner Analysen so leicht verständlich wie möglich präsentieren, indem es einfache, aber exakte Messungen durchführt, wie zum Beispiel die voraussichtliche Fehlerrate, den Signifikanzlevel und/oder den Grad der Genauigkeit. Welche Art von Ergebnis generiert das Tool: Entscheidungsbäume, C-Code, Wenn/Dann-Regeln, ausführliche Reports, Grafiken, Visualisierung, oder SQL-Syntax? Einige Tools generieren Ergebnisse, die relativ einfach zu interpretieren sind, wie zum Beispiel Entscheidungsbäume, von denen Regeln abgeleitet werden können. Andere Tools, wie Backpropagation-Netzwerke, mögen sehr gute Vorhersagen liefern, sind unter Umständen jedoch schwer zu verstehen. Im Idealfall sollten die Kriterien Verständlichkeit und Genauigkeit bei der Wahl des Tools gleiches Gewicht haben.

Das Tool sollte darüber hinaus Funktionen besitzen, die es dem Anwender erlauben, die Ergebnisse den erforderlichen Sensitivitätsanalysen zu unterziehen. Besitzt das Tool eine Schnittstelle für den Export von Ergebnissen in andere Visualisierungs- oder OLAP-Tools? Wie ist die Benutzeroberfläche für die Modellerstellung aufgebaut? Besitzt das Tool eine Apllikations-Schnittstelle (für C, Visual Basic oder PowerBuilder), um es in Produktionssysteme einzubinden?

Daten-Aufbereitung

Die Vorbereitung der Daten für die Analyse ist einer der zeitaufwändigsten Prozesse beim Data Mining. Server-Logdateien sind meist kommaseparierte ASCII-Dateien. Das Tool sollte also in der Lage sein, dieses Format ohne Schwierigkeiten zu lesen. Die Formular-Datenbank ist meist Teil einer relationalen Datenbank, mit der das eingesetzte Tool in Verbindung treten können muss. Jede Funktion, die ein Tool bietet um das zu vereinfachen, wird den Vorgang der Wissensextraktion und der

Modellerstellung erheblich beschleunigen. Um die Funktionalität im Preprocessing zu beurteilen, sollten Sie prüfen, ob das Tool folgende Fähigkeiten besitzt:
- Datenbereinigung
- Datenselektion
- Datenbeschreibung
- Datentransformation

Eines der wichtigsten Merkmale eines Data Mining-Tools ist die Fähigkeit, mit Daten im Ursprungszustand umzugehen, um Aufgaben wie die Datenbereinigung autonom durchführen zu können. Zum Beispiel sollte es mit fehlenden Werten umgehen können und Ihnen für diesen Fall Optionen wie »Verwerfen«, »Durchschnitt bilden«, »Warnung anzeigen« oder »Ausschließen« anbieten. Das Tool sollte ferner in der Lage sein, dem Anwender einen Report zu liefern, der die Qualität der Daten beschreibt.
- Wie gut beschreibt das Tool die Daten, die Zeilen- und Wertemengen und die Werteverteilung?
- Erkennt es den Unterschied zwischen quantitativen Werten und qualitativen Feldern?
- Erkennt das Tool Integerzahlen und reelle Zahlen und verarbeitet es diese dementsprechend?
- Wie geht das Tool mit fehlenden Daten um und wie identifiziert es Verletzungen der Datenintegrität?
- Kann das Tool qualitative Variablen in Dichotome zerlegen?
- Kann das Tool Felder funktional abbilden oder diese dynamisch zur Laufzeit verändern?
- Kann das Tool quantitative Werte in Bereiche aufteilen?
- Kann das Tool mit Berechnungen auf bestehenden Spalten anstellen?
- Erfordert das Tool eine umfangreiches Datenaufbereitung?

Datenbankzugriff

Bei einigen Data Mining-Tools müssen die zu analysierenden Daten von der Zieldatenbank in das toolinterne Dateiformat konvertiert werden. Andere dagegen können direkt mit den Daten aus einer Datenbank arbeiten. Ein skalierbares Data Mining-Tool, das über SQL direkten Zugriff auf den Webserver hat, kann die Leistung maximieren und die Vorteile spezieller Leistungsmerkmale, wie zum Beispiel den parallelen Datenbankzugriff, ausnutzen. Schauen Sie sich Tools an, die ihre Performance dadurch optimieren, dass sie den Data Mining-Prozess auf dem Server durchführen. In der Regel wird das Mining jedoch vermutlich auf einem dezidierten Server durchgeführt werden, der ausschließlich für die Datenanalyse bestimmt ist.
- Kann das Tool für eine einzelne Analyse Daten aus verschiedenen Quellen zusammenführen?
- Falls das Tool ODBC-kompatibel ist, welche Treiber werden unterstützt?
- Besitzt das Tool eine HTML- oder eine Java-Schnittstelle?

Import/Export

Data Mining-Tools, die leicht mit anderen Tools integriert werden können, holen das meiste aus dem Prozess des Data Mining und der Entdeckung von Wissen heraus. Wichtig im Zusammenhang mit dem Datenbankzugriff ist die Import-Funktion. Unterstützt das Tool Formate wie ASCII, Access, Excel, durch Kommata oder Tabs getrennte ASCII-Dateien, SAS, SPSS und andere spezielle DBMS-Formate? Wie und in welchem Umfang konvertiert das Tool beim Import die Originaldaten? Ermöglicht das Tool den Export von Code, Syntax, Regeln und anderem? Zahlreiche Datenbankprodukte (einschließlich der klassischen Tools für Abfrage, Reporting, Grafik und Visualisierung) tragen zum besseren Verständnis der Daten vor und nach dem Data Mining-Prozess bei. Das Tool sollte die Fähigkeit besitzen, seine Ergebnisse problemlos in Formate exportieren zu können, die eine verbesserte visuelle Aufbereitung für das Management und andere Beteiligte erlauben.

Speicherverwaltung

In der Regel entwickeln sich die Anforderungen eines Data Mining-Tools an den Arbeitsspeicher linear mit der Größe des Datenbestands. Die Zeit, die ein Data Mining-Tool in der Lernphase benötigt, stellt für heutige Tools einen stark begrenzenden Faktor dar. Führt der eingesetzte Algorithmus zum Beispiel zu einem exponentiellen Anwachsen der Bearbeitungszeit, wird das die maximale Größe eines Training-Datenbestands stark begrenzen. Bei der Betrachtung der Belastung des Arbeitsspeichers durch ein Data Mining-Tool ist einzig und allein die Komplexität von Bedeutung, so wie dies auch für die benötigte Zeit gilt. Nichtsdestotrotz kann die Speicherbelastung einen Hinweis darauf geben, welche Art von System eingesetzt werden soll, um »normale« Datenmengen, bezogen auf die Anzahl von Datensätzen und Zeilen, zu verwalten.

Andererseits ist es oft nicht von Bedeutung, ob ein System eine oder zwei Stunden für den Analyseprozess benötigt. Bei einem Tool, das Iterationsverfahren benutzt, um eine immer höhere Genauigkeit zu erreichen, muss zur Bewertung der Geschwindigkeit die Dauer bis zum Erreichen einer bestimmten Genauigkeitsstufe betrachtet werden. Bei der Beurteilung eines Tools muss diesem Zeit/Komplexitäts-Faktor genügend Bedeutung beigemessen werden. Bedenken Sie schon im Vorfeld, dass bestimmte Tools wie solche, die mit SOM-Netzen oder genetischen Algorithmen arbeiten, die Daten so verarbeiten, dass die Berechnung sehr umfangreich und zeitaufwändig wird. Ergebnisse sind bei diesen Tools erst nach einigen Stunden zu erwarten.

Performance

Geschwindigkeit und Genauigkeit sind zwei Faktoren, die zur Bewertung der Gesamtleistung eines Data Mining-Tools beitragen. Die Geschwindigkeit wird daran gemessen, wie schnell ein Modell erstellt werden kann und wie schnell ein prädiktives Modell neue Daten auswerten kann. Wie verarbeitet das jeweilige Neuronale Netz oder der Algorithmus die Daten – in einem oder mehreren Durchläufen? Ein weiterer Faktor, der die Performance beeinflusst, sind die Kosten; zum Beispiel die Kosten für die Bereitstellung eines Trainings-Datenbestandes für die Entwicklung eines Modells. Dies sind sowohl die Kosten für die Bereitstellung der benötigten Anzahl an Beispiel-Daten als auch Kosten, die entstehen, um die gewünschte Genauigkeit des Trainingsdatensatzes für ein Modell zu gewährleisten. Bei großen Websites mit einem enormen Transaktionsvolumen wird dieser Faktor allerdings kaum eine Bedeutung haben. Der Kostenfaktor sollte in die Bewertung der Gesamtleistung eines Tools einbezogen werden. In diesem Zusammenhang ist auch die Frage nach den Einschränkungen von Bedeutung. Beschränkt das Tool die Art der Variablen, die es in die Analyse einbeziehen kann?
- Wie viele Bereiche oder Intervalle kann das Tool maximal gruppieren?
- Macht das Tool das Verständnis der Analyseergebnisse leicht?
- Benötigt das Tool numerische oder diskrete Datenfelder?
- Kann das Tool die Ergebnisse in einem grafischen Format anzeigen?
- Wie viele Kategorien kann das Tool verarbeiten?

Verrauschung

Die Genauigkeit des Tools wird oftmals durch Verrauschung beeinträchtigt. Diese entsteht durch irrelevante Spalten, fehlende oder fehlerhafte Daten oder Fälle, die zu keinem der zugrunde gelegten Muster passen. Bei der Bewertung der Stabilität und Zuverlässigkeit eines Data

Mining-Tools müssen Sie feststellen, ab welchem Rauschwert die Genauigkeit des Tools nachlässt. Anstatt das Data Mining-Tool ausschließlich mit einem idealen Trainings-Datenbestand zu testen, sollten Sie zusätzlich Datensätze einbeziehen, die fehlerhafte Daten enthalten. Sie können damit die Fähigkeit des Tools testen, mit fehlerhaften Daten umzugehen. Sie sollten verschiedene Rauschstufen testen und die korrekten Klassifizierungen mit den zugehörigen neuen Regeln notieren. Wenn die Verrauschung Ungenauigkeiten hervorruft, sollten die daraus resultierenden Klassifizierungsfehler genau analysiert werden, da einige Systeme zum Beispiel widersprüchliche Regeln erzeugen, die nicht erkennen lassen, welche Regel in welcher Situation eingesetzt werden soll.

Paradigmen

Ein Schlüsselkriterium für ein Data Mining-Tool ist, welche Data Mining-Technologien es unterstützt. Können die Ergebnisse der Analysen zum Beispiel mit einem Klassifizierungssytem verbunden beziehungsweise von einem System zum nächsten weitergeleitet werden, um eine hybride Lösung zu entwickeln? Beispiel: Sie möchten mit Hilfe eines SOMs (Kohonen-Netz) eine Clusterung durchführen. Anschließend soll ein maschinenlernender Algorithmus (C5.0) Regeln aus einer Unterklasse generieren. Können diese Schritte innerhalb einer Data Mining-Suite ausgeführt werden, ist dies ein optimales Charakteristikum, das für diese Suite spricht. Während der Bewertung eines Data Mining-Tools sollten spezielle Leistungsmerkmale festgehalten werden, mit denen Ergebnisse optimiert werden können.

– Welches sind die zugrunde liegenden Technologien und Techniken des Tools?
– Sind sie proprietär oder generisch? Und vor allem: Sind sie miteinander verbunden?
– Kann das Tool die Daten in Trainings- und Testbestände aufteilen?
– Kann der Anwender das Verhältnis dieser Aufteilung festlegen?

- Ist die Analyse vollständig automatisiert und in sich geschlossen, oder kann sie in einem bestimmten Maß individuell angepasst werden?
- Besitzt das Tool mehr als einen Klassifizierungs-Algorithmus oder mehr als ein Netz?
- Erlaubt die Benutzerschnittstelle eine genaue Prüfung der Analyseergebnisse?
- Wie intuitiv ist das Tool? Benötigt es ein umfangreiches Training?
- Gibt es eine Programmierschnittstelle (API)?
- Welche ist die aktuelle Version des Tools?

Effizienz

Schließlich sollten Sie die Effizienz des Tools betrachten. Wird es viel Zeit in Anspruch nehmen, auf der Grundlage des Data Mining-Prozesses eine Entscheidung zu treffen? Wenn es zum Beispiel um die Entwicklung von Gewichten oder Regeln geht, ist es wichtig zu wissen, wie diese benötigte Formel oder Regel gefunden werden kann. Sind die Regeln auf eine bestimmte Weise sortiert, könnten über einen Index oder eine Suchmethode die allgemeinsten und zuverlässigsten Regeln gefunden werden. Andernfalls könnte der Vorgang der Entscheidungsfindung noch komplexer werden, wenn nämlich sämtliche Regeln paarweise verglichen werden müssen. Einige Tools bieten als Ergebnis Hunderte von Regeln. Dies ist genau das, was dem eigentlichen Sinn des Data Mining widerspricht, der ja darin besteht, in einer riesigen Menge von Kundentransaktionsdaten einfache Muster zu finden. Bei einem Entscheidungsbaum ist die Komplexität der Entscheidungsfindung in der Regel eine Funktion der Höhe und Breite des jeweiligen Baumes. Bei der Bewertung eines Data Mining-Tools muss betrachtet werden, wie sich das Tool in Bezug auf Komplexität und Effizienz verhält.

Toolauswahl

Weitere Kriterien bei der Auswahl des geeigneten Tools sind natürlich die vorhandene Datenbank und der Preis sowie die Verfügbarkeit von Training, Beratung und Support. Die Preise für Data Mining-Tools schwanken erheblich. Es gibt Desktop-Systeme, die nur eine Technologie einsetzen, ab 10.000 Mark und Pakete, die verschiedene Technologien einsetzen und bis zu 270.000 Mark kosten. Beachten Sie, dass beide Systeme durchaus auf derselben Kerntechnologie beruhen können, wie zum Beispiel auf einer Variante des CART-Algorithmus oder eines Backpropagation-Netzwerks. Der Preisunterschied begründet sich in der Plattform, für die das jeweilige System ausgelegt ist, sowie in Art und Umfang des Datenbestandes, den das System analysieren muss. Einige Data Mining-Anbieter sind junge und kleine Unternehmen, und werden vielleicht nicht lange existieren. Aber die Technologien, auf denen deren Tools aufbauen – wie Neuronale Netze, maschinenlernende und genetische Algorithmen – sind ausgereifte und zuverlässige Technologien, die bestehen werden.

Schlussendlich sollten Sie auch das Outsourcing des Data Mining-Prozesses in Erwägung ziehen, um den Kauf eines Tools und die Folgekosten – zum Beispiel für die Schulung – zu vermeiden. Wie auch bei anderen Projekten der Informationstechnologie sind Outsourcing

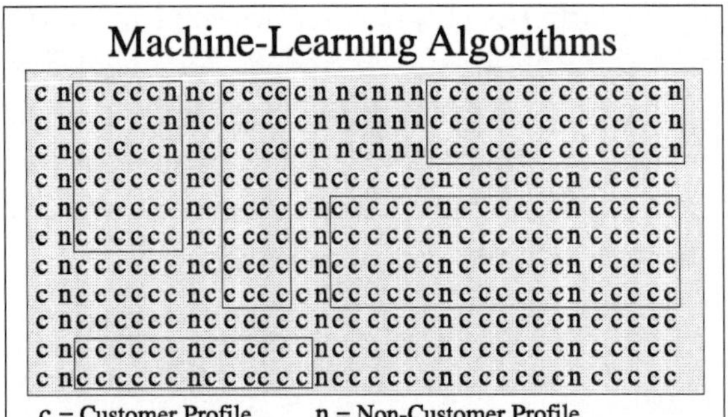

Abb. 58: *Identifizierung von Kundenklassen durch Tools, die mit maschinenlernenden Algorithmen arbeiten.*

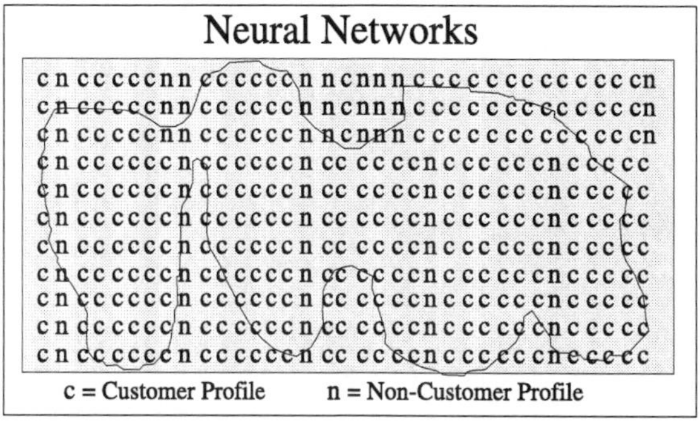

```
                Neural Networks
  c n  c c  c c c n n  c c  c c c c  n  n c n n  n  c c c c  c c c  c c  c c  c n
  c n  c c  c c c n n  c c  c c c c  n  n c n n  n  c c c c  c c c  c c  c c  c n
  c n  c c  c c c n n  c c  c c c c  n  n c n n  n  c c c c  c c c  c c  c c  c n
  c n  c c  c c c c  n  c c  c c c c  n  c c  c c c n  c c  c c  c n c  c c
  c n  c c  c c c c  n  c c  c c c c  n  c c  c c c n  c c  c c  c n c  c c
  c n  c c  c c c c  n  c c  c c c c  n  c c  c c c n  c c  c c  c n c  c c
  c n  c c  c c c c  n  c c  c c c c  n  c c  c c c n  c c  c c  c n c  c c
  c n  c c  c c c c  n  c c  c c c c  n  c c  c c c n  c c  c c  c n c  c c
  c n  c c  c c c c  n  c c  c c c c  n  c c  c c c n  c c  c c  c n c  c c
  c n  c c  c c c c  n  c c  c c c c  n  c c  c c c n  c c  c c  c n c  c c
  c n  c c  c c c c  n  c c  c c c c  n  c c  c c c n  c c  c c  c n c  c c
  c n  c c  c c c c  n  c c  c c c c  n  c c  c c c n  c c  c c  c n c  c c
  c = Customer Profile    n = Non-Customer Profile
```

Abb. 59: *Identifizierung von Kundenklassen durch Neuronale Netzwerk-Tools.*

```
        Genetic Algorithm + Neural Networks
  c n  c c  c c c n  n  c c  c c c n  n c n n n  c c c  c c c c  c c  c c  c n
  c n  c c  c c c n  n  c c  c c c n  n c n n n  c c c  c c c c  c c  c c  c n
  c n  c c  c c c n  n  c c  c c c n  n c n n n  c c c  c c c c  c c  c c  c n
  c n  c c  c c c n  c c  c c c c n  c c  c c c n  c c  c c  c n c  c c  c
  c n  c c  c c c n  c c  c c c c n  c c  c c c n  c c  c c  c n c  c c  c
  c n  c c  c c c n  c c  c c c c n  c c  c c c n  c c  c c  c n c  c c  c
  c n  c c  c c c n  c c  c c c c n  c c  c c c n  c c  c c  c n c  c c  c
  c n  c c  c c c n  c c  c c c c n  c c  c c c n  c c  c c  c n c  c c  c
  c n  c c  c c c n  c c  c c c c n  c c  c c c n  c c  c c  c n c  c c  c
  c n  c c  c c c n  c c  c c c c n  c c  c c c n  c c  c c  c n c  c c  c
  c n  c c  c c c n  c c  c c c c n  c c  c c c n  c c  c c  c n c  c c  c
  c = Customer Profile    n = Non-Customer Profile
```

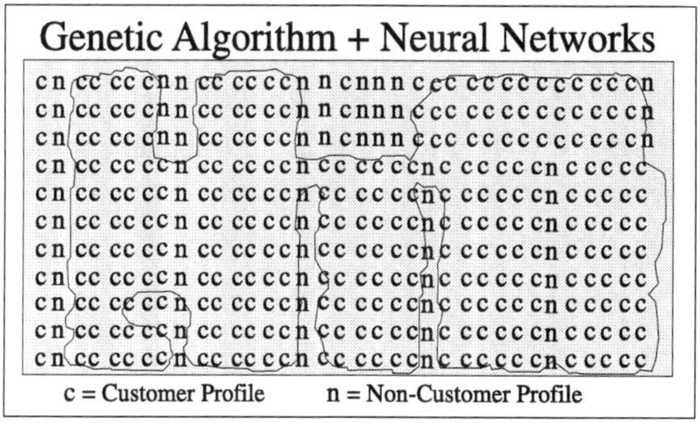

Abb. 60: *Identifizierung von Kundenklassen durch Neuronale Netzwerk-Tools, die durch ein GA-Tool optimiert wurden.*

oder Consulting stets Optionen, die auf lange Sicht kostengünstiger sein können. Schließlich kaufen Sie weniger eine Software als vielmehr das Wissen und die Erkenntnisse, die die Software Ihnen aus den Transaktionsdaten vermittelt. Data Mining ist, wie schon erwähnt, ein iterativer Prozess, das heißt, dass Sie die Daten Ihrer Website in regelmäßigen Abständen durcharbeiten sollten. Am besten beziehen Sie Data Mining in den täglichen Arbeitsablauf mit ein.

Wenn Ihre Daten stark verzerrt sind, möchten Sie vielleicht ein Tool mit einem maschinenlernenden Algorithmus einsetzen, das deutlich voneinander abgegrenzte Klassen von profitablen Kunden lokalisieren kann (siehe Abbildung 58). Sind Ihre Daten nichtlinear, fällt ihre Wahl vielleicht auf ein Backpropagation-Netzwerk, das den Datenraum effizienter darstellen kann als die lineare Regression (siehe Abbildung 59). Zusätzlich könnten Sie dieses Tool noch mit einem GA-Tool optimieren (siehe Abbildung 60).

Ein Tipp für den Kauf eines Tools: Vor dem Kauf testen

Ein guter Start ist die Suche nach Bewertungen von Data Mining-Tools im Internet. Eine der wichtigsten Websites dafür ist http://www.kdnuggets.com. Hier finden Sie ein Verzeichnis von Data Mining-Anbietern, Tools und Referenzmaterial. Beachten Sie die Voraussetzungen der Datenbank sowie die verschiedenen Eigenschaften der aufgelisteten Tools. Darüber hinaus sollten Sie bedenken, dass Sie eventuell mehr als ein Tool benötigen. In diesem Zusammenhang seien die Data Mining-Pakete genannt, die mehrere integrierte Technologien besitzen. Schließlich sollten Sie Referenzen der Software verlangen. Einige Händler werden Ihnen spezielle Angebote machen, wie zum Beispiel eine 90-Tage-Testversion.

Modellerstellung

Damit beginnt das Data Mining Ihrer Website. Der Prozess umfasst die Suche nach Mustern in einem Datenbestand sowie die Generierung von Klassifizierungs-Regeln, Entscheidungsbäumen, Klassen, Scores, Gewichten, die Bewertung und den Vergleich von Fehlerquoten.

– Sind zusätzliche Daten verfügbar, die die Aussagekraft der Modelle verbessern können?
– Wie groß sind die Fehlerquoten? Bewegen sie sich in einem akzeptablen Rahmen? Können sie verringert werden?
– Ist eine andere Methode nötig, um die Aussagekraft der Modelle zu verbessern?
– Wie viele Modelle sind für die gesamte Website notwendig?
– Werden die Modelle an einer Zufallsauswahl trainiert und getestet?
– Soll die Ausgabe SQL-Syntax sein, die an Endanwender weitergeleitet wird?

- Soll Beaufsichtigtes oder Unbeaufsichtigtes Lernen eingesetzt werden?
- Soll C-Code in ein Produktionssystem integriert werden?
- Sollen Regeln in ein System zur Entscheidungsunterstützung übernommen werden?
- Müssen verrauschte und redundante Datenattribute bereinigt werden?
- Soll das Ergebnis Klassifizierung, Vorhersage oder Clusterung sein?
- Sollen die Ergebnisse kontrolliert und bewertet werden?

Wollen Sie ein Modell mittels Beaufsichtigtem Lernen erstellen? Das könnte der Fall sein, wenn Sie Dateien mit negativen und positiven Fällen haben: Online-Käufer vs. Nicht-Käufer, Besucher mit Response vs. Besucher ohne Response, und so weiter. In den meisten Fällen, vor allem wenn Sie einen großen Shop betreiben, werden Ihnen Tausende von Beispielen zur Verfügung stehen, auf deren Grundlage Sie Modelle erstellen können. In diesem Fall kann für die Klassifizierung und die Vorhersage Beaufsichtigtes Lernen angewendet werden. Wenn Sie mehrere Produkte und Dienstleistungen anbieten, sollten Sie aber für jedes Produkt beziehungsweise jede Dienstleistung ein eigenes Modell erstellen. Beispiel: Die Motive, eine bestimmte Produktkategorie zu kaufen, wie zum Beispiel BeatlesCD.htm, wird sich von der Kategorie StonesCD.htm oder PoliceCD.htm unterscheiden. Mehr noch, die Kaufmotive für jedes Produkt erfordern ebenfalls jeweils ein speziell zugeschnittenes Modell, so dass sich das Modell für AbbeyRoadCD.htm von dem Modell WhiteAlbumCD.htm unterscheiden wird. Wie differenziert die Modelle sein können, hängt von Ihren Ressourcen und der verfügbaren Zeit ab.

Wenn Sie kein Beispiel aus positiven und negativen Fällen zur Verfügung haben, werden Sie typischerweise die Clusterung oder ein Unbeaufsichtigtes Lernen durchführen. Dieser Prozess ist sehr viel komplizierter als die Klassifizierung, könnte dann aber nötig sein. Clusterung wird meist eingesetzt, um Kundenmuster aufgedeckt werden sollen. Einzelhändler führen häufig eine Art Clusterung durch, das als »Warenkorbanalyse« bezeichnet wird. Sie dient dazu, bestimmte Produkte, die oft zusammen gekauft werden, besser zu positionieren oder um Lock-Angebote zu machen. Eine Clusterung könnte zum Beispiel herausfinden, dass Kunden, die Grand Cru Weine kaufen, auch nach Käsespezialitäten suchen, während Kunden, die Bier einer Haus-Brauerei kaufen, Fleisch bevorzugen.

Ähnliche Kaufmuster können bei anderen Shops gefunden werden, zum Beispiel, wenn bestimmte Produkte in einer bestimmten Zeit gekauft werden. Sequenzelle Assoziation kann etwa herausfinden, dass viele Käufer eines Tintenstrahldruckers 30 oder 60 Tage später neue Tintenpatronen ordern. Eine Website enthält eine enorme Menge an Beziehungen und Mustern von Kaufvorgängen, vor allem eine Site, über die niedrigpreisige Konsumgüter wie Bücher, CDs, Spielzeug und Software verkauft wird. Hier können visualisierte Assoziationen untersucht werden, die zu neuen Cross-Selling-Möglichkeiten führen.

Das Beaufsichtigte wie auch das Unbeaufsichtigte Lernen erfordern die Aufteilung der Daten in Trainings- und Testdatensätze. Dies kann in einem 90/10-, 70/30- oder 60/40-Verhältnis geschehen. Die Aufteilung der Ausgangsdaten muss eine Zufallsauswahl sein. Nahezu alle modernen Data Mining-Tools besitzen eine Funktion zur Aufteilung von Daten und zur Bewertung der Ergebnisse der erzeugten Modelle. Nachdem eine Trainingsdatenmenge zur Erstellung eines Modells benutzt wurde, durchläuft ein Testdatensatz das Data Mining Modell, um dessen Genauigkeit bewerten zu können. Die Fehlerrate des Modells wird ermittelt, indem die Anzahl der fehlerhaften Klassifizierungen durch die Gesamtzahl der Fälle geteilt wird. Den Grad der Genauigkeit erhält man, indem man die Anzahl der korrekten Klassifizierungen durch die Gesamtzahl der Fälle dividiert.

Fast alle aktuellen Data Mining-Tools bieten eine Möglichkeit, die Genauigkeit der Modelle zu messen, die Sie mit dem Tool erstellt haben. Sie vereinfachen auch den Prozess der Datenaufteilung in Trainings- und Testdatenbestände. Und sie ermöglichen darüber hinaus die Ziehung von Stichproben zum Test und Vergleich der Ergebnisse von

Trainings- und Testdaten. Entscheidungsbaum-Tools liefern zum Beispiel detaillierte Ausgabewerte, die dazu dienen, die Unterschiede zwischen dem aktuellen Baum und dem eines alternativen Datenbestandes aufzuzeigen. Einige Data Mining-Tools ermöglichen die Wiederverwendung von Daten, so dass Sie dieselben Daten testen können, mit denen Sie auch Ihr Modell trainiert haben. Es ist jedoch ratsam, einen häufig wechselnden »unbekannten« Datenbestand für Tests zu verwenden. Dieser alternative Datenbestand kann aus einer zurückbehaltenen Auswahl der ursprünglichen Datenaufteilung stammen, oder aus einer importierten externen Datei.

Validierung der Ergebnisse
Wie schon erwähnt, wird die Data Mining-Analyse einer Website erfahrungsgemäß Mitarbeiter aus verschiedenen Abteilungen wie IT, Marketing, Vertrieb, Einkauf usw. mit einbeziehen. In jedem Fall werden sämtliche Personen, die für das Design und die Pflege der Website verantwortlich sind, an dem Prozess beteiligt sein. Dazu zählen vor allem Administratoren, Designer, Analytiker, Manager, Webdesigner und Webmaster. Ist die Datenanalyse abgeschlossen, sollten Sie die erzielten Ergebnisse auf jeden Fall mit allen Beteiligten besprechen und analysieren. Experten, die auf bestimmte Bereiche im Unternehmen spezialisiert sind, sollten von den Ergebnissen der Analyse unterrichtet werden, um die Richtigkeit und die Eignung der Ergebnisse für die Erreichung der geschäftlichen Ziele zu bestätigen. Bei dieser Überprüfung sollten Sie objektiv sein und sich auf das ursprüngliche Ziel der Analyse konzentrieren. Sollten die Data Mining-Ergebnisse fehlerhaft sein – was auf die Daten, das Tool oder die eingesetzte Methode zurückzuführen sein kann – sollten Sie eine weitere Analyse durchführen und ein neues Modell unter Beteiligung aller Experten erstellen.

Welche wichtigen Beziehungen wurden zwischen unabhängigen und abhängigen Variablen gefunden? Passen beispielsweise die gefundenen demographischen Merkmale von Besuchern und Kunden der Website zu denen früher durchgeführter Marktanalysen? Eine Website, die Spielesoftware vertreibt, hat in der Regel völlig andere Kunden als die Website eines Investmentbrokers.

Berücksichtigen Sie Daten zur gegenwärtigen Demographie von Internetnutzern im Allgemeinen, denn die könnten Ihre Vorstellung über Ihre Online-Besucher verfälschen. Internetnutzer sind tendenziell gebildeter und etwas wohlhabender als der Durchschnitt. Diese demographischen Merkmale ändern sich jedoch Monat für Monat, da immer mehr Leute ins Netz gehen.

Zu diesem Zeitpunkt sollten Sie dem Management und den verschiedenen beteiligten Abteilungen Ihres Unternehmens, einschließlich der Webadministratoren und Designer, die Ergebnisse präsentieren. Es ist wichtig, dass diese die Implikationen der Data Mining-Analyse verstehen. Mit anderen Worten, jetzt, nachdem Sie spezielle Kundenmuster oder ein bestimmtes Kundenprofil identifiziert haben, müssen Sie die Ergebnisse überprüfen. Die Validierung beinhaltet oftmals das Testen eines Modells unter realen Bedingungen im Feldversuch. In einem solchen Feldversuch könnten Sie auf Ihrer Website zum Beispiel ein besonderes Angebot machen oder eine E-Mail-Kampagne starten. Solche Tests müssen Sie durchführen, um zu ermitteln, in welchem Maße mit den bei der Data Mining-Analyse erzielten Resultaten die Geschäftsergebnisse beeinflusst werden können. Dazu gehören Responserate und/oder Umsatzzahlen. Um Risiken zu minimieren, sollten Sie vor der vollständigen Implementierung für sämtliche Produktlinien unbedingt solche Tests durchführen. So ermitteln Sie die Leistung Ihrer Data Mining-Modelle und finden heraus, ob die Planzahlen übertroffen werden.

Ergebnisse dokumentieren

Ein Data Mining-Bericht sollte sämtliche Schritte des Data Mining-Prozesses beschreiben, einschließlich der Auswahl und der Vorbereitung der Daten und der Gründe, warum welche Tools eingesetzt wurden, der Tooleinstellungen, der Ergebnisse sowie einer Erläuterung, wofür der generierte Code verwendet werden soll. Wie bei allen Unternehmensprozessen sollten Sie auch beim Data Mining Planzahlen und Verfahren festlegen. Sie sollten die Ergebnisse kommentieren und eine Aussage darüber machen, ob die Analyse sich mit den unternehmerischen Zielen für die Website deckt. Ist dies aus irgendeinem Grund nicht der Fall, sollten Sie im Bericht anmerken, warum. Vielleicht möchten Sie im Bericht auch festhalten, wie die Analyse verbessert werden könnte. Sind dazu andere oder neue Daten nötig? Vielleicht sollten demographische Daten und Haushaltsdaten integriert werden oder Sie könnten über neu entworfene Fragebögen oder Cookies wertvollere Informationen sammeln.

Ihr Bericht sollte auch Empfehlungen zu konkreten Maßnahmen geben. Wenn Sie zum Beispiel herausgefunden haben, dass die Kunden hauptsächlich junge Berufstätige sind, sollten Sie eventuell Veränderungen an Inhalt und Design der Website vorschlagen. Data Mining ist ein iterativer Prozess, und eine genaue Dokumentation gewährleistet die kontinuierliche Verbesserung der Website, gerade wenn Sie E-Commerce betreiben. Diese inkrementellen Verbesserungen werden sich nicht nur an dem Stellenwert von Data Mining-Analysen für die Website und das Unternehmen bemerkbar machen. Die Modelle werden mit der Zeit auch immer genauer, der Online-Umsatz wird steigen, und die Marketingaktivitäten werden an Qualität gewinnen.

Integration der Lösungen
Mit diesem letzten Schritt der Analyse der Web-Daten legen Sie fest, dass Sie auch weiterhin aus Ihren Online-Transaktionen lernen werden. Dieser Prozess beinhaltet die Integration der Ergebnisse in die Ablauforganisation, die Marketingmaßnahmen und die strategische Planung des Unternehmens: Data Mining als Mustererkennungsprozess, der die täglich anfallenden Online-Transaktionen verarbeitet – hunderte, tausende oder sogar Millionen.

Integration von Website und Data Warehouse

Die Integration der Web-Daten in das Informationssystem des Unternehmens oder dessen Data Warehouse kann jedem Unternehmen herauszufinden helfen, wieweit die Eigenschaften der »Offline«-Kunden den Eigenschaften der Online-Kunden entsprechen. Beim Mining der Daten im Data Warehouse kann die Integration der Web-Daten den Einblick in die Eigenschaften von bestehenden und zukünftigen Kunden erweitern.

Durch die Anbindung der Website an ein internes Warenwirtschaftssystem können die Besucher stets aktuell über Lagerbestand, Dienstleistungen und Kundensupport informiert werden. Gleichzeitig können Sie mehr über Ihre Kunden lernen, wer sie sind und was sie an Ihren Produkten und Dienstleistungen bevorzugen und was nicht. Durch das Mining Ihrer web-erzeugten Daten sind Sie in der Lage, Ihren Besuchern die Informationen zu liefern, die diese voraussichtlich erhalten möchten.

Ihr Unternehmen kann auf einer sehr persönlichen Ebene mit seinen Kunden kommunizieren. Indem Sie die Online-Kaufdaten in Ihr Data Warehouse integrieren, können Sie Käufe bestätigen, Kunden auf ähnliche Produkte hinweisen und ähnliche oder ergänzende Cross-Selling-Angebote machen. Es können verschiedene Werte analysiert werden, einschließlich des Datums der letzten Käufe, der Angaben zu diesen Käufen und des Gesamtumsatzes pro Kunde. Das Mining dieser Daten kann dazu benutzt werden, den Kunden zu beurteilen: seinen Wert, seine Rentabilität und seine Treue.

Durch das Zusammenführen von Data Warehouse und Website erhalten Sie wichtige Informationen, zum Beispiel zur Identifizierung der rentablen oder von potenziellen Kunden. Mit Hilfe eines solchen Profils können Sie Interessenten mit gezielter Werbung auf Produkte hinweisen und eine Beziehung zu ihnen aufbauen, während sie die Website besuchen. Ein Vergleich der Eigenschaften von Offline-Kunden und Online-Besuchern ermöglicht die Feinabstimmung oder Änderung von Werbemaßnahmen, Sonderangeboten, Incentives, Preisgestal-

tung, Mitteilungen, Bannern und anderen Kommunikationsmitteln. Darüber hinaus können Sie mit Hilfe solcher Vergleiche fundierte Entscheidungen über Marketingkampagnen oder das Design Ihrer Website treffen. Sie können zum Beispiel untersuchen, inwieweit Ihre Offline-Kunden Ihren Online-Besuchern ähneln, indem Sie folgende Eigenschaften vergleichen:
- Alter
- Geschlecht
- Einkommen
- Hobbies
- Tätigkeit
- Familienstand (ledig/verheiratet)
- Wohnort
- Schulbildung
- Freizeitinteressen
- Verfügbares Einkommen
- Psychographie, Demographie

Psychographische Gesichtspunkte umfassen persönliche Einstellungen und den Lebensstil. Solche Messungen sind hervorragende Indikatoren dafür, wie Online-Besucher und Kunden denken und in welche Richtung sie ihr Leben lenken. SRI International, ein unabhängiges amerikanisches Non-Profit-Forschungsinstitut hat acht Werte- und Lifestylekategorien (VALS) für die verschiedenen Kundentypen entwickelt:
- Neugierige
- Zufriedene
- Leistungsorientierte
- Experimentierfreudige
- Gutgläubige
- Ehrgeizige
- Macher
- Kämpfer

VALS ordnet erwachsene US-Bürger nach psychologischen und demographischen Gesichtspunkten verschiedenen Gruppen zu, die sich gegenseitig ausschließen. VALS ist in dieser Form einzigartig, da es die Kaufmotive von Verbrauchern beschreibt. VALS betrachtet die zugrundeliegenden psychischen Gegebenheiten der Leute und beschäftigt sich somit mit der menschlichen Seite. Wie zum Beispiel mit den Einstellungen zu solchen Werte wie persönliche Freiheit, Tradition oder Neuerung, Information oder Emotion, praktische oder intellektuelle Tätigkeit. Eine der neuesten Entwicklungen bei SRI ist iVALS, ein Profilerstellungssystem, das den Nutzen und die Qualität von Online-Umgebungen für Endverbraucher, Content-Provider und Vermittler verbessert. iVALS erstellt Profile von Internetnutzern und ordnet sie den folgenden Kategorien zu:
- Hexer
- Pioniere
- Aufsteiger
- Prominente
- Berufstätige
- Surfer
- Mitläufer
- Gesellige
- Sucher
- Immigranten

Hier ein Beispiel eines iVALS Profils:

Das iVALS Profil eines Hexers

Hexer sind die aktivsten und gebildetesten Internetnutzer. Die Nutzung von Computern ist wesentlicher Bestandteil ihres Alltags und die Beherrschung von Technologien bestimmt ihr Selbstverständnis.

Mehr als 80 Prozent der Hexer nutzen das Internet seit drei oder mehr Jahren. Obwohl Hexer berichten, während ihrer Online-Jahre sehr viele neue Leute kennengelernt zu haben, scheinen diese Freundschaften rein virtuell zu sein. Das heißt, Hexer sind nicht unbedingt darauf bedacht, Leute im herkömmlichen Sinn zu »treffen«. Ihre Geselligkeit erscheint als ein Nebenprodukt ihrer starken Verbundenheit mit der Internetkultur.

Nahezu jedes Mitglied dieser Gruppe hat bereits ziemlich ausgefallene Aktivitäten entwickelt, wie die Teilnahme an Videokonferenzen oder das Erstellen von Webpages. Die Hälfte von ihnen gab an, an einem Multi User Dungeon (einem Abenteuerspiel für mehrere Teilnehmer) teilgenommen zu haben. Die meisten bezeichnen sich als Power User. Viele von ihnen haben bereits eine Shopping-Site besucht und alle besitzen eine Vielzahl von Computerspielen oder Multimediaanwendungen, darunter vor allem nicht jugendfreie.

Hexer sind fast ausschließlich männlich und verhältnismäßig jung. Das Durchschnittsalter liegt unter 30 Jahre. Trotz des jungen Alters sind viele von ihnen Computertechniker, Professoren, Unternehmensberater oder sind im mittleren Management tätig und erreichen so ein mittleres bis hohes Einkommen.

Hexer bilden die wichtigste Zielgruppe für hochtechnische Informationen, Beta-Test-Software, Authoring Tools, Konferenzen und Messen der Computer- und Softwareindustrie sowie andere computerverwandte, berufs- oder produktbezogene Angebote. Hexer begeistern sich für Software, die viele Optionen bietet und bilden sich gerne fort, wenn sie dadurch neue interessante Fähigkeiten erlernen.

Das Data Mining Ihrer Website führt zu einem neuen Verständnis von Online-Besuchern und -Kunden, besonders wenn die Ergebnisse mit psychographischen Profilen wie iVALS zusammengeführt werden. Durch das Mining dieser Daten können ein Profil oder einzelne Profilkomponenten gebildet werden, mit deren Hilfe Sie Ihr Web-Angebot auf die Ansprüche Ihrer Kunden zuschneiden können.

Dieser letzte Schritt der Data Mining-Analyse erfordert schließlich die Überwachung der Performance der entwickelten Modelle. Denn all diese Modelle werden mit der Zeit veralten, und ihre Leistung wird abnehmen. Sie sollten daher stets die Genauigkeit Ihrer Data Mining-Modelle überwachen.

Der Data Mining-Prozess kann einige, wenn nicht sogar alle der auf den vorherigen Seiten genannten Schritte beinhalten, und in vielen Fällen werden sie nicht in dieser Reihenfolge ablaufen. Es wird Fälle geben, in denen bestimmte Schritte völlig ausgelassen werden können. Die Grundidee ist sicherzustellen, dass der Data Mining-Prozess die unternehmerischen Ziele der Website berücksichtigt und auch die Restriktionen, die sich hinsichtlich der Daten und der einzusetzenden Tools stellen.

Data Mining-Ergebnisse in den Unternehmensprozess zu integrieren, bedeutet in der Regel, tätig zu werden. Eine Data Mining-Analyse kann organisatorische Veränderungen zur Folge haben, zum Beispiel dahingehend, wie die Ressourcen für die Pflege der Website eingesetzt werden, welche Vorschläge der Unternehmensführung gemacht oder welche Allianzen und Partnerschaften in Erwägung gezogen werden sollten. Die Umsetzung der Analyseergebnisse kann Einfluss darauf haben, wie Webinhalte dargeboten werden, wie Werbung für die Website geplant oder welche Angebote welchen Online-Besuchern oder -Kunden gemacht werden. Die Umsetzung der Ergebnisse kann zum Einsatz eines E-Mail-Systems führen, über das Kunden individualisierte Mitteilungen zu Produkten und Dienstleistungen gemacht werden können, die auf Data Mining-Prozessen beruhen. Die Umsetzung kann sich darauf auswirken, wie Kunden beurteilt oder eingeordnet werden. Die Integration der Data Mining-Lösungen kann fallweise oder regelmäßig erfolgen, so dass Sie zum Beispiel die Profilerstellung auf der gesamten Kundendatei Ihrer Website wöchentlich, monatlich oder vierteljährlich laufen lassen können.

Während Ihrer Data Mining-Maßnahmen wird vermutlich immer wieder die Frage auftauchen: »*Was folgt daraus?*«. Sind Sie überhaupt darauf vorbereitet, das durch die Analyse gewonnene Wissen zur Veränderung Ihres Unternehmens und seines E-Commerce-Auftrittes einzusetzen? Sind Sie darauf vorbereitet, Marketing und Unternehmensprozesse nachhaltig zu verändern? Erhalten Sie die Unterstützung des Top-Managements bei der Veränderung des Designs der Website, wenn die Analyse dies erfordert? Einige oder alle dieser Fragen werden sich im Zuge des Data Mining einer Website stellen, und Sie sollten vorausplanen, wie Sie erfolgreich mit ihnen umgehen können.

Data Mining ist ein Prozess und kein Projekt. Sie sollten im Vorfeld bestimmen, wer ihn durchführt, wann er benötigt wird und welche Daten verwendet werden sollen. Daten sind nicht statisch. Daher sollten Sie in regelmäßigen Abständen Analysen durchführen. Sie müssen festlegen, in welchen Zeitabständen dies zu tun ist, was letztlich davon abhängt, wie schnell und umfangreich sich die Daten ändern. Eine Bank muss ihr Data Warehouse vielleicht auf vierteljährlicher Basis analysieren, um neue Modelle für die Kundenakquise zu erstellen. Ein Mobiltelefonhersteller möchte vielleicht monatlich sein Data Warehouse analysieren, um Kundenabwanderungsmodelle zu aktualisieren. Ein Shop-Betreiber möchte seine Website vielleicht wöchentlich analysieren.– Warum diese Unterschiede? Weil die Entwicklung des jeweiligen Marktes, die jedes Modell ja vorherzusagen versucht, in diesen Beispielen mit unterschiedlicher Dynamik abläuft: Kunden wechseln ihr Girokonto nicht so leicht wie ihr Mobiltelefon oder ihren Online-Buchhändler.

Um zu bestimmen, wie häufig Sie die Daten analysieren müssen, sollte die Genauigkeit der Modelle regelmäßig mit aktuellen Kundendaten getestet werden. Hat die Genauigkeit seit der Erstellung des Modells signifikant abgenommen, ist es an der Zeit, ein neues zu entwickeln. Wenn Sie diese immer wiederkehrenden Fragen bereits vor der Analyse kennen, führt dies hoffentlich zu einer reibungsloseren Integration des Data Mining in das Unternehmen sowie zur Verbesserung der Website. Denken Sie einfach daran, dass Data Mining wirklich jeder Firma mit einem E-Commerce-Auftritt nutzen kann. Derzeit wird von verschiedenen Interessengruppen wie der CRISP-DM (Cross-Industry Standard Process for Data Mining: http://www.ncr.dk/CRISP/) ein Standard-Prozessmodell entwickelt mit dem Ziel, den Fokus von der Technologie auf die unternehmerischen Probleme zu lenken.

Die Tools

In diesem Kapitel werden verschiedene Data Mining-Tools näher beschrieben. Data Mining-Tools sind kommerzielle Programme, die KI-Technologien wie Visualisierung, Assoziation, Segmentierung, Klassifizierung, Vorhersage, Clusterung, Optimierung und Modellierung anwenden. Einige Tools verwenden mehrere dieser Technologien, wie zum Beispiel Neuronale Netze und maschinenlernende Algorithmen, in einer Suite. Diese Pakete ermöglichen die Verbindung der Ergebnisse der einzelnen Technologien.

Kriterien

Die im Folgenden behandelten Tools repräsentieren einen Querschnitt kommerziell verfügbarer Produkte, die auf verschiedenen Technologien beruhen. Jedes von ihnen erzeugt Geschäftslösungen auf seine eigene Art und Weise. Es wird gezeigt werden, wie zwei Tools, die die gleiche Technologie (wie zum Beispiel ein Neuronales Netz) in einer jeweils leicht abgewandelten Form benutzen, eine Lösung völlig anders ausgeben können. In einer relativ jungen Branche wie dem Data Mining gibt es derzeit noch keine Standards. Daher variieren die Ergebnisse der Data Mining-Analysen manchmal erheblich.

Sämtliche vorgestellten Softwareprodukte sind entweder für eine Desktop- oder für eine Hochleistungs-Serverumgebung ausgelegt. Der Preis eines Tools liegt zwischen einigen Tausend bis hin zu mehr als zweihunderttausend Mark. Es gibt weitere Tools, die nicht in unsere Betrachtungen einbezogen wurden, die jedoch ebenso für das Data Mining und die Datenmodellierung geeignet sind.

Die aufgeführten Beispiele zeigen die große Anzahl an Charakteristika, Leistungsbereichen und Umsetzungsvarianten, die derzeit auf dem Markt verfügbar sind. Wir wollen zeigen, dass das Hauptkriterium bei der Auswahl eines Tools die Frage sein sollte, wie gut das Tool den Ansprüchen Ihrer Internetaktivitäten genügt. In den vorangegangen

Kapiteln wurde bereits auf ein Dutzend Kriterien zur Toolauswahl hingewiesen:
- Skalierbarkeit
- Genauigkeit
- Formate
- Lösungen
- Vorverarbeitung
- Schnittstellen
- Import/Export
- Speicherverwaltung
- Leistungsfähigkeit
- Verunreinigte Daten
- Paradigmen
- Wirkungsgrad

Einfach nur ein Data Mining-Tool mit der richtigen Technologie zu besitzen, ist keineswegs ausreichend. Ein Tool, das mehrere Technologien in sich vereinigt, hat deutliche Vorteile gegenüber Stand-Alone-Lösungen. So können zum Beispiel die Ergebnisobjekte einer Anwendung mit denen einer anderen Anwendung verknüpft werden, so dass Sie von zwei Technologien, anstatt von einer Stand-Alone-Lösung profitieren. Das Tool Clementine von SPSS ermöglicht Ihnen zum Beispiel, mit einem Kohonen-Netz eine Clusterung durchzuführen und die resultierenden Klassen mit dem maschinenlernenden Algorithmus C5.0 zu verbinden, um Regeln für die Beschreibung der Attribute dieser Klassen zu generieren. Mit einem anderen Tool, dem Decisionhouse, können Sie mit Hilfe eines maschinenlernenden Algorithmus Ihre Daten in Form eines Entscheidungsbaums segmentieren und die gefundenen Marktsegmente in einer geografischen Karte betrachten. Die Karte kann zwischen der Darstellung des gesamten Landes und der Darstellung einzelner Postleitzahlenbereiche skaliert werden. Der Vorteil von Tools mit mehreren Technologien liegt also darin, dass *nützlichere* Ergebnisse erzielt werden können, die in der Summe aussagekräftiger sind als die ihrer Einzelkomponenten.

Einige große Anbieter von Data Mining-Tools verlangen 300.000 Mark für ihre Basispakete, und die Kunden zahlen diese Summe auch, da die Anbieter die Software so gestalten, dass Unternehmen sie problemlos in ihre Unternehmensabläufe und IT-Systeme integrieren können. NeoVista, ein Toolanbieter für den Hochleistungs-Bereich, passt seine Software vollständig an die Unternehmen an, um sämtliche Ansprüche seiner Kunden zu erfüllen. Kunden sind meist Fortune100-Firmen. Einfach einen Algorithmus in ein Paket zu integrieren, bedeutet nicht, dass das Tool dadurch allein effektiv wird. Eine wirklich effektive Software muss skalierbar und stabil sein, mit großen Datenbeständen in einer Client/Server-Umgebung arbeiten können und die Lösungen in einem Format liefern, das unternehmensweit benutzt werden kann. Das gilt auch für die Tools, die Sie zur Analyse Ihrer Online-Daten nutzen.

Sie sollten das Werkzeug wählen, das Ihnen die Lösung liefert, die Sie benötigen, um die Qualität Ihrer Website zu verbessern, damit Sie deren Marketing- und Verkaufspotenzial voll ausschöpfen können. Des Weiteren sollte das Tool Ihnen den gewünschten Einblick in das Verhalten Ihrer Online-Kunden gewähren sowie in die Transaktionen, die sie generieren. Die in diesem Kapitel betrachteten Tools reichen von Desktopsystemen bis zu großen multitaskingfähigen, multiparallelen Serverstationen, die mit Websites jeder Größe optimal umgehen können, gleichgültig, ob es sich um einen kleinen Internetauftritt für einzelne Produkte oder ein großes E-Commerce-Portal handelt.

Um die verschiedenen Ansätze einiger dieser Tools zu erläutern, haben wir mehrere Analysen mit einem einzelnen Datenbestand durchgeführt, der eine kleine Menge an willkürlichen Stichproben von 1.472 Datensätzen enthält. Dies entspricht in etwa dem Ausgabewert eines kleineren E-Commerce-Webservers an einem einzelnen Tag. Das Ziel war, in diesen Beispieldaten spezielle Muster in der Navigation durch die Website zu identifizieren, die zu einem Online-Verkauf führen. Darüber hinaus wurden die Daten in Bezug auf die demographischen Merkmale der Online-Besucher und Kunden hin analysiert. Es gab für die Sitzungen drei mögliche Ergebnisse, die speziellen Seiten der Website entsprechen:

JustBrowsing.htm	Dieses ist ein Besuch ohne Verkauf
E-MailMe.htm	Dieses Ergebnis kann zu einem Verkauf führen
OrderForm.htm	Dies ist ein Verkauf und damit das gewünschte Ergebnis

Das Hauptziel der Analyse war die Identifikation der Eigenschaften derjenigen Online-Besucher, die OrderForm.htm gewählt haben. Um dies herauszufinden, kombinieren wir die Datenbank, die zur Formularauswertung dient und die Postleitzahl des Seitenbesuchers enthält, mit der Server-Log-Datei, welche die Bewegungen des Seitenbesuchers festhält. Ergebnis ist ein demografischer Datensatz (CACI), der in den USA als ACORN-Datenbank bekannt ist.

Das ACORN-Kundenklassifizierungssystem beschreibt die prozentuale Verteilung der Kundentypen entsprechend der US-Postleitzahlenbereiche. ACORN analysiert die demographischen Profile und klassifiziert die Kunden entsprechend der Art der Wohngegend, in der sie leben. Die Datenbank von ACORN ist dafür ausgelegt, Kundenprofile in 226.000 US-Wohngegenden, sortiert nach 60 Lifestyle-Eigenschaften, zu identifizieren. Dazu zählen: Einkommen, Wohnungswert, berufliche Tätigkeit, Schulbildung, Alter und andere Schlüsseldeterminanten für das Verbraucherverhalten. Das ACORN-Segmentierungssystem für Wohngegenden enthält 43 Klassen, oder Kundensegmente, die zur Bestimmung des Lebensstils der Kunden gemäß ihrer Postleitzahl dienen. Die Postleitzahl 94502 wird vom ACORN System zum Beispiel als Kategorie mit folgenden Kundensegmenten definiert:

⇨ *37,4 Prozent wohlhabende Küstenvororte* – Dieser Kundentyp wohnt entlang der Ostküste sowie in Kalifornien. Die Bewohner sind verheiratet, mittleren Alters, berufstätig und in der Blüte ihres Arbeitslebens. Unter ihnen findet sich der höchste Prozentsatz von Mitgliedern in einem Autoclub. Sie sind reisefreudig und lesen

Die Tools

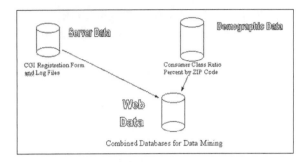

Abb. 61: *Zusammenführung von Serverdaten und demographischen Daten für die Data Mining-Analyse.*

überdurchschnittlich häufig den Metropolitan, die New York Times sowie Segel- und Yachtzeitschriften. Ein relativ großer Teil ihres Einkommens ist frei verfügbar.

⇨ *62,6 Prozent erfolgreiche Vorstädter* – Die Angehörigen dieser Gruppe haben Familie und Eigentum und erreichten ihren Wohlstand durch harte Arbeit. Dieses Marktsegment ist durch sozialen Aufstieg charakterisiert. Als typische Vorstädter fahren sie neue Autos und geben viel Geld für Sport, Sportzubehör und Personalcomputer aus. Sie haben meist Darlehen aufgenommen. Sie schauen nicht viel fern, sondern lesen die Tageszeitung.

Für diese Art der induktiven Analyse kommen noch weitere Besucherattribute in Betracht.

Sie können entweder aus den Logdatei- und Formulardatenbanken Ihrer Website generiert oder von externen Datenanbietern wie Equifax, MetroMail, LikeMinds, NetPerceptions und NetCount bezogen werden, die Psychographien und Haushaltseigenschaften von Online-Besuchern, wie Einkommen oder Anzahl der Kinder, näher beschreiben können (siehe Abbildung 61).

Die Tools

> **Beispiel für einen einzelnen Datensatz ausgewertet nach dem Feldnamen:**
>
> Top One Prozent Postleitzahl %, reiche Küstenvororte Postleitzahl %, Alleinerziehende mit höherem Einkommen Postleitzahl %, erfolgreiche Vorstädter Postleitzahl %, wohlhabende Baby Boomer (geboren zwischen 1947 und 1961) Postleitzahl %, kleinstädtischer Lebensstil Postleitzahl %, berufstätiges, städtisches Paar Postleitzahl %, Baby Boomer mit Kindern Postleitzahl %, erfolgreiche Immigranten Postleitzahl %, Pacific Heights (Wohngegenden an der Westküste der USA) Postleitzahl %, ältere Ehepaare Postleitzahl %, Bewohner teurer Mietwohnungen Postleitzahl %, Jungunternehmer Postleitzahl %, Ruheständler Postleitzahl %, aktive alleinstehende Senioren Postleitzahl %, wohlhabende ältere Ehepaare Postleitzahl %, sehr wohlhabende Senioren Postleitzahl %, Bewohner ländlicher Gegenden Postleitzahl %, sonnenhungrige Senioren Postleitzahl %, Twens Postleitzahl %, Bewohner von Studentenwohnheimen Postleitzahl %, Anwohner von Militärbasen Postleitzahl %, Ostküsten-Immigranten Postleitzahl %, Mittelklassefamilien Postleitzahl %, neu entstandene Haushalte Postleitzahl %, Familien, die sich im Südwesten der USA angesiedelt haben Postleitzahl %, Westküsten-Immigranten Postleitzahl %, Niedrigverdiener: jung und alt Postleitzahl %, mittlere USA Postleitzahl %, häufig umziehende, junge Leute Postleitzahl %, ländliche Industriearbeiter Postleitzahl %, Prärie-Farmer Postleitzahl %, berufstätige Kleinstadtfamilien Postleitzahl %, Rustbelt (Wirtschaftsregion im Mittelwesten der USA) Postleitzahl %, Gemeinden im Landesinneren Postleitzahl %, junge Immigranten Postleitzahl %, Anwärter auf US-Sozialversicherungsnummer Postleitzahl %, soziale Brandherde Postleitzahl %, Notleidende Postleitzahl %, berufstätige städtische Familien Postleitzahl %, Subdomain, Einkommen, Postleitzahl, Geschlecht, Produkt, HTM
>
> Inhalt eines einzelnen Datensatzes – Beispiel:
> 0,3,0,0,56,0,0,20,0,10,0,5,0,5,0,0,0,0,0,0,0,0,0,0,0,0,0,0,0,0,0,0,0,0,0,0,0,
> »com«, »10265«, »Männlich«, »Notebooks«, »JustBrowsing.htm«

Tools mit nur einer Technologie

Die Tools, die wir zunächst betrachten, besitzen nur eine Technologie, wie zum Beispiel ein Neuronales Netz oder einen maschinenlernenden Algorithmus wie den ID3.

221

Die Tools

Tool	Anbieter	Plattform	Technologie
DM Marksman	HNC Software	NT mit Beschleunigerkarte	Neuronales Netz
4Thought	Right Info	WIN95/NT	Neuronales Netz
Knowledge SEEKER	ANGOSS	WIN95/NT/ UNIX	CART, CHAID, ID3
NGO	BioComp	WIN95/NT	Neuronales Netz, Genetischer Algorithmus
WizWhy	WizWhy	WIN95/NT	Proprietärer Algorithmus

Database Mining (DM) Marksman

Wie NeuralWare und Nestor ist HNC einer der Pioniere unter den Unternehmen, die seit Mitte der achtziger Jahre Neuronale Netzwerktools entwickeln. Im Gegensatz zu den beiden anderen Firmen ist HNC cine sehr erfolgreiche Aktiengesellschaft geworden. Ihr Erfolg beruht nicht auf dem Verkauf von Data Mining-Software. In den neunziger Jahren änderte das Unternehmen seine Geschäftstrategie und entfernte sich vom Vertrieb von Tools hin zum Vertrieb von Unternehmenslösungen, die auf der Neuronalen Netzwerktechnologie basieren. Der Hauptanwendungsbereich liegt in der Aufdeckung von Kreditkartenbetrug. Falcon, das führende Produkt von HNC, überwacht zur Betrugsaufdeckung Millionen von Kreditkartenkonten, zirka 80 Prozent der in den USA ausgegebenen Karten. Diesen vertikalen Ansatz verfolgend, Lösungen statt Software anzubieten, vertreibt HNC heute das Produkt Profit-Max, ein Rentabilitäts-Management-System für Kreditkarten. Die vor kurzem abgespaltene Firma Aptex vermarktet Produkte wie SelectCast für Werbung und Marketing im Internet. Es verwendet proprietäre Texterkennungs- und Neuronale Netzwerktechnologien.

HNC stellt darüber hinaus auch das Produkt Database Mining Marksman her, das für Direktmailingunternehmen geeignet ist und Neuronale Netze mit einer Hardware-Beschleunigerkarte kombiniert. Marksman besteht aus drei Komponenten: der Marksman GUI, einer

Database Mining Marksman

Am besten geeignet für: Klassifizierung, Applikationen für das Direktmarketing
Kostenfaktor: Nein
Aktuelle Version: 1.1
Datenzugriff: kann ASCII und die meisten Dateiformate importieren, und besitzt zudem eine ODBC-Schnittstelle
Datenvorverarbeitung: Substitution fehlender Werte, Konvertierung von Symbol-Strings, Symbol-Mapping
Herausragendes Feature: Hardwareprozessor ermöglicht die Ausschöpfung der optimalen Performance des Netzes
Dateieinschränkungen: Ausgabewert muss binär kategorisch sein.
Inputs: 250.000 Zeilen x 100 Spalten. Begrenzt auf 15 bis 20 Symbole pro qualitativer Variable.
Format der Ergebnisse: Die Software generiert Reports während des Programmlaufs. Sie zeigt zudem an, welche Variablen sich am meisten auf die Output-Ergebnisse auswirken. Eine Sensitivitäts-Analyse ermöglicht die Sortierung der Input-Treiber nach Prioritäten.
Installierte Basis: 25 Referenzen
Speicheranforderungen: 64 MB
Parallel Processing Support: Nein
Preis: $48.750 (Software und PC mit 16 Node SNAP Parallelprozessor mit 3tägigem Training)
Speicherplatzbedarf: 3MB
Training/Consulting: Ja. $7.500 pro Sitzung plus Reisekosten und Spesen.
Verwendete Technologie: Backpropagation- und Kohonen-Netzwerk.

Anbindung an Microsoft-Excel-Spreadsheets und DBMS/COPY. Excel wird für die Reporterstellung verwendet, und DBMS/COPY dient zur Datenvorverarbeitung, Datenextraktion sowie zum Datenexport. Marksman unterstützt die Klassifizierung mit einem Backpropagation-Netzwerk sowie die Clusterung mit einem Kohonen-Netz. Die meisten von Marksman generierten Reports finden ihre Anwendung im Direktmarketing, da sie dafür ausgelegt sind, Grenzwerte für Direktmailing-Kampagnen zu setzen, die auf der gewünschten Responserate und dem maximalen Ergebnis bei gegebenem Budget basieren. Die Reports beinhalten Gewinne nach Punkten, prozentuale Gewinne, Akquisitionskosten, Lift Charts (Diagramme zum Vergleich von prädiktiven Modellen) und einen Rollup-Report.

Ein Wizard leitet den Anwender durch jedes »Projekt«, das heißt vom Anfang bis zum Ende einer vollständigen Analyse. Mit Betätigung des Buttons »Analyze« auf dem Hauptbildschirm wird der Anwender zu folgenden Optionen geleitet:
- Datendefinition: Bestimmen der zu analysierenden Daten
- Datenvorverarbeitung: wie die Daten zu glätten und zu benutzen sind
- Beziehungen finden: welche Felder benutzt werden sollen
- Modellierung: Festlegen der Parameter für das Modell
- Datenanalyse: Ausführen des Modellierungsvorgangs

Für den Import von Daten in Marksman ist DBMS/COPY notwendig, eine Stand-Alone-Software, die Graphen und Reports generiert. Die Modelle können entweder binär sein, wobei die abhängige Variable zweiwertig sein muss, oder sie können dezidierte »Ja«- oder »Nein«-Aussagen beinhalten und schließlich auch quantitativ mit Wertevorhersagen sein. Leider gibt es keine Möglichkeit, Code aus Marksman zu exportieren. Für diese Aufgabe benötigen Sie ein Begleitprodukt mit dem Namen DeployNet, das ebenfalls von HNC vertrieben wird. Dies ist ein deutlicher Nachteil für ein so kostenaufwändiges Produkt.

Dieses Data Mining-Tool zeigt einige der Grenzen dieser Toolgattung auf. Es ist auf die Erfüllung einer speziellen Data Mining-Aufgabe ausgelegt, dem Direktmarketing. Auch die zum Einsatz kommende Technologie legt Beschränkungen auf: Aus dem verwendeten Neuronalen Netz können die Ergebnisse der Analyse, die Gewichte in Form von C-Code, nicht exportiert werden. Ein weiterer Nachteil dieses Tools ist, dass es für den Import von Daten ein anderes Softwareprodukt benötigt als für den Export von grafischen Darstellungen. Die Analyse von webbasierten Daten mit diesem Tool wirft einige Schwierigkeiten auf, da seine Reports sehr stark auf die Durchführung von Direktmailings zielen. Bei der Auswahl eines Tools sollten Sie darauf achten, dass es weder für industriespezifische Anwendungen ausgelegt ist noch Eigenschaften besitzt, die seine Nützlichkeit bei der Analyse von Internetdatenbanken einschränken.

4Thought

4Thought erfordert wie ein anderes Tool einer weiteren britischen Firma (Profiler von Attar Software Ltd.) einen Dongle, der mit dem Parallelport verbunden wird. Obwohl dies in Großbritannien Standard ist, können Softwareschlüssel abschreckend auf den Anwender wirken. Es ist zwar verständlich, dass Softwareanbieter ihre Software vor Missbrauch schützen möchten (der in Europa weit verbreitet ist), die Schlüssel können jedoch ein ernsthaftes Problem darstellen. Wenn man in einer vernetzten Umgebung mit Desktops und Notebooks arbeitet, müssen diese Schlüssel während der Analyse ständig an das jeweilige System angeschlossen und wieder abgenommen werden. Dies bedeutet, ständig unter den Tisch zu krabbeln, um den Port und den Schlüssel zu suchen. Dies sollte nicht Teil des Data Mining-Prozesses sein.

4Thought besitzt eine sehr einfache Oberfläche. Die Daten werden in einem Spreadsheet dargestellt, das nach der Fertigstellung eines Modells eine Spalte mit den vorhergesagten Werten an die Tabelle anhängt. Die Daten können in der Spreadsheet-Umgebung verändert werden, so dass Graphen einfach zu erstellen sind. 4Thought importiert begrenzte und durch Kommata oder Tabs getrennte ASCII-Dateien, Excel-, Lotus- sowie SPSS-Formate. Darüber hinaus ist es ODBC-kompatibel und kann an Excel, Btrieve, dBase und XDB angebunden werden. Zur Datenumformung stehen eine Reihe von Funktionen zur Verfügung. Dies zeichnet das Tool besonders aus, da es ein Neuronales Netzwerk-Tool ist. 4Thought besitzt eine wizardähnliche Funktion mit dem Namen Autolog, die einen Logarithmus auf solche Spalten anwendet, deren Werte eher logarithmischen als normalen Verteilungen entsprechen. Noch während der Erstellung eines Modells erhält der

Die Tools

4Thought

Am besten geeignet für: Zeitreihenmodellierung
Kostenfaktor: Nein
Aktuelle Version: 3.21
Datenzugriff: kann ASCII-Dateien importieren, ODBC, Excel, Lotus und SPSS Support
Datenvorverarbeitung: Aufdecken von Ausreißern, Interpolation, beseitigt stark korrelierende Spalten, Supportfunktionen
Herausragendes Feature: Spreadsheet-Oberfläche
Dateieinschränkungen: Die abhängige Variable muss numerisch sein, Beschränkung auf 256 qualitative Variablen
Ergebnisformat: statistische Ausgabewerte und Reports
Installierte Basis: 500 Referenzen
Speicheranforderungen: 20 MB
Parallel Processing Support: Nein
Preis: $9.900, plus 20% jährliche Supportkosten
Speicherplatzbedarf: 3MB
Training/Consulting: Consulting-Service à $ 2.000 pro Tag.
Verwendete Technologie: Backpropagation-Netzwerk und Neuronales Netz

Anwender ein Feedback, so dass er die Fortschritte des Trainingsbeziehungsweise Testprozesses mitverfolgen kann. Ist das Modell fertig, wird im Spreadsheet eine Spalte für die vorhergesagten Werte erzeugt. Werden neue Eingabewerte in eine freie Zeile am Ende des Spreadsheets eingegeben, wird der zugehörige prädiktive Wert automatisch berechnet. Darüber hinaus können die Gewichte des Neuronalen Netzes über eine Makrofunktion nach Excel, Lotus und SPSS exportiert werden. Für das Pre- und Postmodelling sowie für den Vergleich von Eingabewerten und generierten Ausgabewerten stehen verschiedene Graphen zu Verfügung.

4Thought ist speziell für Unternehmensanalytiker und Poweruser von Spreadsheets ausgelegt. Es bietet die Funktionalität eines Neuronalen Netzes im Spreadsheet-Format. Im Grunde ähnelt 4Thought anderen Data Mining-Tools im Low-End-Bereich, die als Add-Ons für Excel verfügbar sind. Diese Tools, wie Evolver, Braincel und Predict von der

Firma NeuralWare arbeiten in einer gewöhnlichen Excel-Umgebung, um den Anwender weder mit der komplexen Datenvorverarbeitung noch mit der Modellierung zu belasten. Dadurch werden die Vorteile einer großen installierten Datenbank sowie der grafischen Möglichkeiten von Excel voll ausgenutzt. Auf der anderen Seite sind dadurch die Möglichkeiten dieser Tools in Bezug auf die Anzahl der Zeilen und Zellen, die Excel importieren kann, eingeschränkt. Das Mining einer Datenbank mit einem Tool wie 4Thought würde bedeuten, dass die gesamte Datenbank vor der Analyse in Excel importiert werden müsste, was bei einem großen E-Commerce-Auftritt mit Tausenden von Transaktionen pro Tag wohl kaum realisiert werden kann.

KnowledgeSEEKER

KnowledgeSEEKER wurde ursprünglich von der Firma FirstMark eingeführt, die später von ANGOSS übernommen wurde. KnowledgeSEEKER ist eines der ausgereiftesten Data Mining-Tools, das derzeit auf dem Markt verfügbar ist und die aktuelle Version stellt eines der flexibelsten und leistungsfähigsten Tools zur Generierung von Entscheidungsbäumen unter Desktopumgebungen dar. Die größten Stärken von KnowledgeSEEKER liegen in der einfachen Bedienbarkeit sowie in der robusten Weise, in der es Daten aus verschiedenen Quellen importiert. KnowledgeSEEKER kann Daten aus vielen ASCII- und Datenbank-Formaten importieren und ist zudem ODBC-kompatibel. Nach dem Import der Daten kann der Anwender sämtliche Attribute betrachten und hat die Möglichkeit, jede beliebige Variable für die Aufteilung der Daten und die Generierung eines Entscheidungsbaumes zu verwenden.

Das Tool versucht, den Datentyp anhand der Struktur der importierten Daten zu bestimmen. Der Anwender kann dies jedoch entweder während des Imports oder nach dem Ladevorgang in KnowledgeSEEKER ändern. Attribute können mit Hilfe der Funktion »Mapping« ebenso problemlos verändert werden. Mapping ist eine Methode, mit

KnowledgeSEEKER

Herausragendes Kennzeichen: einfache Bedienbarkeit
Kostenfaktor: ja
Aktuelle Version: 5.0
Datenzugriff: begrenzter ASCII-Text mit fester Zeilenlänge, dBase, Excel, Gauss, Lotus, Paradox, QuattroPro, SAS, Sawtooth, SmartWare, Splus, SPSS, Stata, Systat und ODBC
Datenvorverarbeitung: der Schwerpunkt liegt auf der Daten-Interaktion
Herausragendes Feature: ausgereiftes und zuverlässiges Tool
Datenbegrenzungen: skalierbar entsprechend der vorhandenen Hardware
Installierte Basis: 800 Referenzen
Speicheranforderungen: 640 Kbyte
Parallel Processing Port: Nein
Preis: $5.000
Ergebnisformat: Entscheidungsbäume, Wenn/Dann-Regeln, SQL Syntax
Speicherplatzbedarf: 4MB
Training/Consulting: Ja
Verwendete Technologie: CART, CHAID und ID3

der mehrere Felder zusammengeführt, umbenannt oder erzeugt werden können. Sobald ein Entscheidungsbaum generiert wurde, können die erzeugten Knoten als Textgrafik betrachtet werden. Mit Knowledge-SEEKER können Entscheidungsbäume auf drei verschiedene Art generiert werden:

- *Auto* – Ein vollständiger Entscheidungsbaum wird generiert, bis keine weiteren relevanten Splits gefunden werden.
- *Find Split* – Der Anwender bestimmt die Tiefe und Richtung des Entscheidungsbaumes.
- *Force Split* – Der Anwender erzwingt Splits aufgrund der gewählten Variable.

Multiple Entscheidungsbäume werden mit dem größten Maß an Flexibilität generiert. Der Anwender kann ihn interessierende Knoten aus-

Die Tools

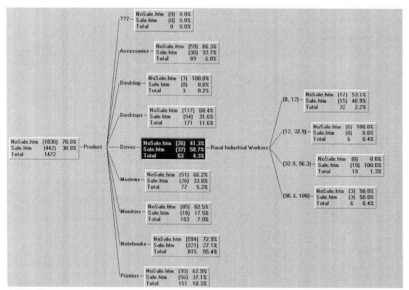

Abb. 62: *Bei KnowledgeSEEKER hat der Anwender die Möglichkeit, die Aufspaltung der erzeugten Entscheidungsbäume zu steuern.*

wählen und problemlos Unterbäume erstellen. Bei dem Entscheidungsbaum in Abbildung 62 werden die Daten nach Produkten aufgespalten. Ausgehend von dieser Stufe kann der Anwender einen beliebigen Unterbaum aufbauen. In diesem Beispiel wählten wir das Produkt »Drives«. Die Software sollte nach Daten suchen und einen Entscheidungsbaum generieren. Dabei wurden die Daten nach der Variablen »Ländliche Industriearbeiter« unterteilt, einer Verbraucherklasse der amerikanischen Organisation ACORN.

Nachdem ein Entscheidungsbaum generiert wurde, kann seine Richtigkeit auf zwei verschiedene Weisen geprüft werden. Der einfachste und schnellste Weg besteht darin, im Menü *Test* die Option *Resubstitution* zu wählen, die Ihnen die Rate missglückter Klassifizierungen sowie die Treffergenauigkeit liefert. Bei der anderen Methode evaluieren Sie den Entscheidungsbaum, indem Sie Ihren Datenbestand in einem beliebigen Verhältnis aufteilen und den Baum dann testen:

229

KnowledgeSEEKER test results of partitioned data set.							
Error Rate Profile: Test Partitition							
	Learning		Testing			Dropped	
Category	Freq	%	Freq	%	Diff.	Freq	%
No Sale.htm	776	70.3	254	69.0	-1.3	0	0.0
Sale.htm	328	29.7	114	31.0	1.3	0	0.0
	1104		368		0		
Missclassification Rate: 0.290761							
Accuracy: 70.9239							

Die Einstellungen für den Entscheidungsbaum lassen sich über das Menü *Tree Configuration* vornehmen. So kann zum Beispiel der prozentuale Fehler folgendermaßen eingestellt werden:

Entscheidung	1 Prozent
Vorhersage	5 Prozent
Exploration	20 Prozent

Die Einstellung *Entscheidung* = 1 Prozent bedeutet, dass Fehler nur in einem von hundert Fällen auftreten. Diese Einstellung bedarf eines sehr großen Vertrauens in die Ergebnisse des Entscheidungsbaumes. *Vorhersage* ist die Voreinstellung, die besagt, dass die angezeigten Beziehungen mit einer 95-prozentigen Wahrscheinlichkeit richtig sein sollen. Diese Einstellung wird von ANGOSS für die meisten Data Mining-Aufgaben empfohlen. Die *Exploration*-Einstellung ist die unproblematischste Einstellung. Sie dient dazu, die Beziehungen in Ihren Daten zu finden und zu untersuchen. Bei dem angegebenen Fehlerlevel können Sie bis zu 20 Mal (von 100) falsch liegen. Schließlich haben Sie bei KnowledgeSEEKER die Möglichkeit, Ihren eigenen Filtergrenzwert zwischen 0 und 1 festzulegen. Die Option *Split Search Algorithm* ist eine weitere Konfigurationsoption für Entscheidungsbäume:

Cluster	Bildet Gruppen, um Ähnlichkeiten innerhalb der Gruppen zu erhöhen.
Exhaustive	Findet Gruppen, welche die statistische Relevanz maximieren

Eine weitere Einstellung ist die des Split Search Criterion, mit dem Sie für jedes Feld die Kriterien für die Splitsuche ebenso ändern können wie die Darstellung der Signifikanzwerte. Voreinstellung ist der Signifikanzlevel *Adjusted*. Sie entspricht am ehesten dem statistischen Ansatz, da sie die Wahrscheinlichkeit von Zufallstreffern reduziert und alle Felder auf einen gemeinsamen statischen Level setzt. Folgende Optionen können gewählt werden:

Adjusted	Diese Einstellung soll die Integrität des Klassifizierungsbaums gewährleisten.
Unadjusted	Diese Einstellung tendiert zu Feldern und zu einer großen Anzahl an Kategorien.
Entropy/ Variance	Mit dieser Einstellung wird ein maschinenlernender ID3-Algorithmus simuliert.

KnowledgeSEEKER arbeitet gleichzeitig mit CART- und CHAID-Algorithmen. Dies ermöglicht dem Anwender, einen Datenbestand entweder mit qualitativen oder quantitativen Variablen zu segmentieren. Ein weiteres nützliches Merkmal von KnowledgeSEEKER ist die Funktion *Reshape,* über die jeder Entscheidungsbaum neu gestaltet werden kann. Der Anwender kann durch verschiedene Splits seines Datenbestands »durchblättern«. Abbildung 63 zeigt zum Beispiel die ACORN-Verbraucherklasse »Erfolgreiche Vorstädter (Successful Suburbanites)« aus unserem Beispieldatenbestand. Abbildung 64 zeigt einen anderen Entscheidungsbaum derselben Daten, die durch eine andere Verbraucherklasse »Bewohner teurer Mietwohnungen« unterteilt wird. Für den Export generiert KnowledgeSEEKER nicht nur Entscheidungsbäume, sondern zudem auch Querverweise, Wenn/Dann-Regeln und SQL-Syntax. Die in der folgenden Tabelle dargestellten Regeln und Syntaxen wurden aus dem Entscheidungsbaum in Abbildung 64 generiert.

Die Tools

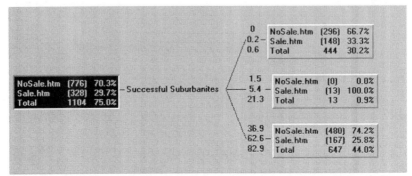

Abb. 63: *KnowledgeSEEKER unterteilt die Online-Daten nach einer bestimmten Verbraucherklasse, hier »Erfolgreiche Vorstädter (Successful Suburbanites)«.*

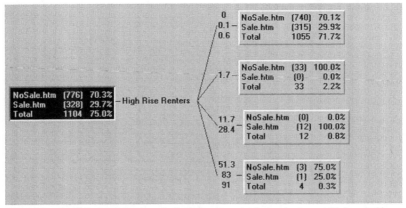

Abb. 64: *KnowledgeSEEKER unterteilt die Online-Daten nach einer bestimmten Verbraucherklasse, hier »Bewohner teurer Mietwohnungen«.*

Insgesamt ist KnowledgeSEEKER eines der besten Entscheidungsbaum-Tools, die es derzeit auf dem Markt gibt. Das Tool hat eine ausgereifte und einfach zu bedienende Oberfläche, es ist schnell und genau, und es bietet dem Anwender vielfältige Optionen zur Modifizierung seiner Daten sowie zur Generierung verschiedener Entscheidungsbäume und der daraus folgenden Wenn/Dann-Regeln. KnowledgeSEEKER ist ein sehr zuverlässiges Tool für die Segmentierung von

Die Tools

RULE_1 IF	Hochpreismieter =	0, 0.1 oder 0.6
THEN	HTM = NoSale.htm	70,1%
	HTM = Sale.htm	29,9%
RULE_2 IF	Hochpreismieter =	1.7
THEN	HTM = NoSale.htm	100,0%
	HTM = Sale.htm	0,0%
RULE_3 IF	Hochpreismieter =	11.7 oder 28.4
THEN	HTM = NoSale.htm	0,0%
	HTM = Sale.htm	100,0%
RULE_4 IF	Hochpreismieter =	51.3, 83 oder 91
THEN	HTM = NoSale.htm	75,0%
	HTM = Sale.htm	25,0%

Internetdatenbanken, da es Lösungen in verschiedenen Formaten bietet, die ohne Umwege direkt von Webmastern, Unternehmens- und Marketinganalytikern eingesetzt werden können. Ein neues Produkt der Firma ANGOSS mit dem Namen knowledgeSTUDIO arbeitet mit einem Neuronales Netz.

NGO NeuroGenetic Optimizer

Besonders geeignet für: Klassifizierung und Vorhersage
Kostenfaktor: nein
Aktuelle Version: 2.1
Datenzugriff: begrenzter ASCII-Text
Datenvorverarbeitung: ja, mit EMS
Herausragendes Feature: Genauigkeit
Datenbegrenzungen: keine
Installierte Basis: 350 Referenzen
Speicheranforderungen: 16MB
Parallel Processing Port: Ja
Preis: ab $295
Ergebnisformat: API
Speicherplatzbedarf: 5MB
Training/Consulting: Ja
Verwendete Technologie: Genetischer Algorithmus und multiple Neuronale Netze

NGO NeuroGenetic Optimizer

Der NeuroGenetic Optimizer (NGO) ist ein Tool zur Modellerstellung, das auf einem selbstorganisierenden Neuronalen Netz beruht. Eine Komponente ist ein genetischer Algorithmus, der für die Auswahl von Schlüsselvariablen und zur Optimierung der Struktur eines Backpropagation-Netzwerkes, einer Selbstorganisierenden Karte und anderen Teilen des Neuronalen Netzes eingesetzt wird, um die Vorhersagegenauigkeit der erzeugten Modelle zu maximieren.

Das Tool beruht auf dem Konzept, nicht jeweils ein Modell, sondern mehrere Modelle gleichzeitig zu erstellen. Dieser besondere Data Mining-Ansatz zur Analyse und Modellerzeugung passt sehr gut zu den heutigen dynamischen Unternehmensanforderungen, die mehrere Vorhersagemodelle verlangen. So kann beispielsweise der Enterprise Modelling Server von BioComp mehrere Modelle für jedes mögliche Produkt einer E-Commerce-Website generieren. Für dieses Tool spricht auch, dass es der Verschlechterung von Modellen entgegenwirkt, denn wie bei anderen Modellen altern auch die Modelle, die von Neuronalen Netzen erstellt werden. Die Fähigkeit des NGO, Modelle schnell mit neuen Daten aufzufrischen, ist ein klarer Vorteil dieses Tools.

NGO benutzt genetische Algorithmen, um die Struktur des Neuronalen Netzwerkes zu erzeugen, während sie gleichzeitig nach relevanten Eingabevariablen suchen, um die Vorhersagegenauigkeit der erzeugten Modelle zu erhöhen. Die effektive Suchfähigkeit genetischer Algorithmen einzusetzen, um die Einstellungen von Neuronalen Netzen zu optimieren, ist ein herausragender Ansatz. Beispielsweise stellt das Auffinden der besten Kombination von 20 Eingabewerten und bis zu 15 versteckten Knoten in einem Backpropagation-Netzwerk in der Regel ein kombinatorisches Problem dar, bei dem mehr als 16 Millionen Permutationen durchgeführt werden müssen. Nach Aussage von BioComp Systems wird eine sehr gute Kombination schon nach weniger als 1500 Auswertungen, also gerade einmal 0,009 Prozent der möglichen Konfigurationen eines Neuronalen Netzes, gefunden. Gute Netzwerkkombinationen werden oft schon unter den ersten 30 bis 50 ausgewerteten Netzen gefunden. Dies ist eine sehr wirkungsvolle Art, effektive Kombinationen von Netzwerkstruktur und Eingabekombination zu finden. Ein Nachteil dieses Ansatzes liegt in der langwierigen Analyse. Eine komplexe Analyse von beispielsweise 20 bis 30 Webseiten dauert in der Regel mehrere Stunden oder sogar Tage. Ein weiterer Nachteil besteht darin, dass NGO nur Modelle für eine Datenbasis von weniger als 32.000 Beobachtungen erstellen kann.

Diese Fähigkeit zur adaptiven Modellierung mit mehreren Methoden ist ein guter pragmatischer Ansatz für das Mining von Daten, die wie im Fall webbasierter Datenbanken sehr dynamischen Änderungen unterliegen. Das Ergebnis dieses Prozesses sind Neuronale Netze mit einer höheren Genauigkeit, die optimal auf Ihre Website zugeschnitten sind und Ihren Aufwand bei der weiteren Analyse minimieren. NGO automatisiert einen Großteil der Modellerstellung sowie des Data Mining-Prozesses und nimmt Ihnen langwierige Arbeiten, wie zum Beispiel die Aufteilung der Daten in Test- und Trainingsmenge, die Festlegung der zu verwendenden Eingabevariablen und den Aufbau der Netzwerkarchitektur, ab. NGO verwendet seine genetischen Algorithmen zum Aufbau neuronaler Netzwerkstrukturen sowie zur Auswahl der Eingabevariablen, die am besten für die gewünschte Vorhersage, wie zum Beispiel den Gesamtumsatz eines bestimmten Produktes, geeignet sind.

Sobald NGO ein zu den Daten passendes Modell erstellt hat, genauer gesagt, sobald es die Beziehungen zwischen den verschiedenen Eingabewerten und dem Soll-Ausgabewert erlernt hat, benötigen Sie ein separates Tool, um das entstandene Netz zu betrachten und einzusetzen. Dieses Tool mit dem Namen Predictor wird zusammen mit NGO geliefert und stellt die Ergebnisse als Graphen dar. Es ermöglicht, Daten für die Vorhersage einzugeben oder Dateien zu laden, um Maßzahlen zu erzeugen, die abgespeichert werden können.

Die Verwendung von NGO kann so einfach sein wie das Öffnen einer Datei oder das Starten einer Softwareanwendung. Das Tool fragt das gewünschte Datenformat ab und lädt es in den Zwischenspeicher.

Als Nächstes werden die Eingabevariablen und der Soll-Ausgabewert angegeben. Da Sie vermutlich mit kommaseparierten ASCII-Dateien arbeiten werden, die von Ihrem Server generiert werden, müssen Sie NGO mitteilen, welche Felder es als Eingabewerte verwenden soll und in welches Feld Ihr Ausgabewert ausgegeben wird.

Anschließend baut NGO Trainings- und Testdatensätze auf, prüft sie und bietet eine Reihe von Möglichkeiten zur Beobachtung des Modellerstellungsprozesses. Das Tool bietet verschiedene Graphen für die Darstellung des Verlaufs der Modellerstellung wie *Vorhersage vs. Sollwert*, *Genauigkeit vs. Fehlertrend* sowie *Status-* und *Reportscreens*, die in verschiedenen Fenstern betrachtet werden können. Dies ist sehr nützlich, denn wenn Sie den Miningprozess starten, sollten Sie wissen, dass im Hintergrund ein Trainings- und Testlauf anhand der verwendeten Daten stattfindet.

Darüber hinaus erzeugt NGO eine Population von möglichen Eingabevariablen und neuronalen Strukturen, trainiert und bewertet sie. Im nächsten Schritt wählt das Tool die besten Netze aus, paart das genetische Material, das aus Eingabewerten und Netzwerkstrukturen besteht und tauscht ihr genetisches Material untereinander aus. Wie jeder Genetische Algorithmus streut auch dieses Tool einige zufällige Mutationen, bevor es in den Trainings/Testzyklus zurückkehrt. Diese Prozesse dauern so lange an, bis entweder die vorgegebene Anzahl an Zyklen, eine vorgegebene Zeitspanne oder ein gewünschter Genauigkeitsgrad erreicht ist.

Wenn Sie die Voreinstellungen beibehalten, dauern die Zyklen aus Aufteilung, Paarung und Wiederverwendung einige Stunden. In unserem Beispiel, der einen Datenbestand mit 1.472 Beobachtungen und sieben Input/Output-Feldern umfasste, dauerte der Vorgang bis zur Lieferung eines Ergebnisses mehr als sechs Stunden. Dieser Ablauf ist also sehr zeit- und rechenaufwändig. Dennoch sind die Fähigkeiten der genetischen Algorithmen zur kombinatorischen Suche im Zusammenspiel mit dem Neuronalen Netz überzeugend. Während eines Durchlaufs kann NGO Ihnen den Status des jeweiligen Vorgangs, die Entstehung der Population, die Konfigurationen sowie die Statistiken der zehn besten Netze anzeigen. Sie können den Lernfortschritt des Neuronalen Netzes beobachten, die Ausgabewerte überprüfen, die gewünschten Daten für das zu trainierende Neuronale Netz zusammenstellen und sich Reports zu Details des Systemsetup und der besten Netze anzeigen oder ausdrucken lassen. Nach einige Stunden fand NGO in unserem Beispiel heraus, dass die Zugehörigkeit eines Postleitzahlenbezirkes, in dem zu einem hohen Prozentsatz Mitglieder der Verbraucherklasse »Erfolgreiche Vorstädter« wohnen, das wichtigste Attribut für die Vorhersage von Online-Verkäufen war.

WizWhy

WizWhy ist ein Data Mining-Tool, das ursprünglich in Israel entwickelt und vermarktet wurde. Es benutzt einen proprietären Algorithmus zur Generierung von Wenn/Dann-Regeln und Vorhersagen. Dieser Algorithmus ist sehr umfangreich, das heißt, je mehr Beispieldaten vorhanden sind, desto länger braucht er für die Generierung der Regeln. Ein weiterer Nachteil ist, dass WizWhy eine sehr große Anzahl an Regeln erzeugt, die der Anwender jedoch nach der Data Mining-Analyse glücklicherweise reduzieren kann. Die Benutzeroberfläche ist recht gut strukturiert und bietet dem Anwender Hilfestellung bei der Bestimmung der Lokalisierung und des Formats der zu importierenden Dateien. Sind die Dateien importiert, listet das Tool sämtliche Felder auf, erleichtert Ihnen die Auswahl des vorherzusagenden Attributes und bietet die Optionen »*Analysieren, falls leer*« und »*Feld ignorieren*« für alle restlichen Felder Ihrer importierten Datenbank an. Nachdem Sie gewählt haben, klicken Sie auf »*Regeltyp*«. Hier können Sie die Parameter für die Regeln festlegen, die WizWhy generieren soll. Wenn Sie möchten, können Sie auch die Default-Einstellung von WizWhy nutzen.

Im Folgenden sehen Sie das Beispiel eines von WizWhy erstellten Regelreports. Bei der Analyse wurden die Voreinstellungen beibehalten. Die Einstellungen können zur Erhöhung der Regelgenauigkeit sowie zur

WizWhy

Besonders geeignet für: Klassifizierung
Kostenfaktor: ja
Aktuelle Version: 1.1
Datenzugriff: ASCII/dBASE
Datenvorverarbeitung: keine
Herausragendes Feature: unterstützt Regelwahrscheinlichkeit, Zählung und Signifikanzlevel
Datenbegrenzungen: keine
Installierte Basis: 100 Referenzen
Speicheranforderungen: 640 Kbyte
Parallel Processing Port: nein
Preis: ab $5.000
Ergebnisformat: Wenn/Dann-Regeln
Speicherplatzbedarf: 1,5MB
Training/Consulting: Ja
Verwendete Technologie: Proprietärer Algorithmus

WizWhy Report

Total Number of Records: 1472 Minimum
Probability of the:
if-then-rules: 0.410
if-then-not rules: 0.820

Minimum Number of Cases in a Rule: 20
Field to Predict: Webminer.HTM
Field to Predict is analyzed as Boolean in reference to the following value:

OrderForm.htm
Prediction error costs:
Error of the first kind: 1
Error of the second kind: 1
Mean probability of the predicted value is
0.300
PREDICTION ON THE PRESENT FILE Decision point:
Predict OrderForm.htm when conclusive probability is more than
0.449

Number of errors of the first kind (misses): 339
Number of errors of the second kind (false alarms): 64
Total number of errors: 403
Success rate when predicting OrderForm.htm: 0.600
Success rate when predicting NOT OrderForm.htm: 0.736
Total cost of errors: 403
Number of records with no relevant rules: 26
Average cost (per record): 0.279

If Subdomain *is* net
and Product *is* Printers
Then
Webminer.HTM is OrderForm.htm
Rule's probability: 0.793
The rule exists in 23 *records.*
Significance level: Error probability < 0.01

If Income *is* 789.00 ± 617.00
and Product is Drives
Then
Webminer.HTM is OrderForm.htm
Rule's probability: 0.639
The rule exists in 23 *records.*
Significance level: Error probability < 0.1

If High Rise Renters *is* 1.00
Then
Webminer.HTM *is* not OrderForm.htm
Rule's probability: 1.000
The rule exists in 45 *records.*
Significance level: Error probability < 0.1

If Enterprising Young Singles *is* 98.0
Then
Webminer.HTM is not OrderForm.htm
Rule's probability: 1.000
The rule exists in 45 *records.*
Significance level: Error probability < 0.1

```
If ZIP is 94105
Then
Webminer.HTM is not
OrderForm.htm
Rule's probability: 1.000
The rule exists in 45 records.
Significance level: Error probability < 0.1
```

Reduzierung der Zahl der Regeln geändert werden. Diese Analyse generierte zum Beispiel 33 Regeln, die wir auf 20 reduzierten. Die Einstellungen für die Reduzierung der Regeln können ebenfalls geändert werden. Nach einiger Zeit wird ein Report sowie eine Gruppe von Regeln direkt aus Ihren Online-Daten heraus generiert. Die fünf wichtigsten Regeln, die in der Beispielanalyse gefunden wurden, sind im nachstehenden Kasten aufgelistet:

Da WizWhy relativ langsam arbeitet, ist es für die Analyse einer großen Website nicht zu empfehlen. Für kleine bis mittelgroße Websites, die keine tägliche Analyse erfordern, ist WizWhy dagegen sehr gut für die Generierung von Regeln mit Angabe von Wahrscheinlichkeitsraten, Zählung der Datensätze und Bestimmung des Signifikanzlevels geeignet. Darüber hinaus ist das Tool in der Lage, Wenn/Dann-Regeln sowie Wenn/Dann Nicht-Regeln zu generieren, gibt die Regelwahrscheinlichkeit und Zahl der zugrunde liegenden Beispiele an, sobald sie in Ihrem Trainings-Datenbestand erscheinen.

Ein wichtiges Bewertungskriterium bei der Auswahl von Data Mining-Tools ist ihre Fähigkeit, mit anderen Tools zusammen zu arbeiten. Es könnte zum Beispiel sein, dass Sie ein Entscheidungsbaum-Tool wie KnowledgeSEEKER oder WizWhy einsetzen möchten, um die Schlüsselvariablen Ihrer Datenbank zu segmentieren und identifizieren – vor allem, wenn Sie mit einer großen Zahl von Datenfeldern arbeiten. Später, wenn der Datenbestand komprimiert und die Anzahl der Variablen reduziert ist, könnten Sie ein Neuronales Netzwerk-Tool wie NGO für die Klassifizierung einsetzen, das mit Hilfe von genetischen Algorith-

Die Tools

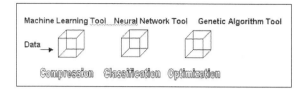

Abb. 65: *Data Mining-Tools, die jeweils auf einer Technologie basieren, können miteinander kombiniert werden, um zu besseren Ergebnissen zu gelangen.*

men die Genauigkeit der bestehenden Modelle für Ihre Website weiter optimieren kann (siehe Abbildung 65).

Data Mining-Pakete

Das Ganze ist mehr als die Summe ihrer Einzelteile und beim Data Mining wird diese Regel schnell deutlich, wenn man eine Suite einsetzt, die Tools mit mehreren Technologien in einer Umgebung zusammenfasst. Der folgende Abschnitt behandelt einige dieser Datenbanken.

Diese Pakete können Charakteristika und Technologien miteinander kombinieren und sind in der Lage, Analysen und Ergebnisse miteinander zu verbinden und in Formaten darzustellen, welche die Besucher Ihrer Website nach demographischen oder psychographischen Merkmalen segmentieren und anschließend in Form von SQL-Syntax, C-Code oder in einer nach Postleitzahlbereichen unterteilten 3D-Karte darstellen. Diese neuen Tools vereinigen mehrere Technologien wie Statistikmodule, Neuronale Netze, Genetische Algorithmen, Entscheidungsbäume und Visualisierungsmodule. Sie ermöglichen dem Anwender, Beziehungen zu betrachten, Muster zu extrahieren und prädiktive Modelle auf der Grundlage der erhaltenen Daten zu erstellen.

Mit Hilfe von ein oder zwei dieser High-End-Tools können Sie die Segmentierung, Assoziation, Klassifizierung, Vorhersage, der Clusterung und die Optimierung durchführen. Einige Tools laufen auch auf skalierbaren Servern und nutzen so deren Vorteile der Multiprozessor-Architektur voll aus. Die Anbieter dieser Tools haben erkannt, dass nur die Bündelung von Technologien alle Unternehmensfragen beantworten kann, die an ein Data Warehouse oder eine große kommerzielle Website mit seinen Daten gestellt werden. Ihre Tools sind so ausgelegt,

Die Tools

dass sie mehrere Lösungen anbieten können. Sie wurden speziell für Geschäftslösungen entwickelt; die meisten Pakete sind in der Lage, Ergebnisse als C-Code, SQL-Syntax oder als dreidimensionale Graphen und Karten darzustellen, die in das Produktionssystem exportiert werden können. Einige Tools sind in der Lage, ihre Analysen auf der Grundlage von Millionen von Datenbeständen durchzuführen.

Tool	Anbieter	Plattform	Technologie
Clementine	SPSS	NT/UNIX	Backpropagation, SOM, C5.0
DataEngine	MIT	WIN95/UNIX	SOM, Fuzzy Logik
Decisionhouse	Quadstone	WIN95/NT/UNIX	CART/ID3, Regression, GIS

Einer der Vorteile beim Einsatz dieser Toolarten ist, dass Sie Ihre Datenbasis auf verschiedene Art und Weise durchsuchen können (siehe Abbildung 66).

Clementine

Clementine von der Firma SPSS kombiniert mehrere Data Mining-Technologien in einem einzigen Produkt. Es beinhaltet unter anderem Visualisierung, Statistiken, Neuronale Netze und maschinenlernende Algorithmen. Daten können als Flat File importiert oder via ODBC angebunden werden. Verschiedene Manipulationen und Anwendungen können einfach über Drag und Drop der Icons aus dem Hauptfenster heraus durchgeführt werden. Das beeindruckendste Merkmal dieses Tools ist, dass sämtliche Vorgänge der Datenvorverarbeitung, der Gra-

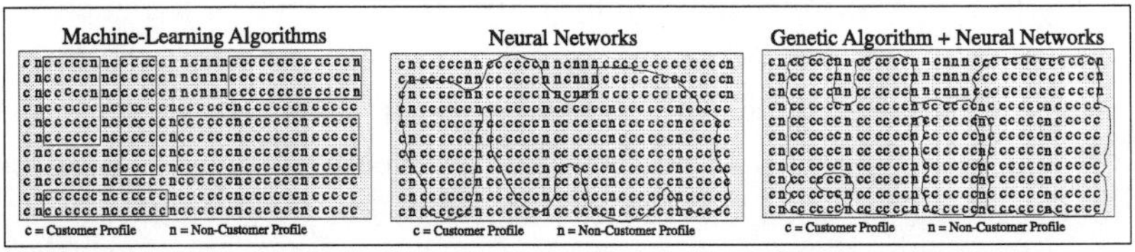

Abb. 66: *Aufteilen und Zusammenstellen der Datenräume mit verschiedenen Technologien.*

> **Clementine**
>
> Besonders geeignet für: Clusterung und Klassifizierung
> Kostenfaktor: ja
> Aktuelle Version: 5.0
> Datenzugriff: ASCII und ODBC
> Datenvorverarbeitung: ja
> Herausragendes Feature: Grafische Benutzeroberfläche
> Datenbegrenzungen: keine
> Installierte Basis: 500 Referenzen
> Speicheranforderungen: 40MB
> Parallel Processing Port: ja
> Preis: ab $43.000 Einzellizenz, Wartung: ein Jahr
> Ergebnisformat: C-Code
> Speicherplatzbedarf: 65MB
> Training/Consulting: Ja
> Verwendete Technologie: Regression, Backpropagation/Kohonen-Netz und die maschinenlernenden Algorithmen ID3/C5.0.

phenerstellung, der Analyse und der Modellierung per Drag und Drop von Icons durchgeführt werden können, was von SPSS als »Visuelles Programmieren« bezeichnet wird. Die Icon-basierte Programmierumgebung von Clementine wird über das Hauptfenster erreicht (siehe Abbildung 67).

Die Datenvorverarbeitung erfolgt über Knotensymbole, die in drei Gruppen unterteilt sind: Source-, Record- und Field-Operationen. Mit Hilfe dieser Knotensymbole kann der Anwender Daten verknüpfen, importieren oder ändern und sich die Daten in Tabellenform anzeigen lassen. Die Record-Operatoren ermöglichen dem Anwender, die für die Analyse verwendeten Datensätze auszuwählen, zusammenzuführen, Probedatensätze zu erstellen und die für die Analyse vorgesehenen Daten zu vergleichen. Mit ihrer Hilfe kann man nach spezifischen Kriterien Untergruppen erstellen, Daten aus unterschiedlichen Dateien vereinen, Zufallsselektionen treffen und weitere Formen der Datenbehandlung durchführen. Die Field-Operatoren ermöglichen das Filtern und Erstellen von Datensätzen, die Ableitung von Feldern sowie die Durchfüh-

Die Tools

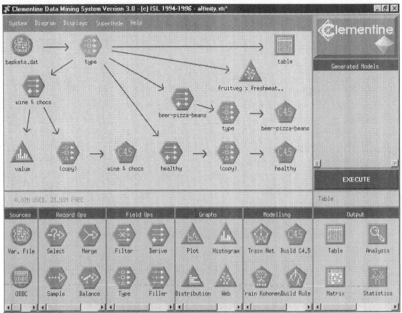

Abb. 67: *Die Oberfläche von Clementine für Data Mining*

rung von anderen Transformationen der Datenvorverarbeitung. Grafisch gruppierte Knoten erlauben dem Anwender die Erzeugung von Diagrammen, Histogrammen und Verteilungscharts und ermöglichen die Generierung eines Link-Assoziationsgraphen, das »Web« genannt.

Die modellierten Knoten erlauben dem Anwender die Durchführung verschiedener Analysen, einschließlich der Klassifizierung, der Segmentierung und der Clusterung. Klassifizierungsmodelle können entweder über Regression oder durch ein Backpropagation-Netzwerk erstellt werden. Die Segmentierung erfolgt durch Anwendung des C5.0-Algorithmus oder des maschinenlernenden ID3-Algorithmus. Das Kohonen-Netz (SOM) sowie die statistische k-nearest neighbor-Methode dienen der Clusterung. Es gibt zudem verschiedene Ausgabeknoten zur Betrachtung der Ergebnisse des Modellierungsprozesses und die Generierung von C-Code, der in Produktionssystemen eingesetzt werden kann.

Um ein Modell zu erstellen, wählt der Anwender einfach die von ihm gewünschten Graphen, Datensatz-, Feld-, Modellierungs-, und Ausgabeelemente aus und verknüpft sie. Durch diesen Verknüpfungsprozess entstehen Prozeduren, die in Clementine als »Streams« bezeichnet werden. Diese Streams steuern die Datenvorverarbeitung, die Selektion, die Aufteilung, die Modellerstellung, den Test, die Evaluation und die Anwendung der Datenanalyse. Die meisten Schritte der Datenanalyse werden im Stream-Fenster ausgeführt. Die Knotensymbole für die Operatoren und für die Darstellung der Ergebnisse des Modellierungsprozesses erscheinen im unteren Bildschirmbereich. In einem Fenster können mehrere Streams erzeugt werden, und Stream-Diagramme können in jede beliebige Richtung fließen oder von jeder beliebigen Stelle innerhalb des Streams erneut gestartet werden. Die Streams können zusammen mit dem Content des generierten Modells als Zustand gespeichert und später erneut aufgerufen werden. Der Anwender hat keinen Einblick in den Prozess der Code-Generierung; in der Clementine-Umgebung wird die Data Mining-Analyse per Mausklick, also Verknüpfung und Start der Routinen ausgeführt.

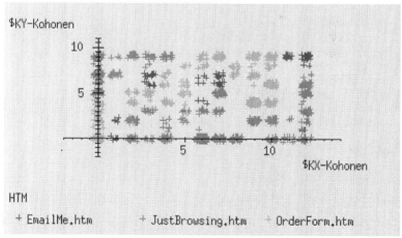

Abb. 68: *Durch das Markieren der grünen Klasse waren wir in der Lage, eine abgeleitete Variable zu erzeugen.*

Die Tools

Ein leistungsstarkes Merkmal von Clementine ist seine Fähigkeit, ein Clusterungs-Netz mit einem regelgenerierenden Algorithmus zu verknüpfen. Nehmen wir zum Beispiel an, Sie möchten Ihre Online-Besucher anhand der Logdatei analysieren, sind sich aber nicht sicher, wo Sie beginnen sollen. Mit Hilfe eines Knotensymbols zur Modellierung (entsprechend einem Kohonen-Netz oder SOM) können Sie mit Clementine einen Datenklassen erzeugen, den Sie dann in die grafische Umgebung »entführen«, um dort einen »Ableitungs«-Knoten zu erzeugen. Dieses Element kann dann durch den C5.0-Algorithmus geroutet werden, der Regeln zur Beschreibung der Eigenschaften der Klassen generieren kann, das das SOM gefunden hat. Das Kohonen-Netz wurde mit Hilfe der SOM-Komponente mit einem Beispieldatenbestand trainiert, und es wurden verschiedene Klassen erzeugt (siehe Abbildung 68).

Mit Hilfe der bei der Clusterung abgeleiteten Variablen konnte ein Regelsatz erzeugt werden:

Regeln für T:
Regel # 1 für T:
– if HTM = = OrderForm.htm
– and Subdomain = = com
– then -> T (172.0 Fälle, 1.0 Sicherheit)
Diese Regel zeigt, dass es bei .com-Domaintypen eine große Anzahl an Bestellungen gibt.
Regel # 2 für T:
– if HTM = = OrderForm.htm
– and Subdomain = = gov
– then -> T (0.0 Fälle, 1.0 Sicherheit)
Diese Regel zeigt, dass bei .gov-Domaintypen keine Bestellungen erfolgen.
Regel # 3 für T
– if HTM = = OrderForm.htm
– and Subdomain = = edu
– and Produkt = = Desktops
– then -> T (54.0 Fälle, 1.0 Sicherheit)
Diese Regel zeigt, dass von akademischen .edu-Domaintypen aus Desktopbestellungen aufgegeben werden.

Regel # 4 für T:
- if HTM = = OrderForm.htm
- and Subdomain = = edu
- and Produkt = = Monitore
- and % der PLZ wohlhabender Vorstädter > 16.7
- then -> T (9.0 Fälle, 1.0 Sicherheit)

Diese Regel zeigt, dass einige Monitorbestellungen von Schulen in bestimmten Gegenden Conneticuts und New Jersey (USA) aufgegeben werden, wo die Verbrauchertypen »wohlhabende Vorstädter« wohnen.

Durch diesen Prozess kann der Anwender Regeln aus einem leeren Datenraum regelrecht entdecken – und dies völlig selbstständig und unvoreingenommen. Der Prozess ist besonders für solche Fälle geeignet, bei denen Daten zu Forschungszwecken analysiert werden oder wenn keine positiven und negativen Beispiele für das Training eines Neuronalen Netzes zur Erzeugung von Entscheidungsbäumen verfügbar sind. Dieses Merkmal zeigt sehr deutlich, wie leistungsstark integrierte Data Mining-Datenbanken sind: Der Anwender kann die Ergebnisse einer Technologie zur nächsten Technologie weiterleiten, um sie zu verfeinern oder in das gewünschte Format zu konvertieren. In unserem Beispiel waren nicht die Gewichte des Neuronalen Netzes von Interesse, sondern der Einblick in die Attribute der Klasse einer webbasierten Datenbank in Form von leicht verständlichen Regeln.

Die visuelle Programmieroberfläche von Clementine ist in ihrer Art einzigartig und sehr einfach und intuitiv zu bedienen. Sie ermöglicht so auch dem Nicht-Statistiker die problemlose und schnelle Erstellung sowie den Vergleich mehrerer Modelle auf der Grundlage der von der Website generierten Daten. Sehr komplexe Data Mining-Prozesse, die viel Zeit und Erfahrung erfordern würden, wenn man sie manuell durchführte, können ganz einfach per Mausklick und Drag-and-Drop in der Clementine-Umgebung ausgeführt werden. Die Möglichkeiten zur Datenvorverarbeitung sowie zur Modellerstellung und zum Vergleich der Ergebnisse sind enorm leistungsstarke Eigenschaften des Tools. Die meisten Tools, die nur mit einer Technologie arbeiten, sind nicht in der Lage, alle diese Aufgaben auszuführen.

Ein Nachteil von Clementine ist, dass das Tool nicht in der Lage ist, Entscheidungsbäume grafisch darzustellen. Dies führt zu einer recht leeren Benutzeroberfläche, wenn die Ergebnisse des maschinenlernenden Algorithmus dargestellt werden. Das leistungsstärkste Merkmal des Tools ist seine Fähigkeit, das clusternde SOM-Netz (Kohonen) mit dem maschinenlernenden Algorithmus C5.0 zu verknüpfen. Dies ermöglicht dem Anwender, Regeln für die Beschreibung von Klassen zu generieren. Dieses einzigartige Merkmal besitzen nur die neuen Tools – sie sind in der Lage, Unbeaufsichtigtes Lernen mit Beaufsichtigtem Lernen zu verbinden. Clementine läuft auf Sun und anderen gebräuchlichen UNIX-Plattformen, und es verwendet Hummingbird für die Emulation auf Windows NT-Workstations.

Die Fähigkeit, unterschiedliche Data Mining-Prozesse miteinander zu verbinden, machen Tools wie Clementine zu einer lohnenden Investition. Die einfach zu bedienende visuelle Benutzeroberfläche von Clementine ermöglicht Webmastern, Marketingfachleuten und anderen Mitarbeitern die problemlose Erstellung von Modellen zur Vorhersage sowie für die Clusterung, die Visualisierung, die Bewertung und die Klassifizierung direkt aus den Online-Daten heraus.

DataEngine

DataEngine wurde in Deutschland entwickelt. Es besitzt verschiedene Clusterungs-Technologien, einschließlich folgender Modellierungs-Technologien:
- Fuzzyregelbasierte SystemMultilayer Perception
- Fuzzy C-Means
- Kohonen Net Fuzzy Kohonen-Netz

Jede dieser Modellierungstechniken kann so konfiguriert werden, dass Sie eine Analyse mit Ihren webbasierten Daten durchführen können, doch im Gegensatz zum recht unkomplizierten Datenimport ist die Wahl der geeigneten Methode zur Clusterung schwierig. DataEngine

Die Tools

DataEngine

Besonders geeignet für: Clusterung und Klassifizierung
Kostenfaktor: ja
Aktuelle Version: 2.1
Datenzugriff: ASCII, Excel und ODBC
Datenvorverarbeitung: ja
Herausragendes Feature: Clusterung
Datenbegrenzungen: keine
Installierte Basis: 100 Referenzen
Speicheranforderungen: 32MB
Parallel Processing Port: ja
Preis: ab $10.000
Ergebnisformat: API
Speicherplatzbedarf: 47MB
Training/Consulting: Ja
Verwendete Technologie: Kohonen-Netz und Fuzzy Logik

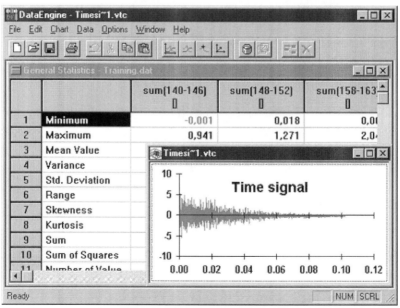

Abb. 69: DataEngine bietet dem Anwender sofort die gewünschten Datenparameter

249

Die Tools

besitzt mehrere nützliche Komponenten für die Datenakquisition, die Datenvorverarbeitung sowie für die Visualisierung. Darüber hinaus enthält es eine umfangreiche Liste mathematischer Funktionen für die Bereinigung Ihrer Daten sowie eine statistische Komponente für die Korrelations- und die Regressionsanalyse und allgemeine deskriptive Statistik (siehe Abbildungen 69 und 70).

DataEngine enthält verschiedene Statistikfunktionen für die Datenverarbeitung, wie Durchschnitt, Minimum, Maximum, Varianz, Stan-

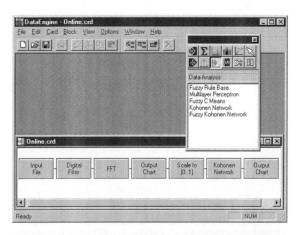

Abb. 70: *DataEngine bietet dem Anwender mehrere Möglichkeiten der Datenanalyse.*

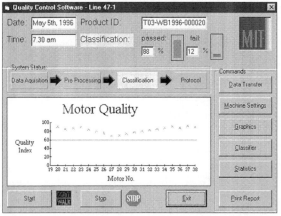

Abb. 71: *DataEngine ermöglicht dem Anwender die Evaluierung sowie das Dokumentieren des Data Mining-Prozesses.*

dardabweichung. Dieses Tool ist eher für das kontrollierende als für das explorative Data Mining geeignet. Wenn zum Beispiel numerische Daten erforderlich sind, weil ein Kohonen-Netz eingesetzt wird, müssen die Originaldaten konvertiert werden. Dies kann mit den meisten Data Mining-Tools oder mit anderen Mitteln (zum Beispiel einem Excel Spreadsheet oder einem Datenbankprogramm) durchgeführt werden. Eine gebräuchliche Methode zur Konvertierung von »String«-Feldern wie Top-Level-Domains, wird im Folgenden dargestellt:

Domain	Konvertierter Wert
COM	0000001
GOV	0000010
JP	0000100
NET	0001000
ORG	0010000
UK	0100000
EDU	1000000

Das gleiche gilt für den angestrebten Ausgabewert:

Mögliche Ausgabewerte	Konvertierter Wert
E-mailMe.htm	001
JustBrowsing.htm	010
OrderForm.htm	100

Obwohl DataEngine eine ganze Suite von sehr leistungsstarken Techniken zur Clusterung und Assoziationsanalyse besitzt (siehe Abbildung 71), sollte sich der Anwender in diesem Gebiet gut auskennen, bevor er Internetdaten mit diesem Tool analysiert.

Decisionhouse

Decisionhouse ist eine leistungsstarke Data Mining-Plattform der Firma Quadstone Ltd. aus Schottland. Es vereint verschiedene Komponenten für die Datenvorverarbeitung, die Segmentierung, die Visualisierung,

Die Tools

> **Decisionhouse**
>
> Am besten geeignet für: Visualisierung
> Kostenfaktor: Ja
> Aktuelle Version: 1.2
> Datenzugriff: ASCII und ODBC-Schnittstelle
> Datenvorverarbeitung: Ja
> Herausragendes Feature: Dokumentation
> Dateieinschränkungen: keine
> Installierte Basis: 50 Referenzen
> Speicheranforderungen: 40 MB
> Parallel Processing Support: Ja
> Preis: $150.000
> Format der Ergebnisse: Scores und Graphen
> Speicherplatzbedarf: 65MB
> Training/Consulting: Ja.
> Verwendete Technologie: Maschinenlernender Algorithmus und Regression

die Reporterstellung sowie die Klassifizierung in einem nahtlos integrierten System. Das Tool ist sehr gut skalierbar und läuft auch auf High-End-Parallelrechnern. Es arbeitet in einer dreidimensionalen Umgebung. Sämtliche Komponenten von Decisionhouse können miteinander verknüpft werden. Dies ermöglicht dem Anwender, die gewünschten Daten aus jeder Perspektive zu betrachten, sowie mit folgenden Komponenten der Software weiter zu bearbeiten:

- Binning Editor
- Decision Tree Builder
- Crossdistribution Viewer
- Crosstab Viewer
- Map Viewer

Scorecard Builder

Ein leistungsstarkes Merkmal dieses Tools ist, dass es dem Anwender die Möglichkeit gibt, ausgehend von einem einzelnen Datensatz die Ansicht

Die Tools

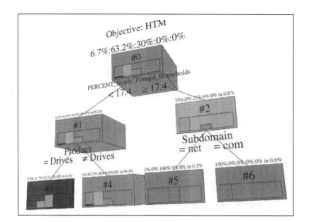

Abb. 72:

Ein dreidimensionaler Decisionhouse-Entscheidungsbaum. Größe und Farben repräsentieren Inhalt und Wert der Kästen.

Abb. 73:

Decisionhouse-Anwender können Marktsegmente aus ihren Online-Daten mit Postleitzahlen darstellen.

auf Millionen Datensätze auszuweiten. Die Benutzeroberfläche ermöglicht den schnellen Zugriff auf Funktionen zur Ansicht, zur Rotation, und zum Zerlegen großer Datenbanken. In der Decisionhouse-Umgebung kann der Anwender die Verteilung beliebiger Datenbankfelder betrachten und sehr flexibel analysieren. Das Tool bietet die Möglichkeit, Daten zu segmentieren, Szenarien zu generieren und schnelle Anfragen an eine Datenbank zu starten.

Graphen und Segmente werden in der Decisionhouse-Umgebung durch Farben und Maße dargestellt, um die Häufigkeit widerzuspiegeln. Der Anwender bekommt so ein besseres »Gefühl« für die Daten, während er bei der Data Mining-Analyse mit ihnen arbeitet. Bei einigen Decisionhouse-Komponenten hat der Anwender die Möglichkeit, eine Gruppe von Attributen aus den Daten zu wählen und ad hoc-Ansichten von Millionen Datensätzen zu generieren. Die eingesetzten Komponenten sind der Binning Editor, der Crossdistribution Viewer oder der Map

Viewer. Die Segmentierung der Daten erfolgt über den Decision Tree Builder. Die Ergebnisse können mit den anderen Komponenten verknüpft werden. In dem dreidimensionalen Entscheidungsbaum aus Abbildung 72 wurden zum Beispiel zwei Marktsegmente durch die Verbraucherklasse »neu entstandene Haushalte« und die Domaintypen NET und COM identifiziert.

Das in dem Entscheidungsbaum identifizierte Marktsegment kann in eine Karte eines US-Bundesstaates (zum Beispiel Texas oder Kalifornien) übertragen und bis auf Postleitzahlebene heruntergefahren werden. Darüber hinaus kann dieses Marktsegment auch über andere Komponenten, wie dem Crossdistribution Viewer, dargestellt werden, um diese neu entdeckten Klassen näher zu betrachten. Aufgrund des hohen Integrationsgrades und der Funktionalitäten des Tools kann der Anwender die Daten aus einer Internetdatenbank »überfliegen« und die Daten zu jedem Zeitpunkt mit Hilfe verschiedener Tools für eine tiefergreifende Untersuchung weiter detaillieren. Dies kann auch die Erstellung von Karten oder die Generierung von SQL-Syntax einschließen.

Für die Klassifizierung benutzt das Decisionhouse eine andere Komponente, den Scorecard Builder. Er arbeitet mit verschiedenen Methoden der Regression. Das Modul eignet sich besonders für die Vorhersage der Kaufneigung von Online-Besuchern eines Einzelhandels-Shops. Wie bei anderen integrierten Softwareplattformen sind auch hier die Komponenten zur Segmentierung, Klassifizierung, Visualisierung und Mapping nahtlos miteinander verbunden. Eine weitere Innovation dieses Produkts ist die Schnittstellen-Funktion. Die Ergebnisse eines Tools können an das nächste Tool »weitergereicht« werden, das heißt zum Beispiel, dass das zu Element #6 des in Abbildung 72 dargestellten Entscheidungsbaums gehörende Marktsegment auch in einer geographischen Karte (siehe Abbildung 73) dargestellt werden kann.

Andere Tools
Darwin (Thinking Machines). Darwin ist ein Toolset für die Klassifizierung und Regression. Wie andere Pakete basiert es auf mehreren

Technologien. StarTree dient zur Erstellung von Entscheidungsbäumen durch einen CART-basierten Algorithmus. StarNet erzeugt Modelle mit verschiedenen Neuronalen Netzen. Es unterstützt folgende mögliche Trainings-Architekturen: Backpropagation, Steepest Descent, Conjugate Gradient und modified Newton. Für Optimierungszwecke enthält Darwin darüber hinaus einen genetischen Algorithmus mit dem Namen StarGene. Eine weitere Komponente mit dem Namen StarMatch erzeugt Clustermodelle mit einem k-nearest Neighbour (knN)-Algorithmus. Die Komponente StarData wird schließlich für die Datenvorverarbeitung und die Analyse eingesetzt. Mit der Scripting-Funktion kann der Anwender Datenanalysen aufzeichnen und erneut abspielen.

Über die grafische Benutzeroberfläche von Darwin können sämtliche Komponenten für die Modellerstellung ausgewählt werden. Die Algorithmen laufen parallel ab, um auch große Datenmengen verarbeiten zu können. Der Einsatz mehrerer Algorithmen für die Modellerstellung erhöht die Anzahl lösbarer Fragestellungen mit Darwin. Obwohl das Tool von der Firma Thinking Machines entwickelt wurde, die auf skalierbare Datenbanken spezialisiert ist, hat das Tool den Nachteil, das der Ausgabewert und insbesondere das Format seiner Lösungen nicht visuell dargestellt wird. Für die Darstellung seiner Ergebnisse beschränkt Darwin sich auf den Einsatz von Excel Spreadsheets, indem es mit MS Office integriert wird.

Decision Series (NeoVista). Decision Series ist im Grunde ein maßgeschneidertes Set mit mehreren Applikationen der Firma NeoVista, das im Bündel mit einem Supportservice angeboten wird. Es ist eine Suite speziell angepasster Data Mining-Tools, die verschiedene Technologien nutzen und verschiedene Modelle bieten. Eines von ihnen, DecisionNet, ist ein Backpropagation-Netzwerk-Tool, das eine der radialen Basisfunktionen ähnelnde proprietäre Technologie verwendet und für die Klassifizierung sowie die Regression eingesetzt werden kann. Mit Hilfe der Komponente DecisionAR werden Assoziation und Sequenzielle Assoziationsanalyse durchgeführt. DecisionCL dient der Clusterung. Es benutzt dafür eine proprietäre Technologie, die der k-nearest-

Neighbour-Methode sehr ähnlich ist. DecisionAccess bietet Datenvorverarbeitungsfunktionen und Decision Series greift auf ASCII-Dateien zu. NeoVista bietet Decision Series ausschließlich in Verbindung mit seinem Knowledge Engineering-Service an. Aus diesem Grund besitzt Decision Series keine grafische Benutzeroberfläche für die Modellentwicklung. Dennoch hat NeoVista grafische Benutzeroberflächen für die meisten Applikationen entwickelt. Jede ihrer vier Applikationen – Neuronale Netze, Clusterung, genetische Algorithmen und Assoziations-Regeln – kostet 135.000 Dollar. Zurzeit bietet NeoVista großen Einzelhändlern, Banken und Telekommunikationsfirmen Software und Dienstleistungen für die Entscheidungsunterstützung an. Eine typische Installation durch NeoVista benötigt mehrere Wochen und umfasst intensive Vor-Ort-Befragungen durch Knowledge Engineers von NeoVista, um die geschäftlichen Anforderungen des Kunden genau zu definieren.

Enterprise Miner (SAS). Enterprise Miner ist das erste Produkt von SAS Systems auf dem Data Mining-Markt. Wie alle anderen Produkte, die SAS vertreibt, ist auch der Enterprise Miner ein Add-On zum SAS-Grundsystem. Es bietet eine grafische Benutzeroberfläche für folgende drei Data Mining-Module: SAS Neural Network Application und die SAS Decision Tree Application für den Aufbau von CHAID-basierten Entscheidungsbäumen sowie die SAS Regression Application. Das Produkt enthält zudem das Insight-Visualisierungstool für die Datenuntersuchung. Ein nützliches Merkmal des Enterprise Miner ist die integrierte Methodik, die es dem Anwender ermöglicht, Regression, Backpropagation-Netzwerk und einen Entscheidungsbaum gleichzeitig laufen zu lassen und deren Ergebnisse in ein Visualisierungsmodul zu integrieren. Es handelt sich um eine recht einfache Technik, deren Neuronale Netze und Entscheidungsbaummodule weder besondere Algorithmen noch extravagante Eigenschaften besitzen. Das leistungsstärkste Merkmal von EM ist die vorinstallierte, besonders umfangreiche SAS-Anwenderdatenbank, die vor allem an den Bedarf von Unternehmen im Finanzbereich anpassbar ist.

GainSmarts (Urban Sciences). GainSmarts ermöglicht die Datenanalyse, statistisches Modellieren und finanzielle Analysen für vertikale Marktsegmente wie etwa die Automobilbranche oder Finanzdienstleistungsunternehmen. In der Automobilbranche dient das Tool vor allem Verkäufern und Verkaufsleitern zur Identifikation von Verkaufspotenzialen in Form von Charts, Karten und Reports. Das Tool von Urban Sciences bietet »was wäre wenn...«-Szenarien für Neu- und Gebrauchtwagenabteilungen. Durch fortschrittliche Visualisierungstechniken, Mapping und intelligentes Performance-Benchmarking deckt Gain verdeckte Verkaufspotenziale in der Autobranche auf. Für Finanzdienstleister stellt Gain ein schlüsselfertiges System dar, das speziell für das Targeting potenzieller Kunden, die Vorhersage von Responseraten, die Messung der Kundenbindung, Cross-Selling und das Angebotsmanagement ausgelegt ist. Gain benutzt Entscheidungsbäume, genetische Algorithmen und Gewinntabellen für die Darstellung der erwarteten Rentabilität von E-Mail-Kampagnen. Für die Optimierung der CHAID-Entscheidungsbäume verwendet Gain genetische Algorithmen, eine Technik, die zwar sehr rechenaufwändig ist, die Qualität der Analyse jedoch stark verbessert.

Intelligent Miner (IBM). Intelligent Miner von IBM ist eine Data Mining-Plattform für Klassifizierung, Assoziation, Sequenz-Assoziations-Analyse, Zeitreihenanalyse, Clusterung und Regression. Für die Klassifizierung verwendet Intelligent Miner einen Entscheidungsbaum sowie Neuronale Netze. Die Clusterung erfolgt mit einem Kohonen-Netz. Die meisten Algorithmen laufen parallel, um das System skalierbar zu machen. Modelle werden entweder über die grafische Benutzeroberfläche oder über eine API erstellt. Intelligent Miner muss zusammen mit DB2 installiert werden, da beide Komponenten eng miteinander verknüpft sind. Nichtsdestotrotz unterstützt Intelligent Miner auch Eingabedaten aus anderen Quellen, wie zum Beispiel ASCII-Dateien.

MineSet (SGI). Mine Set von der Firma Silicon Graphics Inc. ist eine Data Mining-Suite, welche die Klassifizierungs- und Assoziationsalgorithmen mit einem hohen Visualisierungsgrad kombiniert. Ihre stärksten und bemerkenswertesten Attribute liegen in der Integration von analytischen Data Mining-Tools und Hochleistungs-Visualisierungstools. Dies ermöglicht dem Anwender die problemlose Betrachtung und einfache Navigation durch die Daten sowie die Data Mining-Ergebnisse. Die in MineSet enthaltenen Tools sind der Assoziationsregel-Generator (Association Rule Generator), der Entscheidungsbaum-Generator (Decision Tree Inducer) für die Klassifizierung, der Beweisgenerator (Evidence Inducer) sowie ein Utility zur Bestimmung der Wichtigkeit von Spalten (Column Importance determination utility). Sämtliche Algorithmen, ausgenommen der Assoziationsanalyse, basieren auf der maschinenlernenden Bibliothek in C++ (MLC++) Code, der an der Stanford University, USA, entwickelt wurde.

Visualisierungstools wie Map Visualizer und Scatter Visualizer arbeiten direkt mit den Daten, um Beziehungen und Trends in ihnen zu finden und zu untersuchen. Modelle für die Analyse werden mit Hilfe von 3D-Darstellungen realisiert. Die Ergebnisse werden mit Visualisierungstools wie Tree Visualizer dargestellt, so dass der Anwender das Entscheidungsbaummodell im 3D-Format betrachten und bewerten kann. Die Tools stellen mehrere Datendimensionen mit Hilfe von Farben, Größen und Animationen gleichzeitig in verschiedenen Formaten dar. Sie unterstützen Filtering, Querying, Rotieren, Zoomen und Schwenken und können an die individuellen Bedürfnisse des Anwenders angepasst werden. Für die Clusterung hat SGI k-nearest-Neighbour-Algorithmen hinzugefügt und grafische Ausgabewerte für die Clusterung mit seinen Visualisierungstools entwickelt. Das Tool MineSet 2.5 unterstützt darüber hinaus auch Regressionsbäume für die Induktion von Entscheidungsbäumen. Diese Software kann jetzt auch Entscheidungsbaum-Modelle mit quantitativen Variablen erstellen.

Orchestrate (Torrent Systems). Orchestrate ist eine hervorragende objektorientierte Anwendungsumgebung, die für die Erstellung und Anwendung von skalierbaren Datenverarbeitungssystemen ausgelegt ist. Basierend auf dem Data-Flow-Modell der Anwendungsprogrammierung und -ausführung, besteht Orchestrate aus zwei Teilen: dem Orchestrate

Application Framework und Runtime System sowie Orchestrate Components. Entwickler entwerfen Orchestrate-Applikationen, indem sie allgemeine UNIX-Shell-Scripts einsetzen, um bestehende sequenzielle Programme mit weiteren Orchestrate-Komponenten zu verknüpfen und letztlich ein aufeinanderfolgendes Data-Flow-Orchestrateprogramm zu entwickeln. Orchestrate Components können von Entwicklern in der stabilen C++-Entwicklungsumgebung für Components programmiert werden. Das Orchestrate Application Framework und Runtime System ist eine parallele Software-Infrastruktur, welche die sequenzielle Orchestrate Data Flow-Applikation auf der vorhandenen Hardware ausführt und in Laufzeit als einzelnes UNIX-Programm steuert.

Pattern Recognition Workbench/Model 1. PRW von der Firma Unica Technologies ist eine Data Mining-Plattform für die Erstellung von Klassifizierungs-, Clusterungs-, Zeitreihen-, und Regressionsmodellen. Neben der Modellerstellung mit Hilfe von Backpropagation-Netzwerken besitzt PRW Algorithmen für die logistische und die lineare Regression. Clusterungs-Modelle erstellt es mit Hilfe von k-nearest-Neighbour-Algorithmen. Die Plattform ist das Grundsystem für Model 1, einem Paket für das Database Marketing-Modelling und die Analyse. Model 1 wird von der Firma Group 1 Software und von Unica vertrieben.

PRW besitzt eine grafische Benutzeroberfläche, die auf einer Spreadsheet-Oberfläche basiert. Zunächst müssen die Daten in ein oder mehrere Spreadsheets übertragen werden. Anschließend werden sie über ein umfangreiches Set aus Funktionen für die Data Mining-Analyse vorbereitet. PRW erzeugt automatisch alternative Modelle und sucht nach der besten Lösung. Darüber hinaus bietet die Plattform eine Vielzahl von Visualisierungstools, die die Modellerstellung visuell darstellen und die Ergebnisse interpretieren können. Ein erstelltes Modell kann als Spreadsheet-Funktion, als dynamische Link-Bibliothek oder als C-Code angewendet werden.

DecisionCentre und die Zukunft. Zukünftige Data Mining-Tools könnten so aussehen, wie das Versuchstool DecisionCentre, das am

Imperial College in Großbritannien entwickelt wird. Es verwendet eine dreistufige Architektur für die parallele Ausführung mehrerer Data Mining-Analysen im Internet. Das Tool benutzt Java und CORBA und stellt einen internetorientierten Data Mining-Ansatz dar. Der DecisionCentre-Server und der Command- und Visualisierungs-Client laufen auf jeder beliebigen Plattform, die Java unterstützt und können auf Datenquellen überall im Internet oder im Intranet zugreifen. DecisionCentre unterstützt mehrere parallele Data Mining-Algorithmen, die mit einer Standard-MPI implementiert sind. Die derzeit verfügbaren Data Mining-Services umfassen:
– Klassifizierung auf der Basis von Entscheidungsbäumen (vier verschiedene parallele Optionen)
– Bayes'sche Klassifizierung mit Parallel Autoclass
– Parallele SOMs für die Clusterung
– Backpropagation-Netzwerke zur Aufdeckung von Assoziationsregeln

Die javabasierten Visualisierungstools sind in die Clientoberfläche integriert. Sie können dazu benutzt werden, die Datenquelle sowie die Ausgabemodelle des Data Mining-Prozesses zu betrachten. Das Visua-

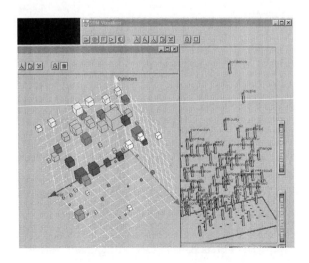

Abb. 74: Der Java-Client von DecisionCentre zeigt die Daten an, die im Internet analysiert wurden.

lisierungs-Toolset enthält einen SOM-Visualisierungs-Klassifizierungs-Baum-Browser und eine 3D-Visualisierung.

Die dreistufige Architektur von DecisionCentre ist skalierbar, erweiterbar und offen in den Zugriffsmöglichkeiten. DecisionCentre ist vollständig in reinem Java geschrieben, um eine hohe Portierbarkeit zu gewährleisten und ist zudem leicht zu bedienen. Parallele Datenanalyse-Applikationen werden mit Hilfe von CORBA eingebettet (siehe Abbildung 74).

Ein letzter Tipp

Wie Sie sehen, weisen die derzeit verfügbaren Tools sehr unterschiedliche Eigenschaften auf. Sie werden *vor* der Entscheidung für ein oder mehrere Tools selbst ausprobieren müssen, welches am besten für die Analyse Ihrer webbasierten Daten geeignet sind. Es kann gut sein, dass Sie mehr als ein Tool benötigen und dass Sie zusätzliche Software für die Extraktion und die Vorverarbeitung Ihrer Daten *vor* der Analyse erwerben müssen. Ebenso brauchen Sie eventuell zusätzliche Tools für die Integration Ihrer Data Mining-Lösungen. Dies können Werkzeuge für die Erstellung von Internetseiten, Tools zur Datenbankintegration oder eine umfangreiche E-Mail-Software sein. In jedem Fall werden die Data Mining-Tools, die Sie letztendlich verwenden, ein sehr wichtiger Faktor für den Umgang mit Ihrer Website sein, besonders, wenn Sie im E-Commerce tätig sind. Neue Tools kommen ständig auf den Markt. Die wichtigsten Tools werden in den folgenden Tabellen aufgelistet. (Internetadressen zu den Tools finden Sie auch unter www.symposion.de/datamining/links.htm)

Tabelle 1: führende Data Mining-Tools		
Produkt (Anbieter)	Betriebssystem	Technologie
4Thought (Right Information Systems)	WIN95, NT	Neuronales Netz
Answer Tree (SPSS)	WIN95, NT	CART, CHAID, QUEST
BusinessMiner (Business Objects)	WIN95	Maschinenlernender Algorithmus

Tabelle 1: führende Data Mining-Tools (Fortsetzung)

Produkt (Anbieter)	Betriebssystem	Technologie
Clementine (ISL)	NT, UNIX	Maschinenlernender Algorithmus und Neuronales Netz
Darwin (Thinking Machine)	UNIX	Maschinenlernender Algorithmus und Neuronales Netz
Data Mining Tool (Syllogic)	SGI, NT	Maschinenlernender Algorithmus und Neuronales Netz
Database Mining Marksman (HNC)	NT	Neuronales Netz
DataCruncher (DataMind)	WIN95, NT, UNIX	Maschinenlernender Algorithmus
DataEngine (MIT)	WIN95, NT, UNIX	Neuronales Netz und Fuzzy Logik
DataSage (DataSage)	NT, UNIX	Open API
Data Surveyor (Data Distilleries)	UNIX	Maschinenlernender Algorithmus und Bayes'sches Netz
DbProphet (Trajecta)	NT, UNIX	Neuronales Netz
Decision Series (NeoVista)	UNIX	Maschinenlernender Algorithmus und Neuronales Netz
Decisionhouse (Quadstone)	NT, UNIX	Maschinenlernender Algorithmus und Regression
Delta Miner (Bizztantz)	Win95, NT	Neuronales Netz und OLAP
//Discovery (HyperParallel)	UNIX	Maschinenlernender Algorithmus und Neuronales Netz
Discovery Server (Pilot)	NT, UNIX	Maschinenlernender Algorithmus
Enterprise Miner (SAS) und Neuronales Netz	NT, UNIX	Maschinenlernender Algorithmus
Enterprise Modeling Server (BioComp)	NT, UNIX	Neuronales Netz und genetischer Algorithmus
GainSmarts (Urban Sciences)	NT, UNIX	Genetischer Algorithmus, CHAID, Regression
IDIS Data Mining Suite (IDIS)	NT, UNIX	Proprietärer Algorithmus
KDD Explorer (SRA)	UNIX	Proprietärer Algorithmus
Kepler (Dialogis)	WIN95, UNIX	Open API
Knowledge Discovery Workbench (NCR)	NT, UNIX	Neuronales Netz und maschinenlernender Algorithmus
KnowledgeSEEKER (AGNOSS)	NT, UNIX	CART, CHAID, ID3

Die Tools

Tabelle 1: führende Data Mining-Tools (Fortsetzung)		
Produkt (Anbieter)	**Betriebssystem**	**Technologie**
Intelligent Miner (IBM)	RS6000, AS/400, MVS	Maschinenlernender Algorithmus und Neuronales Netz
MindSet (Silicon Graphics)	SGI, NT	Maschinenlernender Algorithmus und Naïve Bayes
Model 1 (Group 1)	WIN95, NT	Netzwerke, CHAID, Regression, Genetische Algorithmen
ModelQuest Enterprise (AbTech)	WIN95, NT, UNIX	Polynominale Netze
Nuggets (Data Mining Technologies)	WIN95, NT	Proprietärer Algorithmus
Orchestrate (Torrent)	UNIX	Maschinenlernender Algorithmus und Neuronales Netz
Partek (Partek)	UNIX	Neuronales Netz und genetischer Algorithmus
PATTERN (Magnify)	UNIX	Proprietärer Algorithmus, ART
Polyanalyst (Megaputer)	UNIX	Proprietärer Algorithmus
Predict (NeuralWare)	WIN95, NT, UNIX	Neuronales Netz
PRW PRO + (Unica Technologies)	WIN95, NT	Neuronales Netz, k-nearest Neighbour (knN), Regression
Scenario (Cognos)	WIN95	Maschinenlernender Algorithmus
Xpertrule Profiler (Attar)	WIN95, NT, UNIX	Neuronales Netz, ID3
WizWhy (WizSoft)	WIN95, NT	Proprietärer Algorithmus

263

Die Tools

Tabelle 2: führende Data Mining-Suites

Tool (Firma)	Betriebssystem	Parallelized	Segmentierung	Optimierung	Klassifizierung
Clementine (ISL)	NT, UNIX	Nein	C5.0	Keine	Neuronales Netz
Darwin (Thinking Machines)	UNIX	Ja	CART	Genetischer Algorithmus	Neuronales Netz
Data Mining Tool (Syllogic)	SGI, NT	Nein	Proprietär	Keine	Proprietär
DataEngine (MIT)	NT, UNIX	Nein	Keine	Fuzzy Logik	Neuronales Netz
DataSage (DataSage)	NT, UNIX	Ja	Nein	Nein	Nein
Data Surveyor (Data Distilleries)	UNIX	Nein	Proprietär	Keine	Bayes'sches Netz
Decision Series (NeoVista)	UNIX	Ja	Proprietär	Genetischer Algorithmus	Neuronales Netz
Delta Miner (Bizztanz)	WIN95, NT	Nein	OLAP	Keine	Neuronales Netz
//Discovery (HyperParallel)	UNIX	Ja	Proprietär	Genetischer Algorithmus	Neuronales Netz
Enterprise Miner (SAS)	NT, UNIX	Nein	CHAID	Keine	Neuronales Netz
Enterprise Modeling (BioComp)	NT, UNIX	Ja	Keine	Genetischer Algorithmus	Neuronales Netz
GainSmarts (Urban Sciences)	NT, UNIX	Nein	CHAID	Genetischer Algorithmus	Regression
Knowledge Discovery Workbench (NCR)	NT, UNIX	Nein	C5.0	Keine	Neuronales Netz
Intelligent Miner (IBM)	RS6000, AS/400	Ja	Proprietär	Keine	Neuronales Netz
MindSet (Silicon Graphics)	SGI, NT	Nein	C4.5	k-nearest Neighbour (knN)	Naïve Bayes
Model 1 (Group 1)	WIN95, NT	Nein	CHAID	Genetischer Algorithmus	Regression

Tabelle 2: führende Data Mining-Suites (Fortsetzung)

Tool (Firma)	Betriebssystem	Parallelized	Segmentierung	Optimierung	Klassifizierung
Orchestrate (Torrent)	UNIX	Ja	Proprietär	Keine	Neuronales Netz
Partek (Partek)	UNIX	Nein	Keine	Genetischer Algorithmus	Neuronales Netz
PRW PRO + (Unica Technologies)	WIN95, NT	Nein	Keine	k-nearest Neighbour (knN)	Neuronales Netz
Knowledge Discovery (SRA)	UNIX	Ja	Proprietär	Keine	Proprietär
Xpertrule Profiler (Attar)	NT, UNIX	Nein	ID3	Keine	Neuronales Netz

Die Datenkomponenten

Jeder Besuch auf Ihrer Website erzeugt einen Datensatz, in dem *sämtliche* Vorgänge einer Sitzung aufgezeichnet sind. Je nachdem, wie Ihre Website konfiguriert ist, kann eine beträchtliche Menge an Besucher- bzw. Kundendaten erfasst und entweder in Ihren Server-Logdateien oder in einer anderen Art Datenbank für die Data Mining-Analyse gespeichert werden. Da der Kontakt zwischen Ihrem Unternehmen und Ihren bestehenden beziehungsweise potenziellen Kunden immer häufiger über Ihre Website stattfindet, kann eine umfassende Analyse dieser web-basierten Daten zu einem wichtigen Unternehmensprozess werden. Ihr Unternehmen wird vor allem wissen wollen, wer seine Website besucht, was ihn dorthin zieht und wie er dorthin gelangt ist. Sicherlich möchten Sie wissen, was sich Ihre Online-Besucher auf Ihrer Website ansehen oder was sie kaufen, und die wichtigste Frage ist nach wie vor: Wer sind meine Online-Besucher? Wenn Sie Informationen über Ihre bestehenden und potenziellen Kunden erhalten möchten, sind die Daten Ihrer Website die beste Quelle, denn im Grunde stellen diese Daten Ihre dynamische Kundeninformationsdatei dar, die sich mit jedem Besuch auf der Website und jeder Transaktion selbstständig aufbaut und erweitert. In diesem Kapitel werden die wichtigsten Datenkomponenten behandelt, die über Ihre Website erfasst werden und Ihnen zusammen mit Data Mining einen wertvollen Einblick in Ihre Klientel geben.

Der zeitaufwändigste Prozess bei der Data Mining-Analyse Ihrer Website ist die Erfassung, Extraktion, Aggregierung und Vorverarbeitung Ihrer Serverdaten. Dieser Prozess erfordert in der Regel umfangreiche Vorplanungen durch Ihren Webmaster oder Ihr Internetteam in Kooperation mit der Verkaufs- sowie der Marketingabteilung und anderen Bereichen Ihres Unternehmens. Die beteiligten Abteilungen legen gemeinsam fest, wie und welche Kunden- und Transaktionsdaten auf Ihrer Website erfasst werden sollen. Es gibt verschiedene Methoden, mit denen sehr wertvolle Kundeninformationen serverseitig erfasst werden können. Dazu gehören verschiedene Arten von Internet-Logdateien, Cookies, an Anmeldeformulare angebundene Datenbanken, Daten aus dem dynamischen Tracking der Besucher oder Daten von Drittanbietern. Darüber hinaus gibt es verschiedene Programmiersprachen, die ebenfalls zur Erfassung von Kunden- und Besucherinformationen auf Ihrer Website eingesetzt werden können. Dazu gehören das gebräuchliche Common Gateway Interface (CGI), Java und JavaScript. Im Zuge der Einführung neuer Servertechnologien von Anbietern wie Netscape oder Microsoft entstehen darüber hinaus neue Standards und Merkmale, die beeinflussen, wie die neue Generation von Browsern mit Kundeninformationen interagieren und wie sie Transaktionsdaten des E-Commerce zur Verfügung stellen.

Data Mining ist ein sehr umfangreicher Prozess, der nicht nur den Einsatz von Algorithmen für die Mustererkennung beinhaltet. Ebenso wichtig ist bei der Analyse, zu bestimmen, wie die Transaktionsdaten erfasst werden, wie zusätzliche Daten angebunden und wie die Daten schließlich für die Analyse vorverarbeitet werden sollen. Um das über Ihre Website generierte wertvolle Wissen optimal auszuschöpfen, sollten Sie genau wissen, welche Informationsdateien verfügbar sind und welche Programme Sie verwenden können, um die nötigen Informationen zu extrahieren. Die Grundsteine für Ihre Datenanalyse liegen in den Online-Daten. Genauer gesagt, in den verschiedenen Komponenten, die für die Erzeugung Ihrer Server-Logdateien und anderer web-basierter Datenbanken verwendet werden, einschließlich Transfer-Logs, Cookies und Formularen.

Server-Logdateien

Wenn ein Online-Besucher das erste Mal auf eine Website kommt, erzeugt allein diese Anfrage ein Reihe von Transaktionen, die in den Logdateien gespeichert werden. Die erste aufgezeichnete Transaktion ist die angefragte Seite, wie zum Beispiel info.htm, zusätzlich gibt es »Hits« für jede Grafik auf der Seite. Nahezu alle gängigen Webserver generieren diese Logdateien in Form von durch Kommata, Leerzeichen oder Tabs getrennten ASCII-Textdateien. Ein Webserver erstellt in der Regel mindestens zwei Dateien: eine *Transfer-Logdatei*, die aussagt, welche Bereiche der Website die Online-Besucher angesehen haben, und eine *Error-Logdatei*, die die Trennung der Verbindung aufzeichnet. Die meisten Webserver unterstützen darüber hinaus zwei weitere Typen von Logdateien. Dies ist zum einen die *Referrer-Logdatei*, die besagt, wie die Besucher die Website gefunden haben, und zum anderen die *Agent-Logdatei*, die mitteilt, welchen Browser sie verwendet haben.

Je nachdem, wie die Website konfiguriert ist und welches Programm eingesetzt wird, können die Logdateien erste Anhaltspunkte über die Online-Kunden und Besucher geben. Mit Hilfe dieser Dateien können Sie herausfinden, wo sie herkommen, welche Suchbegriffe sie verwendet haben, um Ihre Seite zu finden, welchen Weg sie durch Ihre Website gewählt haben und wie lange sie sich auf Ihrer Seite aufgehalten haben.

Server-Transfer-Logdatei

Eine der wichtigsten Informationsquellen, aus denen Sie etwas über Ihre Online-Besucher erfahren können, ist Ihre Server-Transfer-Logdatei, die auch als Access-Logdatei bezeichnet wird. Hier werden sämtliche Transaktionen zwischen dem Server und den Browsern mit Datum und Zeit, dem Domainnamen beziehungsweise der IP-Adresse des Computers aufgezeichnet, der jeweils auf Seiten Ihrer Website zugreift, der Status dieser Anfrage sowie die Anzahl der an den anfragenden Server übermittelten Bytes. Fast jeder Server zeichnet zumindest einige dieser Informationen auf. Die Standardmethode, nach welcher der Server Zugriffe durch Browser und andere Suchmaschinen aufzeichnet, ist das »Common Log Format«. Es wurde vom National Center for Supercomputing Applications (NCSA) entwickelt. Die Datenfelder in der Transfer Access_Log-Datei, die von den meisten Webservern verwendet werden, können folgende Formate annehmen:
– Internet Provider IP-Adresse (webminer.com oder 204.58.155.58)
– Identifikations-Feld (immer ein Trennstrich oder »-«)

Die Datenkomponenten

- AuthUser (in der Regel die IP-Adresse oder ein Passwort; für den Zugriff auf einen geschützten Bereich nötig)
- Datum, Zeit und GMT (Greenwich Mean Time) der Transaktion (Donnerstag, 17. Juli, 12:38:09 Uhr, 1999)
- Art der Transaktion (»GET« oder »POST« mit Dateiname wie zum Beispiel /index.html oder /products.htm)
- Status oder Fehlercode (in der Regel 200 (Erfolg) der Transaktion)
- Größe der Transaktion in Bytes (Dateigröße)

Im Folgenden werden eine normale Logdatei und ihre sieben Datenfelder vorgestellt:

Host-Feld

Dies ist das erste Feld des Common Log Formats. In der Regel ist das der Remote-Server, der eine Anfrage an Ihre Website stellt und als Wert entweder einen Domainnamen sun51.cs.stanford.edu oder eine IP-Adresse wie 207.171.194.2 hat.

Je nach der Konfiguration Ihres Servers steht in diesem ersten Feld entweder der Domainname oder eine IP-Adresse. Um statt einer IP-Adresse einen Domainnamen zu erhalten, muss Ihr Server eine Anfrage an das Domain Name Systems (DNS) des Internet stellen, um die IP-Adresse in einen Hostnamen umzuwandeln (zu übersetzen). Es kann vorkommen, dass nicht jede Anfrage erfolgreich ist, sogar wenn Ihr Server für diese Anfrage konfiguriert ist. Grund dafür ist, dass die meisten Internet Service Provider (ISP) ihren Kunden die IP-Adressen dynamisch aus einem reservierten Pool heraus zuweisen. Dies gilt vor allem für große ISP wie Earthlink, MindSpring, FlashNet und andere.

Identifikationsfeld

Das zweite Feld im Common Log Format ist meist ein Bindestrich, da es nie verwendet wird. Der ursprünglich eingereichte Antrag (RFC 931)

269

Die Datenkomponenten

aus dem Jahre 1984 galt einem Service zur Authentifizierung, der mit einem Query/Responseprotokoll verbunden war. Er sollte den Eigentümer einer TCP-Verbindung zwischen zwei Computern im Internet identifizieren, insbesondere von UNIX-Maschinen, die direkt mit dem Internet verbunden waren. Dieses RFC hatte vor dem Zeitalter der Webbrowser oberste Priorität, als Verbindungen hauptsächlich zwischen FTP-, ARCHIE-, Telnet- und Mailservern bestanden. Seit 1984 erschienen mehrere RCF-Versionen des Originals. Die aktuellste Version ist das Identifikationsprotokoll 1431. Der Name des tatsächlichen Programms, das den »Ident Server« implementiert, lautet identd.

Authuser-Feld

Dieses Feld enthält den authentifizierten Benutzernamen, den ein Besucher benötigt, um Zugriff auf ein geschütztes Verzeichnis zu erhalten, das nur mit Passwort zugänglich ist. So könnte ein Administrator zum Beispiel eine spezielle Datenbank für die Bezahlung von Rechnungen erzeugen, auf die nur autorisierte Personen mit Hilfe ihres Benutzernamens und eines Passwortes Zugriff haben.

Zeitstempel

Dieses Feld enthält Datum, Uhrzeit und GMT (Greenwich Mean Time). Das Format für das Datum ist TT/MMM/JJJJ (zum Beispiel »06/Jul/1999«) und das Format für die Uhrzeit ist HH:MM:SS. Die GMT benutzt ein Plus- oder Minuszeichen, um die Abweichung der lokalen Serverzeit von der GMT in Anzahl der Stunden anzugeben.

HTTP-Request

Das fünfte Feld ist das Transaktionsfeld. Es enthält üblicherweise den durch Anführungszeichen gesperrten GET-Befehl. Er meldet dem Server, auf welches Dokument der ihn ansprechende Browser zugreifen möchte. Es gibt zwei weitere Befehle, die seltener verwendet werden. Darunter der POST-Befehl, der ausgeführt wird, wenn in Formularen der Submit-Button (Versenden) gedrückt wird. POST sagt dem Server, dass er Daten erwartet und mit welchem Skript oder Programm die Daten zu verarbeiten sind. Der zweite, weniger gebräuchliche Befehl ist der HEAD-Befehl. Er arbeitet genauso wie der GET-Befehl, mit dem Unterschied, dass der Server nur den <HEAD>-Abschnitt des angeforderten Dokumentes zurückgibt. HEAD-Befehle werden in der Regel durch spezielle Indexierungs-Programme wie *WebCrawler*, eine der ersten Suchmaschinen, erzeugt. Der letzte Bereich eines HTTP-Request-Feldes ist der Name und die Versionsnummer des Protokolls, wie zum Beispiel Version 1.1.

Statuscode-Feld

Das sechste Feld im Common Log Format beschreibt, wie die Transaktion verlaufen ist. In der Regel ist dies »GET« und sein Statuscode von 200, was für »Erfolg« steht. Dies bedeutet einfach, dass der Server die durch den Browser angeforderte Seite erfolgreich übertragen hat. Es gibt

Klasse	Aussage	Beschreibung
200	Erfolg	201 Erzeugt
		202 Akzeptiert
		204 Leer
300	Redirect	301 Andauernd
		302 Temporär
		304 Nicht Modifiziert
400	Fehler	401 Nicht Autorisiert (Zugriff verweigert)
		403 Verboten
		404 Nicht Gefunden
500	Serverfehler	501 Nicht Implementiert
		502 Funktionsunfähiges Gateway
		503 Service Nicht Verfügbar

mehrere Klassen von Statuscode, von denen die wichtigsten in der Tabelle auf Seite 271 aufgelistet werden.

Transfervolumen

Das siebte und letzte Feld des Common-Log-Format zeigt die Gesamtzahl der während einer Transaktion vom Server zum Client übertragenen Bytes an. Nur der GET-Request mit dem Status 200 hat in diesem Feld einen Wert, alle anderen werden als Bindestrich oder Null angezeigt.

Die beschriebenen sieben Felder sind Standardfelder und werden von den meisten Servern generiert. Zusätzliche Felder können problemlos angehängt werden. Zwei der gebräuchlichsten sind Referrer- sowie Agent-Logdateien. Ein Cookie-Feld kann ebenso eingefügt werden. Es dient dazu, die Besucheraktivitäten während eines Aufenthaltes auf der Website oder bei einem erneuten Besuch zu erfassen.

Fehler-Logdatei

Wenn bei einer Transaktion oder beim Herunterladen ein Fehler unterläuft, wird dies in einer Fehler-Logdatei aufgezeichnet. Diese kann Ihrem Designer wichtige Hinweise für einen optimaleren Aufbau der Website geben. Die Fehler-Logdatei zeigt zum Beispiel an, zu welchem Zeitpunkt Besucher das Herunterladen während des Prozesses unterbrechen. Dies ist eine Beispielzeile aus einer Fehler-Logdatei:

[Tue, June 16 06:57:09 1999 send lost connection to client 165.133.159.28]
   (Die, 16 Juni 06:57:09 1999 schicke »Verbindung abgebrochen« zu Client 165.133.159.28 schicken)

Referrer-Logdatei

Diese Logdatei enthält die URL, von der die Anfrage an die Website stammt, mit anderen Worten, diese Logdatei erfasst den Ort im Internet, an dem ein Online-Besucher Ihre Website gefunden hat und von der er zu Ihrem Angebot weitergeleitet wurde. Dies kann ein Link von einer anderen Seite oder der Treffer einer Suchmaschine sein. Haben die Online-Besucher die Website zum Beispiel über eine Suchmaschine wie Yahoo! oder Excite gefunden, kann diese Logdatei aussagen, welche Suchwörter sie benutzt haben, um das Online-Angebot zu finden. Dies ist eine sehr aufschlussreiche Information, die im Data Mining-Prozess großen Einfluss auf den Entwurf von strategischen Marketingkampagnen haben kann. Dies ist ein Beispiel-Ausgabewert:

```
http://search.yahoo.com/bin search?p=data+mining+ websites -> /
index.html
```

Die vollständige URL der Suchmaschine (Yahoo!) sowie die bei der Suche verwendeten Suchwörter (Data, Mining, Websites) stehen links vom Pfeil, der Link zu der gefundenen Website (in der Regel die Hauptseite) steht auf der rechten Seite. In diesem Fall ist dies die gebräuchliche Voreinstellung für die Hauptseite index.html.

Agent-Logdatei

Diese Logdatei zeichnet den Namen sowie die Versionsnummer des anfragenden Browsers auf. Sie kann auch den Namen von Robots, Spidern und die Indexierungsspuren anderer Suchmaschinen enthalten:
- Mozilla/2.0 (Win95; 1)
- Mozilla/2.0 (Macintosh; 1; PRC)
- MetaCrawler/1.2b libwww/4.0D

Erweitertes Logdatei-Format

Ihr Server kann so konfiguriert werden, dass er, anstatt einzelne und getrennte Referrer- und Agent-Logdateien zu erstellen, diese Information an die oben genannten sieben Felder des Common Log-Formats anhängt. Eine gebräuchliche Extension ist eine Referrer-Logdatei, die Auskunft darüber gibt, von welcher Website ein Online-Besucher zu

Die Datenkomponenten

Ihrem Angebot gelangt ist und welche Suchbegriffe er benutzt hat, um die Website zu finden. Zusätzliche Informationen zum Surfverhalten Ihrer Kunden können mit vom Server gesetzten Cookies generiert werden, die an die Logdatei angehängt werden können.

WENN	Die Besucher wurden von der Seite Yahoo! überwiesen und sie benutzten das Suchwort »neue Filmvideos«.
DANN	die Kaufwahrscheinlichkeit für Produkt Y beträgt 65%
oder	
WENN	Die Besucher kaufen Produkt A
DANN	die Kaufwahrscheinlichkeit für Produkt X beträgt 74%

Konfigurieren des Servers

Es gibt eine ganze Reihe verschiedener Einstellungen für UNIX- und NT-Server, die vorgenommen werden müssen, um die maximale Anzahl an Kundendaten zu erhalten. Die Einstellungen betreffen mehrere Softwareprodukte, darunter NCSA, Apache, CERN, Netscape und NT WebSite. Da es sehr viele verschiedene Einstellungen gibt, von denen sich einige von Version zu Version der betreffenden Software ändern, werde ich in den folgenden Ausführungen nicht in die Tiefe gehen, sondern nur die wichtigsten Einstellungen behandeln, auf deren korrekte Einrichtung das Technikerteam vermutlich am meisten achtet. UNIX-Server konfiguriert man über Dateien, die mit Befehlen die Grundeinstellungen wie zum Beispiel Autorisierung und Pfade regeln. Während Netscape über HTML-Formulare konfiguriert wird, erfolgt die Konfiguration von WebSite über eine Folge von Dialogboxen und Wizards.

Tipps zur Serverkonfiguration

Sämtliche Server können so konfiguriert werden, dass ihr Ausgabewert eine Useragent- und eine Referrer-Logdatei ist. Um dies zum Beispiel auf einem Apache-Webserver zu erreichen, sind folgende Einstellungen notwendig:

- Das »Modul« mod_log_config Apache muss in den Server kompiliert sein.
- Fügen Sie die folgende Zeile in Ihre httpd.conf Datei ein, die sich bei Apache im conf-Verzeichnis befindet:

```
FOR APACHE 1.2 OR BETTER, WITH THE MOD_USERTRACK MODU-
LE:
LogFormat „%h %l %u \%t \ „%r\ „ %s %b \"%{Referrer}i\"
\"%{Useragent} i\" \"%{Cookie}n\""
FOR APACHE WITHOUT THE MOD_USERTRACK MODULE:
LogFormat „%h %l %u \%t \ „%r\ „ %s %b \"%{Referrer}i\"
\"%{Useragent} i\""
```

- Nach diesen zwei Schritten muss der Apache Server neu gestartet werden. Dazu braucht lediglich unter der UNIX der kill -1 Shell-Befehl benutzt zu werden.

Der Apache Server wird sich nun wie gewohnt mit dem »Common Log Format« einloggen, mit dem Unterschied, dass zwei Felder hinzugefügt wurden, nämlich ein Referrer- und ein Useragent. Ein drittes Feld, das »Cookie-Feld«, identifiziert den Anwender eindeutig, wenn Sie Apache mit dem installierten mod_usertrack-Modul kompiliert haben. Dies ist ein Beispiel eines Common Log Format, das erweitert wurde, um Referrer- und Useragent-Informationen zu integrieren.

```
foo.bar.com - - [02/Jul/1998:16:48:44 -0744] »GET /webminer/
index.html
HTTP/1.0« 200 5898 http://www.altavista.digital.com/query
Mozilla/3.01 (Macintosh; I; PPC)«
```

Die Datenkomponenten

Konfigurationen für Apache- und NCSA-Server

Diese Befehle sollten in der httpd.con-Datei geprüft werden:

Einstellungen	Funktion
AgentLog *Dateiname*	Spezifiziert den Speicherort der Logdatei, die das für jede Anfrage genutzte Clientprogramm identifiziert: *AgentLog logs/agent_log*
ErrorLog *Dateiname*	Spezifiziert den Speicherort der Error-Logdatei: *ErrorLog logs/error_log*
Keine (None)	
Minimum (minimum)	
Standard	
DNSMode *Optionen*	Legt fest, unter welchen Bedingungen der Server versucht, entgegengesetzte DNS Lookups auf den Browser durchzuführen. Es gibt folgende Optionen:
Kein	DNS Lookup
Mininum (rninimum)	DNS Lookup nur bei erfolgter Zugriffserlaubnis
Standard	DNS Lookup bei jeder Anfrage (dies ist die Voreinstellung)
LogOptions *Optionen*	Legt fest, wie die Information der Logdatei in die verschiedenen Logdatei-Formate geschrieben werden soll. Es gibt folgende Optionen:
Getrennt	Agent- und Referrer-Logdateien werden entsprechend der Befehle der Einstellungen AgentLog und ReferrerLog auf zwei Dateien verteilt.
Datum	Agent- und Referrer-Logdateien bekommen einen Datumsstempel
Kombiniert	Kombiniert Agent- und Referrer-Felder und hängt sie an die Transfer-Logdatei an (empfohlen)
ReferrerLog *Dateiname*	Spezifiziert den Ort der verweisenden URL-Logdatei, *entweder als absoluten oder als relativen Pfad zum Rootverzeichnis des Servers. Die Voreinstellung ist: ReferrerLog logs/referrer_log*
Script *method cgi_script*	Spezifiziert den Skripttyp, der ausgeführt werden kann. Die Methoden sind: GET, POST, PUT oder DELETE
TransferLog *Dateiname*	Spezifiziert den Speicherplatz der Transfer-Logdatei, entweder als absoluter oder als relativer Pfad zum Rootverzeichnis des Servers. Die Voreinstellung ist: *TransferLog logs/access_log*

Konfigurationen für CERN-Server

Die folgenden Befehle regeln die Bearbeitungen in CERN. Sie spezifizieren den Speicherort der Logdateien und deren Konfiguration:

Einstellungen	Funktion
AccessLog *Dateiname*	Spezifiziert den Speicherort der Access-Logdatei als absoluten oder als relativen Pfad vom Rootverzeichnis des Servers. Die typische Voreinstellung ist: AccessLog logs/http:log
ErrorLog *Dateiname*	Der gleiche Pfad und der gleiche Speicherort wie AccessLog. Die typische Voreinstellung ist: ErrorLog logs/http:error
LogFileDateExt *suffix*	Dieser Befehl spezifiziert die Dateinamen-Erweiterungen, die für Logdateinamen verwendet werden soll, wie zum Beispiel das Zeit/Datum Format. LogFileDateExt %H:%T
LogFormat *format*	Spezifiziert das Format der Transfer-Logdatei: old, common, oder new
LogTime *timezone*	Spezifiziert den Zeitstempel für die Logdateien: LocalTime or GMT* *GMT
NoLog *expression*	Legt für bestimmte Verzeichnisse fest, dass keine Int-Verzeichnisse geführt werden: NoLog /for_your_eyes_only

Konfigurationen für Netscape-Server

Netscape benutzt die AddLog-Befehle für die Einstellung der Transaktions-Logdatei sowie zur Aufzeichnung des Useragents für Server-Transaktionen. Es gibt folgende Optionen:

Common-log	Zeichnet Transaktionsdaten im gebräuchlichen NCSA-Format mit den folgenden Parametern auf: – Name = *logname* Dieser Parameter spezifiziert den Namen der zu verwendenden Logdatei und muss der Logdateiname sein, den Sie mit Init fn=init-clf name =... am Anfang der *obj.conf* Datei initialisiert haben.

Die Datenkomponenten

Flex-log	– Iponly = *n* Dieser Parameter stellt den Server so ein, dass er kein Hostname-Lookup durchführt. Jeder Wert ist geeignet, da der Servermanager per Voreinstellung den Wert iponly=»1« erzeugt.
Flex-log	Dieser Parameter zeichnet die Transaktionen in dem erweiterten oder flexiblen Logging-Format auf. Dieses Format wird in Hauptlog-Dateien mit der flex-init Funktion ebenfalls gesetzt. Es benutzt die gleichen Parameter wie die common-log Funktion.

Konfigurationen für WebSite-Server

Zur Administration eines WebSite-Servers wird das Tool Server Admin eingesetzt. Über die Registry von Windows 95 oder Windows NT erhält WebSite Informationen über den Server. Über die Funktion *Eigenschaften* im Steuerungsmenü können verschiedene Komponenten konfiguriert werden, einschließlich *Logging*. Diese Eigenschaften spezifizieren den Verzeichnispfad der Logging-Dateien, das Format der Access-Dateien und die Tracing-Optionen für die Server-Logdatei. WebSite besitzt folgende drei Hauptlog-Dateien:

Error Log	Diese Logdatei speichert Zugriffsfehler, wie zum Beispiel einen verweigerten Zugriff.
Server Log	Diese Logdatei hält bei jedem Server-Neustart oder jedem Update der Konfigurationen die genaue Uhrzeit fest.
Access Log	Diese Logdatei speichert jede Anfrage an den Server sowie seine Antwort in einem der folgenden drei Formate:
Common Format:	Dies ist das ältere NCSA/CERN Web-Standardlogformat, das von den meisten Servern verwendet wird. Es ist die Voreinstellung.
Combined:	Dieses Format benutzt ein praktisches Web-Logformat mit in Anführungszeichen gefassten Feldern. Dieses Format besitzt zwei zusätzliche Felder, mit Informationen zu Referrer- und User-Agent.
Window (WebSite Extended):	Dieses Format dient dazu, Daten in einem Format zu sammeln, das problemlos in Microsoft Access und Excite-Pakete importiert werden kann. Die Daten sind durch Tabs getrennt, was jedoch größere Dateien erzeugt.

Die Vielschichtigkeit eines Website-Besuches

Ein einzelner Besuch auf einer Website könnte in der Logdatei folgendermaßen verzeichnet werden:

```
204.58.155.58 [06/Jul/1999:11:27:45 -0900] »GET /products/ad.html
HTTP/1.0" 200 2887
```

Jeder einzelne Besuch wird im Grunde in Form von mehreren »Hits« erfasst, die abhängig von der Anzahl der Grafiken und der Java Applets auf einer Webseite erreicht werden. Das obige Beispiel sieht in der Logdatei in Wirklichkeit also so aus:

```
204.58.155.58 [06/Jul/1999:11:27:45 -0900] »GET /products/
ad.html]
HTTP/1.0« 200 2887204.58.155.58 · [06/Jul/1999:11: 27:45 -0900]
»GET/images/hotstuff.gif HTTP/1.0« 200 327
204.58.155.58 [06/Jul/1999:11:27:57 -0900] »GET /images/sale.gif
HTTP/1.0« 200 129204.58.155.58 · [06/Jul/1999:11:27:59 -0900]
»GET/images/today_only.gif HTTP/1.0« 200 281
204.58.155.58 · [06/Jul/1999:11:27:59 -0900] »GET
/images/and_more.gif HTTP/1.0« 200 275
```

Wie schon gesagt wurde, kann das Host-Feld in der Transfer-Logdatei das Format der IP-Adresse oder des Domainnamens des auf die Seite zugreifenden Servers haben. Der Grund dafür, dass Domainnamen teilweise nicht in der Logdatei stehen, liegt darin, dass für die Suche nach dem Namen zusätzliche Rechenkapazität und eine größere Bandbreite benötigt würde. Die Suche kann mit dem Befehl nslookup durchgeführt werden.

Neben der Anzahl von Online-Besuchern Ihrer Website gibt es eine weitere wichtige Größe, die Sie aus dem Host-Feld entnehmen können: die Anzahl einzelner *Sessions*. Sie wird über die unterschiedlichen eindeutigen IP-Adressen aus Ihrer Access-Logdatei bestimmt. Die IP-Adresse von Online-Besuchern ist am besten dafür geeignet, die Anzahl der Personen zu ermitteln, die auf Ihre Seite zugegriffen haben. Dennoch kann es hier zu Missverständnissen kommen, da Anwender, die sich einwählen, von den Internet Service Providern (ISP) dynamische IP-Adressen aus einer reservierten Menge zugewiesen bekommen. Darüber hinaus greifen Nutzer von großen Online-Services wie AOL auf das Internet über eine beschränkte Anzahl an »Gateways« mit eigenen IP-Adressen zu. Schließlich gibt es noch geschäftliche Nutzer, die über einen Proxy-Server ins Internet gehen, den sie sich mit mehreren Personen »teilen«.

Es ist also sehr schwierig, einen Anwender mit einer eindeutigen IP-Adresse zu identifizieren. Dies führt zu zwei Schlussfolgerungen:
- Sessions sind wichtiger als individuelle Adressen oder
- Online-Besucher müssen mit einer anderen Tracking-Methode, zum Beispiel über Cookies oder Anmeldeformulare, identifiziert werden.

Eines der Muster, das man mit Sicherheit aufdecken möchte, ist der Weg, den Online-Besucher und Kunden außerhalb und innerhalb der Website gewählt haben. Wie wir schon gesehen haben, können solche Muster über zwei verschiedenen Quellen gefunden werden. Um herauszufinden, wie Online-Besucher auf die Website gelangt sind und welche Suchwörter sie in die Suchmaschine eingegeben haben, kann die Referrer-Logdatei benutzt werden. Sie enthält Informationen darüber, wie Ihre Online-Besucher Sie gefunden und welche Suchkriterien sie unter Yahoo!, InfoSeek, Excite oder anderen Suchmaschinen benutzt haben.

Cookie-Dateien

Um zu erfahren, welchen Weg Online-Besucher während eines Besuchs durch die Website gewählt haben, müssen Sie eine Tracking-Methode implementieren. Dies können Cookies oder irgendeine Art von CGI-Programm sein. *Cookies* sind kleine Textdateien, die von Servern auf der Festplatte des Besuchers erzeugt werden, wenn dessen Browser auf eine Seite zugreift. Jedes Mal, wenn ein Online-Besucher zu der Website zurückkehrt, kann der Server, der das Cookie abgelegt hat, prüfen und lesen, was zuvor in die Datei geschrieben wurde, welche Seiten also bei der letzten Anwendersitzung aufgerufen wurden. Netscape entwickelte die Cookies, damit Server bestimmte Browser identifizieren können. Nur der Server, der das Cookie gesendet hat, kann auf dieses später wieder zugreifen und die gewünschten Informationen erhalten. Das bedeutet, dass Cookie-Identifikationscodes, die von einem anderen Server an die cookie.txt-Datei geschickt wurden, für dritte Websites unzugänglich sind. Leider können Cookies lediglich Browser identifizieren und keine einzelnen Anwender.

Jeder Besuch eines Kunden auf einer Website ist eigentlich ein einzelner, von vorherigen Besuchen losgelöster Vorgang. Cookies sind eine Möglichkeit, um diese voneinander unabhängigen Besuche miteinander in Beziehung zu setzen und so eine realitätsnahe Verkaufssituation zu schaffen. Cookies wurden ursprünglich von Netscape-Entwicklern für eine Warenkorb-Applikation entwickelt. Was haben Cookies mit Warenkörben zu tun? Nun, mit einem Warenkorb hat der Käufer die Möglichkeit, während eines Einkaufs in einem Supermarkt (= Website) mehrere Produkte gleichzeitig zu kaufen und diese beim Verlassen des Ladens an der Kasse (= per Formular) zu bezahlen. Bei diesem Vorgang werden wichtige Informationen festgehalten, zum Beispiel welche Kunden in den Laden kommen und welche Produkte sie kaufen. Eine Website, die Cookies einsetzt, kann, ähnlich wie ein Versandhaus anhand von Katalogbestellungen, im Laufe der Zeit genau aufzeichnen, welche Produkte Sie besonders mögen und kaufen und welche Zahlungsart Sie verwenden.

Cookies sind eine Möglichkeit, um das Problem der »Staatenlosigkeit«, das dem Internet und der zugrundeliegenden Technik naturgemäß innewohnt, zu lösen. Das Hyper Text Transfer Protocol (HTTP) des Internet ermöglicht die sofortige Kommunikation, ohne Verbindungen ständig aufrecht zu erhalten. Das Internet ist eine effektive Client/Server-Umgebung, gleichzeitig jedoch eine ungeeignete Verkaufsplattform, daher ist es für eine effektive Verkaufssituation wichtig, den Zustand der Kundensituation mitzuzeichnen – mit Cookies (siehe Abb. 72).

Cookies funktionieren in der Regel folgendermaßen: Wenn ein CGI-Skript einen neuen Anwender identifiziert, fügt es an seine Response einen zusätzlichen Header mit einer Identifizierungsnummer für diesen Online-Besucher und anderen Informationen, die der Server vom Client-Browser des Besuchers erhalten kann.

Von diesen neuen Headerdaten bekommt der Browser die Anweisung, die Informationen in der Cookie-Datei des Kunden zu speichern. Bei Netscape werden die Informationen in der cookie.txt-Datei gespeichert. Beim Internet Explorer werden die Cookies in Verbindung mit dem Benutzernamen des Logins des Betriebssystems in einem Cookie-Unterverzeichnis im Windows-Verzeichnis abgelegt (zum Beispiel mena@excite.txt).

Beispiel für eine cookie.txt Datei.

\# Netscape HTTP Cookie File# http://netscape.com/newsref/std/cookie_spec.html# This is a generated file! Do not edit.

.excite.com   TRUE / FALSE   946641600   UID
867CE396354734CB.preferences.com   TRUE   FLASE 1182140421
PreferencesIDXHphq2JpN264wr8hBTHkSG.focalink.com   TRUE / FALSE
946641600   SB_ID   0893859081000014623110905 40052.go2net.com   TRUE /
FALSE 917824360   preferences   32qQ00hC0Aw89U.infoseek.com   TRUE /
FALSE 925398460   InfoseekUserId
7BBEDA1C15F0696DCFB611F729A5C544.yahoo.com
TRUE /FALSE 915145200   Y
v=1&n=dnnef14bek7pl.doubleclick.net
TRUE /   FALSE 1920499140   id   285bff29www.cdnow.com   TRUE
FALSE 942189160   coolTrack   283498007-893877542.netscape.com TRUE
FALSE 946684799   NETSCAPE_ID   10010408.11fc8400

Abb. 75: *Beispiel für eine cookie.txt Datei.*

Jede folgende Anfrage des Browsers an die URL enthält dann die Cookie-Information als zusätzlichen Header in der Anfrage. Das CGI-Skript verwendet diese Informationen, um diesem bestimmten Anwender oder einem wiederkehrenden Kunden ein auf ihn zugeschnittenes Dokument zurückzuschicken. Da die Cookie-Information auf der Festplatte des Kunden gespeichert ist, bleibt sie auch nach dem Schließen des Browsers und dem Herunterfahren des Computers bestehen. Eine der gebräuchlichsten Anwendungen von Cookies ist, einen Besucher, der eine Seite schon besucht hat, mit zuvor zugewiesenen Header-Dateien »wiederzuerkennen«, so dass der Server diesem Besucher oder Kunden neuen Content anbieten kann, den er noch nicht gesehen hat. Cookies können maximal 4Kbytes groß sein, und nur der Server, der sie auch verschickt hat, hat Zugriff auf sie. Es können nicht mehr als 100 Cookies auf der Festplatte gespeichert werden.

Folgende Informationen werden von einem typischen Cookie gespeichert:

.snap.com TRUE /FALSE 946684799 u_vid_0_0 00ed7085

.snap.com	Dies ist der Domainname für das Cookie. Bei der Voreinstellung ist dies meist der Server, der das Cookie erzeugt und an den Kunden geschickt hat. Nur Seiten des den Cookie sendenden Servers können dieses Cookie lesen. Dies bedeutet, dass snap.com nicht die von Yahoo! oder Infoseek verschickten Cookies lesen kann.
TRUE	Zeigt an, ob das Cookie von einem HTTP-Header (TRUE) oder einem JavaScript (FALSE) gesetzt wurde.
/	Dieser Pfad ist variabel, um von jeder Seite der Website snap.com auf dieses Cookie zugreifen zu können. Genau wie bei der Domain ist der Zugriff auf das Cookie auf diejenigen beschränkt, die ihn erzeugt haben. Cookies ohne eingestellten Pfad werden gelöscht, wenn der Anwender den Browser schließt.
FALSE	Zeigt an, ob das Cookie verschlüsselt ist oder nicht. Es gibt eine Option zur Verschlüsselung mit HTTPS oder SSL. Dieses Attribut hat keinen Wert; wenn es nicht erscheint, wird das Cookie ohne Verschlüsselung verschickt.
946684799	Verfallsdatum, dargestellt in Sekunden seit 1. Januar 1970, 0.00 Uhr GMT. Bei einem anderen Format wird das Verfallsdatum im Schema »WT, TT · Mon. · JJJJ HHH:MM:SS GMT« dargestellt, mit WT = Wochentag (optional), TT = Tag, Mon. = Monat, JJJJ = Jahr, HHH = Stunde, MM = Minute und SS = Sekunde

Die Datenkomponenten

u_vid_0_0	Dies ist der wichtigste Name. Er identifiziert das Cookie. Der Cookiename darf weder Kommata, noch Semikola oder Leerstellen besitzen. Das neueste Cookie ersetzt das ältere Cookie mit derselben Domain, demselben Pfad und demselben Namen.
00ed7058	Dies ist der Wert des Cookies. Hier speichert der Versender des Cookies seine Informationen. Der Wert darf weder Kommata, noch Semikola oder Leerzeichen enthalten.

Die Zukunft der Cookies

Da das Internet für Millionen von Surfern zu einer immer beliebteren Einkaufsalternative werden wird, wurde ein neuer Vorschlag für die Verbesserung von Cookies und damit des Online-Shopping, des Relationship-Marketing und des E-Commerce eingereicht. Im Request for Comment (RFC) 2109 wird vorgeschlagen, »mit HTTP-Requests und -Responses eine eindeutig zuordenbare Sitzung zu erzeugen. Es beschreibt zwei neue Datei-Header, Cookie und Set-Cookie, die Zustandsinformationen zwischen teilnehmenden Origin-Servern und Useragents übertragen.« RFC 2109 stellt im Grunde die Version 1 von Cookies dar, die deren Fähigkeiten erweitern und zusätzliche Informationen liefern, was dem Anwender letztendlich die Verwaltung der Cookies erleichtert. Die Cookies dieser neuen Version besitzen folgende Komponenten, die ihre Struktur erweitern:

Name. Wie in Version 0 muss auch in Version 1 der Cookiename vorhanden sein. Dieser kann, anders als in Version 0, mit einem $-Zeichen beginnen, unterliegt ansonsten jedoch den gleichen Einschränkungen wie die Cookies aus Version 0, ha also keine Kommata, keine Semikola und keine Leerzeichen.

Comment. Dies ist ein neues Attribut, das dem Sender des Cookies ermöglicht, dem Empfänger-Browser den Zweck des Cookies mitzuteilen: *Dieses Cookie »group_discount_cookie A1« wird gesetzt, um Sie als treuen und wertvollen Kunden zu identifizieren und Ihnen besondere Preisnachlässe zu gewähren«.* Durch dieses optionale Feature erhält der Webserver die Möglichkeit, dem Browserclient den Zweck des Cookies mitzuteilen. Hat der Anwender den Browser so eingestellt, dass der

Server, von dem das Cookie kommt, nach dem Zweck des Cookies gefragt wird, bevor dieser akzeptiert wird, erscheint im Browser eine Dialogbox mit einer Nachricht. Der Anwender kann die Information durchlesen und dann entscheiden, ob er eine Sitzung starten oder abbrechen möchte.

CommentURL. Diese Komponente ähnelt dem Kommentarfeld, bietet jedoch detaillierte Informationen über den Zweck des Cookies und dessen Verarbeitung auf dem Server.

Domain. Arbeitet genau wie bei Version 0, bietet jedoch optional eine Erweiterung. Das Domainattribut spezifiziert nach wie vor die Domain, für die das Cookie gültig ist. Dies ist in der Regel die Website, die die Cookies verteilt. In der Version 1 kann jedoch ein nachgeordneter Domainname gesetzt werden. Die Domain www.isuzu.amigo.com könnte zum Beispiel ein Cookie für die Subdomain .amigo.com spezifizieren.

Discard. Dieses Attribut veranlasst die Verwerfung eines Cookies, unabhängig davon, wie hoch das maximale Alter des Cookies beim Setzen ist.

Max.-Age. Das Attribut Max.-Age definiert die Lebensdauer eines Cookies in Sekunden. Der Delta-Sekundenwert ist eine dezimale, nichtnegative Integer-Zahl. Ein Wert von Null bedeutet, dass das Cookie auf der Stelle verworfen werden sollte, das heißt, Cookies können durchaus während einer Transaktion verworfen werden.

Path. Genau wie in Version 0 spezizicrt das Attribut Path den URL-Subset, auf den das Cookie angewendet wird. Ist der Pfad spezifiziert, können nur die URLs, die diesen kompletten Pfad enthalten, das Cookie lesen oder modifizieren.

Port. Der Port ist ein zusätzliches Feature neuer Standard-Cookies. Er kann für bestimmte Systemanwendungen spezifiziert werden, wie zum Beispiel FTP für Port 21, Telnet 23 und Webserver an Port 80.

Secure. Das Attribut Secure (ohne Wert) weist den Useragent an, den das Cookie sendenden Server ausschließlich über (unspezifizierte) sichere Wege zu kontaktieren, wann immer er dieses Cookie zurücksendet.

Version. Dieses Attribut ist erforderlich und sollte auf Version = 1 gesetzt werden. Das Attribut Version bestimmt, welcher Version (state management specification) das Cookie entspricht. Version ist eine Integerzahl.

Anwendungen für Cookies
Eine der gebräuchlichsten Anwendungen von Cookies ist das Tracking von Online-Besuchern, wenn sie durch eine Website navigieren. Dabei wird das Cookie eines Besuchers jedes Mal gesammelt, wenn dieser eine Seite, zum Beispiel ein bestimmtes Produkt oder eine bestimmte Dienstleistung, anfragt. Auf diese Weise können Muster oder Wege durch die Website mit Hilfe von Data Mining analysiert werden, um herauszufinden, welche Bereiche Ihrer Website besonders beliebt sind. Sie können die Profilerstellung von Kunden auch realisieren, indem Sie die Cookies mit der Referrer-Logdatei, mit demographischen Daten oder mit Informationen aus der Registrierung verknüpfen. Dieses Profil kann dann für weitere Analysen und Marketingzwecke genutzt werden. Cookies können auch eingesetzt werden, um die Produkt- und Dienstleistungsart festzuhalten, für die sich der Besucher interessiert, so dass spätere Besuche dieses Online-Besuchers personalisiert werden können, um seinen individuellen Geschmack und seine Interessen zu treffen. Cookies können dem Kunden das Gefühl vermitteln, willkommen geheißen und beachtet zu werden.

Um zu erfahren, wie Cookies funktionieren und wie man sie einsetzen kann, um den Wert der Logdateien für das Mining zu erhöhen, verfolgen Sie einfach das folgende Shopping-Szenario. Wenn ein Besucher auf eine Website kommt, erzeugt der Server eine Benutzeridentifikationsnummer (USERID=1234) für diesen Besucher im folgenden Response Header:
Der Browser wird dadurch angewiesen, die Inhalte des Cookies und die Besucheridentifikationsnummer (USERID = 1234) zu speichern, und sie mit dem cookiesendenden Server zu verbinden. In diesem Beispiel ist dies der Server www.store.com, das heißt, der Browser verknüpft dieses

```
HTTP/1.1 200 OK
Server: CERN/3.0 libww/2.17
Set-cookie: USERID=1234; path=/
Content-type: text/html
Content-length: 2742
<Entity body>
```

Cookie ausschließlich mit store.com. Der Netscape Navigator speichert die Identifikationsnummer dieses Headers in der cookies.txt Datei, während der Microsoft Explorer sie in einem Cookie-Verzeichnis ablegt. Die nächste Anforderung des Browsers an die Seite store.com umfasst einen Request-Header, der den Inhalt des Cookies enthält. Der Header könnte folgendermaßen aussehen:

```
GET   / HTTP/1.1
Cookie: USERID=1234; path=/
If-modified-since: Fri 12 Jun 1998 10:57:22 GMT
Referrer: http://store.com/index.html
User-Agent: Mozilla/4.0 (Windows 95)
```

Ist das Cookie gesetzt, schickt der Browser einen »Cookies«-Header zurück. Danach braucht der Server keinen weiteren Header mehr zu schicken, es sei denn, es sollen weitere Cookies für bestimmte Zwecke gesetzt werden, beispielsweise, um einen neuen Besucher zu identifizieren oder um nachzuvollziehen, welche Bereiche der Website er sich anschaut, wann er nach näheren Informationen fragt und natürlich ebenso, welche Produkte er in seinen Warenkorb legt und kauft. Inmitten der Datenströme laufender Transaktionen macht es der Austausch von Cookies möglich, eine scheinbare Kontinuität zu schaffen und zu erhalten, die in einem HTTP-Protokoll fehlt.

Das Verteilen und Tracking von Cookies wird so lange fortgeführt, bis die Besucher das Zahlungsformular angeklickt haben und damit anzeigen, dass Sie eine gesicherte Transaktion durchführen und die Produkte und Dienstleistungen bezahlen möchten. Cookies können

Die Datenkomponenten

> **Ein Cookie-Szenario: Der Austausch von HTTP Requests und Responses**
>
> 1. BROWSER: Request Headers
> GET /index.html HTTP/1.1
> If-modified-since: Fri 12 Dec 1998 12:34:22
> Referrer: http://www.Kdnuggets.com/companies.
> Html#W
> User-Agent: Mozilla/4.0 (Windows 95)
> 2. SERVER: Response Headers
> * HTTP/1.1 200 OK
> Server: CERN/3.0 libwww/2.17
> If-modified-since: Fri, 12 Jun 1999 12:35:23 GMT
> Referrer: http:/www.
> Webminer.com/index.html
> User-Agent: Mozilla/4.0
> (Windows 95)
> 3. BROWSER: Request Headers
> GET /HTTP/1.1
> * Cookie: USERID=1234; path=/
> If-modified-since: Fri, 12 Jun
> 1999 12:35:23 GMT
> Referrer: http:/www.
> webminer.com/index.html
> User-Agent Mozilla/4.0
> (Windows 95)
> 4. SERVER: Request Headers
> HTTP/1.1 200 OK
> Server: CERN/3.0 libwww/2.17
> Content-type: text/html
> Content-length: 2149
> <Entity body>
> 5. BROWSER: Request Headers
> GET /products/info.html
> HTTP/1.1q
> * Cookie: USERID=1234; path=/
> Referrer: http:/www.
> Webminer.com/index.html
> 6. SERVER: Request Headers
> HTTP/1.1 200 OK
> Server: CERN/3.0 libwww/2.17
> Content-type: Text/htmlContent-length: 4951
> <Entity body>

Benutzerinteressen über ein einzelnes Identifikations-Tag speichern, das Websites mit einer Datenbank auf dem Internet- oder Werbeserver in Beziehung setzen kann. Das bedeutet, dass der Server jedes Mal, wenn ein Kunde eine Website besucht, nach verknüpften Informationen zu Klickverhalten, Transaktionen und Registrierungseinträgen sucht. Cookies können eingesetzt werden, um Werbebanner zielgruppenorientiert zu schalten und auszutauschen, so dass ein Besucher, wenn er seine Lieblings-Suchmaschine besucht, nicht jedes Mal die gleiche Werbung präsentiert bekommt. Die Grenzen von Cookies sind trotz aller Vorteile dennoch deutlich: Sie identifizieren Browser und keine Anwender. Die Cookies, die in einem beruflich genutzten Personal Computer gespeichert sind, können sich im Nutzen erheblich von denen in einem iMac unterscheiden, der irgendwo zuhause steht.

Mit Hilfe von aggregierten Cookies können Sie die Besuchermuster analysieren, die Online-Besucher während eines Besuches auf Ihrer Website an den Tag legen. Dies versetzt Sie in die Lage, Ihren Besuchern eine angenehmere Online-Umgebung zu schaffen, die sie immer wieder zu einem neuen Besuch einlädt. Ihre Besucher sollten auf Ihren Seiten das gleiche Gefühl bekommen, als wenn sie zu ihrem kleinen Laden an der Ecke gehen, dessen Besitzer sie persönlich kennt und weiß, was sie bevorzugen. Teil der Sicherheitspolitik sollte es sein, Ihren Online-Besuchern genau zu erklären, wie Sie die Cookies einsetzen, dass sie zur einfacheren Navigation durch Ihre Seiten dienen und die Qualität der Inhalte Ihrer Seiten steigern, wobei Sie gleichzeitig Ihre Integrität garantieren. Teil dieser Sicherheitspolitik sollte es sein, Cookies nur zu benutzen, wenn es wirklich nötig ist. Halten Sie die Zeitspanne für die jeweilige Aufgabe, für die Sie Cookies einsetzen, möglichst kurz. Falls Sie Cookies zum Beispiel nur für das Tracking einer einzelnen Sitzung einsetzen wollen, sollten Sie die Cookies zerstören, wenn der Online-Besucher seine Sitzung beendet hat. Cookies sollten allein dem Zweck dienen, Tendenzen zu erfassen und das Angebot für den Online-Kunden mit jedem Mal stärker zu personalisieren.

Cookies konfigurieren

Für das Mining von Online-Daten ist die Aufzeichnung der Aktivitäten auf der Website notwendig. Dazu muss der Server so konfiguriert werden, dass er die für die Data Mining-Analyse nötigen Cookie-, Referrer-, und Agentinformationen in die Logdatei schreibt. Unter Netscape ist diese Konfiguration recht einfach: Es muss lediglich eine Konfigurationsoption gewählt werden, um die Cookie-Information in die Transfer-Logdatei zu schreiben. Bei einem UNIX-Server wie zum Beispiel dem beliebten Apache-Webserver, kann ein Source-Code-Modul für die Implementierung der Cookies benutzt werden. Dazu muss das Log-Reporting-Modul modifiziert werden, damit die Cookie-Information in jede Zeile der Transfer-Logdatei geschrieben wird. Um Referrer-, Agent-, und Cookie-Informationen zu schreiben, konfigurieren Sie Ihren Server LogFormat-String im Source-Code wie folgt:

```
LogFormat „%h %l %u..%t \"%r\ „ %s %b \ „%{Referrer}i \" \ "%{User-
agent}i"\ „%{Cookie}i\""
```

Bei UNIX-Servern sind die Module, die Cookies verteilen, in C-Code geschrieben, der vor der Integration kompiliert werden muss. Bei NT-Servern liegen diese Module als DLL-Dateien vor, die für die Registry aktualisiert werden müssen. Da Cookies jedoch einfach durch das Hinzufügen eines zusätzlichen Response-Headers gesetzt werden, können sie mit CGI-Skripten oder anderen Programmen wie Java oder Javaskript erzeugt werden. Diese »virtuellen Cookies« arbeiten gut in Warenkorb-Applikationen, in denen die Wahl des Kaufbuttons durch den Nutzer einen Cookie setzt, der bis zum Abschluss des Kaufes bestehen bleibt.

Das CGI- oder Java-Programm, über das der Kauf verarbeitet wird, setzt das Cookie zurück, um sämtliche Informationen zu löschen. Die Applikation schreibt das Cookie jedoch nicht in die Logdatei, was für

Die Datenkomponenten

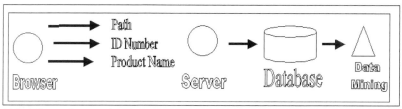

Abb. 76: *Wichtige Kundeninformationen können gespeichert und per Data Mining analysiert werden.*

eine anschließende Data Mining-Analyse eigentlich von größtem Interesse wäre.

CGI und Java können auch für das dynamische Tracking von Besuchern eingesetzt werden. Mit einem CGI-Programm können zum Beispiel HTTP-Header erzeugt und verschickt werden, um Cookies zu setzen. CGI kann auch eingesetzt werden, um dynamisch spezifischen Content, basierend auf der vom User gewählten Produktart, zu liefern. Eine Vielzahl von Websites bietet den dafür nötigen Code. Außer der dynamischen Bereitstellung von Content besteht die Möglichkeit, Online-Besuchern unter Nutzung einer ähnlichen CGI-Programmierung eine Identifikationsnummer zu geben, was für eine Zugriffsanalyse wichtiger ist. Diese Nummer kann als zusätzliches Argument mit jedem Link dieser Html-Seite verknüpft werden. Auf diese Weise verschickt der Browser bei jedem Klick auf einen Link dieser Seite den Pfad und den Produktnamen der Datei, zusammen mit einer eindeutigen Benutzeridentifikationsnummer (siehe Abbildung 76).

Cookies und CGI

Obwohl Cookies mit verschiedenen Programmiersprachen wie VBScript, JavaScript und Java auf Server- und Clientseite programmiert werden können, werden die meisten Cookies heutzutage mit Hilfe von CGI erzeugt.

CGI bietet einen Satz von Internetstandards, der den Servern und Programmen die Kommunikation mit Clients ermöglicht. Dazu nimmt es die Informationen des Browsers in einem HTTP-Request-Format und leitet sie als Wertesatz an das Programm weiter. Wenn der Server die Anfrage erhält und verarbeitet, analysiert er die Header und transformiert sie in eine Liste von Variablen, die dann als Standardeingaben zum CGI-Programm geschickt wird, wenn es das erste Mal startet. Eines der wichtigsten Einsatzgebiete von Formularen ist die Interaktion zwischen der Website und dem Kunden. Das Ergebnis dieser Transaktionen sind wichtige Kundendaten, die für eine Data Mining-Analyse optimal geeignet sind.

Ein CGI-Skript ist im Grunde ein Übersetzungsprogramm zwischen Browser und Server, das Ausgabe- und Eingabewerte anpasst. Wird eine Anfrage gestellt, analysiert das CGI-Skript die Information, die es erhält, indem es die Daten wie zum Beispiel einen Suchstring aus einer Eingabemaske, extrahiert. Diese können von einem POST-Request oder einem Cookie gesendet werden, das auf einer voreingestellten Routine basiert und eine Antwort für den Online-Besucher generieren kann. Gewöhnlich ist dies ein Satz von Headern gefolgt von HTML. Diese Response wird zum Server zurückgeschickt, wenn das Programm beendet ist, und der Server schickt die Response zurück zum Online-Besucher. Jedes Mal, wenn ein Besucher einen Aufruf an ein CGI-Programm stellt, erstellt der Server den CGI-Request und startet das Programm, in der Regel als eigene Applikation. CGI-Programme können in jeder beliebigen Sprache geschrieben werden. Ein Großteil wird in Perl geschrieben. Diese Sprache kann sehr gut mit Arrays und Texten umgehen.

Im Folgenden werden einige kurze Beispiele für Cookie-Einstellungen gezeigt. Wenn Sie die HTTP_COOKIE-Variable für Ihre eigene direkte Manipulation einsetzen möchten, können Sie entweder die cgi.pm's raw_cookie() Methode oder $ENV{'HTTP_COOKIE'} verwenden.

Der Wert eines Cookies kann innerhalb eines CGI-Skripts mit folgender Befehlszeile abgefragt werden:

```
$myvalue=cookie('mycookie')
oder:
 $myvalue=cookie (-name=> 'mycookie');
```

Um ein Cookie zu setzen, müssen Sie einen Cookie-Namen und einen Cookie-Wert erzeugen:

```
$myCookie=cookie(-name=>'mycookie'.'myvalue');
oder:
 $myCookie=cookie(-name=>'mycookie', -value=>'myvalue');
```

Auf diese Weise erzeugen Sie ein Cookie, das bis zum Ende einer Sitzung bestehen bleibt.

Um die Lebensdauer eines Cookies auf ein Jahr festzulegen, benutzen Sie folgende Zeilen:

```
$myCookie=cookie(-name=>'mycookie',
      -value=>'myvalue',
      -path=>'/'
      -domain=>'mydomainin.com'.
      -expires=>'+ly'
      -secure=>1);
```

Das folgende Beispiel zeigt, wie ein Cookie für einen Besucher gesetzt werden kann, der Ihre Seite das erste Mal besucht. Wenn man wissen möchte, ob der Besucher schon einmal da war, prüft man hier zunächst, ob ein Cookie gesetzt ist, bevor man dem Besucher ein Cookie schickt.

```
#!/usr/bin/perl
use CGI qw( :standard) :
 #check for the firstVisit cookie
 if (cookie('firstVisit')) {
     #if one exists, this is a returning visitor
     #collect the cookie value
     $firstVisit=cookie('firstVisit');
     $first="not „;
     #print header with no cookies.
```

```
    print header () ;
} else {
    #set  firstVisit cookie
    $firstVisit=localtime;
    $cookie = cookie(-name=>'firstVisit',
        -value=>$firstVisit,
        -expire=> '+2y',
        -path=>'/');
    #print header with firstVisit cookie
    print header (-cookie=>$cookie);
    $first="";
}
$currentDate=localtime;
#use cgi-pm's method for creating HTML.
print start_html("First Visit Check"), hl("Visitor Status");
print p("Welcome $first to The Online Shop.");#use Perl's.
    concatenation operator to split
#print p("Check out our daily sales");
print hr();
print p("It is now $currentDate.");
print end_html();
```

Open Profiling Systems (OPS)

Die im RFC 2109 angestrebte Cookie-Version 1.0 soll dem Surfer mehr Kontrollmöglichkeiten darüber geben, welche Cookies an seinen Browser geschickt werden und ihm ermöglichen, Cookies abzulehnen. Darüber hinaus sollen Webmaster und Entwickler dazu angehalten werden, zu erklären, warum sie Cookies an ihre Kunden und Besucher verschikken. Weiterhin soll das Open Profiling System, wie es Netscape, Firefly (jetzt im Besitz von Microsoft) und VeriSign formulieren, neue Standards setzen, die den Nutzer bei der Installation eines neuen Browser dazu ermutigen, in den Setup-Optionen persönliche Angaben zu machen. Gleichzeitig soll der Nutzer stärker mitbestimmen können, wer auf seine persönlichen, privaten und geschäftlichen Informationen zugreifen darf. OPS ermöglicht das einmalige Laden von persönlichen Daten in den Browserclient, und bietet dem Anwender die Möglichkeit, diese Information nur mit solchen Websites zu teilen, die eine One-to-

One-Beziehung zu ihm aufbauen möchten, um ihm personalisierte Produkte, Nachrichten und Dienstleistungen anzubieten. Dies ist ein Auszug aus dem Antrag des OPS-Standards:

Einführung

Da die Zahl der Internet-Anwender ebenso wie die Zahl der Online-Dienstleistungen ständig steigt, werden die Anwender sich zusehends vom Reichtum der Möglichkeiten überwältigt fühlen. Die Service Provider haben die Notwendigkeit erkannt, Systeme zu entwickeln, die das Informationsbedürfnis der Anwender erfüllen und stellen sich dieser Herausforderung.
Um die Ansprüche eines jeden Online-Besuchers erfüllen zu können, müssen die Informationen einer Website in höchstem Maße personalisiert und auf den Endanwender zugeschnitten werden. Gleichzeitig muss sich das Unternehmen dem Anwender gegenüber verpflichten, ihn genau darüber aufzuklären, wie seine persönlichen Informationen über seine Präferenzen, seine Produktauswahl und seine Interessen während des Informationsaustausches geschützt werden.
Unternehmen und Dienstleister weltweit sind bestrebt, die Vorteile der One-to-One-Kommunikation, die über das Internet oder das Intranet ermöglicht wird, zu nutzen, um ihren Kunden, Mitarbeitern und Besuchern individuelle Informationen, Unterhaltung und Dienstleistungen zu bieten. Es gibt jedoch zwei Hürden, die der Durchführbarkeit und einer weitverbreiteten Akzeptanz solcher Produkte und Dienstleistungen im Wege stehen:

⇨ Die potenzielle Bedrohung der Privatsphäre schafft beim Endanwender Misstrauen gegenüber der Angabe von persönlichen Informationen. Zur Zeit gibt es im Internet nur wenige Sicherheitsmaßnahmen, die den Endanwender angemessen aufklären und ihm die Kontrolle darüber geben, was mit seinen persönlichen Angaben passiert. Die Befürchtungen wiegen oft schwerer als der Anreiz eines personalisierten Webservices und macht eine Person zu Recht vorsichtig, wenn es um die Weitergabe persönlicher Daten geht.
⇨ Die Art der Informationsbeschaffung, die eine Personalisierung überhaupt erst ermöglicht, ist ineffizient. Serviceprovider müssen Ihre Online-Besucher nach Informationen fragen – wer sie sind, wo sie leben, was sie tun, was sie mögen – um ihr Interneterlebnis zu personalisieren. Dieses Sammeln von Daten kann für den Serviceprovider ebenso wie für den Endanwender sehr zeitaufwändig sein, und der Vorteil, den beide Seiten daraus ziehen,

tritt zunächst in den Hintergrund. Mehr noch, im Laufe der Zeit macht ein und derselbe Endanwender die gleichen Angaben womöglich bei Dutzenden oder sogar Hunderten von verschiedenen Anbietern – ein höchst ineffizienter und frustrierender Prozess.

> Der Open Profiling Standard (OPS) strebt einen Standard zum Austausch von Profildaten zwischen Einzelpersonen und Serviceprovidern an, wobei er gleichzeitig den Schutz der persönlichen Privatsphäre gewährleistet.

Der OPS schlägt im Prinzip einen Set-Profile-Header vor, der dem Set-Cookie-Header ähnelt, jedoch sehr viel umfangreichere Informationen liefert. Im Gegensatz zu einem Header mit ein paar Tausend Bytes von Namen-Wert-Paaren für eine einzelne Seite würde ein solcher Set-Profile-Header eine Anzahl standardisierter Gruppen von Feldern (mit Erlaubnis des Anwenders) für mehrere kommerzielle Websites mit unterschiedlichen Sicherheitsstufen enthalten. Dies ist ein Auszug aus der Pressemitteilung von Netscape, die zeitgleich mit der Ankündigung des Open Profiling Standards herausgegeben wurde:

> Personal Profiles enthält eine Vielzahl verschiedener Informationen über Einzelpersonen wie zum Beispiel Name, Adresse, Postleitzahl, Telefonnummer und E-Mail-Adresse. Personal Profiles kann darüber hinaus Informationen wie Alter, Familienstand, Interessen, Hobbies und Benutzeridentifikation/Passwort enthalten. Websites und Softwareprodukte, die OPS und Personal Profiles unterstützen, ermöglichen dem Anwender, bewusst Einfluss darauf zu nehmen, welche Informationen er im Internet preisgibt und was mit diesen Informationen geschieht. Darüber hinaus ist er mit Hilfe von OPS in der Lage, bestimmten Websites die Erlaubnis zu erteilen, Personal Profiles mit anderen Websites zu teilen.

Ziel des OPS ist es, das Internet zu personalisieren und gleichzeitig Internetnutzern sowie Websites die Abwicklung von Online-Transaktionen transparenter zu machen. Die persönlichen Daten oder die Identität der Online-Besucher sind Teil der Browsereinstellungen, ganz ähnlich wie Schrifteinstellungen oder andere Optionen. Der OPS würde das Ausfüllen von Anmeldeformularen sowie wiederholte Angaben zu Person und individuelle Präferenzen vermeiden. Der Webmaster erhielte sehr viel detailliertere demographische Daten, die er für die Data Mining-Analyse einsetzen kann. Der Open Profiling Standard ermöglicht einen effektiven One-to-One-Service sowie die Anpassung der Produkte und Dienstleistungen an die jeweiligen Kundenwünsche.

Browser wie der Microsoft Internet Explorer besitzen bereits neue Optionen, die die Einstellung und Speicherung von Benutzerinformationen im persönlichen, privaten und geschäftlichen Bereich ermöglichen (siehe Abbildungen 77 bis 79).

Neue Server-Software gibt Webmastern eine Reihe von Möglichkeiten zur Personalisierung ihrer Website. Gleichzeitig können sie wichtige Informationen über die Nutzungsmuster ihrer Online-Besucher und Kunden erfassen. Neue Server-Software wie das Personalization System von Microsoft (MPS) ermöglichen dem Webmaster zum Beispiel, Online-Besucherdaten von Sitzungen, die durch Cookies verbunden sind, zu erfassen und zu speichern. Darüber hinaus können Entwickler weltweit einzigartige Identifikations-Cookies (GUIDs – globally unique identification cookies) erzeugen, die von mehreren Domains genutzt werden können. Dieses Feature ermöglicht eine »Vernetzung« von Cookie-Informationen. Das MPS funktioniert in der Weise, dass der vom Online-Besucher angesprochene Server kein Cookie sendet, sondern den Online-Besucher zu einem weiteren Server weiterleitet. Dieser sucht nach einem Cookie und weist dem Online-Besucher, wenn nötig, ein Cookie zu. Anschließend leitet der Server den Online-Besucher zum ersten Server zurück und informiert den Server über den gesetzten Cookie. Dieser Server weist dem Online-Besucher schließlich ein Cookie zu, das zum von Master-Server gesetzten Cookie passt. Das Ergebnis ist ein Satz von dauerhaften Cookies für zwei verschiedene Domains mit dem gleichen Wert.

Diese Herangehensweise zerstört im Wesentlichen das ursprünglich von Netscape aufgestellte Konzept, nach dem ein Cookie ausschließlich von der Domain eingestellt, angesehen und verändert werden darf, die dieses Cookie gesetzt hat, denn dieses Feature des Personalization System von Microsoft ermöglicht praktisch den multiplen Zugriff auf Cookies von mehreren Servern aus.

Die Commerce-Server-Tools der Site Server Enterprise Edition benutzen ebenfalls Cookies, um Kundenkonten zu beobachten. Sie bieten wiederkehrenden Kunden an, ihre Kontendaten und personalisierten Nachrichten, die bei vorherigen Besuchen erfasst wurden, einzusehen. Das Setzen von Cookies für das Tracking von Online-Besuchern ist mit MPS ganz einfach. Ausgewählte Kunden können persönliche Daten in der Serverkomponente PropertyDatabase abspeichern. Das Microsoft Datenbankobjekt »Benutzereigenschaften« bietet eine Reihe

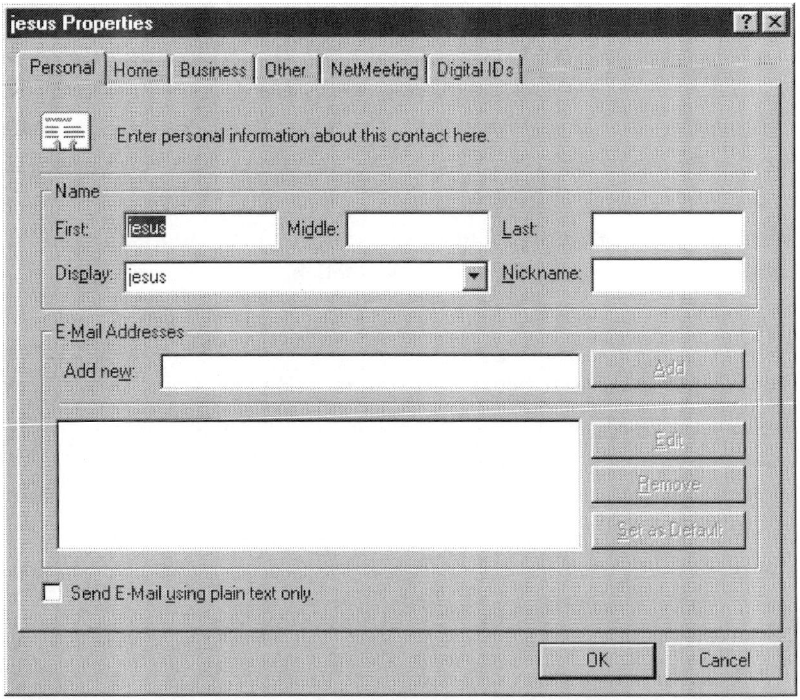

Abb. 77: *In den Einstellungen des Microsoft Explorer können persönliche Daten eingegeben werden.*

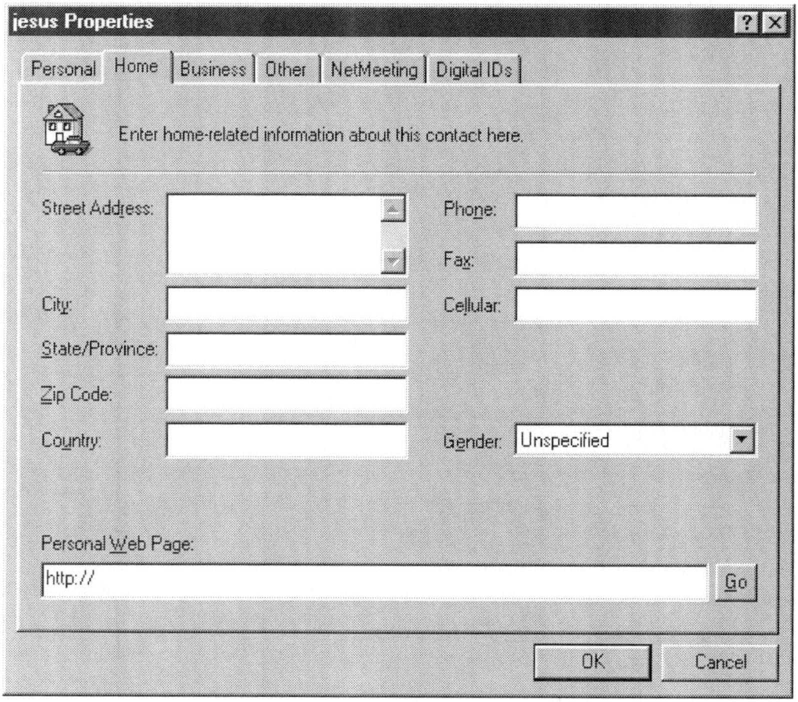

Abb. 78: *In den Voreinstellungen des Microsoft Explorer können Angaben zu Adresse und Telefonnummer gemacht werden.*

von Eigenschaften und Möglichkeiten, die Webmaster für das Hinzufügen von Informationen nutzen können. Das Laden der UPD (User Property Database)-Informationen in eine Datenbank erleichtert die Verknüpfung, Bearbeitung und das Mining der Daten.

Obwohl Cookies hervorragend für das Identifizieren einzelner Browsersitzungen auf Serverseite geeignet sind, haben sie für das Data Mining nur wenig Wert, solange sie nicht vereinigt werden. Cookies repräsentieren in der Regel eine persönliche Identifikationsnummer, die wie etwa eine Personalausweisnummer nutzlos für das Data Mining einer Kundendatenbank ist. Eine Personalausweisnummer ist, wie eine persönliche Benutzeridentifikationsnummer, nur eine Einzelbeobachtung, die

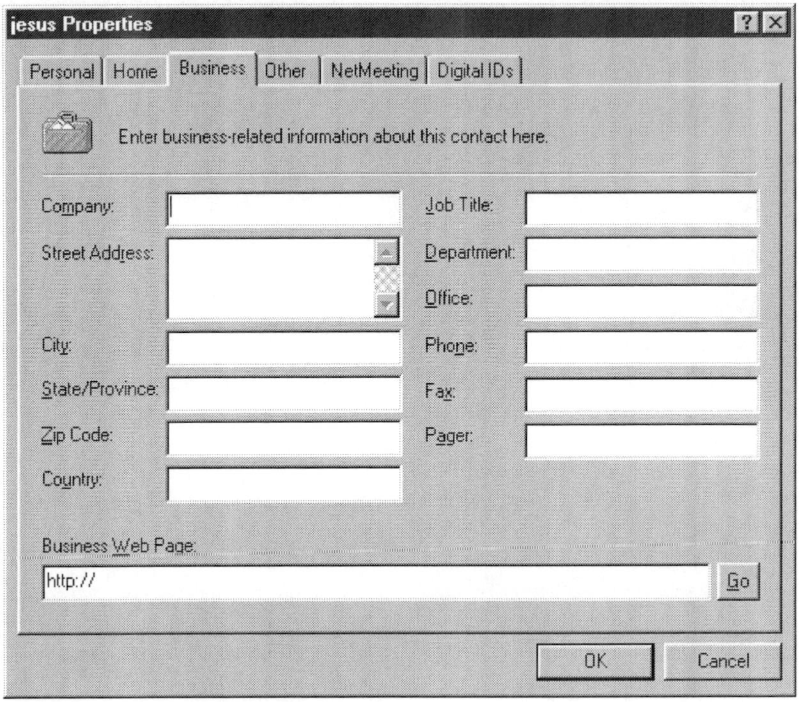

Die Datenkomponenten

Abb. 79: *Im den Einstellungen des Microsoft Explorer sind darüber hinaus auch geschäftliche Angaben möglich.*

zu einzigartig ist, um für ein brauchbares Muster generalisiert zu werden. Wenn jedoch bestimmte Cookiearten gruppiert werden, können wichtige Klassen oder Muster entdeckt werden, die einen tiefen Einblick in die Aktivitäten der Online-Kunden und Besucher auf Ihrer Website geben können. Einzelhändlerseiten setzen Cookies zum Beispiel oft in mehreren aufeinanderfolgenden Schritten, um die Käufer ausfindig zu machen, die zum ersten Mal etwas auf ihrer Seite kaufen:

Aktivität auf der Website	Cookie-Einstellungen
Online-Besucher kommen auf die Homepage der Website	= on
Online-Besucher wählt eine Produktkategorie	= 1stVisit = Welcome
Online-Besucher wählt ein bestimmtes Produkt	= Session_ID = 1BABV317MEN

Mit Hilfe von verschiedenen Data Mining-Tools, einschließlich Entscheidungsbaum-Programmen, die für die Aufdeckung von Schlüsselklassen in einer Datenbank ausgelegt sind, können aufeinanderfolgende Segmente identifiziert werden. Wesentlich ist, dass die Website die einzigartige Fähigkeit besitzt, sowohl Botschaften und Informationen für das Beziehungsmarketing zu erzeugen, wenn Log- und Cookiedateien eingesetzt werden, als auch mit Hilfe von CGI-Formularen Besucherprofile zu erstellen.

Formulare

Die bei weitem effektivste Methode, Informationen über Online-Besucher und Kunden zu sammeln, sind Formulare. Es sollten jedoch immer nur die wichtigsten Informationen vom Kunden erfragt werden, da kein Kunde ellenlange und aufdringliche Fragebögen ausfüllen möchte, vor allem, wenn diese nach dem Einkommen und anderen privaten Angelegenheiten fragen. Es gibt genügend andere Methoden und Möglichkeiten, demographische Daten zu sammeln, ohne den Kunden befragen zu müssen. In jedem Fall sollten zu viele neugierige Fragen vermieden werden, denn dies hat entweder gar keine Antworten oder bewusst verfälschte Antworten zur Folge.

Die Verarbeitung von Formularen durch den Server kann auf verschiedene Weisen erfolgen. Die gebräuchlichste Methode ist, ein CGI-Programm zu verwenden, das die Formularinformationen verarbeitet und eine Antwort, entweder in Textform oder als HTML-Dokument, an den Online-Besucher zurückschickt. Aus diesem simplen Mechanismus aus Anfrage und Antwort können komplexe Geflechte von Interaktionen und Beziehungen zwischen der Website und dem Online-

Kunden entstehen. Am Wichtigsten sind das Feedback des Verbrauchers an den Einzelhändler und das Sammeln von wichtigen Kundendaten in Echtzeit. Die wechselseitige Informationsübertragung zwischen Client und Server baut eine Beziehung zwischen den Online-Besuchern und der Website auf und ermöglicht das Tracking der Browseraktivitäten des Besuchers.

Die zwei wichtigsten HTML-Tags sind <FORM> und <INPUT>. Der <FORM>-Tag wird eingesetzt, um den Bereich der HTML-Datei festzulegen, der für die Benutzereingabe vorgesehen ist. Die meisten HTML-Seiten rufen dadurch ein CGI-Skript auf. Der Tag teilt dem Programm mit, welche Kodierung und welche Art der Datenübertragung benutzt wird:

```
<FORM ACTION=»url«METHOD=[POST|GET] ENCTYPE=»...«>
```

Das Attribut ACTION verweist auf die URL des CGI-Programms, so dass nach dem Ausfüllen des Formulars durch den Online-Besucher sämtliche Daten kodiert und zur Entschlüsselung und Verarbeitung an das CGI-Skript übertragen werden. Das Attribut METHOD sagt dem CGI-Skript, wie die Eingaben empfangen werden sollen: über GET oder über POST (in den meisten Formularen ist dies POST). Meist wird empfohlen, den Eingabewert über POST zu empfangen, da es keine Begrenzungen des Datenvolumens festlegt. Formulare erfassen Informationen meist über Textfelder, Radiobuttons, Checkboxen und andere Methoden, mit dem HTML-Tag <INPUT> Eingaben zu machen. Dies ist ein Beispiel für ein Texteingabefeld eines Fragebogens:

```
<INPUT TYPE=text NAME="..." VALUE="..." SIZE=... MAXLENGTH=...>
```

Das Attribut NAME weist den Verwendungszweck des Textfeldes zu, beispielsweise »tragen Sie Ihre E-Mailadresse ein«. Mit VALUE kann ein Default-Text in das Eingabefeld gesetzt werden, und SIZE bestimmt die sichtbare Größe des Eingabefeldes. MAXLENGTH setzt die maximale

Zeichenlänge für die Texteingabe fest. Für das Versenden der Informationen wird folgender Tag benutzt:

```
<INPUT TYPE=SUBMIT>
```

Hat ein Online-Besucher einen Fragebogen ausgefüllt, klickt er auf den Versenden-Button. Der Inhalt des Fragebogens wird dann an die im Attribut ACTION angegebene URL geschickt. Nachdem der Inhalt des Fragebogens versendet wurde, kodiert der Browser die Information, bevor sie auf den Server und in die CGI-Anwendung geladen wird. Sobald der Anwender die Werte für jedes Feld eingibt, werden symbolische Namen mit folgenden Spezifikationen weitergeleitet:

- Leerzeichen werden durch Pluszeichen (+) ersetzt. Felder werden durch ein kaufmännisches Und (&) getrennt.
- Name und Werte werden durch Gleichheitszeichen (=) getrennt, mit dem Namen auf der linken und dem Wert auf der rechten Seite.
- Alle Sonderzeichen werden durch ein Prozentzeichen (%) ersetzt, gefolgt von einem zweistelligen Hexadezimal-Zeichencode.

Ein codierter String erscheint als folgender Output:

```
name1=value1&name2=value2&name3=value3...
```
Dies ist ein Beispiel für einen sehr simplen Fragebogen:
```
<html> <head>
<title> Name, Age and Gender</title>
</head>
<body> <form action="/cgi-bin/profile.cgi" method=POST>
Please provide us your name: <input type= text name="name"> <p>
Please
Provide us your age: <input type= text name="age"> <p>
Please provide us your gender: <input type= text name="gender">
<input
   Type=submit>
</form>
</body> <html>
```

Gibt Ihr Online-Besucher zum Beispiel den Namen Joe Blow, das Alter 34 und das Geschlecht männlich an, wird der Eingabewert im folgenden String codiert:
name=Joe+Blow&age=34&gender=Male
Formular-Daten bestehen aus einer Liste von Name/Wert-Paaren. Bevor der Browser die Daten zu einem Server und einem CGI-Programm überträgt, codiert er die Informationen nach einem Schema, das URL-Kodierung genannt wird.

name   Joe Blow
e-mail   jblow@docl.com

Zunächst werden sämtliche nicht-alphanumerischen Zeichen (@) in (%40) codiert:
name   Joe Blow
e-mail   jblow%40docl.com

Als nächstes werden sämtliche Leerzeichen durch Pluszeichen ersetzt:
name   Joe+Blow
e-mail   jblow%40docl.com

Dann werden die Name/Wert-Paare mit einem Gleichheitszeichen zu einem Paar zusammengefasst:
name=Joe+Blowe-mail= jblow%40docl.com

Das letzte kodierte Stringpaar wird durch ein kaufmännisches Und (&) getrennt:
name=Joe+Blow&e-mail= jblow%40docl.com

Nachdem das CGI-Programm die kodierten Formulareingaben erhalten hat, teilt es den String auf und speichert ihn ab, so dass Sie die Daten benutzen können. Sie liegen als Namen/Wert-Paare vor. Der String kann bearbeitet werden, indem Pluszeichen beispielsweise durch Leerzeichen, Kommata oder Tabs ersetzt werden. URL-kodierte Zeichen können in ihre ursprünglichen Zeichen zurückgeführt werden. Der Zweck dieser Vorgehensweise liegt darin, dass die kodierten Strings ein

Die Datenkomponenten

Format besitzen, das mit anderen internen oder demographischen Datenbanken zur anschließenden Data Mining-Analyse zusammengeführt werden kann. Die meisten aktuellen Data Mining-Tools können komma- oder tab-separierte Textdateien importieren.

name=Joe+Blow&age=34&gender=Male&jblow%40docl.com
kann zum Beispiel in eine komma-separierte ASCII-Datei umgewandelt werden:

Joe Blow,34 , Male, jblow@docl.com
Dieses Format kann von den meisten Data Mining-Tools direkt importiert werden.

Über ein einfaches Formular, das nur ein Feld besitzt (siehe Abbildung 80), in das der Online-Besucher seine Postleitzahl eingibt, um so Informationen zu lokalen Informationen, News, Dienstleistungen und Wetterberichten zu erhalten, kann gleich die wichtige Postleitzahl gesammelt werden, die sich dann für die Datenanalyse nutzen lässt. Eine Postleitzahl kann nicht nur dazu benutzt werden, eine Website entsprechend der Kundenbedürfnisse auszurichten, sondern kann darüber hinaus für eine anschließende Data Mining-Analyse mit demographischen und psychographischen Datenbanken verknüpft werden.

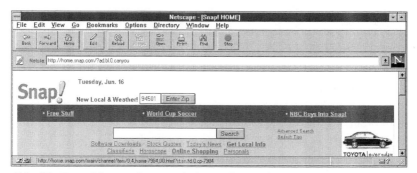

Abb. 80: *Ein einfaches, einzeiliges Formular kann Online-Besuchern gezielte Informationen liefern.*

Common Gateway Interface (CGI)

CGI ist das gebräuchlichste Protokoll, über das Browser mit dem Webserver interagieren. Es ist eine sehr zuverlässige und vielseitige Methode, mit der Online-Besucher und Kunden mit Online-Shops und anderen Produkt- oder Dienstleistungsanbietern kommunizieren. Mit Hilfe von CGI können Webserver Browsereingaben interpretieren und gegebenenfalls auf dieser Grundlage auch Daten zurückschicken. Das Protokoll ist ein Standardverfahren für Programme, um mit dem Server zu kommunizieren Die CGI-Kommunikation erfolgt über Standardeingaben und -ausgaben, die mit jeder Programmiersprache erzeugt werden können. Die am häufigsten angewandte Programmiersprache ist Perl.

Perl ist eine hochentwickelte Sprache, die hervorragend zum Auswerten von Texten geeignet ist. Genau das machen die meisten CGI-Skripte. CGI-Programme erhalten in der Regel Daten vom Browser und senden diese zum Server. CGI-Programmierung beinhaltet in ihrer elementarsten Form:
- Eingaben vom Browser zu erhalten,
- diese Eingaben auf dem Server zu verarbeiten und
- den Output zurück zum Browser zu schicken.

Wie wir bereits gesehen haben, geschieht dies meist über HTML-Formulare, die eine wichtigen Komponente für das Data Mining darstellen, da sie im Gegensatz zu Logdateien oder Cookies direkt vom Online-Besucher oder Kunden selbst ausgefüllt und abgeschickt werden. Häufig wird ein Online-Besucher oder Kunde um das Ausfüllen eines Formulars gebeten, in dem nach Postleitzahl, Alter, Geschlecht, Vorlieben und anderem gefragt wird (siehe Abbildung 81).

Sobald der Online-Besucher oder Kunde das Formular ausgefüllt und abgeschickt hat, werden die darin enthaltenen Daten an das CGI-Programm geschickt, das die Eingaben verarbeitet (zum Beispiel, indem es sie an eine Datenbank anhängt). Anschließend bestätigt das Programm den Erhalt der Informationen oder sendet etwas zurück, beispielsweise ein Passwort oder eine User-ID. Als Gegenleistung zu

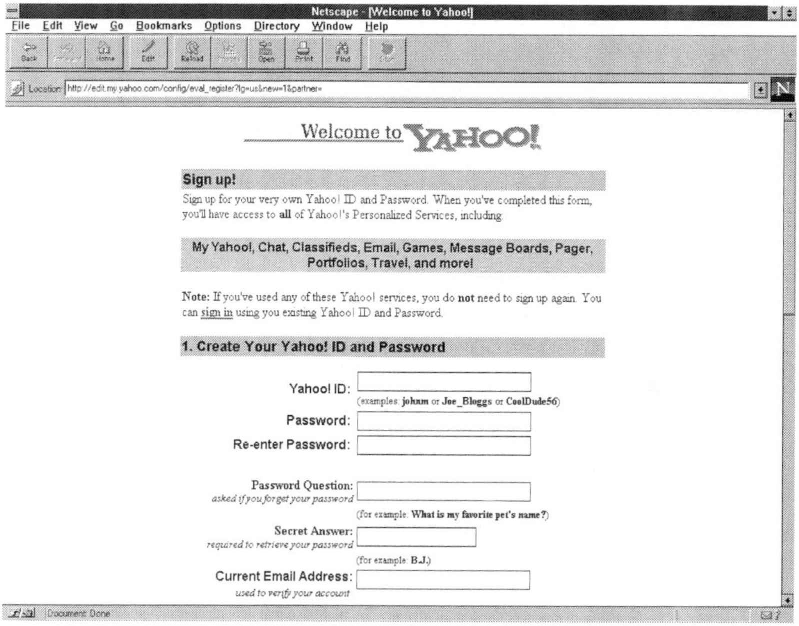

Die Datenkomponenten

Abb. 81: *Ein Formular zur Erfassung von Besucher-Daten für die Personalisierung des Themen-Angebotes.*

erhaltenen Kundeninformationen könnten Sie Ihr CGI-Programm beispielsweise dazu veranlassen, dem Kunden einen Zugriffscode auf bestimmte Websitebereiche zu schicken oder dem Kunden ein Sonderangebot zu machen. Der Vorteil von CGI und den Fragebögen, die CGI unterstützt, liegt darin, dass Sie in Interaktion mit Ihren Besuchern oder Kunden treten können. Noch wichtiger dabei ist, dass Sie wichtige Informationen darüber erhalten, wer diese sind und was sie benötigen.

CGI-Programme können in Dateien und in Datenbanken lesen und schreiben. Auf diese Weise können wichtige Kundendaten auf Serverlevel erfasst werden. Sie erreichen dies, indem serverseitig kompilierte Programme verarbeitet oder Skripte von einem Interpreter ausgeführt werden. Die verwendete Skript-Sprache ist meist Perl, doch C und C++, JavaScript oder Java können ebenso gut benutzt werden. Es ist jedoch zu bedenken, dass die Anforderungen an die Administration bei C und C++ komplexer werden. Derartige Programme müssen bei jeder Modifizierung neu kompiliert werden. Dies kann in einer sehr dynamischen Umgebung wie einer großen Website ein Problem darstellen.

Java und JavaScript bieten die Option, mittels CGI Formulare für die Erfassung von Kundendaten zu verarbeiten. Java ist eine objektorientierte Programmiersprache, während JavaScript eine objektbasierte Skript-Sprache mit einem Satz aus integrierten Objekten ist. JavaScript ist eine Erweiterung von HMTL und ermöglicht die Verlagerung von Verarbeitungsroutinen vom Server auf den Client. Dadurch wird Zeit eingespart und die Serverlast reduziert. Da JavaScript in HTML-Seiten eingebettet ist, brauchen Online-Besucher nicht auf die Antwort des Servers zu warten, denn wenn der Client Seiten empfängt, werden die Scripts sofort ausgeführt. Dies erhöht die Response-Geschwindigkeit. Mit den Produkten Active Server Pages (Microsoft) und LiveWire (Netscape) kann JavaScript auch serverseitig eingesetzt werden.

Zusammenführen der Komponenten

Um die Vorteile jeder dieser Datenkomponenten optimal auszunutzen, sollten Sie Log- und Cookie-Dateien in Verbindung mit Formularen einsetzen. Zur Realisierung benötigen Sie serverseitige CGI-Scripts und clientseitiges JavaScript. Das JavaScript zum Setzen eines Cookies für Netscape und Microsoft Explorer kann in eine HTML-Datei eingebettet werden. Dies kann folgendermaßen aussehen:

```
document.cookie = »myCookie=A Value; expires=Tuesday, 06-Jul-199908:00:00 GMT«
```

Wenn ein Online-Besucher auf Ihre Website kommt, lädt der Browser das Cookie, das in dem document.cookie-Objekt als einzelner, langer String bereitgestellt wurde. Wenn Sie diesem Objekt einen Wert zuweisen, aktualisiert der Browser das derart benannte Cookie, falls es vorhanden ist, oder er erzeugt das Cookie mit dem entsprechenden

Namen, falls es nicht vorhanden ist. Der Name des hier verwendeten Cookies ist myCookie. Es wird unter »A Value« mit dem Verfallsdatum 6. Juli 1999 um 8.00 Uhr gesetzt. Um den Namen, das Alter und das Geschlecht eines Online-Besuchers zu speichern, der ein Formular zusammen mit einem Cookie gesendet hat, können Sie ein JavaScript schreiben, das ungefähr so aussehen könnte:

```
data = document.FormName.visitor_name+"|"+
document.FormName.visitor_age+"|"+
document.FormName.visitor_gender;
document.cookie =cookie_name+"="+data+
„: expires="+expiration_date;
```

Mit Hilfe von CGI, Java und/oder JavaScript können Sie die Trackingfähigkeiten eines Cookies mit den vom Kunden gelieferten, demographischen Daten verbinden, die Sie über Formulare erhalten. Sie gewinnen so einen Einblick darin, *wer* auf Ihrer Website *wohin* geht und können sich schrittweise ein Bild von Ihren Online-Besuchern und Kunden machen:

```
Log File Information:
Ntt.com.jp - - [08/Jul/1999:16:44:14 -0744] „GET /webminer/
index.html
HTTP/1.0" 200 5898
http://search.yahoo.com/bin/search?p=data+ mining+websites
»Mozilla/3.01 (Macintosh; I; PPC)«
plus Cookie File Information
Session_ID=1BABV317MEN
plus Form Information
Joe Blow, 34, Male, 94502, jblow@docl.com
Equals Visitor/Customer Datensatz String
Ntt.com.jp - - [08/Jul/1999:16:44:14 -0744] „GET /webminer/
index.html
HTTP/1.0" 200 5898
http://search.yahoo.com/bin
search?p=data+mining+websites
»Mozilla/3.01 (Macintosh; I; PPC)«,
Session_ID=1BABV317MEN, Joe
Blow, 34, Male, 94502, jblow@docl.com
```

Die Datenkomponenten

Dieser durch Kommata getrennte String kann zur Datenvorverarbeitung problemlos von einer Datenbank wie Access importiert werden (siehe Abbildung 82).

Eine der wichtigsten Methoden zur Erfassung von Kundendaten auf Ihrer Website ist, bestimmte demographische Eigenschaften auf Grund der angegebenen Postleitzahl zu identifizieren. Diese lassen sich mit kommerziellen Kunden- und Umfragedaten verbinden. Die Analyse externer *und* interner Muster kann Ihnen einen Einblick in die Art der Kunden geben, die Ihre Website anzieht. Diese Marktcluster entsprechen Personen, die eine Kaufneigung für Ihre Produkte und Dienstleistungen haben. Die Analyse der von Ihrer Website angezogenen Personen kann typische psychographische Profile aufdecken, die ein typisches Verhalten aufweisen und typische Werte besitzen. Mit Hilfe der Analyse

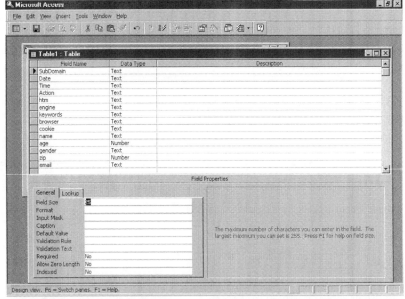

Abb. 82: *Eine Kundendatenbank kann aus mehreren Datenkomponenten einer Website zusammengestellt werden.*

Abb. 83: *Ihr Kundenprofil hängt von den verwendeten Komponenten ab.*

Ihrer Online-Daten lassen sich Personen identifizieren, die sich für die von Ihnen angebotenen Produkte interessieren.

Es kann tatsächlich sein, dass Sie verschiedene Marktsegmente für unterschiedliche Bereiche Ihrer Website entdecken, besonders wenn Sie eine große Website besitzen. Dank der dynamischen Natur des Internet können Sie unterschiedlichen Content, Marketing- und Werbemaßnahmen »on the fly« entwerfen und testen. Das Austesten von bestimmten Angeboten und Marketingkonzepten ist im Internet sehr schnell und effektiv realisierbar. Zielgruppen können kostengünstig und ohne Verzögerung ermittelt werden. Durch den Gebrauch und die Erzeugung von dynamischem Content können heutzutage verschiedene Produktbeschreibungen, Angebote und Werbemaßnahmen ganz einfach getestet und dann die Response quantitativ miteinander verglichen werden, um die besten Alternativen herauszufinden.

Überlegungen zu den Komponenten

Vor der Analyse sollten Sie den Ort der Speicherung der zu analysierenden Daten festlegen. Werden Sie die Daten auf dem selben Server speichern? Vermutlich nicht. Wie bei anderen Data Mining-Projekten muss auch beim Mining der Website festgelegt werden, welche Datenvariablen erfasst und konvertiert werden und wie groß der Beispiel-Datenbestand sein soll. Weitere Fragen betreffen die Intervalle der Analysen und die Kundenattribute, die Sie für Verkauf, Marketing, Strategieplanung usw. benötigen. So stellt sich zum Beispiel die Frage, ob Sie Ihre Daten täglich analysieren möchten oder ob vielleicht eine wöchentliche Analyse mit einer Beispieldatenmenge mit zehn Prozent Ihrer Online-Transaktionen ausreicht. Bedenken Sie dabei, dass irrelevante, redundante oder covariante Variablen in einer Datenbank jede Datenanalyse verzerren und die Aussagekraft der resultierenden prädiktiven Modelle mindern. Das Common Log Format ist nicht für eine Data Mining-Analyse ausgelegt, sondern dient der Messung des Server-Traffics und enthält als solches eine Vielzahl redundanter Daten und nutzloser Informationen, die aus der Datenanalyse ausgeschlossen werden können. In manchen Fällen müssen Sie Logdateien oder Daten aus der Formulardatenbank hinzufügen oder in einem Datenbestand zusammenführen, der für eine induktive Datenanalyse besser geeignet ist.

Ein weiterer kritischer Punkt sind verzerrte Daten. Sie müssen beschädigte Daten, wo immer möglich, reparieren und dabei auch festlegen, wie mit fehlenden Werten umgegangen werden soll. Einige Data Mining-Tools bieten Optionen und Hilfestellungen zur Glättung beschädigter Daten, andere Tools nicht. Sie sollten also darauf vorbereitet sein, Daten zu glätten.

Schließlich sollten Sie festlegen, wie Sie Ihre Daten darstellen möchten. Was machen Sie zum Beispiel mit qualitativen Attributen wie Geschlecht oder Postleitzahlen? Möchten Sie diese in Klassen gruppieren? Wie verhält es sich mit quantitativen Variablen? Müssen Sie Durchschnitte aus ihnen ermitteln? Das Fazit all dieser Fragen ist: Sie haben es ist mit sehr dynamischen Online-Daten zu tun. Bedenken Sie, dass diese Elemente nicht in Stahl gegossen sind und dass ihre Anpassung an den Einzelfall eher die Regel als die Ausnahme ist. Die von Ihrer Website generierten Datenkomponenten sind nur der Anfang Ihrer Data Mining-Analyse. Ihr Wert steigt exponentiell, wenn sie mit Daten aus Ihrem Data Warehouse und Daten von Drittanbietern verknüpft werden.

Die Anbieter von Daten

In diesem Kapitel werden wir einige *kommerzielle* Datenanbieter vorstellen, deren Daten Sie an Ihre Online-Daten anbinden können, um so einen noch tieferen Einblick in die Eigenschaften, die Merkmale, den Lebensstil und das Verhalten Ihrer Online-Besucher und Kunden zu erhalten (siehe Abbildung 84). Es gibt zwei verschiedene Kategorien von Datenanbietern: die traditionellen Anbieter von Marketingdatenbanken und die Anbieter web-basierter Software und Netzwerkservices. In die erste Kategorie fallen klassische Anbieter von Marketingaktionen sowie Anbieter von demographischen und Verbraucher- oder Haushaltsdaten. Die zweite Kategorie umfasst eine völlig neue Kategorie von Internetfirmen. Diese Firmen bieten Softwareprodukte und/oder Services an, die Daten über das Verhalten und die Präferenzen von Internetnutzern erfassen und generieren. Diese neuen Anbieter verwenden eine ganze Reihe von verschiedenen Softwarelösungen für das Tracking und die Profilerstellung von Online-Besuchern und Käufern. Die Palette der Techniken reicht von Collaborative Filtering bis zu proprietären Technologien und der Verwendung von Cookies über Servernetzwerke.

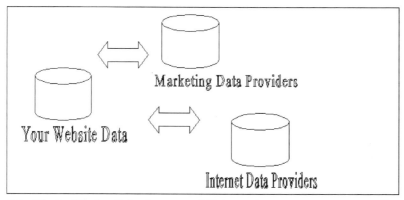

Abb. 84: *Der Wert Ihrer Online-Daten steigt erheblich, wenn Sie sie mit Daten von externen Offline- oder Online-Anbietern verknüpfen.*

Anbieter von Marketingdaten

Eine ganze Industrie von Datenanbietern befasst sich damit, Daten zu sammeln, zu verwalten, zusammenzustellen und diese Daten Firmen und Unternehmen anzubieten, die ihre Umsätze steigern, Kunden dauerhaft binden und ihre Kundenbeziehungen verbessern möchten. Darüber hinaus kann der Wert der eigenen Transaktionsdaten, die bereits über die Website erfasst wurden, durch die Anbindung von demographischen Daten sowie Haushalts-, Einkommens- und Verbraucherdaten, erheblich gesteigert und so ein tieferer Einblick in die Online-Kunden gewonnen werden.

Es ist üblich, die verschiedenen internen Unternehmensdaten, die aus dem Data Warehouse stammen, mit externen kommerziellen Daten zu kombinieren. Ein Data Warehouse enthält Daten, die aus den unterschiedlichsten Bereichen eines Unternehmens stammen. Diese sind in der Regel über das gesamte Unternehmen verteilt, so dass das Data Warehouse hier ein wichtiges Instrument bei der Entscheidungsfindung darstellt. Es ist üblich, mit Hilfe von Data Mining ähnliche Kunden zu identifizieren, die ähnliche Produkte und Dienstleistungen kaufen. Dazu werden die internen Kundendaten mit externen demographischen Daten oder Lifestyle-Daten verknüpft. Auf ähnliche Weise werden beim Database Marketing Haushaltsdaten von Anbietern wie Claritas oder Schober an die internen Daten »angehängt«, um herauszufinden, welche Personen auf Mailkampagnen oder andere Marketingaktionen und Kaufanreize reagieren.

Die Zusammenführung von serverbasierten Daten mit demographischen, psychographischen oder Haushaltsdaten kann einer E-Commerce-Seite einen tiefen Einblick in ihre Online-Besucher und Kunden ermöglichen. Wie bei Data Warehouse- und Database Marketing-Applikationen tragen diese zusätzlichen Informationen auch hier zur exakten Positionierung der Website bei und optimieren die Kommunikation zwischen dem Unternehmen und seinen rentablen Online-Kunden, das heißt die Kundenbindung wird verstärkt.

In Deutschland gibt es einige Firmen, die sich auf das Aggregieren von Daten aus öffentlichen Dokumenten, Volkszählungen und Verbraucheranalysen spezialisieren und diese in ein Format bringen, das dem Unternehmen eine Anbindung an die eigenen Daten ermöglicht. Diese Datenanbieter verkaufen Verbraucherdaten auf verschiedenen Ebenen.

Im Folgenden werden einige Datenanbieter vorgestellt, deren Daten Sie dazu nutzen können, Ihre Online-Besucher und Kunden besser zu verstehen. Grundlage hierfür ist entweder die Postleitzahl oder die vollständige Adresse, die Ihre Online-Besucher und Kunden beim Ausfüllen des Registrierungsbogens auf Ihrer Website angegeben haben.

Claritas

Claritas gehört zum Unternehmensbereich Business Information der niederländischen VNU-Mediengruppe, die vorwiegend im Bereich Verbraucher- und Wirtschaftsinformationen tätig ist. Claritas bietet weltweit Daten und Systeme für die Segmentierung auf Mikro-, Markt-, Haushalts- und Individual-Ebene an. Die COSMOS RVM-Daten und -Systeme basieren auf Strukturdaten, Raumdaten, PRIZM-Segmentierungsdaten und Privat-Haushaltsdaten, die über den KGS (Kreis-Gemeinde-Schlüssel) miteinander verknüpft sind.

Die Daten

Strukturdaten

Die Daten sind bis zur Ebene der Gemeinden (KGS-8) entsprechend der amtlichen kommunalen Gliederung der Bundesrepublik Deutschland gegliedert. Für die Unterteilung der Gemeinden in statistische Bezirke und Straßenabschnitte hat Claritas die Schlüsselsystematik erweitert. Die kleinste Ebene ist die Wohnplatzebene (KGS-22).

Raumdaten

Die Raumdaten umfassen Daten aus öffentlich zugänglichen Quellen, insbesondere aus amtlichen Statistiken (Bevölkerungsstatistiken, Haushaltsstatistiken, Flächennutzungspläne und so weiter). Die Daten beschreiben die privaten und wirtschaftlichen Strukturen in den jeweiligen Räumen. Diese sekundär-statistische Datenbasis ist auch für Kunden zugänglich.

PRIZM- Mikro-Marktsegmentierung

Das Segmentierungssystem PRIZM ist das Herzstück der COSMOS-Daten- und Systeme. Basierend auf den Raumdaten werden die lokalen Mikromärkte nach vier Kriterien klassifiziert und profiliert.

Regiotypen	Beschreiben den Grad der Verstädterung (z.B. anhand von Bevölkerungsdichten).
Milieus	Charakterisieren Räume, die das Verhalten der Individuen bezüglich Lifestyle prägen und bestimmen.
Lebensphase	Verweist auf den überdurchschnittlichen Anteil einer bestimmten Altersgruppe.
Straßenstrukturtyp	Lokalisiert die Zielgruppen-Affinität auf der untersten Ebene.

Privathaushaltsdaten

Hierbei handelt es sich um Daten, die aus Befragungen auf Haushaltsebene stammen. Die Befragungen beziehen sich zum Beispiel auf das Lebens- und Wohnumfeld, die Konsumgewohnheiten oder auf Freizeitinteressen.

Die Systeme

COSMOS Private

Die repräsentative Datenbank COSMOS Private bildet das Verhalten jedes 36-sten Haushaltes in den Bereichen Finanzdienstleistungen, Medien und Telekommunikation ab und liefert Basisinformationen zur Haushaltsstruktur.

COSMOS Compete
COSMOS Compete enthält regionale Mitbewerberdaten für die Branchen Banken, Bausparkassen, Versicherungen, Kreditkarten, Medien, Versandhandel, Telekommunikation, Automobilindustrie und Tourismus.

COSMOS Spectra
Hierbei handelt es sich um ein Marketing-Informationssystem für Hersteller und Handel der Konsumgüterindustrie. COSMOS Spectra ermöglicht quantitative Aussagen zu Warengruppen und Produkten sowie Potenzialbewertungen für einzelne Handelsstandorte.

COSMOS Catalyst GeoCode
Das GeoCodierungssystem ermittelt den KGS zu Kundendaten. Der KGS ist die Schnittstelle zur Vernetzung der Claritas-Analysebasis mit den Daten der Kunden.

COSMOS Business-to-Business
Die COSMOS Business-to-Business-Datenbanken enthalten geokodierte Business-to-Business-Adressen mit qualifizierenden Marketinginformationen.

COSMOS List
COSMOS List bietet Adressen für das Präzisionsmarketing.
www.claritas.com

Experian
Experian ist ein international tätiger Informationsdienstleister, der unter anderem auch in Deutschland Verbraucherauskunfteien unterhält. Die von Experian gesammelten Daten stammen aus öffentlichen Informationsquellen sowie aus einem branchenübergreifenden Datenpool. Die wichtigsten Dienstleistungen der Experian-Gruppe sind unter anderem die Lieferung von Informationen über die Kreditwürdigkeit von Privat-

personen, geschlossene Datenbanken, Karten- und Kontenverarbeitung, Risiko-Management-Lösungen und Marketingdienstleistungen. Die Marketingdienstleistungen werden in Deutschland von dem akquirierten Unternehmen »pan-adress« übernommen.

Entscheidungsunterstützung für die Kreditvergabe

Die Creditreform Experian GmbH (CEG), ein Joint Venture der Experian GmbH mit der Creditreform, ist eine Auskunftei, die Informationen über das Finanzverhalten von Verbrauchern liefert und ihren Kunden somit als Unterstützung im Entscheidungsprozess für die Kreditvergabe dient. Dabei spielt es keine Rolle, ob die Daten positiver oder negativer Art sind. Die zu dem CEG-Datenpool beitragenden Unternehmen sind Finanzdienstleister aus den unterschiedlichen Marktsegmenten (Banken, Telekommunikation, Versicherungen, Leasing-Unternehmen), die entweder direkte Kredite oder Produkte und Dienstleistungen auf Kredit vergeben.

Kundenkonto-Daten
CEG verwaltet und speichert Daten zu Kundenkonten, die auf Anfrage eines teilnehmenden Unternehmens an dieses weitergegeben werden. Mit Hilfe dieser Daten kann das jeweilige Unternehmen zahlungsfähige von zahlungsunfähigen Verbrauchern unterscheiden und dementsprechend über eine Kreditvergabe entscheiden.

Weitere verfügbare Verbraucherdaten sind zum Beispiel Inkassodaten, Daten über Beteiligungen an Unternehmen und Gerichtsdaten. Die Daten werden je nach der Menge der Anfragen über TCP/IP, Windows-Oberflächen oder über einen Batch-Zugang per DFÜ oder Datenträger übermittelt.

www.experian.de

pan-adress

pan-adress ist ein Unternehmen der Experian-Unternehmensgruppe und einer der bedeutendsten deutschen Fullservice-Anbieter im Direktmarketing. Die eigene Adressdatenbank enthält mehr als 4 Millionen Branchen- und Berufsadressen und ermöglicht den Zugriff auf eine mikroselektierbare Haushaltsdatenbank mit 30 Millionen Privatadressen. Die Services konzentrieren sich auf die Gebiete Direktmarketing, Pharmamarketing, Verlagsmarketing, Sozialmarketing und Finanzmarketing.

pan-adress bietet geschäftliche und private Adressen an. Die Adressen stammen aus verschiedenen Quellen, darunter Veröffentlichungen des Handelsregisters, Telefonbücher, eigene Recherchen, Retouren, Telefonrecherchen und Umzugsdateien. Jede Adresse besitzt eine sogenannte Gemeinde-Kennziffer, über die (im Gegensatz zur einfachen Postleitzahl) eine exakte regionale Selektion von Zielgruppen vorgenommen werden kann.

Geschäftsadressen

Business-Informationen bezieht pan-adress über die deutsche Leitzahl DLZ, einem eindeutigen Unternehmens-Identifikations-Code, über den Kundendatenbanken an die pan-adress Datenbank angebunden werden können. Die DLZ besteht aus einem zusammengesetzten Code, der hauptsächlich aus der Handelsregister-Nummer des jeweiligen Unternehmens und der Postleitzahl des Registergerichtes des Unternehmens gebildet wird. Die DLZ kann aus öffentlichen Quellen von jedem Anwender problemlos generiert werden.

Privatadressen

Privatadressen werden bei pan-adress in drei Hauptgruppen unterteilt: Privatadressen mit und ohne Berufsgruppen, Mikroselektierte Privatadressen (mit oder ohne Berufsgruppen) und Broker-Listen.

Die Anbieter von Daten

Mit Hilfe der mikrogeographischen Selektionsmethode werden Privatadressen nach dem Wohnumfeld selektiert, um genau die Zielgruppe herauszusuchen, die angesprochen werden soll.
Die Selektion erfolgt nach folgenden Gesichtspunkten:

Nach der Struktur der Städte/ Gemeinden (Regionaltyp)	Nach der Nutzung der Straße (Straßentyp)	Nach der Hausgröße (Bebauungstyp)	Nach der soziodemographischen Struktur (Soziotyp)
Kern von Ballungsgebieten	Reine Wohnstraße (kein oder sehr wenig Gewerbe)	1- bis 2-Familien-Häuser	**Altersstrukturen** – überwiegend jüngere Personen – gemischte Altersstruktur – überwiegend ältere Personen
Rand von Ballungsgebieten	Ladenstraße, geprägt durch Dienstleistung, Freiberufler und Einzelhandel	Homogene Bebauung in der Straße	**Familienstand** – überdurchschnittlich viele alleinstehende Personen – Gemischte Struktur (keine Gruppe überwiegt) – überdurchschnittlich viele Familien mit Kindern – jeweils mit hohem, mittlerem, niedrigem Status
Kernstadt einer Region	Mischform: es ist zwar Gewerbe vorhanden, doch überwiegt keine Gewerbeart	Gemischte Bebauung in der Straße	
Randgebiete einer Kernstadt	Gewerbestraße: Gewerbe beeinträchtigt die Wohnqualität (Negativ-Selektion ist möglich)	3- bis 5-Familien-Häuser	
Ländliche Zentren		Homogene Bebauung der Straße	

Nach der Struktur der Städte/ Gemeinden (Regionaltyp)	Nach der Nutzung der Straße (Straßentyp)	Nach der Hausgröße (Bebauungstyp)	Nach der sozio-demographischen Struktur (Soziotyp)
Orte auf dem Land		Gemischte Bebauung der Straße	
Jeweils mit hoher, mittlerer oder niedriger Kaufkraft		Wohnblocks mit ca. sechs bis neun Haushalten	
		Homogene Bebauung der Straße	
		Gemischte Bebauung der Straße	
		Hochhäuser mit mehr als zehn Haushalten	

MIKROTYP

MIKROTYP ist eine der größten mikrogeographischen Datenbanken in Deutschland mit knapp 70 Millionen anonymisierten Anschriften und mehr als 1 Milliarde Merkmalsausprägungen. Mehrere Unternehmen (zum Beispiel GfK) tragen mit ihren Daten zu dem großen Volumen der MIKROTYP-Datenbank bei. MIKROTYP legt über die gesamte Bundesrepublik ein feinmaschiges Netz von 5 Millionen Straßenabschnitten. Für jede dieser »Zellen«, die im Durchschnitt sieben Haushalte umfassen, kann die MIKROTYP-Datenbank eine ganze Reihe an Informationen zu Wohnumfeld, Bonität, Status, etc. liefern. Bei gleichem Wohnumfeld lassen sich Rückschlüsse auf das Konsumverhalten und die Kaufneigung von Kunden und potenziellen Neukunden ziehen. Die MIKROTYP-Datenbasis bezieht sich unter anderem auf die Bereiche Finanzen, Versicherungen, Automobilindustrie und wird laufend um neue Branchen erweitert. Die Einsatzgebiete der MIKROTYP-Datenbank liegen im Bereich Bestandsbewertung (»wer ist mein Kunde?«), Kundenstrukturanalyse (»wie sieht mein Kunde aus?«), Neukundenakquirierung, Cross-Selling, Bonitätsvorprüfung, Abwanderungs- und Stornoanalysen, Haltbarkeitsanalysen, Schadensanalyse, Gebiets- und Standortbewertung und Response-Analyse.

Schober Information Group

Die Schober Information Group ist ein weiterer Anbieter von Privat- und Firmenadressen.

Privatadressen

Die Privatadressen werden in drei verschiedene Pools unterteilt: *Privatadressen nach Kaufkraft*, *Privatadressen nach Konsumneigung und Privatadressen nach Wohnsituation*. In allen Pools werden die Adressen auf Postleitzahl- und Bundeslandebene in verschiedene Klassen klassifiziert. Im ersten Pool werden die Privatadressen in drei Klassen unterteilt: Kaufkraft hoch, Kaufkraft mittel und Kaufkraft niedrig. Der Gesamtbestand jeder Klasse wird nach den Faktoren *Konsumschwerpunkt* (Mode, Gesundheit, Unterhaltung...), *Geschlecht* und *Alter* klassifiziert. Die Klassifizierung erfolgt durch Einzel- und Statistikdaten wie zum Beispiel Wohnsituation, Berufsstrukturen, und so weiter. Im zweiten Pool (Privatadressen nach Konsumneigung) werden die Adressen nach der *Konsumneigung* und *Konsumschwerpunkten* klassifiziert. Im dritten Pool (Privatadressen nach Wohnsituation) werden die Adressen basierend auf der Schober-Einzelhausbewertung klassifiziert. Jedes Haus wurde persönlich vor Ort nach neun Kriterien bewertet.

Aus welchem Pool Sie Ihre Neukundenadressen auswählen, hängt davon ab, nach welchem übergeordneten Kriterium Sie im ersten Schritt Ihr Käuferprofil definieren. Sämtliche Zielgruppenmerkmale sind miteinander kombinierbar. Kunden können Adressen entweder direkt aus dem jeweiligen Pool bestellen oder ihren individuellen Kundentyp in einem Fragebogen genau definieren.

Firmenadressen

Die Firmenadressen-Datenbank von Schober enthält über 5 Millionen Firmenadressen, die in mehr als 20.000 verschiedene Branchenzielgruppen unterteilt sind. Zielgruppen können nach einer ganzen Reihe von Auswahlkriterien selektiert werden, wie zum Beispiel nach Betriebsgröße, Umsatz, Gesellschaftsform, Firmenart, Name von Führungskräften, Region, Messeteilnahme und andere. Sämtliche Selektionen können miteinander kombiniert werden, um Streuverluste zu minimieren.

Schober European Business Classification

Die Schober European Business Classification (EBC) ist eine systematische Top-down-Gliederung von Firmentätigkeiten, Berufs- und Organisations-Bezeichnungen.

Beispiel:

Betriebe allgemein —> Hersteller —> Fahrzeughersteller —> Automobilhersteller —> Sportwagenhersteller

Die EBC-Systematik ist europaweit verfügbar und kann mit anderen Branchensystematiken verknüpft werden. Die EBC-Systematik wurde ausschließlich für Marketingzwecke entwickelt. Die Vorteile der EBC-Systematik liegen in der Minimierung von Streuverlusten, der einfachen Erschließung internationaler Märkte und der systematischen Zusammenfassung artverwandter Branchengruppen.

Weitere Dienstleistungen der Schober Information Group im Business-Bereich sind das Listbroking, die Adressbereinigung und die Marktpotenzialanalyse.

Schober Lifestyle

Lifestyle-Adressen

Über die Lifestyle-Kundenbefragung erhält Schober einen noch tieferen Einblick in die Konsumgewohnheiten von Verbrauchern. Schober

betreut derzeit mehr als 1,2 Millionen Lifestyle-Adressen. Aus diesem Lifestyle-Datenpool können Kunden Adressen und Verbraucherdaten anmieten. Sie dienen der Ergänzung von soziodemographischen und regionalen Daten. Schober bietet Zielgruppen-Adressen zu neun Themengebieten:
- Urlaub und Reisen
- Freizeitaktivitäten
- Fahrzeug/Auto
- Gesundheit
- Geld/Investitionen
- Haus und Heim
- Einkaufen
- Kauf über Versandhandel
- Allgemeines

Lifestyle-Daten
Die Verbraucherbefragungen werden von dem Partner Lifestyle AG durchgeführt. Ihre Lifestyle-Daten geben Auskunft über die Bedarfssituation, die aktuelle Kaufabsicht und zu Präferenzen von Verbrauchern. Die Lifestyle-Daten können mit soziodemographischen Daten, Regional- und Statistikdaten aus dem Schober-Datenbestand verknüpft werden, um so einen noch tieferen Einblick in die Kunden zu erhalten.
www.schober.de

Webservices und Softwareanbieter
Das Internet ist ein dynamischer und schnell expandierender Markt. Seine Größe verdoppelt sich jeweils in einem Zeitraum von hundert Tagen. Mit der stetigen Zunahme der Themenvielfalt im Internet sinkt die Bereitschaft der Online-Besucher und Käufer, ziellos im Internet zu surfen. Sie orientieren sich eher an den Seiten, die exakt auf sie zugeschnittene Produkte und Dienstleistungen anbieten. Heute ist es wichtiger denn je, Kunden ein interaktives, persönliches Internet-Erlebnis zu schaffen. Das Internet entwickelt sich immer stärker zum »persönlichen

Medium«. E-Commerce-Seiten, die mit dieser Entwicklung mithalten möchten, müssen die Erwartungen der Online-Kunden hinsichtlich der Personalisierung erfüllen. Die Internetanbieter, die wir in diesem Abschnitt behandeln, bieten hauptsächlich sogenannte »webographische« Daten an. Diese Daten ermöglichen es Websites, ihren Content an die Präferenzen ihrer Kunden anzupassen.

Die im Folgenden dargestellten webographischen Anbieter gehören einem recht neuen Zweig von Internetfirmen an, die Software oder Services für das Collaborative Filtering, das Relationship Marketing und die Erstellung von Kundenprofilen anbieten und detaillierte Informationen über das Verhalten, die Präferenzen und die Profile von Online-Besuchern liefern.

Die technologischen Ansätze dieser Anbieter unterscheiden sich erheblich voneinander. Die meisten von ihnen benutzen proprietäre serverseitige Technologien zur Erfassung von Kundendaten, während sich andere Firmen auf die Beobachtung und Aufzeichnung des Nutzerverhaltens konzentrieren und auf dieser Grundlage vorhersagen, welche Produkte diese voraussichtlich kaufen oder auf welche Incentives, Werbungen oder Banner sie reagieren werden. Fast alle von ihnen bieten ihre Produkte und Dienstleistungen ausschließlich im Internet an. Ihre Abnehmer sind Betreiber von Onlineshops und elektronische Vermarkter.

Es handelt sich um einen noch sehr jungen Industriezweig, in dem es nur wenige Standards und klare Gewinner gibt. Und es ist ein hochdynamischer Markt, in dem es im Grunde immer wieder um die Beantwortung derselben Frage geht: »*Wer sind meine Kunden und welche Produkte und Dienstleistungen werden sie voraussichtlich bei mir kaufen?*«

Einige dieser Produkte und Services analysieren und speichern jede Webpage, die sich die Nutzer jeweils angesehen haben, um genau nachvollziehen zu können, was sie sich angeschaut haben, wann sie es sich angeschaut haben und wie lange sie es sich angeschaut haben. Diese Daten können gespeichert und analysiert werden, um ein umfassendes Verständnis über das Verhalten der Nutzer und ihre Präferenzen zu erhalten. Einige dieser Firmen führen Messungen des Online-Publikums durch und bieten Services im Bereich Werbung an. Auch wenn Sie hier vielleicht keine zusätzlichen Daten für eine Data Mining-Analyse erhalten, ist ein weiterer Einblick in das Verhalten Ihrer Online-Besucher und Kunden möglich.

Autonomy

Autonomy vertreibt eine Suite von Agentensoftware-Produkten für kommerzielle Websites, ISP und Informationsanbieter. Die »Agentware«-Technologie bietet die Möglichkeit, ein großes textbasiertes Contentvolumen automatisch zu kategorisieren, mit Hyperlinks zu verknüpfen und darzustellen. Eine manuelle Eingabe ist nicht notwendig. Darüber hinaus verspricht Autonomy, automatisch Benutzerprofile zu erstellen, die die individuellen Interessenbereiche eines jeden Benutzers aufzeichnen und codieren und die personalisierten Daten in Echtzeit zu übertragen. Autonomy zeichnet die Aktivitäten von Online-Besuchern auf und erkennt anhand dieser Aktivitäten die verschiedenen Interessenbereiche der Online-Besucher. Auf der Grundlage dieser Interessenbereiche werden dann persönliche Interessenprofile entwickelt.

Agentware Content Server ist das Herzstück der Agentware-Produkte. Die Autonomy Adaptive Probalistic Concept Modeling (APCM)-Technologie ermöglicht der Agentensoftware, die einzigartige »Signatur« von Schlüsselinhalten innerhalb von Textdokumenten zu identifizieren und zu verschlüsseln. APCM benutzt dann die Signatur des Inhaltes, den sogenannten Concept-Agent, um ähnliche Inhalte, wie zum Beispiel eine Gruppe ähnlicher Produkte oder Webseiten, in einem großen Contentvolumen aufzuspüren und aufzudecken. Die hierzu verwendete Technologie basiert zum Teil auf Neuronalen Netzen und der Bayes'schen Statistik. Autonomy ermöglicht das Collaborative Filtering, wodurch der Gebrauch von Formularen auf Webseiten umgangen wird. Stattdessen erstellt es Angebote auf der Grundlage von

Anwendern mit ähnlichen Geschmäckern und ermöglicht die Erstellung von Benutzerprofilen.
www.agentware.com

BroadVision

Die Software One-To-One der Firma BroadVision ist eine Server-Applikation. Sie enthält eine Reihe von Management-Tools, die dem Webmaster die dynamische Kontrolle über mehrere Server-Applikationen geben. Folgende Tools sind in der Suite enthalten:
⇨ Intelligent Matching Agents. Dies sind Tools, die Benutzerprofile dynamisch mit Inhalt verbinden (das Intelligent Matching Feature kann von Geschäftsleuten, Anwendern oder Agenten gestartet werden).
⇨ Content/Data. Content/Data enthält den Content von BroadVision, der in relationalen Datenbanken gespeichert sein kann und Daten, die aus einem beliebigen System eines Unternehmens, von einem Host oder aus einer Datenbank stammen.
⇨ Transaction Server. Der Server ermöglicht das sichere End-to-End-Management von Transaktionen, das an die jeweiligen Unternehmensbedürfnisse angepasst werden kann.
⇨ Profile Manager. Der Profile Manager verwaltet die Benutzerprofile, einschließlich der Informationen, die der Anwender angegeben hat, Informationen, die während einer Sitzung aufgezeichnet wurden oder die aus bestehenden Kundendatenbanken stammen.

Personalisierte Netzapplikationen übermitteln individualisierten Content in Echtzeit und ermöglichen Kunden und geschäftlichen Anwendern sichere Interaktionen und Transaktionen. BroadVision hält ein Patent auf ein Datenbanksystem, das ein »Customer Monitoring Object« (Kundenaufzeichnungsobjekt) für jeden einzelnen Besucher erzeugt. Referenzinformationen, die sich auf diesen Besucher beziehen,

Die Anbieter von Daten

erzeugen das Objekt, das in der Kundeninformationsdatenbank gespeichert wird. Auf dieses Objekt wird zugegriffen, wenn der Besucher ein Produkt auswählt, einen Kauf tätigt oder Informationen anfordert. Die Kundeninformationsdatenbank, die BroadVision auf diese Weise erzeugt, kann per Data Mining analysiert werden, um wichtige verdeckte Muster aufzudecken, die die Aktivitäten auf einer Website betreffen. BroadVision unterstreicht die Marketingkonzepte des One-to-One-Marketing, für die Rogers und Pepper eintreten und entwickelte ihre Software, um das Einzelhändlermodell zu realisieren, das Rogers und Pepper in ihrem bekannten Marketingfachbuch beschreiben.
www.broadvision.com

DoubleClick

DoubleClick ist ein Anbieter von zielgerichteter Werbung für eine Gruppe von großen vernetzten kommerziellen Websites. Das Double-Click-System identifiziert Anwender, die sich zwischen mehreren Websites dieser Gruppe bewegen. Diese einzelnen Websites gehören ver-

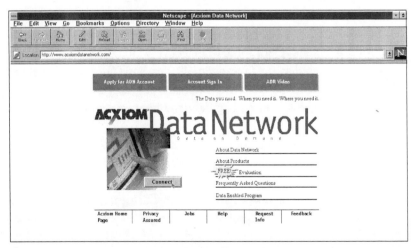

Abb. 85: *Das Websitemanagement-System von BroadVision.*

schiedenen Kunden und sind Teil des Werbenetzwerks von Double-Click. DoubleClick ist somit in der Lage, für jeden einzelnen Internetnutzer eine passende Werbung zu schalten, die seinen speziellen Interessen entspricht. Die Interessen des Nutzers ergeben sich aus den Produkten und Dienstleistungen, die er auf einer Website des Double-Click-Netzwerkes ausgewählt hat (siehe Abbildung 86). Das Double-Click-Netzwerk besteht aus 60 hochfrequentierten Websites, die ihre Cookies vermischen, um Online-Besuchern die passende Werbung zu schalten. Dieses Netzwerk verwendet die von DoubleClick entwickelte proprietäre Targeting-Technologie DART. Mit Hilfe dieser Technologie können Werbetreibende ihre rentabelsten potenziellen Kunden auf der Grundlage von präzisen Profilkriterien gezielt ansprechen.

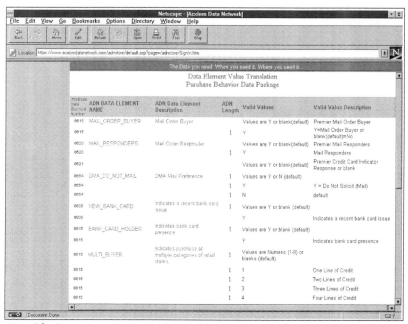

Abb. 86: *Die Stärke von DoubleClick ist, die »richtige« Werbung für den »richtigen« Online-Besucher zu schalten.*

Das Netzwerk dient DoubleClick dazu, Informationen über Anwender zu sammeln, wohin sie gehen und worauf sie am ehesten positiv reagieren. Zudem benutzt DoubleClick eine Software, die Werbekunden ermöglicht, auf der Basis von demographischen Daten aus der eigenen Registrier-Datenbank gezielte Werbung zu schalten. DART, die proprietäre Technologie aus dem Hause DoubleClick für das Targeting und Reporting, war ursprünglich nur den Websites zugänglich, die dem Netzwerk angegliedert waren. Seit neuestem ist die Technologie jedoch auch für andere Websites verfügbar. Die kürzlich verbesserte DART-Technologie speichert Informationen, die vom Anwender optional angegeben wurden, in einer Website-Datenbank und stellt sie anderen Targeting-Kriterien wie Firmenname und geographische Lage gegenüber. Die Daten, die von DART erfasst werden, können vom Werbekunden zusammen mit den Daten der eigenen Website verwendet werden. Die aggregierten Daten können auch analysiert werden, um Kundenprofile zu erstellen und zusätzliche Einblicke in die Kunden zu erhalten.

www.doubleclick.com

Engage Technologies

Die von Engage Technologies vertriebene Software ist dafür ausgelegt, Websites die Unterscheidung zwischen registrierten und nicht registrierten Online-Besuchern und Kunden zu ermöglichen. Die Produktserie von Engage Technologies beinhaltet die Engage-Suite, die aus folgenden Komponenten besteht:
- Engage.Journal, für die Sammlung von Online-Daten und Besucherindividualisierung.
- Engage.Portrait, für anpassbare Systeme für das Management von Website-Registrierungen
- Engage.Discover, für anpassbare Gebrauchsanalysen, Reporting und die iterative Suche in Online-Daten.

- Engage.link, für eine leistungsfähige API, über die Profildaten von Internetnutzern für die Generierung von personalisiertem Content verwendet werden können.
- Engage.Knowledge Services ermöglichen Websites, die zum Engage-Netzwerk gehören, auf die proprietäre Datenbank mit Millionen von Nutzerprofilen zuzugreifen. Die Profile spiegeln die auf mehreren Websites beobachteten individuellen Interessen, Erfahrungen und Verhaltensmuster von anonymen Internetnutzern wider.
- Engage.Knowledge Real-Time Visitor Intelligence (Echtzeit-Besucher-Intelligenz) ist ein Subscription-Service, der sofortigen Zugriff auf die weltweit größte Datenbank für Verhaltensprofile von Online-Besuchern ermöglicht. Die Mitglieder des Engage Netzwerkes haben Zugriff auf Nutzerprofile, die von mehreren Websites stammen. Diese Profile können in Applikationen für die Echtzeit-Personalisierung und für das Werbetargeting eingesetzt werden.
- Engage.Journal bietet Organisationen eine standardisierte Methode, mit der sie Online-Besucherdaten automatisch erfassen, integrieren und verwalten können.

Engage.Journal identifiziert Online-Besucher über globale und lokale »Zertifikate«. Diese Zertifikate verknüpfen Besucheridentifikationen und anonyme Logdatei-Statistiken. Die Statistiken enthalten Informationen zu Seitenanfragen, zu der Domain, von der die Besucher kamen und zu den Interessenklassen, die auf Grund des angeschauten Contents ermittelt werden. Zertifikatsinformationen können zudem zu einem globalen Server übermittelt werden, der entweder bei Engage Technologies oder auf der Website eines Unternehmens liegt. Durch einen solchen Server können Besucherdaten über mehrere Websites und Internetdomänen hinweg erfasst und in Zusammenhang gebracht werden.

Engage.Journal verwendet den Netscape NSAPITM (Netscape Server Application Programming Interface Transaction Monitor) und den

Microsoft ISAPITM (Information Server Application Programming Interface Transaction Monitor), um Benutzeraktivitäten zu loggen und Zertifikate zu erstellen. Wenn ein Kunde oder ein potenzieller Kunde das erste Mal auf eine Website kommt, weist Engage.Journal diesem Anwender automatisch ein eindeutiges, lokales Zertifikat zu, das den Anwender während dieser und jeder folgenden Sitzung anonym identifiziert. Dieser Vorgang ist eine standardisierte Methode zur Identifizierung und Beobachtung einzelner Besucher auf einer Website oder innerhalb eines Verbundes und ermöglicht die Profilerstellung, die Analyse und die Durchführung personalisierter Marketingaktivitäten für die Zielgruppe anonymer Anwender.

Engage.Journal kann einzeln oder in Kombination mit Engage.Portrait, Engage.Link und Engage.Discover eingesetzt werden. Enage.Portrait ist ein vollständiges, anpassbares Registrierungs-System, das demographische und psychographische Besucherdaten auf der Website eines Unternehmens aufzeichnet und verbessert. Es enthält ein breites Spektrum an demographischen und psychographischen Kategorien, aus denen die gewünschten Kategorien zum Entwurf von Registrierbögen ausgewählt werden können. Die Kategorien reichen von Personenangaben wie Name, Adresse, Stand, bis zu Angaben zum Beruf, einschließlich Unternehmensinteressen, Position im Unternehmen, Branche und Unternehmensgröße. Engage.Portrait beinhaltet Informationen zu bestimmten Affinitäten, mit deren Hilfe Sie Profile Ihrer Online-Kunden und potenzieller Kunden erstellen können, die auf ihren allgemeinen und speziellen Interessen basieren. Das Engage System verwendet vordeklarierte Daten aus Registrierbögen oder Daten von allgemeinem oder website-spezifischem Online-Verhalten sowie damit verbundene demographische und Lifestyle-Daten, um die potenzielle Handlungsneigung vorherzusagen. Natürlich ist auch das Mining dieser Daten für das Clustering, die Segmentierung, die Klassifizierung und die Vorhersage des Kundenverhaltens möglich.

www.engagetech.com

Firefly

Firefly begann als eine Applikation, die auf der Agententechnologie beruhte. Eine Collaborative Filtering Engine läuft auf einem Server und gibt Online-Besuchern Ratschläge, die auf ihrem eigenen Geschmack und dem Geschmack anderer Anwender mit ähnlichen Präferenzen beruhen. Pattie Maes vom MIT Media Labor entwickelte Firefly als einen intelligenten, aktiven und personalisierten Agent Collaborator. Die Idee hinter Collaborative Filtering beziehungsweise Agenten ist, dass nicht der Anwender eine Interaktion startet (zum Beispiel über direkte Suchbefehle) sondern die Software den Anwender in einen kooperativen Prozess einbindet, bei dem die Software die Kommunikation beginnt, Events aufzeichnet und Aufgaben ausführt. Das Prinzip des ursprünglichen Firefly-»Agents« war, durch das Erlernen der Interessen, Gewohnheiten und Präferenzen eines Online-Besuchers immer effektiver zu werden. Firefly war eines der ersten Unternehmen, das Collaborative Filtering einsetzte. Seine Entwicklung begann im MIT Media Labor. Später wurde Firefly von Microsoft gekauft.

Die Kerntechnologie von Firefly beruht auf einem Agenten, der Informationen über Bücher, CDs und andere Konsumgüter speichert, die ein Online-Besucher oder Kunde nachgefragt und gekauft hat. Anschließend vergleicht der Agent diese Präferenzen mit anderen Agenten, setzt sie in Beziehung zu ähnlichen Profilen und weist einen »Ähnlichkeitswert« zu, den er für zukünftige Empfehlungen von Büchern, CDs usw. benutzt. Das hinter dieser Applikation stehende Konzept ist, dass der Agent nach und nach lernt, wie er dem Kunden behilflich sein kann, ganz ähnlich dem Verkäufer im Laden um die Ecke, der Ihre Vorlieben beobachtet hat. Ein Agent lernt, indem er den Kunden beobachtet und imitiert, von diesem Feedback und Anweisungen erhält und andere Agenten »um Rat fragt«.

Das Aushängeschild des Unternehmens war das Produkt Firefly Passport. Es wird eingesetzt, um Benutzerpräferenzen anonym zu sammeln, Internet-Inhalte zu empfehlen und die passende Werbung zu versenden. Passport ermöglicht Websites, Besucher zu registrieren und Benutzerprofile mit anderen Websites auszutauschen, die ebenfalls Passport einsetzen. Das ursprüngliche Ziel des Unternehmens war, ein Netzwerk solcher Seiten aufzubauen und registrierten Anwendern personalisierten Content und Communityservices zu bieten.

Der Firefly Navigator-Katalog lenkt Besucher von Websites zu Produkten, indem er personalisierte Empfehlungslisten erstellt und Anwender mit ähnlichen Interessen verbindet. Der Firefly Network Hub ermöglicht die Netzwerkadministration mit angegliederten Websites. Die Daten, die mit Firefly aggregiert werden, können mit Ihren eigenen Transaktionsdaten für eine Data Mining-Analyse zusammengeführt werden. Dadurch können Sie Ihre Angebote und Präsentationen an den Bedürfnissen Ihrer Kunden ausrichten.

www.firefly.net

Ihr Data Warehouse

Das Data Warehouse Ihres Unternehmens ist eine zusätzliche Informationsquelle, die Sie, obwohl es sich hierbei nicht um eine externe Quelle handelt, für eine Data Mining-Analyse mit Ihrer Website verknüpfen können. Ihr Data Warehouse unterstützt die Informationsverarbeitung insofern, als dass es eine solide Plattform mit integrierten Altdaten darstellt, auf deren Grundlage eine Analyse durchgeführt werden kann, einschließlich der Profilerstellung von Online-Besuchern und Käufern. Eine der wertvollsten Informationsquellen für Kundendaten ist also schon in Ihrem Data Warehouse enthalten. Aus diesem Grund sollten sie Ihr Data Warehouse als zusätzliche Informationsquelle betrachten, die Ihnen einen wichtigen Einblick in Ihre Online-Besucher ermöglicht. Sie könnten zum Beispiel bestimmte Soziodemographien bestehender Kunden entdecken, die jenen bestimmter Online-Besucher Ihrer Website ähneln.

Ein Data Warehouse ermöglicht die Integration vollkommen unterschiedlicher Datenbanksysteme, die vom Marketing über den Vertrieb bis hin zu den Unternehmensprozessen, der Auslieferung - und jetzt auch der Website des Unternehmens reichen. Eine funktionale Definition eines Data Warehouses sagt aus, dass es eine themenorientierte, integrierte und beständige Sammlung von Daten zur Entscheidungsunterstützung gewährleistet. Zentraler Aspekt ist die Orientierung an den Kernbereichen eines Unternehmens, zum Beispiel an den Kunden.

Ein Data Warehouse ist demnach nicht nur datenorientiert, sondern darüber hinaus auch themenorientiert und steht somit im krassen Gegensatz zu den klassischen prozessorientierten Datenapplikationen. Das Datenverarbeitungssystem einer Bank umfasst zum Beispiel Funktionen für die Bereiche Darlehen, Sparguthaben und Bankkarten, Marketing, Immobilien, Verkauf und Investitionen. Das Data Warehouse einer Bank konzentriert sich jedoch ausschließlich auf ein einzelnes Subjekt: auf seine *Kunden*.

Die Unterschiede zwischen prozessorientierten und themenorientierten Anwendungen schlagen sich deutlich in den Datendetails und den Inhalten nieder. Ein Data Warehouse enthält sehr umfangreiche Kundeninformationen, die problemlos mit den Demographien von Online-Besuchern verglichen werden können. In einem Data Warehouses werden sämtliche Aktivitäten der jeweiligen Kunden genau festgehalten. Diese Aufzeichnungen können mit den Aktivitäten auf Ihrer Website verglichen werden, um Ähnlichkeiten festzustellen. Eine Bank kann zum Beispiel die Daten ihrer Website mit den Daten aus ihrem Data Warehouse verknüpfen, um für das One-to-One-Marketing Modelle für die Kaufneigung bestimmter finanzieller Produkte wie Kreditkarten, Bankdarlehen oder Spareinlagen zu erstellen.

Sie sollten in Erwägung ziehen, die Daten Ihrer Website in Ihr Data Warehouse zu importieren, um dort vorhandene Kundendaten zu verbessern. Die Verknüpfung Ihres Data Warehouses mit Ihrer Website bedeutet eine Zusammenführung der umfangreichsten Datenquelle mit einem idealen Marketinginstrument und Vertriebskanal. Das Internet bietet Ihnen nämlich die Möglichkeit, Verbraucher gezielt und effizient anzusprechen. Sie haben nicht nur die Möglichkeit, genau abgesteckte

Zielgruppen zu erreichen (was Zeit und Geld spart), sondern können darüber hinaus Ihre Verbraucher besser kennen lernen, so dass Sie ihnen Ihre Dienstleistungen schon bald so effizient wie möglich anbieten können. Es ist dieser Prozess – nämlich der Aufbau von Eins-zu-Eins-Beziehungen – der Ihre Website letztendlich zum Erfolg führen wird.

Den Kreis schließen
Die Erstellung von Kundenprofilen stammt nicht allein aus dem Gebiet des Data Mining, sondern auch von der Technik des Data Warehousing, bei der das Analyseobjekt aus verschiedenen Informationsquellen und Bausteinen zusammengesetzt wird. Diese Bausteine (Kundenmerkmale) stammen vielleicht von Anbietern demographischer Daten oder sind die Ergebnisse des Einsatzes einer Collaborative Filtering-Software oder sie stammen aus Ihrem eigenen Data Warehouse. Die Komponenten, die Sie zur Profilerstellung Ihrer Online-Besucher einsetzen, hängen ab von Ihrem Unternehmensziel, Ihren Marketingaktivitäten und den Produkten und Dienstleistungen, die Sie anbieten. Manche Daten, wie zum Beispiel Daten von Claritas, zielen eher auf eine Vorhersage des Verhaltens in finanzieller Hinsicht, während andere Daten (wie von Engage Technologies) eher für die Vorhersage des Online-Verhaltens geeignet sind. Eine Kombination beider Anbieter könnte am besten dafür geeignet sein, um Ihre Daten für eine Analyse zu optimieren.

E-Retailing

Data Mining ermöglicht einem Unternehmen, Online-Muster in aussagekräftige Informationen umzuwandeln und so Kunden und potenzielle Käufer besser zu unterscheiden, zu verstehen und sie für sich zu gewinnen (siehe Abbildung 87). Das Mining von Transaktionsdaten und die geschäftsrelevanten Informationen, die diese Daten erzeugen, sind der Schlüssel für die Schaffung langfristiger Beziehungen zu Online-Kunden sowie zur Realisierung produktiver Websites. Die Schnelligkeit, mit der Transaktionen im Internet ablaufen, bewirkt eine beschleunigte Produktverbesserung, Produktlieferung und einen schnelleren Kundenservice. Machen Sie keine Fehler. Electronic Retailing wird ein fester Bestandteil unseres Lebens werden, und das Kaufen und Verkaufen wird nie wieder sein wie bisher, denn jede Transaktion und jeder noch so kurze Seitenaufruf kann jetzt digitalisiert, aggregiert, visualisiert, gemittelt und, was am wichtigsten ist, mittels Data Mining analysiert werden.

In einer vernetzten Umgebung mit ihren unmittelbaren Verbindungen ist es besonders wichtig, schnell auf Anfragen zu reagieren, vom Markt zu lernen und sich an diesen anzupassen. Der elektronische Einzelhändler ist also einem ständigen Wechsel unterworfen. Erfolgreiche elektronische Einzelhändler akzeptieren diesen ständigen Wechsel und sind bereit, ihre Produkte immer wieder neu zu überdenken, zu verwerfen und wieder neu zu entwerfen, um die Erwartungen ihrer Kunden zu erfüllen. Bedenken Sie, dass es beim Data Mining um die Wahrnehmung und das Lernen geht. Es verwendet KI-Technologien, mit deren Hilfe Sie Muster in einem schnelllebigen Geschäftsfeld aufdecken können. Es werden immer bessere Technologien und Tools entwickelt werden, die eine schnelle Anpassung an sich wandelnde Umgebungseinflüsse in einem digital vernetzten Markt gewährleisten sollen, der immer stärker expandiert und schnelllebiger wird.

E-Retailing

```
 1 "Number of Sales","Home Value","Vehicle Value","ZIP","Total Dollar Sales","Children","Gen
 2 0,409490,"50000",90001,484,0,"0","30",8/29/97 0:00:00,0,0,0,0.00,0.00,0.00,0,0,0
 3 3,409500,"50000",90003,541,2,"0","50",8/29/97 0:00:00,0,0,0,0.00,0.00,0.00,0,0,0
 4 1,493590,"50000",90004,165,1,"0","44",9/13/97 0:00:00,3,0,0,0.00,0.00,0.00,1,14,0,
 5 0,493600,"50000",90004,229,0,"0","40",9/15/97 0:00:00,3,0,0,0.00,0.00,0.00,1,14,0,
 6 0,493610,"50000",90004,312,0,"0","44",9/13/97 0:00:00,3,0,0,0.00,0.00,0.00,1,14,0,
 7 1,409510,"50000",90004,335,1,"0","35",8/29/97 0:00:00,3,0,0,0.00,0.00,0.00,1,14,0,
 8 1,409530,"50000",90004,430,1,"0","40",8/29/97 0:00:00,3,0,0,0.00,0.00,0.00,1,14,0,
 9 2,409520,"50000",90004,291,2,"0","40",8/29/97 0:00:00,3,0,0,0.00,0.00,0.00,1,14,0,
10 2,409550,"50000",90005,490,2,"0","40",8/29/97 0:00:00,2,0,0,0.00,0.00,0.00,0,13,0,
11 4,409560,"50000",90006,460,2,"0","44",8/29/97 0:00:00,0,0,0,0.00,0.00,0.00,0,3,0,0
12 1,409570,"50000",90008,214,1,"0","44",8/29/97 0:00:00,0,4,0,0.00,0.00,1.20,0.00,1,2,0,0
13 2,409630,"50000",90013,113,2,"0","40",8/29/97 0:00:00,0,0,0,0.00,0.00,0.00,0,0,9
14 1,409640,"50000",90016,493,1,"0","35",8/29/97 0:00:00,0,1,0,0.00,0.00,2.00,0.00,2,2,0,0
15 1,409650,"50000",90016,400,1,"0","50",8/29/97 0:00:00,0,1,0,0.00,0.00,2.00,0.00,2,2,0,0
16 1,409660,"50000",90016,520,1,"0","30",8/29/97 0:00:00,0,1,0,0.00,0.00,2.00,0.00,2,2,0,0
17 1,409670,"50000",90016,413,1,"0","30",8/29/97 0:00:00,0,1,0,0.00,0.00,2.00,0.00,2,2,0,0
18 0,409680,"50000",90016,141,0,"0","50",8/29/97 0:00:00,0,1,0,0.00,0.00,2.00,0.00,2,2,0,0
19 3,409690,"50000",90017,354,2,"0","44",8/29/97 0:00:00,0,0,0,0.00,0.00,0.00,0,0,0
20 2,409700,"50000",90017,170,2,"0","35",8/29/97 0:00:00,0,0,0,0.00,0.00,0.00,0,0,0
```

Abb. 87: *Mit Hilfe von Data Mining kann die Signatur der einkaufenden Kunden und der Käufe erkannt werden.*

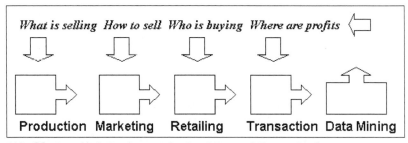

Abb. 88: *Die zyklische Beziehung zwischen Data Mining und Electronic Retailing.*

Das Internet stellt einen einzigartigen Vertriebskanal dar, der durch die ihm eigene Natur neuartige Beziehungen zwischen Vertrieb und Käufer schafft. Diese Beziehungen sind enger und sie sind anders strukturiert als herkömmliche. Mit Hilfe von E-Retailing kann der Einzelhändler Informationen über Geschmäcker, Verbrauchsverhalten und Präferenzen des Kunden für bestimmte Produkte bezüglich Qualität und Volumen sammeln, während der Kunde einen Kauf tätigt. Anders als andere Vertriebskanäle ermöglicht das Internet die Schaffung einer One-to-One-Verkaufsumgebung, in der enge Beziehungen zwischen Einzelhändler und Verbraucher entstehen können. Beim E-Retailing ist der Aufbau von Interaktionen in beide Richtungen, also vom Anbieter zum

Kunden und vom Kunden zum Anbieter, möglich. Die dabei gesammelten Informationen gelangen direkt in den Verkaufsprozess, der aus den Schritten Produktion, Marketing, Handel, Transaktion und Mining besteht. (siehe Abbildung 88). Data Mining ist also ein integrativer Bestandteil dieses Verkaufsprozesses, da es wichtige Einblicke in den Prozess und die Tendenzen des Konsumverhaltens in die Eigenschaften der Kunden gewährt. Data Mining kann die Fragen nach dem *was, wie, wer* und *wo* des E-Retailing beantworten:

Das typische Vertriebsnetz mit Distributoren, Vertretern und anderen Handelsmittlern beginnt sich aufzulösen. Es sind bereits Veränderungen erkennbar, die Auswirkungen auf den Kauf und Verkauf von Flugtickets, Aktien und Investmentfonds, Autovermietungen, Hardware und Software, Bücher, CDs und einem großen Spektrum an digitalen Produkten – von Marktberichten bis hin zur Pornographie – haben. E-Retailing verändert nicht nur die Art und Weise, wie Produkte und Dienstleistungen vertrieben werden, sondern wirkt sich darüber hinaus auch auf die Preise aus – was zum Teil auf die Anpassung der Produkte und Dienstleistungen an Kundenwünsche zurückzuführen ist – sowie auf die Möglichkeit, Data Mining für die Analyse von Kundenpräferenzen einzusetzen. Da das Internet die herkömmlichen Methoden des Einzelhandels verblassen lässt, verändert sich die Beziehung zwischen Verbraucher und Einzelhändler stetig.

Neulich kaufte ich zum Beispiel einen Geländewagen, nachdem ich ein wenig im Internet »Bummeln« gegangen war und verschiedenen Wagen auf den Zahn gefühlt hatte. Als ich dann in ein physikalisches Autogeschäft ging, wusste ich mehr über dieses Fahrzeug als der Verkäufer. Ich wusste, im Gegensatz zum Verkäufer, welche Motorentypen, Farben, Motorleistungen und Ausstattungsvarianten das Fahrzeug haben konnte, da ich schon mehrere Fahrzeuge miteinander verglichen hatte und genau wusste, was ich kaufte. Das Internet macht den Verbraucher zu einem umfangreich informierten Kunden. Er weiß mehr über die Eigenschaften von Produkten und Dienstleistungen, Optionen und Preisverhältnisse als der traditionelle Verkäufer.

Das Produkt ist die Botschaft

Anders als klassische Vertriebskanäle verhält sich Verkauf und Kauf im Internet getreu dem Sprichwort von Marshall MacLuhan, »the medium is the message«. Im Internet kann der Inhalt eines digitalen Produktes, zum Beispiel der einer E-Mail, aus digitalisierten Informationen wie Firmenberichten, Marktinformationen oder Aktienkursen bestehen und direkt als Gebrauchsgegenstand verkauft oder umgekehrt als Marketingelement benutzt werden. Die »Botschaft« im Internet kann genauso gut das »Produkt« der Transaktion oder das Medium für ein »Marketingangebot« sein. Beim E-Retailing von digitalen Produkten kann der Wert der Transaktion durchaus im Inhalt stecken. Die riesige Anzahl an Interaktionen, die täglich im Internet stattfinden, scheint von McLuhan vorausgesehen worden zu sein, als er sagte, dass die einzige Möglichkeit, in unserer heutigen Welt zu überleben, die Anwendung der Mustererkennung sei.

E-Retailing verändert nicht nur die Distribution und das Produktmarketing, sondern, was viel wichtiger ist, auch den Verbrauchszyklus sowie die damit verbundenen Kaufs- und Verkaufstransaktionen. Die Daten, die durch jeden Kauf eines Produktes oder einer Dienstleistung im Internet entstehen, sind bares Gold, das geschöpft werden kann, um angepasste Produkte zu entwickeln, die Nachfrage vorherzusagen, Kundenprofile zu erstellen und das Relationship Marketing zu fördern. Durch die interaktive Natur des E-Retailing bestellen und kaufen Kunden nicht einfach nur über das Internet, sie suchen darüber hinaus auch nach Produktbeschreibungen, wodurch sie dem Einzelhändler ihre Vorlieben und Kaufkriterien darlegen.

Der Internet-Einzelhandel ist ein interaktiver Prozess, bei dem der Kunde verhandeln, Informationen austauschen und die Produkte und Dienstleistungen beschreiben und anpassen kann, die er über den Einzelhändler beziehen möchte. Für den Einzelhändler ist es von existenzieller Bedeutung, die Handlungen und Aussagen seiner Kunden genau zu analysieren. Data Mining bietet ihm die Technologie, die eine Steigerung seiner Umsatzzahlen ermöglicht, und der Einzelhändler kann erkennen, was gut läuft und was nicht. Data Mining kann ihm dabei helfen, seine virtuellen Schaufenster für Mehrfachkäufer zu personalisieren. Wie wir zuvor schon gesehen haben, ähnelt eine Data Mining-Technologie wie das Fallbasierte Schließen (Case-Based-Reasoning) der Collaborative Filtering-Software insofern, als dass sie als »Empfehlungsinstrument« dienen kann, das Produkte vorschlägt, die einen Käufer, der ähnliche Interessen hat wie ein anderer Kunde, interessieren könnten.

Das Potenzial für E-Retailing ist besonders groß, da viele Dienstleistungen und Produkte digitalisiert werden können. Sämtliche Zeitungen, Magazine, Artikel, Journale sowie Audio-, Video-, und Multimediaprodukte können online verkauft werden. Das bedeutet, dass Sie das Internet dazu nutzen können, die neuesten Aktiennotierungen zu erfahren, Filme, Briefmarken, White Paper, Währungen, Konzertkarten zu kaufen oder Hotel- und Flugticketreservierungen vorzunehmen, sowie Schecks oder andere Finanzprodukte zu kaufen. Im Grunde sind alle Produkte, die zu Werbezwecken nur kurze Produktbeschreibungen benötigen und von denen es viele verschiedene Versionen oder Ausführungen gibt, oder solche, die günstig in der Lieferung sind, optimal für den Online-Vertrieb geeignet. Bücher sind hierfür das beste Beispiel.

Im klassischen Verkaufsmodell waren es Vermittler oder Engpässe, die den Zugriff auf Informationen zwischen Verkäufer und Käufer kontrollierten. Versicherungs- und Reisebüroangestellte vermittelten in der Regel den Zugriff auf Beschwerde-, Versicherungs-, und Flugdaten. Gleichzeitig stellten sie Anfragen und kontrollierten die Preise. Heute wandelt sich dieses Bild. Mit dem Einzug des Electronic Commerce übernimmt der Verbraucher die Kontrolle und kann mitbestimmen, welche Produkte ihm zu welchen Bedingungen angeboten werden sollen.

Data Mining kann eingesetzt werden, um Verhaltensmuster zu modellieren. Dies geschieht auf der Grundlage der Informationen vergangener Internetsitzungen und mit Hilfe von demographischen Informationen, die mit den Kundendaten und den von Kunden gemachten Angaben über persönliche Vorlieben zusammengeführt werden können, die über die Website mittels Logdateien und Fragebögen generiert werden. Durch eine Analyse dieser Daten können Ergebnisse zu bestimmten Neigungen erzeugt werden, um so die Wahrscheinlichkeit vorherzusagen, mit der ein Kunde eine Werbung, einen Banner oder einen bestimmten Link auf der Website anklickt. Darüber hinaus kann die Kaufneigung für die Produkte und Dienstleistungen dieser Website modelliert und Ergebnisse generiert werden, um potenzielle Kunden für E-Mail-Kampagnen und bestimmte Angebote und Incentives zu kategorisieren.

Die Abbildungen 89 und 90 zeigen eine Beispielsitzung und die Entwicklung eines Modells, mit dem vorhergesagt werden soll, ob eine bestimmte Webseite ausgewählt wird oder nicht. Das Modell basiert auf den Ergebnissen einer Analyse von Tausenden von Sitzungen. Bei dieser

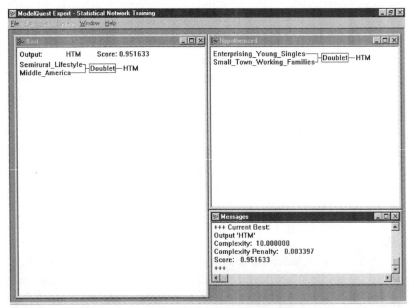

Abb. 89: *Das Netz beginnt, verschiedene Eingabe-Variablen zu evaluieren.*

E-Retailing

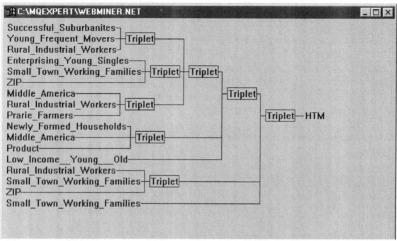

Abb. 90: *Anschließend erstellt das Data Mining-Tool ein Modell.*

Analyse werden die demographischen Daten mit den Postleitzahlen, die die Online-Besucher in den Anmeldeformularen angegeben haben, zusammengeführt. Das verwendete Data Mining-Tool besitzt ein Neuronales Netz für die Erstellung von Modellen zur Kaufneigung.

Aus der Data Mining-Analyse kann dann C-Code generiert werden, um Maßzahlen für die Kaufneigung neuer, unbekannter Besucher und Kunden zu erzeugen (siehe Seite 343).

Verkaufssegmentierung

Um sich heute und auch in Zukunft im Internet wettbewerbsfähig darzustellen, müssen Sie Ihre Website so strukturieren, dass Sie mit Ihren Online-Besuchern interagieren können. Ihre Website ist wie eine Antenne; sie fungiert nicht nur als Medium zur Verteilung von Produkten und Daten, sondern empfängt auch Informationen. Ihre Shoppingseite muss einen Dialog zwischen Ihnen und Ihren Kunden aufbauen, damit Sie Nachrichten, Produkte und Dienstleistungen besser positionieren können. Ihre Website übernimmt in Ihrem Unternehmen eine immer wichtigere Rolle, denn sie erschließt nicht nur neue Marketing-

```
double *webminer(double inarr[]) {
double Successful_Suburbanities = inarr[4]; /* rename input for clarity
*/
double Product = inarr[45]; /* rename input for clarity*/
static double outarr[1]; /*declare output array */
double HTM        ; /* rename output for clarity */
double node5       ; /* working variable */
/* node5-Successful_Suburbanities
node5 = -1.19493 +
0.032543*LIMIT(Successful_Suburbanities,0,82.9);
 /*node5-Triplet */
node5     = 0 + 5.19459 + 15.1832*node14 –
61.5623*pow2(node14)
   + 15.62*pow3(node14) – 4.98188*node43
13.6275*node14*node34 + 60.8895*pow2(node14)*node34
+ 0.0592666*pow2(node34) + 0.00802485*pow3(node34)
 - 4.45746*node44 25.4388*node14*node44
 - 20.8693*pow2(node14)*node44 + 0.519106*node34*node44
+ 0.105443*pow2(node34)*node44 – 3.17381*pow2(node44)
   -18.6362*node14*pow2[node44) +
0.408554*node34*pow2(node44)
     + 0.295813*pow3(node44) ;
HTM = 0 + 75.1651 + 2.7993*node48 ; /* perform output limiting on
HTM */
HTM = LIMIT( HTM, 69, 79); outarr[0] = HTM ; /* output value */
return( outarr ); /* ouput array */}
```

kanäle, sondern eröffnet Ihnen darüber hinaus (was noch wichtiger ist) die Möglichkeit, herauszufinden, wer Ihre derzeitigen und Ihre potenziellen Kunden sind. Die Integration einer Data Mining-Technologie in eine vernetzte Umgebung verändert das klassische Marketing- und Verkaufskonzept vollkommen, da sich die Beziehung zwischen Anbieter und Kunde durch E-Retailing völlig neu gestaltet.

Online-Verkauf besteht nicht allein aus der Verbreitung von Produkten. Er umfasst darüber hinaus auch den langfristigen Service am Kunden. E-Retailing wird durch Data Mining und das Relationship Marketing angetrieben. Dies bedeutet, dass immer so viele Produkte wie möglich an einen einzelnen Kunden verkauft werden, und das über einen möglichst langen Zeitraum. Online-Verkauf bedeutet immer auch, bei jedem Verkauf etwas über die Vorlieben und Abneigungen Ihrer Online-Kunden zu lernen. Der Inhalt der Online-Transaktionen spielt dabei eine wichtigere Rolle als im klassischen Verkauf. Jede Interaktion und jeder Kauf bietet dem elektronischen Händler eine Chance, Daten über seine Kunden zu erfassen und ihre Präferenzen kennen zu lernen. E-Retailing bedeutet, den dauerhaften Kontakt zu Ihren Kunden zu fördern und Ihre Beziehung zu ihnen schrittweise zu verbessern. In einer digitalisierten vernetzten Umgebung werden Ihre Gewinnpotenziale umso mehr steigen, je enger Ihre Beziehung zu Ihren Kunden ist.

Im E-Retailing spielt die Größe des Unternehmens keine wesentliche Rolle. Viel wichtiger ist die Fähigkeit des elektronischen Einzelhändlers, seine Responses für jeden seiner Kunden zu personalisieren und an die Wünsche des Kunden anzupassen. Elektronische Einzelhändler jeder Größe können in diesem Markt überleben, solange sie wichtige Transaktionsdaten und Kundeninformationen speichern und über Data Mining den größtmöglichen Nutzen aus ihnen ziehen, so dass sie den Service und die Qualität der Kommunikation mit ihren Kunden verbessern können.

Internet-Käufer suchen nach Produktinformationen, und sie haben in diesem völlig transparenten Markt gute Möglichkeiten zum Vergleich einzelner Produkte. Verbraucher besitzen heute eine neue enorme Macht: Sie können bieten, vergleichen, umtauschen und holen so den besten Preis beim Kauf von Produkten und Dienstleistungen für sich heraus. Verbraucher werden heute durch neue Dienstleistungen, Websites und Softwareanwendungen dabei unterstützt, das beste Angebot zu finden. In einem solchen Markt ist Ihre Konkurrenz immer nur ein Mausklick von Ihnen entfernt.

Um in diesem Umfeld wettbewerbsfähig zu bleiben und neue Kunden zu akquirieren und zu binden, sollten Sie einen zusätzlichen Nutzen zu vertretbaren Kosten bieten. Sie sollten Ihre Produkte und Dienstleistungen personalisieren. Machen Sie es Ihrem Kunden schwer, zu einem anderen Anbieter zu wechseln. Die Unternehmen, die durch physische Grenzen beschränkt sind oder an der klassischen Markenwerbung festhalten, werden schließlich in dieser dynamischen Umgebung nicht überleben können. Die Gewinner werden solche Anbieter sein, die den Wert von Transaktionsdaten erkennen und sie über Data Mining für sich wertvoll machen.

Das Aufzeichnen Ihrer Kundenbeziehungen in einer digitalisierten Umgebung beinhaltet das Data Mining Ihrer Daten. Dies umfasst auch eine Analyse sämtlicher Mehrfachkäufer und einmaligen Kunden. Es kann sein, dass sie in bestimmten Abständen eine Data Mining-Analyse Ihrer ehemaligen Kunden durchführen müssen, um herauszufinden, warum sie nicht mehr bei Ihnen kaufen. Um die Produktarten zu ermitteln, für die sich diese Kunden interessieren könnten, sollten Sie eine Clusterung der Produkte durchführen, die von Besuchern mit ähnlichen Soziodemographien gekauft wurden. Machen Sie Ihren ehemaligen Kunden besondere Angebote, die sie zusammen mit »bitte kommen Sie zurück«-E-Mails versenden. Schicken Sie diesen Kunden »wir vermissen Sie«-E-Mails und fragen Sie nach, warum sie seit ihrem letzten Kauf des Produktes X nicht wieder auf Ihre Seiten gekommen sind. Machen Sie den Kunden ein ganz besonderes Angebot für ein ähnliches Produkt, das sie nach den Ergebnissen Ihrer Data Mining-Analyse vielleicht interessieren könnte.

Die Pflege bestehender Kundenbeziehungen ist die kostengünstigste Strategie, die Sie beim E-Retailing verfolgen können. Diese Kunden sind Besucher, die Gefallen an Ihren Produkte und Dienstleistungen finden, und Sie sollten eine Strategie entwickeln, um sie dauerhaft an sich zu binden. Schicken Sie diesen Kunden E-Mails, in denen Sie diese über Produkte informieren, die sie interessieren könnten. Diese Produkte ermitteln Sie entweder anhand der Daten zu vorherigen Käufen dieser Kunden oder über die Interessenangaben, die sie in Anmeldeformularen gemacht haben, bevor die erste Interaktion stattfand. Data Mining kann darüber hinaus auch durch eine Affinitätsanalyse mit Hilfe von Assoziations- oder Segmentierungstools aufdecken, für welche Produkte diese Kunden sich voraussichtlich entscheiden. Pflegen Sie Ihre bestehenden Kundenbeziehungen, belohnen Sie sie dafür, dass sie immer wieder bei Ihnen kaufen. Eine Data Mining-Analyse der Interaktionen mit Ihren Kunden kann solche Kunden ausfindig machen, die den größten Beitrag zu Ihrem Umsatz leisten und solche, die längere Zeit nichts bei Ihnen gekauft haben. Letztere möchten Sie vielleicht über E-Mail kontaktieren, um sie wieder zu »reaktivieren« (siehe Abbildung 91).

Diese Data Mining-Analyse verwendete ein Segmentierungstool für die Generierung des Entscheidungsbaums, der die Anzahl der getätigten Käufe von Kunden in Beziehung zu der Anzahl der Tage, die seit ihrem letzten Besuch dieser Website verstrichen sind, aufzeigt. So wurden mit dem Entscheidungsbaum zum Beispiel folgende Zusammenhänge ermittelt:

WENN	Letzter Besuch	=	– 30 Tage	
DANN	Gesamtkäufe	= 2	48,0%	
	Gesamtkäufe	= 3	25,9%	
	Gesamtkäufe	= 4	26,2%	

Die Kaufneigung sinkt im Internet sehr schnell, wenn die Interaktivität nachlässt. Dem kann mit Hilfe einer E-Mail-Kampagne entgegenge-

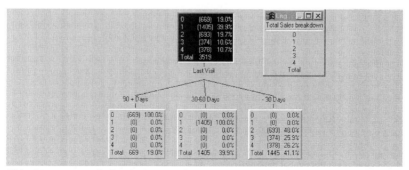

Abb. 91: *Diese Entscheidungsbaumanalyse deckt Besucher auf, die seit 90 Tagen nichts mehr bei Ihnen gekauft haben.*

wirkt werden. Ein E-Mail-Kontakt sollte vom Kunden jedoch nicht als aufdringlich empfunden werden. Sie sollten ihn in jedem Fall vorher fragen, ob er diesen Kontakt überhaupt wünscht. Schaffen Sie ihm einen besonderen Anreiz, und schicken Sie ihm ausschließlich kurze, persönliche Nachrichten. Stellen Sie sicher, dass der Kunde die Möglichkeit hat, den Mailkontakt abzubrechen, falls er keine weiteren Mails von Ihnen erhalten möchte. Ferner sollten Sie Ihre Adresse im Textkörper der Nachricht angeben, so dass der Kunde per Mausklick vom Newsletter auf Ihre Homepage gelangen kann. Schließlich sollten Sie nur solchen Kunden erneut schreiben, die auf Ihre erste Initiative geantwortet haben. Schicken Sie eine Mail immer nur einmal. Es gibt verschiedene Massenmail-Systeme, die Ihnen die Automatisierung einiger Schritte ermöglichen.

Der digitale Marktplatz

Im digitalen Markt kommt der Käufer zum Einzelhändler, und Werbung ist iterativ, denn der Kunde interagiert mit der Werbung und gestaltet seinen Inhalt mit. Da die Werbung und die Banner im Internet in digitaler Form vorliegen, ist es relativ einfach, die Auswahl der Kunden sowie die Anzahl der Leute, die auf eine Werbung reagieren, zu ermitteln. Das Internet bietet Käufern viele einzigartige Möglichkeiten, wie zum Beispiel die automatisierte Index- und Katalogsuche nach Produktinformationen. Eine Suchabfrage nach Produktinformationen erzeugt Datenströme, die Informationen über Ansprüche und Geschmäcker des Kunden enthalten. Diese Daten können über Data Mining analysiert werden. Eine Analyse dieser Informationen zu Produkten und Präferenzen kann zur Optimierung Ihrer Bestandssysteme beitragen und die Produktentwicklung vorantreiben. Elektronische Einzelhändler erhalten so die Möglichkeit, die Präferenzen ihrer Kunden sehr genau zu treffen. Die Ermittlung der Durchklickraten oder die Anfragen nach zusätzlichen Produktinformationen über ein Formular können für eine Data Mining-Analyse gespeichert werden.

Die Möglichkeit der »Stichwortsuche« forciert Online-Käufe, denn die Einzelhändler werden diese Möglichkeit nutzen, um sich und ihre Werbung beispielsweise in Verzeichnissen wie Lycos zu platzieren. Suchmaschinen wie Infoseek leiten Verbraucher nicht nur zum Einzelhändler, sie können darüber hinaus auch die Aktivitäten der Besucher sowie deren Präferenzen aufzeichnen. Die Aufzeichnung dieser Vorlieben erfolgt über die Suchwörter, welche die Besucher eingeben. Diese werden mit Besucherinformationen verknüpft, die sie bei der Personalisierung ihrer News, Wetterberichte, Aktieninformationen usw. angegeben hatten. Dies gilt vor allem für so beliebte personalisierte Websites wie my.yahoo.com, my.excite.com oder my.whatever.com (siehe Abbildungen 92 und 93). Diese Suchmaschinen können zu einer wichtigen Quelle für multidimensionale Informationen über Verbraucher werden. Sie können nicht nur Produkte an die Bedürfnisse des Kunden anpassen, sie decken darüber hinaus auch die Präferenzen auf, so dass Verbraucher einen großen Einfluss auf das Produktdesign und den Preis haben werden.

Die Essenz des gezielten Marketing im Internet liegt darin, dass der Kunde die Möglichkeit hat, direkt mit dem Einzelhändler und den Suchmaschinen in Kontakt zu treten, die er zum Surfen durch diesen Markt verwendet. Die Internetwerbung kann von den Suchbegriffen gelenkt werden, die der Kunde auswählt. Dies ermöglicht einen Echtzeit-Zugriff, der wiederum mit Data Mining, Marktforschung, Distribution und Verkauf verknüpft werden kann. Data Mining kann dazu dienen, die über diese Suchmaschinen gesammelten Informationen zu analysieren, um den Service und die Themengebiete, den die Suchmaschinen ihren Besuchern bieten, an deren Bedürfnisse anzupassen. Elektronische Einzelhändler sind eher in der Lage, ihre Produkte auf Grund von bestimmten Vorlieben an den Kunden anzupassen als auf der Basis von Durchschnittswerten. Da das Internet ständig an Größe und Komplexität zunimmt, werden Verbraucher immer mehr Angaben zu ihren Präferenzen machen, um überdurchschnittliche Produktqualität

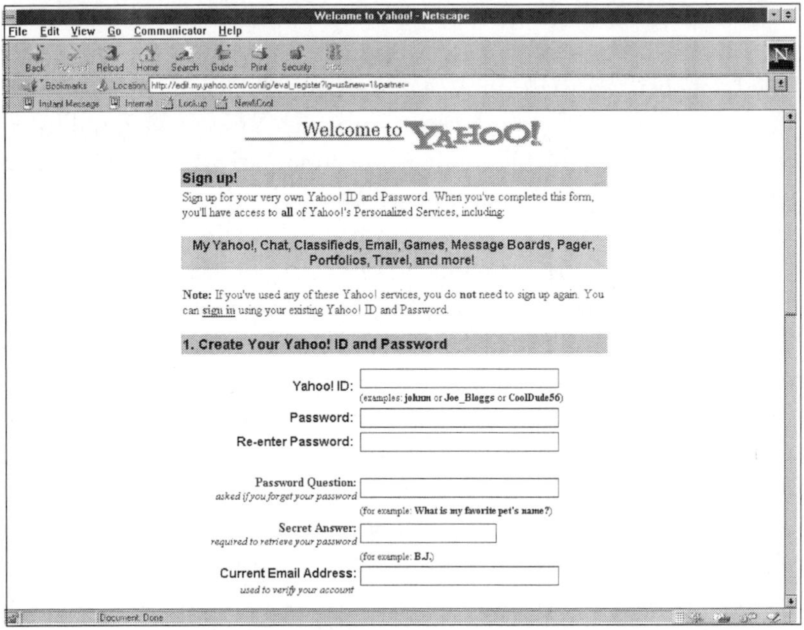

E-Retailing

Abb. 92: *Durch die Personalisierung des Internet erhalten Internetnutzer maßgeschneiderten Content.*

und besten Service schnell und zuverlässig zu bekommen und Einfluss auf die Produktauswahl sowie den Preis zu haben.

In einem solchen Markt kann der Kunde direkten Kontakt zu Produktherstellern und Dienstleistern aufnehmen. Die Position des Mittlers wird dadurch überflüssig. Das Internet reduziert die Zahl der Zwischenschritte bei der Abwicklung von Geschäften. Die Geschäftswelt ist zunehmend enger verknüpft, und indem Käufer und Verkäufer direkt Geld und Waren ohne Vertreter oder Mittler austauschen, wird der Markt effektiver. In diesem Markt handeln Hersteller und Verkäufer von Waren und Dienstleistungen direkt mit dem Kunden und wissen daher, wer er ist und welche Präferenzen er besitzt. E-Retailing verändert die Preisgestaltung und die Art und Weise, nach der Produkte verteilt und verkauft werden, grundlegend. Die bei der Produktion personalisierter digitaler Produkte entstehenden Kosten (zum Beispiel für Inhalte

E-Retailing

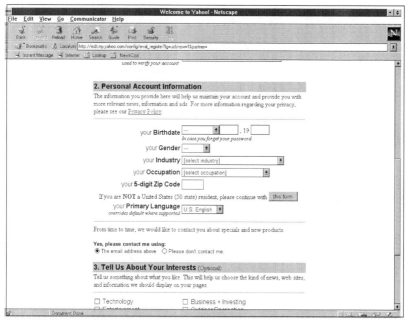

Abb. 93: *Die persönlichen Angaben der Internetnutzer können mittels Data Mining analysiert werden.*

wie Berichte, News oder Aktienkurse) können von Kunde zu Kunde variieren.

Ein so stark vernetzter Markt, in dem Käufer direkt mit dem Verkäufer verhandeln können, gefährdet in starkem Maße die klassischen Positionen des Distributors und des Vertreters. Im Zuge des Internetwachstums und des verstärkten E-Retailings könnten jedoch neue Arten von Softwareprodukten oder Suchagenten entstehen, die als Mittler fungieren. Da die Komplexität, und somit die Unüberschaubarkeit von Daten und Informationen, stetig wächst, werden Intelligente Softwareagenten und neue Spezialisten sich durch Data Mining-Techniken in die Lage versetzen, sich in den riesigen Datenmengen zurecht zu finden, sie in kostbare Kundeninformationen zu verwandeln oder die Preise mitzubestimmen. Diese neuen Agenten oder »Rovers« werden mit

Hilfe von Data Mining aggregierte Dienstleistungen oder intelligente Kundenbetreuungen anbieten. Data Mining eröffnet ihnen die Möglichkeit, auf der Basis von festgelegten Preisen oder nach bestimmten vom Kunden vorgegebenen Bedingungen, produktbasierte Suche anzubieten. Diese neuen Mittler werden den ständig expandierenden digitalen Markt durchstreifen und nach Produkten und Dienstleistungen suchen, um für ihre Kunden den Preis herauszuholen, den sie zu zahlen bereit sind.

Produktanpassung

Da Produkte und Dienstleistungen heute an die Bedürfnisse des einzelnen Kunden angepasst werden können, ist es in diesem Markt möglich, Kunden in höchstem Maße zufrieden zu stellen. Das Ergebnis für den Kunden ist ein individuelles Produkt, das für ihn einen sehr viel größeren Wert hat, als ein klassisches Produkt »von der Stange«. Data Mining kann verwendet werden, um erstens den Präferenzen des Verbrauchers entgegenzukommen und zweitens die Anpassung von Design und Funktionalität der Produkte voranzutreiben. Schon in der Fertigungsphase können die Ansprüche des Kunden mit einbezogen werden. Dies führt zu einer festen Kundenbindung und anhaltender Kundentreue.

Ein hohes Maß an Anpassung mindert die Kundenabwanderung. Die Anpassung von Produkten und Dienstleistungen verhindert, dass

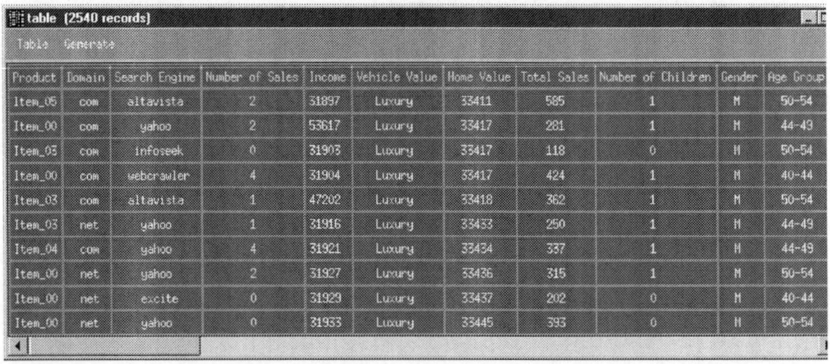

Product	Domain	Search Engine	Number of Sales	Income	Vehicle Value	Home Value	Total Sales	Number of Children	Gender	Age Group
Item_05	com	altavista	2	31897	Luxury	33411	585	1	M	50-54
Item_00	com	yahoo	2	53617	Luxury	33417	281	1	M	44-49
Item_03	com	infoseek	0	31903	Luxury	33417	118	0	M	50-54
Item_00	com	webcrawler	4	31904	Luxury	53417	424	1	M	40-44
Item_03	com	altavista	1	47202	Luxury	33418	362	1	M	50-54
Item_03	net	yahoo	1	31916	Luxury	33433	250	1	M	44-49
Item_04	com	yahoo	4	31921	Luxury	33434	337	1	M	44-49
Item_00	net	yahoo	2	31927	Luxury	53436	315	1	M	50-54
Item_00	net	excite	0	31929	Luxury	33437	202	0	M	40-44
Item_00	net	yahoo	0	31933	Luxury	35445	393	0	M	50-54

Abb. 94: *Die Daten Ihres Webservers können mit demographischen Informationen verbunden werden.*

Produkte weiterverkauft oder von mehreren Personen benutzt werden, denn der Kunde ist an der Schaffung des Produktes mitbeteiligt. Mein Musik- oder Literaturgeschmack unterscheidet sich zum Beispiel von Ihrem. Diese Tatsache schafft Vorteile, vor allem für digitale Produkte, die in Echtzeit entstehen. Dazu zählen beispielsweise Aktienberichte, die problemlos vom Einzelhändler angefertigt werden können. Dieser kann Preise auf der Basis der Zahlungsbereitschaft des Kunden festlegen. Um Produkte effektiv anzupassen und individuelle Preise für sie zu verlangen, braucht der Einzelhändler jedoch detaillierte Angaben zu den Präferenzen seiner Kunden. Diese Art Kundenwissen und Profilerstellung kann durch den strategischen Einsatz von Data Mining-Techniken erreicht werden.

Der Einsatz von Data Mining-Tools für die Personalisierung im Internet wird besonders schnell ökonomische Auswirkungen haben. Informationen können einfacher angepasst werden als physische Güter. Der Informationsanteil eines jeden Produktes und einer jeden Dienstleistung macht einen immer größeren Anteil des Gesamtwertes aus. Zudem wird es für Zulieferer und Einzelhändler einfacher und gewinnbringender, Ihre Produkte anzupassen. In einem elektronischen Handelsplatz wie dem Internet werden Verbraucher immer stärker nach Produkten fragen, die auf sie persönlich zugeschnitten sind. Gleichzeitig wird mit der verstärkten Anpassung von Produkten und Dienstleistungen eine homogene Preisgestaltung immer weniger praktikabel oder vermittelbar. Verbraucher verstehen langsam, dass sie persönliche Angaben zu ihren Präferenzen mit dem Anbieter teilen müssen, um den besten Service und angepasste Produkte zu erhalten. Der Anbieter kann die Personendaten dann über Data Mining analysieren und die Effizienz sowie den Wert der Produkte und Dienstleistungen, die er online vertreibt, maximieren.

Im klassischen Markt, wo Produkte und Dienstleistungen von mehreren miteinander konkurrierenden Anbietern verkauft werden, ähneln sich die Produkte häufig in ihren Funktionalitäten, und ihr Unterschied schlägt sich nur im Preis nieder. Wenn Produkte und Dienstleistungen jedoch an den Kunden angepasst sind, kann der Einzelhändler mit jedem einzelnen Kunden einen geeigneten Preis aushandeln. Customization bedeutet auch, dass die Unterschiede zwischen Produkten auf dem Grad ihrer Verschiedenheit beruhen. Es bedeutet, dass Händler Produkte und Dienstleistungen differenzieren, indem sie Zusatzwert schaffen, um dem Kundenschwund entgegen zu wirken. *Zeit* beispielsweise kann ein Faktor sein, der sich auf die Preisgestaltung auswirkt. Die sofortige Verfügbarkeit eines Produktes in einer vernetzten Umgebung, die Ausführlichkeit seiner Beschreibung oder Responsezeiten können für die Bestimmung seines Wertes für den Verbraucher verwendet werden.

Ein digitaler Markt ermöglicht den Einzelhändlern, detaillierte Informationen über die Eigenschaften und Vorlieben ihrer Kunden zu erhalten und sie dazu zu nutzen, ihre Produkte und Dienstleistungen mit geringen zusätzlichen Kosten anzupassen. Darüber hinaus können Rechnungen für jeden einzelnen Kunden einzeln ausgestellt werden, da die Produkte auf jeden Kunden zugeschnitten sind. Im klassischen Markt wäre dies sehr problematisch, da Produktvariationen die Kosten in die Höhe treiben würden. Im digitalen Markt sind die Rechnungskosten dagegen sehr niedrig, und der Einzelhändler hat Informationen zur Kundeneinschätzung und kann so auf One-to-One-Basis individuelle Preise aushandeln. In einer digitalen Umgebung ist es für den Einzelhändler einfach, Informationen zu sammeln. Diese können dann mit Data Mining analysiert werden, um etwas über das Kaufverhalten der Kunden zu erfahren. Schlussendlich kann man sagen, dass die Bedeutung von Marketing, Einzelhandel und Data Mining in einer vernetzten und digitalisierten Umgebung darin liegt, dass der Schwerpunkt auf die Interaktion zwischen Einzelhändler und Verbraucher gesetzt wird.

Erstellung von Kundenprofilen

Database Marketing setzte schon immer Kundeninformationen für zielorientierte Produktangebote via E-Mail ein. Bei den meisten Transaktionen müssen Kunden persönliche Angaben machen, um Kredite zu verlängern oder per Karte zu bezahlen. In beiden Fällen entsteht ein Datenstrom, der persönliche Informationen enthält, die oftmals direkt benutzt oder an Dritte weiter verkauft werden, wo die Informationen zerlegt, kreuzverwiesen und aggregiert werden. In der Regel werden diese Informationen auf Haushaltsniveau aggregiert. Sie können sich im Detail unterscheiden, aber beispielsweise Informationen über den Wert des Eigenheimes, die benutzte Fahrzeugklasse oder die Zahl der Kinder enthalten.

Eine andere Art der Profilerstellung betrifft die Kreditgewährung. Bei diesem Vorgang findet eine finanzielle Transaktion statt, die dem Händler, etwa einem Autoverleiher oder -händler, gestattet, vom Kunden Angaben zur Kreditwürdigkeit zu erhalten. Es gibt eine Reihe verschiedener Berichte, die von Unternehmen wie Claritas oder Experian erstellt werden. Die Informationen werden in verschiedenen Formaten zusammengestellt, ihr Umfang kann sich aus rechtlichen Gründen in einzelnen Ländern unterscheiden:

⇨ Als *individuelles Identitätsprofil:* Dieses Profil enthält verwendete Namen und Aliasse sowie Adressen von Haupt- und Nebenwohnsitz, Geburtsdatum, Familienstand und die Sozialversicherungsnummer.

⇨ Als *Berufsprofil:* Dieses Profil beschreibt die derzeitige Position, Dauer der Beschäftigung und vorherige Anstellungen.

⇨ Als *Strafregister:* Dieses Profil zeichnet strafrechtliche Verfolgungen auf, sowie Urteile, Steuerhinterziehung, Konkurse und Gerichtsverfahren in Bezug auf finanzielle Verpflichtungen auf Kreis-, Land-, oder Bundesebene.

⇨ Als *Kreditprofil:* Dieses Profil listet sämtliche Konten auf, einschließlich Kreditkarten, Debitkarten, Umlauffonds, Autokrediten, Hypotheken, usw. In diesem Bereich wird näher beschrieben, wann die Konten eingerichtet wurden, wie viel der Kunde besitzt und wie hoch die monatlichen Ausgaben sind. Darüber hinaus wird in diesem Profil zurückverfolgt, welche Kreditgeber und welche Behörden wann den Kreditbericht entgeltlich eingesehen haben.

Unternehmen wie Claritas oder Experian sammeln umfangreiche Daten zu Kredit- und Finanzverhalten über jeden Erwachsenen. Abnehmer solcher Daten sind Banken, Hypotheken-Unternehmen und Kreditkarteninstitute, die diese benötigen, um die Kreditwürdigkeit ihrer Klienten zu prüfen.

Der elektronische Handelsplatz ermöglicht eine andere Art der Profilerstellung. Die Profile basieren auf den Vorlieben des Anwenders sowie auf seinem Online-Verhalten, das zum großen Teil über Logdateien, Cookies, Anmeldeformulare, Collaborative Filtering-Software und Servernetzwerke erfasst wird. Diese Informationen werden dazu verwendet, die richtigen Werbebanner auszuwählen und Nachrichten optimal zu positionieren. Grundlage für die optimale Positionierung ist das beobachtete Online-Verhalten, die vom Besucher ausgewählten Produkte/Dienstleistungen und die Vorlieben des Besuchers. E-Retailing und die Erstellung von Kundenprofilen arbeiten mit digitalen Produkten, die sich grundsätzlich von anderen Waren unterscheiden. Die Einzelhändler und die Verbraucher im digitalen Markt interagieren aktiv und beeinflussen sich so gegenseitig, um Spezifizierung, Qualität, Umfang und Preis des Produktes gemeinsam festzulegen.

Eine der Funktionen digitaler Produkte und Dienstleistungen ist die der Filterung. Sie kann in Form von angepassten Nachrichten, Berichten und anderen Informationen oder durch die Bobachtung von Märkten, Ereignissen und Aktienbewegungen erfolgen, allesamt basierend auf persönlichen Profilen. Die Fähigkeit, Produkte und Dienstleistungen effektiv an den Verbraucher anzupassen, hing schon immer davon ab, ob der Einzelhändler oder Anbieter Informationen zu Vorlieben und Abneigungen der angestrebten Zielgruppe hatte. Wenn sich die Vorlieben der Verbraucher erheblich voneinander unterscheiden, wie es im Software- oder Buchbereich der Fall ist, können die Produkte davon profitieren, differenziert zu werden. Im herkömmlichen Markt wurde dies zum Teil über Garantiescheine und auf Grundlage von Marktuntersuchungen gemacht. Im Zeitalter der digitalen Märkte ist die Kundeninformation fest mit dem Einzelhändler »verbunden«, da der Käufer nicht nur die von ihm bevorzugten Distributionsmethoden preisgibt, sondern auch die gewünschte Produktart, die Qualität und Ausführung, und die Summe, die er für ein Produkt ausgeben möchte. Dies alles sind Werte, die mit Data Mining analysiert werden können, um Produkte und Dienstleistungen noch weiter zu verfeinern und die Lieferung zu optimieren.

Betrachten Sie Ihre Kunden und die Daten, die Sie analysieren, als Grundlage für das Wachstum und die Entwicklung Ihrer Website. Werben Sie bei Erstkäufern für ein Feedback per E-Mail. Haben die Kunden gefunden, was sie gesucht haben? Wie lange hat dies gedauert? Wie könnten Sie Ihre Website verbessern, damit Ihre Erstkäufer zu Wiederkäufern werden? Wie können Sie es schaffen, treue Kunden aus ihnen zu machen? Sie zu fragen, ist eine Möglichkeit. Eine andere Methode ist die Data Mining-Analyse Ihrer Onlinedaten. Verwenden Sie Data Mining-Tools wie Entscheidungsbaum- oder Regelgeneratoren, um Ihre Online-Besucher zu segmentieren, und entwickeln Sie Profile Ihrer bestehenden Kunden. Benutzen Sie diese Analysen dazu, den Informationsbedarf Ihrer Online-Besucher zu ermitteln. Wie sind sie auf Ihre Seite gekommen? Möchten sie einfach ein bisschen durch die Gegend surfen oder suchen sie den direktesten Weg zu einem bestimmten Produkt oder einer bestimmten Dienstleistung auf Ihrer Website?

Die Data Mining-Analyse, die Sie durchführen, kann mehrere verschiedene Marktsegmente identifizieren, die von Ihrer Seite angezogen werden. Dies kann beeinflussen, wie Sie Ihre Website strukturieren und organisieren. Eine Reise-Site könnte zum Beispiel herausfinden, dass sie Reisekaufleute, Leute, die nicht oft verreisen, Vielreisende und Investoren anzieht. Es könnte hier zum Beispiel nötig sein, verschiedene Websitebereiche einzurichten, die diese vier verschiedenen Zielgruppen gezielt ansprechen. Darüber hinaus kann Data Mining aufdecken, wonach die Online-Besucher dieser Seite suchen, indem es die Stichwörter analysiert, die sie in der Produktanfrage angeben. Die Auswertung von Logdateien, Anmeldeformulare und E-Mails kann Hindernisse aufwerfen. Ein Data Mining-Tool kann diesen Vorgang beschleunigen und verdeckte Muster finden, die bei einer manuellen Vorgehensweise vielleicht übersehen werden, besonders wenn es sich um eine sehr große Website mit Tausenden von täglichen Besuchern handelt.

E-Retailing ist hauptsächlich ein Verknüpfen Ihres Warenwirtschaftssystems mit den Browsern Ihrer Online-Besucher und Kunden. Dabei haben Sie die Möglichkeit, die Interaktionen und Muster, die im Laufe der Zeit entstehen, zu beobachten. Data Mining kann Ihnen dabei helfen, diese Muster aufzudecken und Sie bei der Optimierung Ihrer Verkaufsanstrengungen und bei dem Ausbau Ihrer Kundenbeziehungen zu unterstützen. Bei der großen Auswahl im Internet ist es die Personalisierung, die den kleinen Unterschied ausmacht. Das Mining Ihrer Kundendaten, die Informationen zu den Präferenzen der Kunden enthalten, ist der Schlüssel zu erfolgreichen Kundenbeziehungen und zur Personalisierung von Produkten, Dienstleistungen und der Kommunikation mit Ihren Kunden. Ihre Data Mining-Analyse kann Ihnen dabei helfen, neue Einblicke in das Verhalten Ihrer Online-Besucher zu erhalten und Ihre Website an die Ansprüche der Kunden anzupassen.

Kaufen in Echtzeit

Ein Großteil der amerikanischen Bevölkerung hat bereits über das Internet eingekauft. Die Sicherheitsbedenken, die als Hinderungsgrund für das Einkaufen im Internet angesehen werden, können diesem Trend nicht schaden und die Entwicklung des E-Retailing nicht gefährden. Für diejenigen, die online einkaufen, wiegen die Vorteile des E-Retailing, nämlich nicht zum nächsten Laden gehen zu müssen und rund um die Uhr einkaufen zu können, schwerer, als die Bedenken, die den Eingriff in die Privatsphäre betreffen. Es gibt ein neues Geschäftsmodell, das zu Online-Käufen einlädt: Online-Auktionen. Die anregende Atmosphäre des Wetteiferns, der niedrigen Preise und die Vorstellung, etwas günstiger zu bekommen, fördern dieses Internet-Einkaufsmodell.

Das Prinzip des Bestellens per Mausklick und des Angebots einer großen Produktauswahl fördert den Verkauf von kleinen Produkten.

Buch- und CD-Lieferanten wie zum Beispiel Amazon funktionieren nach diesem Prinzip. Elektronische Einzelhändler legen weiterhin großen Wert auf die Sicherheit, denn Verbraucher, die noch nicht über das Internet eingekauft haben, sagen, der größte Hinderungsgrund sei die Angabe der Kreditkartennummer. Verbraucher beginnen jedoch zu verstehen, dass E-Retailing Ihnen viele Vorteile bietet, wie zum Beispiel die höhere Produktverfügbarkeit. Die Schere zwischen Kaufwunsch und tatsächlichem Kauf hat sich geschlossen. Die »Produktregale« im Internet sind im Gegensatz zu physischen Regalen unbegrenzt auffüllbar.

Physikalische Einschränkungen bezüglich der Produktauswahl werden ersetzt durch die Möglichkeit, exakt das gewünschte Produkt zu kaufen, und das zu jeder Zeit, an jedem Ort. Der Kaufimpuls und der tatsächliche Kauf waren bisher zwei getrennte Dinge, da es physische und mentale Grenzen gab. Im Internet sind diese Grenzen nicht mehr existent. Wenn Sie heute das »richtige« Produkt finden, können Sie einfach auf den Button »Kaufen« klicken, und das Produkt wird Ihnen noch am selben Tag per Paketdienst zugestellt. Der gesamte Verkaufsprozess, der das Marketing, den Verkauf und das Fulfillment umfasst, schmilzt zu einer einzigen digitalen Transaktion zusammen, die aufgezeichnet, gespeichert und für die Data Mining-Analyse vorbereitet wird.

Es gibt eine Reihe von Techniken und Tools, mit denen ehemalige Kunden über personalisierte Nachrichten oder Angebote angesprochen werden können. Dazu gehören Ihre Logdateien, Server und Browser-Site-Cookies, sowie Anmeldeformulare. Die Daten Ihrer Website können aufgearbeitet werden, indem sie entweder mit Haushalts- oder demographischen Daten zusammengeführt oder durch diese ergänzt werden. Der Einsatz von Collaborative Filtering-Software und die Vernetzung mit anderen Websites ist ebenfalls möglich. Um den größten Nutzen aus Kundeninformationen zu ziehen, können leistungsstarke Mustererkennungs-Tools eingesetzt werden, die Ihnen das Kennen lernen Ihres Kunden auf individuellerBasis ermöglichen.

Je stärker Ihre Website personalisiert und an den Kunden angepasst ist, desto mehr Produkte und Dienstleistungen werden Sie voraussichtlich verkaufen. Eine Bank könnte zum Beispiel die Daten der Website und des Data Warehouses analysieren und entdecken, dass es eine Beziehung zwischen Kunden mit großem Guthaben und speziellen Seiten mit Produkten wie beispielsweise Investment Services oder andere Arten von Bankkonten gibt. Diese Analyse könnte darüber hinaus überdurchschnittliche Klickraten bestimmte Werbungen und Werbebanner aufdecken, die Aufschriften wie beispielsweise »lassen Sie Ihr Geld für Sie arbeiten« besitzen. Durch die Analyse des aktuellen Benutzerverhaltens – das heißt durch die Analyse des Contents, nach dem Besucher suchen sowie der Informationen, die Online-Besucher in ihrer E-Mail oder bei der Registrierung angeben – können Sie subtile Veränderungen Ihrer Website vornehmen. Benutzen Besucher zum Beispiel bestimmte Suchwörter, die ein Interesse für Investments anzeigen, wie »Investments für die Rente« oder »erfolgreiche Aktien« oder »Investmentfonds«? Der Webdesigner dieser Bank-Website könnte das Design der Site verändern, oder genau die Art Informationen zur privaten Rentenvorsorge und Investments bieten, die auf diesen Besuchertyp zurecht geschnitten ist.

Das Mining derartiger Informationen kann Sie zur Auswahl geeigneter Werbemaßnahmen, Produkte, Sonderangebote, Incentives, Coupons, Banner oder Formulierungen führen. Eine Analyse mit einem Data Mining-Tool, das mit einem regelerzeugenden Algorithmus arbeitet, könnte zum Beispiel folgende Muster aufdecken:

WENN SUCHWORT	»Camping«	
ODER SUCHWORT	»Wandern«	
ODER SUCHWORT	»Berge«	
UND ALTER	42	
UND PLZ	94502	
UND GESCHLECHT	MÄNNLICH	
DANN	Werbung für Geländewagen	89%
	Werbung für Limosine	11%

Die demographische Zerlegung für diese US-Postleitzahl deckt folgende Verbraucher (mit dieser Postleitzahl) auf:
52,14 Prozent verheiratete Paare mit sehr hohem Einkommen. Alter: 40-54. Sie haben ein oder zwei Kinder, fahren Ski, sammeln Münzen, unterhalten sich meist zu Hause, gehen zum Aerobic, sind regelmäßige Wähler und lesen Bücher. Sie tendieren dazu, Importbier zu trinken, kaufen Geländewagen, Heimtrainer, benutzen Kopierdienste und kaufen Produkte per Telefon, Mail und über das Internet. Sie sind meist selbstständig, benutzen EC-Karten für den Einkauf, besitzen Lebensversicherungen, Zusatzrentenversicherungen und sind Teilhaber an einer GmbH. Sie wohnen in Vororten entlang der kalifornischen Küste sowie in der Region zwischen Boston und Washington.

20,67 Prozent verheiratete Paare mit sehr hohem Einkommen, Alter: 40-54, zwei oder mehr Kinder. Sie gehen ins Kino, besuchen Zoos, gehen Schwimmen und fahren ans Meer, engagieren sich in Verbrauchervereinigungen und essen in Fast-Food-Restaurants. Sie kaufen wertvolle Möbel, Tennisartikel, Videospiele, Spielzeug, Schmuck und Boote. Sie besitzen Fonds, Sparbriefe, Sparbücher, haben Überziehungskredit und Gruppenlebensversicherungen. Sie lesen Business-, Computer- und Sportmagazine, hören auf dem Weg zur Arbeit seichte, zeitgenössische Radiomusik und sehen sich Basketballturniere an.

19,64 Prozent haben ein sehr hohes Einkommen, Alter: 25-54, keine Kinder. Sie recyceln Abfälle, rufen bei Radiosendern an, engagieren sich in Verbrauchervereinigungen, nehmen an Umweltaktionen teil und interessieren sich für Gewichtheben. Sie bestellen Blumen per Telefon, kaufen Grußkarten, weiche Kontaktlinsen, Laptops und Diät-Bier. Sie besitzen Konten zur Vermögensverwaltung, VISA-Karten sowie Lebens- und Unfallversicherungen, benutzen Finanzplaner und besitzen Aktien. Sie lesen Geld-, Verbraucher- und Feinschmeckermagazine und hören Rockmusik-Radiosender.

Die obigen Angaben stammen von einem Unternehmen, das psychographische Verbraucherdaten anbietet. Die folgenden Angaben stammen von einem anderen Anbieter demographischer Daten. Beachten Sie die Ähnlichkeiten.

37,4 Prozent leben in Vororten entlang der Ostküste der Vereinigten Staaten sowie in Kalifornien. Sie sind verheiratet, mittleren Alters und durchleben die Blüte ihres Berufslebens. Sie sind eher Mitglied eines Fitnessclubs als eines Country Clubs. Sie betreiben Feldsport, Wintersport und Golf und nehmen viele Vitamine zu sich. Der Anteil der Haushalte mit 45-64 Jährigen ist 40 Prozent höher als der US-Durchschnitt. Dieser Gruppe gehören zum Großteil Weiße an, jedoch auch Menschen, die nicht in den USA geboren wurden, wie zum Beispiel Asiaten. Mitglieder dieser Gruppe sind gebildet und beziehen ein hohes Einkommen. Sie wohnen in Gegenden mit Einfamilienhäusern, die einen doppelt so hohen Wert haben wie der US-Durchschnitt.

62,6 Prozent gehören zu den Erfolgreichen. Sie besitzen ein eigenes Haus, fahren Geländewagen und sind sehr sportlich. Sie haben Darlehen und bezahlen Möbelstücke, Kleidung, Spielzeug und Reisen mit Kreditkarten. Der durchschnittliche Haushalt hat 3,1 Bewohner. Das Alter liegt zwischen 35 und 54, die Kinder gehen in die Schule. Beide Elternteile sind berufstätig und besitzen Investments. Fast ein Drittel pendelt täglich über Land- und Bundesstraßen zur Arbeit.

Können Sie sich nun vorstellen, wie Sie mit Hilfe dieser demographischen Informationen Werbung oder Banner für diese Zielgruppe schalten könnten? Diese Verbraucher wären vermutlich an Dingen interessiert wie Zusatzrentenversicherungen, Reisedienstleistungen, Büroartikel sowie Sportartikel oder Spielzeug. Die entsprechende Werbeschaltung und Banner würden auf Grund einer Kombination von »Suchwörtern«, Alter und weiteren Informationen ausgesucht, die dem Internetanalytiker zur Verfügung stehen. Die zusätzlichen Daten können, wie wir gesehen haben, aus externen Datenquellen sowie aus internen Kundendateien sowie dem Data Warehouse eines Unternehmens stammen.

Kundenservice

Data Mining kann auch für den After-Sales-Support eingesetzt werden, so dass Ihre Kunden weiterhin zufrieden sind und als treue Kunden immer wieder bei Ihnen einkaufen. Eine KI-Technologie mit dem Namen Fallbasiertes Schließen (Case Based Reasonning, CBR) kann zum Beispiel für den Kundenservice eingesetzt werden, um Kunden bei Problemen hinsichtlich der Benutzung des erworbenen Produkts zu helfen. Die Grundidee von CBR ist denkbar einfach: *Lösungen alter Probleme helfen bei der Lösung aktueller Probleme.*

Eine CBR-Software findet im Speicher solche Lösungen für Probleme, welche dem aktuellen Fall ähneln, und passt diese an die aktuelle Situation an. Dabei werden sämtliche Unterschiede zwischen der vergangenen und der aktuellen Situation mit berücksichtigt. Um relevante Fälle, wie zum Beispiel Beschwerden zu finden, muss das aktuelle Problem charakterisiert werden, indem ihm die passenden Eigenschaften zugewiesen, die Fälle mit denselben Eigenschaften aus dem Speicher geholt und der Fall oder die Fälle ausgewählt werden, die am besten zur Eingabe passen. CBR-Softwarepakete sind lernende Systeme, die Erfahrungen nutzen, um ihr Verhalten an die Anforderungen einer bestimmten Situation oder eines bestimmten Anwenders anzupassen. Das genaue Verhalten eines solchen Systems, wie eines Help Desk oder einer Kundensupport-Site, erfordert keine vorherige Definition durch den Programmierer oder Ingenieur.

Ein CBR-System kann mit Beispielen trainiert werden, auf deren Basis es sich an die jeweiligenen, essenziellen Fälle anpassen muss, wie zum Beispiel eine Applikation für den Help Desk des Produktsupports. Die zugrundeliegende Idee ist, dass eine CBR-Engine als lernendes System sehr viel flexibler ist und dynamisch auf sich verändernde Probleme reagieren kann. Jede neue Lösung, die nicht im Index einer CBR-Engine enthalten ist, wird hinzugefügt, so dass das CBR-System nach und nach diese neuen Situationen lernt. Wenn Ihr Kunde zum Beispiel ein Problem mit einem kürzlich bei Ihnen gekauften Drucker hat, könnte er über einen interaktiven Bereich auf Ihrer Website eine »Problemsitzung« mit der CBR Experten-Engine abhalten. In den in den Abbildungen 95 bis 97 dargestellten Sitzungen fragt die CBR-Engine den Anwender nach bestimmten Problemsymptomen, um die mögliche Lösung weiter einzukreisen.

CBR ist eine indexbasierte Speichertechnik, die umfangreiche Knowledge-Management-Funktionen bietet und eine intuitive, dialogbasierte Oberfläche besitzt. Über diese Oberfläche können Ihre

Kunden technische Probleme lösen und haben das Gefühl, mit einem Experten zu sprechen. Die Technologie ermöglicht eine effiziente Kundenbetreuung nach dem Kauf. Die Folge sind reduzierte Support-Kosten und eine erhöhte Kundenzufriedenheit. Diese Art automatischer Kundensupport kann sich positiv auf die Kundentreue auswirken.
Die CBR-Engine besitzt einen zusätzlichen Vorteil: Sie kann auf Pannen und Probleme mit Produkten und Dienstleistungen hinweisen. Kehren Probleme öfter wieder, können die Lösungen der CBR-Engine in die Produktentwicklung einfließen und zu Produktverbesserungen führen. Ähnlich wie das Reverse Engineering kann der CBR-Prozess eine stetige Produktverbesserung zur Folge haben. Dies wirkt sich wiederum auf den Help Desk, den Kundenservice und den Techniksupport aus.
Eines der wichtigsten Merkmale einer CBR-Software-Engine ist, dass wenn keine Lösung gefunden wird, die neue Lösung in den Index aufgenommen wird. So wächst der Erfahrungsschatz der Engine und optimiert sich stetig, so wie es für andere aus der KI stammenden Data Mining-Techniken üblich ist. Einer der schönsten Aspekte des Internet ist, dass genau umrissene Antworten auf typische Probleme in einer Datenbanken zusammengefasst werden können, so dass der Online-Support im Laufe der Zeit immer effizienter wird.

Organisation eines Online-Schaufensters

Die E-Commerce-Strategie sollte das klare Ziel des Unternehmens beinhalten, im elektronischen Markt präsent zu sein. Da der elektronische Markt dazu bestimmt ist, zukünftig zum Handelsplatz Nummer eins zu werden, muss Ihr Unternehmen lernen, wie es in einer solchen Umgebung Kunden anziehen und gewinnen kann. Es muss vorausplanen, wie Online-Bestellungen und -Bezahlungen abgewickelt und Waren vertrieben werden sollen und wie der Support von Online-Kunden, Zulieferern und Partnern in dieser neuen Geschäftsumgebung zu realisieren ist. Wichtig ist zudem, wie Sie die internen Unternehmensprozesse mit den neuen Anforderungen der elektronischen Prozesse zusammen bringen. Sie müssen hier wie bei Ihrem Data Warehouse oder Data Mart vorausplanen und festlegen, welche Tools zur Entscheidungsunterstüt-

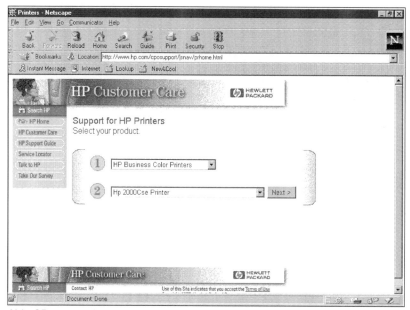

Abb. 95: *Der Kundenservicebereich Ihrer Website bietet Ihren Kunden automatischen Support.*

zung für die Datenanalyse der Produkte und Prozesse eingesetzt werden sollen.

Ihr Unternehmen muss eine Strategie entwickeln, um in diese neue Geschäftsumgebung einzusteigen, bei der es sich um einen physisch nicht existenten Markt handelt. Überlegen Sie, welche Auswirkungen E-Commerce auf Ihre Industrie, die Beziehungen zu Ihren Distributoren, Partnern und Kunden und eventuell auch auf Ihr gesamtes Unternehmen hat. Informieren Sie sich darüber, welche Unternehmensvorteile durch E-Commerce in Ihrem Markt entstehen und fragen Sie sich, wie Ihr Unternehmen Vorteile daraus ziehen kann, Kunden und Zulieferer über neue elektronische Kanäle zu erreichen. Welche Distributoren und Handelsmittler werden durch E-Commerce überflüssig? Entscheiden Sie, was und wie Sie über E-Retailing verkaufen möchten, wie Sie Ihre Produkte in einer Datenbank organisieren, so dass Ihre Besucher einfach

E-Retailing

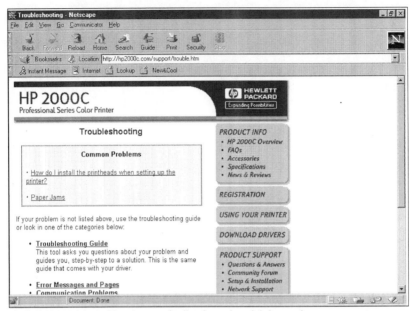

Abb. 96: *Typische Probleme können schnell und zuverlässig behoben werden.*

auf sie zugreifen können. Wo Warenkörbe positioniert werden, wie Zahlungen abgewickelt werden und wie Sie das individuelle- und One-Stop-Shopping erleichtern. Vor allem aber sollten Sie sich überlegen, wie Sie welche Besucherdaten für eine spätere Data Mining-Analyse erfassen werden, um die Beziehung zu Ihren Besuchern zu festigen und deren Shopping-Erlebnis bei jedem Besuch weiter zu optimieren.

Um engere Beziehungen aufzubauen, sollten Sie Ihren Online-Besuchern besondere Anreize bieten. Bieten Sie ihnen Ihre neuesten Produkte oder Services an oder andere Vorteile, die sie über andere Handelskanäle nicht bekommen. Wie ist Ihr Unternehmen auf wachsende Datenmengen vorbereitet, die mit dem Einstieg in das E-Retailing anfallen und wie werden diese verarbeitet und analysiert? Sind Sie darauf vorbereitet, Ihre Website mit anderen Firmendatenbanken, wie zum Beispiel Ihrer Kundeninformationsdatenbank oder Ihrem Data Ware-

E-Retailing

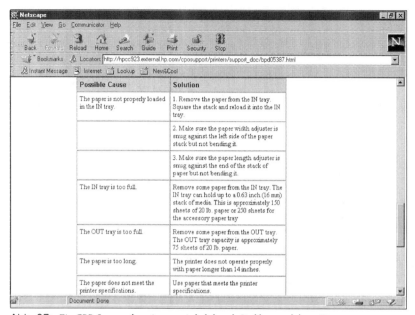

Abb. 97: *Ein CBR-System erlernt immer wiederkehrende Probleme und deren Lösungen.*

house zu verknüpfen? Bedenken Sie, welche Vorteile eine solche Verknüpfung mit sich bringen kann.

Wenn Ihr Unternehmen bereits ein Warenwirtschaftssystem, ein Call-Center, einen automatisierten Bestellprozess, Finanzbuchhaltungssysteme oder Router besitzt, sollten Sie sich überlegen, wie diese Komponenten in Ihre Website eingebunden werden können. Wenn Sie zum Beispiel bereits eine Datenbank von IBM, Oracle oder Microsoft für einige dieser Operationen einsetzen, sollten Sie die Anschaffung von Internet-Retailing-Produkten dieser Unternehmen in Erwägung ziehen, um die Integration der Website in Ihr Unternehmen zu erleichtern. Stellen Sie sicher, dass die Datenbanksoftware, die Sie für die Implementierung Ihrer E-Retailing-Seite einzusetzen planen, kompatibel zu Ihrer Hauptdatenbank oder auch zu Ihrem Data Warehouse ist. Bevor Sie ein System auswählen, sollten Sie in einem Gespräch mit Ihrem Datenbank-

> **Intelligent Cross-Sell von Microsoft**
>
> Microsoft integriert die Data Mining-Technologie in seine E-Commerce-Serversoftware, der Microsoft Site Server 3.0 Commerce Edition, mit einer Komponente namens Intelligent Cross-Sell (ICS). ICS besitzt einen Data Mining-Algorithmus, der zur Analyse der Käuferaktivitäten auf einer Website dient und die Seite automatisch an die Präferenzen des Anwenders anpasst. Zum ersten Mal macht Microsoft Data Mining zu einem Standard-Feature in einem seiner Produkte. Die Vision für dieses Produkt ist, dass es die Besuchermuster beobachten und die Informationen dazu nutzen soll, eine Website vollständig zu optimieren und die Erscheinung des Online-Stores so umzuorganisieren, dass der Kunde optimalen Service erhält.
>
> Die ICS-Komponente analysiert die früheren Warenkörbe des Shops, das Surfverhalten der Käufer und den Inhalt des aktuellen Warenkorbs.
>
> Das ICS Modul ist dafür ausgelegt, ein Ranking solcher Produkte auf E-Retailer-Seiten zu erstellen, für die sich Käufer am ehesten interessieren. Die Data Mining-Komponente kann von einem Wizard im NT Site Server installiert werden. Um Online-Kunden dazu zu bringen, immer wieder zu einer Seite zurückzukehren, können die Personalisierungs- und Promotionfunktionen von Site Server eingesetzt werden. Mit ihrer Hilfe können Unternehmen gezielte Werbekampagnen entsprechend der Präferenzen des Kunden und der vergangenen Kaufmuster durchführen.

administrator die Vorteile und die Gesamtkosten für die Verknüpfung Ihrer Unternehmensdatenbank mit der geplanten Website gegenüber stellen. Erörtern Sie zudem die existierenden Prozeduren für den Entscheidungssupport Ihrer bestehenden Altanwendungen, wie zum Beispiel Ihrer Data Marts oder der Kundendatenbank.

Wie wird der Einstieg Ihres Unternehmens in den E-Commerce Ihre Produkte und Dienstleistungen verändern? Sie sollten wie bei der Aufzeichnung Ihrer Marketingaktionen und Werbekampagnen vorausplanen, wie Sie die Effizienz Ihrer Website messen wollen. Sie sollten darauf vorbereitet sein, Ihre Online-Daten zu analysieren, genau so, wie Sie es auch mit Ihren Offline-Daten auch tun. Wenn Sie kein Mining Ihrer Online-Daten vornehmen oder dies nicht planen, werden Sie Zeit und Geld verlieren, vor allem, wenn Sie Ihre Waren und Dienstleistungen im Internet anbieten. In diesem Vertriebskanal liefern Ihnen Werbeschaltungen, Banner, Angebote, Incentives und andere Formen der Verkaufsförderung ein direktes Feedback. Dieses direkte Feedback, das Sie in digitaler Form erhalten und per Data Mining analysieren können, erhalten Sie über kein anderes Medium, sei es Fernsehen, Post oder Radio. Schließlich sollten Sie sich darüber Gedanken machen, wie Ihr Unternehmen Ihre E-Commerce-Strategie realisieren und deren Entwicklung messen wird.

Retailing und Mining

Mit der raschen Entwicklung des E-Commerce werden Verkaufstransaktionen immer häufiger über das Internet abgewickelt. Die Anzahl der Internettransaktionen steigt ständig an. Dadurch wird der elektronische Einzelhändler dem gleichen Problem ausgesetzt wie ein klassischer Einzelhändler: Er muss Muster erkennen, die ihm Vorteile und Chancen bieten und solche, die ihm schaden könnten. Da Surfer zu Käufern auf Websites werden, wird den Unternehmen nun bewusst, dass sie Kunden mit einem Mausklick auch verlieren können. Daher wird die Fähigkeit, Kaufmuster zu entziffern, zu einem immer wichtigeren Faktor für das Überleben im Internetmarkt. Im täglichen Fluss von Online-Transaktionen tauchen Muster auf, die Einkaufstendenzen, Präferenzen, Eigenschaften und Verhalten von Online-Besuchern und Kunden beschreiben. Mit Hilfe von server- und clientseitigen Softwareprogrammen können Sie die Aktivitäten Ihrer Online-Besucher aufzeichnen, identifizieren und verfolgen. Sie erhalten so die Möglichkeit, wichtige Kundeninformationen für eine Analyse zu erfassen.

Das Hauptziel einer Data Mining-Analyse einer Website ist, die Eigenschaften solcher Besucher und Kunden zu identifizieren, die Käufe tätigen. Für das Mining Ihrer Online-Daten brauchen Sie etwas Leistungsstärkeres als ein herkömmliches Server-Traffic-Analyse-Tool. Sie benötigen eine Software mit mehreren integrierten Mustererkennungs-

Technologien, gleichgültig ob es Neuronale Netze oder maschinenlernende Algorithmen sind. Das Mining Ihrer Online-Daten sollte Ihnen einen Einblick in die Identität Ihrer Online-Kunden gewähren, um Ihre Beziehung zu Ihnen festigen zu können. Mit Hilfe von E-Mining könnten Sie zum Beispiel herausfinden, dass ein relativ kleiner Prozentsatz Ihrer Kunden den größten Anteil Ihres Online-Umsatzes generiert.

Der Schlüssel zum E-Retailing liegt darin, erstklassigen Service, angepasste Produkte und bequeme Bestellverfahren zu bieten. Bequemlichkeit bedeutet für den Kunden, nicht angeben zu müssen, welche Funktionalitäten er in den Produkten und Dienstleistungen haben möchte und braucht. Für den Einzelhändler bedeutet dies, dass er in der Lage sein muss, herauszufinden, was der Kunde möchte, bevor er danach fragt. Hier können Cookies, CGI-Formulare, die Kundendatenbank und die Data Mining-Analyse eingesetzt werden. Darüber hinaus sollten die Präferenzen einbezogen werden, die die Online-Besucher bei der Registrierung zum Kauf angegeben haben. Auch gezielte Erinnerungs-Mails oder bestimmte Dienstleistungen oder Produkte, die bei einer Rückkehr auf derselben Seite angeboten werden, dienen der Kundenbindung. Data Mining knüpft die Verbindung der Beziehung zwischen Verbraucher und dem Internet – eine Beziehung, die ausgebaut werden kann, um die Verbraucher in einer zeitlich effektiven und persönlichen Art zu bedienen.

Obwohl es Verbraucher gibt, die Sicherheitsbedenken haben und einen Eingriff in die Privatsphäre befürchten, sind immer mehr Verbraucher bereit, sich auf Websites zu registrieren, Fragebögen auszufüllen und per Kreditkarte zu bezahlen. Tatsache ist, dass Personendaten online sicherer aufbewahrt werden als offline. Denken Sie nur daran, wie viele Personen Ihre Kreditkartennummer sehen, wenn die Karte von einem Ober zur Zahlung mitgenommen wird, den Sie nie zuvor gesehen haben. Zudem werden Ihre persönlichen Präferenzen bei Produkten und Dienstleistungen schon routinemäßig erfasst, wenn Sie Ihre Kreditkarte benutzen. Die Unternehmen wissen, ob Sie den Zimmerservice in Anspruch nehmen oder nicht. Supermärkte, die Sie zur Benutzung einer

E-Retailing

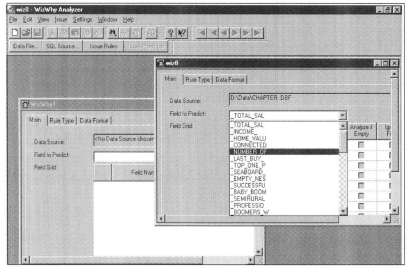

Abb. 98: *Wir wählen das Feld in den Daten, das wir vorhersagen möchten – hier die Gesamtverkaufszahl.*

Rabattkarte ermuntern, wissen bereits, wie viele Äpfel Sie pro Woche kaufen.

Informationen zu Kundenpräferenzen werden bereits irgendwo erfasst und eingesetzt, um die richtigen Produkte, Dienstleistungen und Informationen zielgruppengerecht zu platzieren. Das bequeme Bestellen über das Internet überzeugt immer mehr Leute vom Online-Einkauf. Sie verdienen meist überdurchschnittlich viel, besitzen ein höheres Bildungsniveau und sind meist sehr beschäftigt. Alles in Allem werden immer mehr Verbraucher akzeptieren, dass der Service umso besser wird, je mehr persönliche Angaben sie machen und Produkte besser auf ihre persönlichen Bedürfnisse zugeschnitten werden können. Die Verbraucher werden erkennen, dass sie durch die Angabe ihrer persönlicher Präferenzen das »richtige« Produkt, die »richtige« Dienstleistung und die »richtigen« Informationen im stetig expandierenden Internet finden werden.

Um zu zeigen, wie Data Mining zur Erhöhung des Online-Umsatzes eingesetzt werden kann, wurde eine Beispielanalyse mit einer kleinen

Anzahl an Online-Besuchern durchgeführt, die Computerhardware gekauft haben. Das Ziel dieser Analyse ist, herauszufinden, welche Kundeneigenschaften eine gute Verkaufsaussicht für diese Website bedeuten. Wir beginnen mit der Analyse, indem wir den gewünschten Output auswählen. In diesem Fall ist es die »Gesamtverkaufszahl« (siehe Abbildung 98).

Die Gesamtzahl der Kundendatensätze für die Analyse betrug 1.200, und die Gesamtfehlerzahl betrug 66. Die Erfolgsrate für die Vorhersage der Fälle, in denen voraussichtlich mehr als ein Kauf getätigt wurde, betrug 0,943. Im Folgenden werden einige der bei der Analyse generierten Regeln aufgelistet.

```
If    Number of Children is 2.00
Then  Predicted # of Sales is more than 1.00
      Rule's probability: 1.000
      The rule exists in 391 records.
      Significance Level: Error probability <  0.01
```

Diese Regel zeigt an, dass Online-Besucher dieser Website, die mehr als zwei Kinder haben, mit einer sehr hohe Wahrscheinlichkeit mehr als einen Kauf tätigen. Dies ist ein sehr wichtiges Muster, da es in nahezu einem Drittel desselben Datensatzes auftaucht: 0,32583. Es könnte bedeuten, dass eine Familie dazu neigt, ihren Kindern einen Personal-Computer zu kaufen und sich ein zweiter Kauf, nämlich der eines Druckers für deren Hausaufgaben anschließt.

Auf der anderen Seite wurde eine Regel erzeugt, die darauf hindeutet, dass die Höhe des Kundeneinkommens in Verbindung mit der Anzahl der Kinder die Wahrscheinlichkeit für mehr als einen Kauf anzeigt:

```
If    Customer Income_ is 47.807,00 ± 205.00
and   Number of Children is 1.00
Then  Predicted # of Sales is not more than 1.00
      Rule's probability: 1.000
      The rule exists in 109 records.
      Significance Level: Error probability < 0.1
```

Eine weitere Analyse fand eine Beziehung zwischen der Anzahl der Kinder und der verwendeten Suchmaschine, über die die Website gefunden wurde. Es wurde herausgefunden, dass hier nicht mehr als ein Kauf getätigt wurde:

```
If    Number of Children is 1.00
and   Search_Engine_ is Excite
Then  Predicted # of Sales is not more than 1.00
      Rule's probability: 0.930
      The rule exists in 99 records
      Significance Level: Error probability < 0.1
```

Die folgende Regel fand eine Beziehung zwischen dem verwendeten Suchwort, dem Geschlecht und der Wahrscheinlichkeit, mehr als einen Kauf zu tätigen:

```
If    KEYWORD_ is desktop
and   Gender is MALE
Then  Predicted # of Sales is more than 2.00
      Rule's probability: 0.930
      The rule exists in 66 records
      Significance Level: Error probability < 0.1
```

Diese Regel fand eine Beziehung zwischen dem Besucheralter und der Postleitzahl. In diesem Fall sind es die Postleitzahlen einer Verbraucherklasse, die als Young Frequent Movers (junge Leute mit häufig wechselndem Wohnort) klassifiziert wurde, mit einem Prozentsatz von 71 bis 92 Prozent:

```
If      AGE_ is 33.00
and     YOUNG_FREQUENT_MOVERS_ZIP is 71.00-92%
Then    Predicted # of Sales is not more than 3.00
        Rule's probability: 1.000
        The rule exists in 22 records
        Significance Level: Error probability < 0.1
```

Die Klasse Young Frequent Movers sind amerikanische junge Familien mit Kindern. Typisch für diese Gruppe ist ihre Mobilität. Sie leben meist im Süden der Vereinigten Staaten, mit einigen Konzentrationen um Nevada, New Mexiko und Wyoming. Die Data Mining-Analyse fand heraus, dass die Bereitschaft zum Kauf mehrerer Produkte besonders hoch ist, wenn die Online-Besucher aus einem Postleitzahlbereich mit diesen Soziodemographien kommen, der Prozentsatz 71 – 92 % beträgt und die Besucher 33 Jahre alt sind.

Eine Analyse wie diese kann dem Top-Management und den Marketing- und Internetteams die nötigen Einblicke darin geben, wer ihre Kunden und Besucher sind. Sie erfahren, welche Verbraucherklasse sie repräsentieren, wie hoch ihr durchschnittliches Alter ist und wie sie Ihre Site gefunden haben, welche Portale sie benutzen, wie hoch ihr Einkommen ist und welche Eigenschaften ihre Familie charakterisieren. Dieses Wissen kann dem betreffenden Einzelhändler beim Entwurf von Marketingkampagnen sowie bei der Positionierung von Links auf seiner Website helfen. Darüber hinaus bekommen sie Hinweise darauf, welche Anreize sie einsetzen können, um ihren Umsatz zu steigern, und welche Banner und Kundenansprachen sie benutzen sollten. Schließlich dient dieses Wissen zur Verbesserung ihrer Beziehungen zum Kunden. Die Website in unserem Beispiel scheint besonders Besucher mit Kindern zum Kauf zu animieren. Diese Tatsache deutet darauf hin, dass eine speziell für diese Verbraucher ausgelegte Marketingkampagne, wie zum Beispiel reduzierte Kindersoftware, besonders erfolgreich sein könnte.

Electronic Commerce

Trotz des mittlerweile moderaten Wachstums in den USA wird erwartet, dass sich die weltweiten Einnahmen des E-Commerce im Jahre 2002 auf 400 Milliarden Dollar belaufen werden. Dies ergab eine Studie des Marktforschungsunternehmens International Data Corporation (IDC). Die Zahl wurde in einer Studie geschätzt, die das globale Wachstum des Internet und des E-Commerce für die Jahre 1997 bis 2002 vorhersagte. Ein allgemeiner Anstieg der Internetnutzer rund um den Globus wird der Hauptgrund für dieses stabile Wachstum der E-Commerce-Einnahmen sein, der für die nächsten Jahre erwartet wird. Der IDC sagt einen sprunghaften Anstieg der Anzahl der weltweiten Internetnutzer bis 2002 auf 320 Millionen voraus. In der gleichen Zeit wird die Anzahl der im Internet kaufenden Anwender auf 40 Prozent steigen. Ferner sagt diese Studie vorher, dass die tatsächliche Anzahl der Internetnutzer, die Waren online kaufen werden, bis zum Jahre 2002 auf 128 Millionen ansteigen wird. Forrester Research Inc., ein weiteres Forschungsunternehmen, gibt sehr viel höhere Schätzungen für den E-Commerce ab. Demzufolge sollen die Einnahmen bis zum Jahr 2003 auf 3,2 Billionen Dollar steigen! Dies sind viel versprechende Zahlen für elektronische Einzelhändler.

E-Commerce verändert die Art und Weise, wie Unternehmen Geschäfte abwickeln. E-Commerce betrifft sämtliche Aspekte des Verkaufens: den Business-to-Business-Bereich ebenso wie den Business-to-Consumer-Bereich. Im Kern besteht E-Retailing jedoch aus mehr als dem Kaufen und Bezahlen von Produkten und Dienstleistungen über das Internet. E-Retailing führt darüber hinaus zu einer neuen Form der Online-Transaktionen, der Marktforschung und des Data Mining. E-Commerce durchdringt viele Bereiche. Es umfasst solche Aufgaben wie elektronische Mail, Peer Networking, Bestellabwicklung und Tracking, Kundensupport, Bestandsmanagement und die Distribution. Es betrifft die Aufzeichnung von Produktionsprozessen, das Marketing und die Preisfindung. Bei all dem bleibt die grundlegende Fähigkeit das Digitalisieren, die Sendungsverfolgung sowie die Speicherung und Analyse sämtlicher Marketing-, Verkaufs-, Vertriebs-, und After-Sales-Aspekte.

Produkte und Dienstleistungen, die über das Internet verkauft und gekauft werden, können klassischer (physischer) oder virtueller (digitaler) Natur sein. Letztere können ausschließlich über diesen neuen Vertriebskanal produziert und verschickt werden. Einzelhändler, die digitale Produkte und Dienstleistungen anbieten, haben einen grundlegenden Vorteil gegenüber klassischen Einzelhändlern: Sämtliche Vorgänge, von der Produktion bis zum Marketing, von der Bestellung bis zur Werbung und dem Kundenservice und alle anderen Business-Vorgänge hinterlassen eine »digitale Spur«, das heißt, sämtliche Transaktionen liegen digital vor und können über Data Mining für wichtige Einblicke, Wettbewerbsvorteile und gezieltes Marketing genutzt werden. Dies führt dazu, dass der digitale Einzelhändler schneller auf die Launen und Vorlieben seiner Kunden und Kundinnen reagieren kann.

Verbraucher von physischen und digitalen Produkten verhalten sich in dieser vernetzten Umgebung völlig anders. Von einem Moment auf den anderen werden sie zu Experten und können einen Schaufensterbummel in der weltweiten Einkaufswelt, die das Internet repräsentiert, unternehmen. Die Fähigkeiten der Online-Käufer werden sich mit der Zeit auf die Produktauswahl, die Preisstrategie und auf Wettbewerbsanstrengungen auswirken, was einen massiven Einsatz von Data Mining-Strategien, Tools und Techniken nach sich ziehen wird. Die zunehmende Abwicklung von Transaktionen über das Internet wird auch die Unternehmen und deren Beziehungen zu ihren Kunden beeinflussen, da die räumlichen und zeitlichen Beschränkungen des klassischen Verkaufs mit der Zeit verschwinden werden. Neue Kostenarten, Netzwerktechniken, Produktanpassungen, Relationship-Marketing-Formen, Interaktionsmodelle und Data Mining-Techniken im Internet werden entstehen. Vertikale, auf Präferenzen basierende Märkte werden die traditionellen Märkte ablösen, die in der Vergangenheit an nationale und physische Regionen gebunden waren.

In einem elektronischen Handelsplatz haben Verbraucher mehr Kontrollmöglichkeiten bezüglich der Produktspezifikationen, der Qualität und des Preises, da der Zyklus von Design über Produktion zur Lieferung kürzer wird. In einer solchen digitalisierten Wirtschaft werden physische Produkte von digitalen Produkten abgelöst. Produktinnovationen und neue Lieferformen entstehen immer schneller, und Produkte und Märkte konvergieren mit der Infrastruktur, in der sie entstehen. In einem solchen Markt wird die Information zum Produkt, dessen Wert aus wissensbasierten Prozessen wie dem Data Mining stammt. Es ist ein dynamischer und vernetzter Markt mit interaktiven und digitalisierten Marketing- und Verkaufsprozessen.

Nehmen wir zum Beispiel Priceline.com, ein Unternehmen, das Flugtickets im Internet verkauft. Priceline.com gibt den Verbrauchern die Möglichkeit, die Preise anzugeben, die sie für einen Flug zu zahlen bereit sind. Die erste Fluggesellschaft, die diesen Preis akzeptiert, bekommt den Zuschlag. Dieses Business-Modell lief so erfolgreich, dass Priceline.com diese Geschäftsidee patentieren ließ. Darüber hinaus plant Priceline.com, weitere Produkte in seine Palette aufzunehmen, wie zum Beispiel Mietwagen und Hotels. Jetzt haben Verbraucher Einfluss auf die Preise der gewünschten Flüge, und der Anbieter hat die Möglichkeit, das beste Angebot zu machen. Priceline.com hat die One-to-One-Interaktion zwischen Anbieter und Verbraucher eingeführt. Für den Verbraucher bedeutet dies, dass er den Preis des gewünschten Fluges beeinflussen kann. Die Herausforderung für den Anbieter liegt darin, etwas zu verkaufen und immer noch einen Gewinn zu machen. Für den elektronischen Einzelhändler bedeutet dies, die richtige Gewinnspanne zu erreichen und mit Hilfe von Data Mining aussagekräftige Analysen der Verkaufstransaktionen durchzuführen.

Es gibt noch weitere elektronische Einzelhändler, für die der Preisfaktor überlebenswichtig ist und die diese Art der Datenanalyse einsetzen:

Online-Auktionäre. Da Gebote und Verkäufe für spezifische Verkaufsobjekte gelten, entstehen Muster für Preise, die für die Modellerstellung mit Hilfe von Data Mining-Tools oder -Technologien benutzt werden können. Da jedes Gebot erfasst wird, kann es mit Faktoren wie Großhandelspreis, der Zeitdauer, die ein Gebot offen war, dem niedrigsten Gebot, der Anzahl der vorherigen Gebote, der Anzahl der Verkaufsobjekte, die der Bieter gekauft hat und so weiter, digitalisiert werden, und alle diese Einflussfaktoren können analysiert werden. Websites, auf denen man online bieten kann, können Modellierungs-Tools wie Neuronale Netze einsetzen, um die Startgebote für ihre Waren zu modellieren. Durch den strategischen Einsatz von Data Mining-Techniken kann der elektronische Auktionator seine Gewinnspannen bei Konsumgütern festlegen, die er unter den elektronischen Auktionshammer bringt.

OptiMark: Der KI-Mittler

OptiMark ist ein neues KI-Electronic-Retailing-Modell, das die Sicherheitsregeln für den Handel am Pacific Stock Exchange verändert. Mit Hilfe von OptiMark können Investoren große Aktienmengen kaufen oder verkaufen, ohne ihre Bewegungen an andere Händler zu telegrafieren. Dadurch wird verhindert, dass sich der Markt gegen sie bewegt. OptiMark automatisiert den Kauf- und Verkaufsprozess in Internet-Geschwindigkeit und mit dessen Effizienz. Die Kerntechnologie von OptiMark ist Fuzzy Logik. Sie sucht den geeigneten Preis, der sich zwischen dem Angebot des Verkäufers und der Preisvorstellung des Käufers bewegt. Das OptiMark System könnte durchaus eines der E-Retailing-Modelle der Zukunft sein.

Wie wir bereits gesehen haben, besteht die Grundlage der Fuzzy Logik in Abstufungen von Gruppenelementen. Es gibt weder schwarz noch weiß. Die Fuzzy Logik schlägt einen neuen Weg ein, abseits von der klassischen Zwei-Werte-Logik. Sie benutzt qualitative linguistische Systemvariablen (zum Beispiel groß, heiß, hoch) und eine kontinuierliche Reihe von Wahr-Variablen in dem Intervall [0,1] und keine binären Entscheidungen (Wahr oder Falsch) und Zuweisungen. Die Fuzzy Logik ist ein strukturierter, modellunabhängiger Estimator, der eine Funktion durch linguistische Input/Output-Assoziationen annähert. Systeme, die auf Fuzzy-Regeln basieren, wenden diese Methoden an, um viele verschiedene »Real-World«-Probleme zu lösen, vor allem dort, wo ein

System schwierig zu modellieren ist oder wo Mehrdeutigkeiten oder Vagheiten die Regel sind. Ein typisches Fuzzy-System besteht aus einer Regelbasis, einer Teilhaber-Funktion und einer Ableitungsprozedur. OptiMark benutzt die Fuzzy Logik, um die Rolle des letzten KI-Mittlers einzunehmen. Zunächst ermöglicht es Käufern und Verkäufern, hypothetische Handelspräferenzen für eine Reihe von Preisen und Größen zu äußern. Anschließend sucht das Tool nach sämtlichen Interessen der Käufer und Verkäufer zu diesem Zeitpunkt. In einem dritten Schritt, der weniger als zwei Sekunden dauert, liefert es einen Handel zum besten Preis und größten Umfang, der für beide Seiten zufriedenstellend ist. Das OptiMark-System garantiert absolute Anonymität, Geheimhaltung und bietet die Möglichkeit, einen »Verhandlungsspielraum« anzugeben, so dass über mehrere Preise und Größen verhandelt werden kann. Mit einem Hochleistungsrechner und Fuzzy Logik-Algorithmen führt OptiMark eine umfangreiche Suche nach allen möglichen Handelsgeschäften in seinem Netzwerk durch und stellt innerhalb von ein oder zwei Sekunden mehrere Milliarden Berechnungen pro Wertpapier an. Anstatt einfach nur Käufer und Verkäufer zusammenzuführen, findet OptiMark den »Sweet Spot«, oder den bestmöglichen Preis.

Das OptiMark-System wird zur Zeit am Pacific Stock Exchange eingesetzt, doch seine Entwickler interessieren sich schon jetzt für Verbrauchermärkte im Internet, wo alles von Flug- oder Stadiontickets bis zur Versicherung, Energie und Diamanten – in Echtzeit verkauft werden wird. Anwender, die das OptiMark-Handelssystem benutzen, könnten spezifizieren, was sie bezahlen möchten und ihren KI-Mittler nach dem perfekten Deal suchen lassen. Das System würde dann nach Verbrauchern und Anbietern suchen, die irgendwie zusammenpassen und einen Kompromiss vorschlagen. Die Vision von OptiMark besteht darin, sämtliche Handelsinteressen und Anfragen über ein KI-System in Echtzeit und kontinuierlich über das Internet zu verarbeiten und alle mathematisch und logisch möglichen Matches zwischen Verbraucher und Anbieter zu machen. Kein Käufer würde jemals wieder mehr bezahlen, als er möchte, und Einzelhändler würden ihre Ware nie wieder unter Wert verkaufen.

Das Internet ist ein nahtlos ineinander greifender Markt, in dem das Verfahren der Mustererkennung, die Telekommunikation und der Handel miteinander verbunden sind. In diesem dynamischen Markt wird der Einzelhandel von strukturellen Veränderungen beeinflusst. Die

Tatsache, dass Kundenwünsche direkt über die feste Verdrahtung mit der Produktentwicklung, der Produktion, der Qualität, der Leistung und der Preisfindung verbunden sind, schafft neue Marketingformen. Wettbewerbsstrategien werden Einfluss auf ganze Industrien nehmen, und Verbraucher bewirken Veränderungen des Marktes. Sie werden sich für bestimmte Inhalte interessieren und direkt mit Herstellern und Einzelhändlern interagieren, um so ihre eigenen Produkte zu entwerfen. Digitale Transaktionen in einer solch vernetzten Umgebung sind sehr umfangreich. Dies wird einen weit verbreiteten Einsatz von Data Mining-Software zur Folge haben, die dem Einzelhändler die Interaktion mit seinen Kunden und die Schaffung digitaler Produkte ermöglicht.

Geld ist heute nicht mehr als Daten, die von einem System zum anderen übertragen werden, und Data Mining ist nicht mehr als eine Technik, mit der versucht wird, die dabei auftretenden Muster zu erkennen und vorherzusagen. Das E-Retailing bedeutet einen wachsenden Austausch dieser Daten über das Internet – wo Verbraucher und Einzelhändler ein wachsendes Gebilde schaffen – genau so, wie ein Organismus ein Nervensystem entwickelt. In dieser vernetzten Umgebung ermöglicht die Verarbeitung und Analyse von digitalen Transaktionen dem Unternehmen, seine Kunden besser kennen zu lernen. Sie sind in der Lage, die Techniken zur Nachbildung menschlichen Denkens dafür einzusetzen, die Treue und den Wert des Kunden zu erkennen und zu kalibrieren.

E-Mining

Data Mining Ihrer Website

E-Mining ist ein iterativer Prozess, bei dem die Online-Transaktionsmuster analysiert und Wissen extrahiert werden. Es beschreibt, wer Ihre Besucher sind, was sie kaufen, wann sie es kaufen und, was am wichtigsten ist, warum sie es auf Ihrer Website kaufen. Es geht darum, zunächst unbekanntes, verwertbares Wissen aus Ihren Online-Transaktionen zu extrahieren. E-Mining nutzt die Mustererkennungs-Techniken, um folgende Unternehmensfragen zu beantworten:
- Wie optimiere ich meinen Warenbestand und das Design meiner Website?
- Welche strategischen Partnerschaften sollte ich aufbauen?
- Wie erhöhe ich die Anzahl meiner Kunden?
- Welche Cross Selling-Möglichkeiten habe ich?
- Wer besucht meine Website und wer kauft dort?
- Welche Werbemaßnahmen und Banner sollte ich einsetzen?
- Wer sind meine rentabelsten Kunden?
- Wie steigere ich meinen Online-Umsatz?

Für Websites unterschiedlicher Größen steigen die Möglichkeiten zur Generierung umfangreicher Serverdaten derzeit explosionsartig an. Doch nur wenige Webmaster verstehen es, die Data Mining-Technik dafür einzusetzen, diese Online-Daten in geschäftsrelevantes Wissen umzuwandeln, um die Wettbewerbsfähigkeit zu steigern und die E-Commerce-Aktivitäten zu optimieren. E-Mining ist sehr gut dazu geeignet, erstens die täglichen Kontakte in Erinnerung zu rufen, die Ihre Website mit Ihren Kunden hatte und zweitens das Verhalten Ihrer Kunden zu beobachten. Natürlich sind Erinnerungsvermögen und Beobachtungsgabe menschliche Fähigkeiten. Data Mining-Tools und Techniken, die auf Methoden der KI beruhen, sollen diese Fähigkeiten so weit wie möglich nachbilden, um große Datensätze zu verarbeiten und zu analysieren. Eine solche induktive Datenanalyse kann Fragen beantworten,

E-Mining

an die Sie zuvor nicht einmal gedacht haben. Sie kann Beziehungen aufdecken, von denen Sie nicht wussten, dass sie existieren. Bei diesem Prozess können verdeckte Muster in Tausenden von Besucherinteraktionen Ihrer Website aufgespürt werden.

E-Mining kann Ihnen dabei helfen, herauszufinden, was Ihre Kunden möchten. Mit diesem Wissen können Sie Ihren Kunden exakt die gewünschten Produkte und Dienstleistungen liefern. Mit E-Mining vergrößern Sie letztendlich Ihre Gewinnspanne, indem Sie Ihren Warenbestand kontrollieren und schließlich den Aufbau und die Nutzerführung Ihrer Website verbessern. Vor allem kann E-Mining Ihnen dabei helfen, Ihre Online-Kunden zufrieden zu stellen. Dies erreichen Sie mit Hilfe von Nutzerprofilen, die Sie anhand von beobachtetem Online-Verhalten und soziodemographischen Angaben erstellen. E-Mining räumt eine Reihe an Mutmaßungen aus, auf deren Basis Online-Geschäfte sonst gemacht werden müssten. Durch das E-Mining Ihrer Transaktionsdaten können Sie schneller auf Kundenanfragen reagieren. Auch dadurch verhindern Sie, dass Ihre Kunden zu einem anderen Anbieter wechseln. Vor allem aber ist E-Mining ein Unternehmenspro-

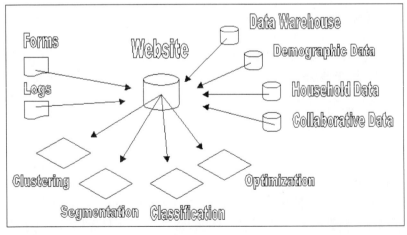

Abb. 99: *Der E-Mining-Prozess.*

zess mit einem bestimmten Ziel: *Wettbewerbsvorteile durch die Analyse Ihrer Online-Transaktionen zu schaffen.*

E-Mining ermöglicht Ihnen nicht nur, Ihren Kunden das gewünschte Produkt oder die gewünschte Dienstleistung zur richtigen Zeit zu liefern, sondern es hilft Ihnen auch beim Aufbau enger Beziehungen zu Ihren Online-Kunden. Wenn Ihre Website Produkte und Dienstleistungen anbietet, die in den Augen Ihres Kunden erfolgreich sind und Sie wiederholt auf seine Wünsche eingehen, wird sich der Kunde immer mehr für Ihr Angebot interessieren. Dies erhöht die Kundentreue, was Ihnen wiederum hilft, Ihre Marktanteile an diesem Kunden zu vergrößern. Im folgenden Beispiel werden wir zeigen, wie verschiedene Data Mining-Technologien genutzt werden können, um über eine Analyse des Online-Verhaltens einen Einblick in Ihre Kunden zu erhalten und Kundenprofile zu erstellen.

Dennoch müssen wir, wie bei jedem Data Mining-Projekt, zunächst bei den Grundlagen beginnen: den Datenn und ihren verschiedenen Bestandteilen. Für diese Analysen starten wir mit einigen grundlegenden Server-Logdateien in Verbindung mit einigen Informationen über Kundenklassen, die aus einer Registrierdatenbank stammen. Dann führen wir die Online-Daten mit Daten aus unserem internen Data Warehouse und externen demographischen und Haushaltsdaten zusammen. Anschließend werden einige Data Mining-Analysen durchgeführt, um die verschiedenen Einblicke und Ergebnisse zu zeigen, die die verschiedenen Technologien und Tools jeweils produzieren. Die Ergebnisse können von den Web-, Marketing- und Unternehmensbereichen genutzt werden, die in die E-Commerce-Arbeit eingebunden sind. Der E-Mining-Prozess lässt sich folgendermaßen einteilen:

Datenanalyse	Technik	Ziel
Assoziation	Visualisierung	Aufdeckung von Beziehungen zwischen Produkt und Verbraucher
Clusterung	Selbstorganisierende Karte (SOM)	Aufdeckung von Cross Selling-Möglichkeiten
Segmentierung	Entscheidungsbaum	Aufdeckung der Schlüssel-Marktsegmente
Klassifizierung	Neuronales Netz	Vorhersage der Kaufneigung
Optimierung	Genetischer Algorithmus	Maximierung des gesamten Designs der Website
Mapping	Geografisches Informationssystem	Kaufmuster betrachten
Integration		Kombinierung von Clusterung, Segmentierung und Klassifizierung, um eine Übersicht zu bekommen.

Wer ist Ihr Kunde?

Jetzt in diesem Moment kommt ein zukünftiger Kunde auf Ihre Seite. Wissen Sie, wer er ist, wo er lebt, was er macht, wie er lebt, was er kauft oder was er mag? In den vorigen Kapiteln haben wir eine Reihe verschiedener Themen behandelt, vom Beziehungsmanagement über Neuronale Netze und maschinenlernende Algorithmen bis hin zu Cookies und Collaborative Filtering. Dabei haben wir vor allem versucht, deutlich zu machen, dass es eine Sache gibt, die all das verbindet: Data Mining. In diesem Kapitel setzen wir die Theorie anhand einiger Beispiele in die Praxis um. Dazu werden wir verschiedene Data Mining-Techniken, Methoden und Tools einsetzen.

Zunächst betrachten wir erneut den Prozess, bei dem Besucher- und Kundendaten auf Serverlevel erfasst werden. Diese Daten werden dann durch zusätzliche Haushalts- und demographische Daten ergänzt. Der daraus resultierende Datenbestand wird schließlich mit Hilfe von verschiedenen Tools analysiert. Die verschiedenen Tools liefern verschiedene Ergebnisse, doch sie haben eines gemeinsam: Sie liefern Ihnen einen neuen Einblick in Ihre Kunden. Sie können herausfinden, wer sie sind, woher sie kommen, was sie mögen, und, was Ihnen vermutlich am wichtigsten ist, wie Sie eine dauerhafte Beziehung zu ihnen aufbauen können, die das gesamte Verbraucherleben des Kunden anhält.

Sie müssen sich bezüglich Ihrer Website über einen Grundsatz im Klaren sein, besonders, wenn es sich um eine vernetzte Umgebung handelt: Ihre Website ist nicht nur ein Transmitter, sie ist auch Empfänger. Sie empfängt Informationen über das Besucherverhalten auf Ihrer Website, das heißt, Informationen darüber, wer Ihre Besucher sind, wonach sie suchen, welche Informationen, Produkte und Dienstleistungen sie wie möchten und auf welche Angebote sie am ehesten reagieren. Stellen Sie sich Ihre Site als ein Vergrößerungsglas vor, das die Eigenschaften der vielen Besucher und potenzieller Neukunden aufdecken kann. Um einen Einblick in das Verhalten und die Eigenschaften der Besucher Ihrer Seite zu erhalten, können mehrere Techniken eingesetzt werden, die folgende Aufgaben erfüllen:

Sequenzierung:	Wenn sie Produkt A kaufen, kaufen sie dann Produkt C oder Produkt X, und wann?
Segmentierung:	Was unterscheidet meine rentabelsten Kunden von allen anderen Kunden?
Profilerstellung:	Wer sind meine rentabelsten Kunden und wie kann ich sie an mich binden?
Assoziation:	Welche Beziehung besteht auf meiner Seite zwischen Besuchergeschlecht und Umsatz?
Klassifizierung:	Wie erkenne ich Besucher mit einer hohen Kaufneigung?
Clusterung:	Welche Attribute beschreiben Besucher, die oft auf meine Website kommen?
Vorhersage:	Wer wird auf lange Sicht voraussichtlich mein rentabelster Kunde werden?
Optimierung:	Wie gestalte ich meine Website, um meinen Online-Umsatz zu maximieren?

Seien Sie sich bewusst, dass diese Analysen nicht unabhängig voneinander betrachtet werden können und dass sie nicht zwangsläufig nacheinander ausgeführt werden müssen – Ihre geschäftlichen Umstände werden festlegen, wann Sie welche Schritte durchführen werden. Wie wir schon gesehen haben, basieren die meisten Data Mining-Tools auf Methoden aus der Künstlichen Intelligenz. Sie dienen dazu, die menschliche Wahrnehmung und das menschliche Lernen nachzubilden. Anders als Datenbankabfrageprogramme, Generatoren zur Erstellung von Internetanalyse-Reports, Collaborative Filtering-Software oder Statistikprogramme führen Data Mining-Tools ihre Analysen von Mustern unvoreingenommen und autonom durch. Die Analysen erfolgen anhand von Daten aus Logdateien und web-erzeugten Datenbanken, und nicht auf der Grundlage von persönlichen Hypothesen oder Interpretationen der Seitenaufrufe. Data Mining kann eingesetzt werden, um die Feinheiten Tausender Online-Sitzungen und Besuchermuster in Form von Punkten, Durchschnitten, Regeln oder Entscheidungsbäumen einzuschätzen und zusammenzufassen.

Wie bei den klassischen Data Mining-Ansätzen liegt der Schlüssel für die Prognose in der Analyse älterer Transaktionsdaten. Im Einzelhandel werden in der Regel Strichcodedaten ausgewertet. Im Finanzdienstleistungssektor könnte es die Analyse früherer Darlehen, von Kreditkartenkonten, Portfolios, Einlagezertifikaten oder anderer finanzieller Produkte sein. In beiden Fällen ist der Ausgangspunkt für die Erstellung von prädiktiven Modellen die Modellierung vergangener Transaktionen und Kundeninteraktionen. Beim Data Mining Ihrer Website sind die Bausteine die Komponenten von Online-Transaktionen, die auf Seite des Servers erfasst wurden. Diese Datenkomponenten in Verbindung mit einer Collaborative Filtering-Engine oder externen demographischen Daten und Haushaltsdaten ermöglichen Ihnen, Profile von Ihren Besuchern und potenziellen Neukunden zu erstellen und ihre Präferenzen durch eine Analyse ihres Online-Verhaltens und ihrer Kaufmuster aufzudecken.

E-Mining

Ein Beispiel für eine Online-Sitzung

- Der Besuch auf einer Webseite erzeugt einen Eintrag in die Server-Logdatei.

Abb. 100:

Generierte Datenkomponenten: Verweildauer, verweisende Seite, Suchwörter, Besucherdomain, usw.

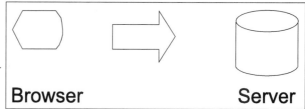

- Der Server weist dem Browser einen Cookie zu.

Abb. 101:

Neue Datenkomponenten: eindeutiger Besucheridentifikationsname oder Zahlenwert.

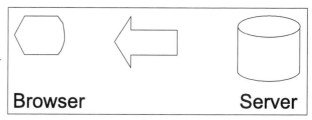

- Der Online-Besucher füllt ein Anmeldeformular aus.

Abb. 102:

Neue Datenkomponenten: Konsumverhalten des Besuchers, Eigentumswerte (Haus, Auto), Anzahl der Kinder, usw.

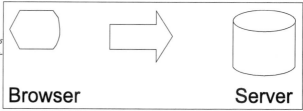

- Komponenten der Website werden mit anderen Datenbanken gematcht.

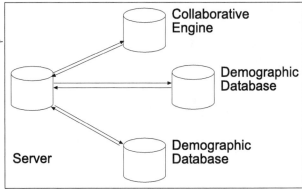

Abb. 103:

Neue Datenkomponenten: Das Verbraucherverhalten, Wert von Haus und Auto, Zahl der Kinder, usw.

- Schließlich wird die gesamte Website per Data Mining analysiert.

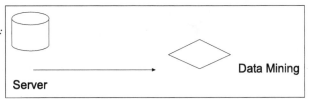

Abb. 104:

Neue Datenkomponente: der Einblick in Ihre Besucher/Kunden.

Interaktivität der Daten

Vor dem Mining Ihrer Online-Daten sollten Sie eine Strategie entwickeln, mit der Sie feststellen, wer Ihre Besucher und Kunden sind und welche Informationen Sie über Ihre Logdateien, Cookies, Formulare und Ihre personalisierte oder Collaborative Filtering-Software – oder über eine Kombination aus diesen – erfassen möchten. Mit zunehmenden Schritten können Sie beginnen, ein Bild Ihrer Online-Besucher und Kunden aufzubauen. Starten Sie mit Ihren:

- *Logdateien*, um herauszufinden, wo Ihre Online-Besucher herkommen, wie sie Sie gefunden haben.

E-Mining

> Nttp.com.jp · · [08/Jul/1999:16:44:14 · 0744] »GET /webminer/index/html HTTP/1.0« 200 5898 »http://search.yahoo.com/bin/search?p=data+mining+websites«»Mozilla/3.01 (Macintosh; I; PPC)«

- *Cookies*, um herauszufinden, wo Ihre Besucher hingingen und wer wiederkam.

> Session_ID=1BABV31MEN

- *Formulare*, um herauszufinden, wer Ihre Besucher sind und wie Sie sie kontaktieren können.

> Joe Blow,34,Male,94502,jblow@docl.com

- Dies ist dann der Anfang eines Kunden-Datensatzes für die Data Mining-Analyse:

> Ntt.com.jp · · [08/Jul/1999:16:44:14 ·0744]
> HTTP/1.0» 200 5898 »http://search.yahoo.com/bin/search?p=data+mining+websites«
> »Mozilla/3.01 (Macintosh; I; PPC)« , Session_ID=1BABV31MEN, Joe Blow,34,Male,94502,jblow@docl.com

Dieser kommaseparierte String kann für die Vorverarbeitung problemlos in eine Datenbank importiert und vorbereitet werden, um mit anderen Daten für eine nachfolgende Data Mining-Analyse zusammengeführt zu werden. Dies ist der Startpunkt der Data Mining-Analyse, denn der wirkliche Wert Ihrer Online-Daten kommt erst dann zum Tragen, wenn die Online-Daten mit anderen Kundeninformationen verknüpft werden.

Der wahre Wert wird abgeschöpft, sobald dieser angereicherte neue Datenbestand, der durch die Zusammenführung mit anderen Daten entsteht, die Data Mining-Analyse durchlaufen hat und das Wissen extrahiert wird. Eine der besten Methoden ist, die »zustandslosen«

Internet-Daten mit Haushaltsdaten oder demographischen Daten und mit Ihren firmeninternen Datenbanken zusammenzuführen und sie so in einen »festen, greifbaren Zustand« zu bringen.

Materialisierung von Zuständen

Das Internet und die Daten, die es generiert, werden auf Grund der TCP/IP-Struktur meist als »zustandslos« beschrieben. Diese Tatsache erschwert das Mining von Serverdaten in manchen Fällen erheblich. Bestimmte Daten, die auf Serverseite erfasst werden, können jedoch mit Kunden- und Lifestyle-Daten verknüpft werden. Auf diese Weise werden die Daten materialisiert. Durch den strategischen Einsatz von websitespezifischen Daten, die mit externen Daten zusammengeführt werden, sind Sie in der Lage, Profile von Ihren Kunden zu erstellen. Für die Vorverarbeitung Ihrer Daten könnte es zum Beispiel nötig sein, Ihre Registrierdatenbank mit demographischen Daten zu verknüpfen, wobei die Postleitzahl als Schlüsselattribut dient. Oder es ist nötig, Ihre Logdateien mit den Daten eines Provider für Collaborative Filtering oder Personalisierung zusammenzuführen, und Cookies zu teilen, die in einem Netzwerk gesammelt werden. In beiden Fällen wird ein neuer, sehr viel stärker angereicherter Datenbestand entstehen, der über Data Mining analysiert werden kann, um bestimmte Eigenschaften und Verhaltensmuster Ihrer Online-Besucher zu ermitteln.

Eine herkömmliche Methode zur Extraktion von Eigenschaften aus Kundendateien und Data Warehouses, besonders für Einzelhandel, Finanzdienstleistungen, Versicherungen und Telekommunikationsfirmen, umfasst die Anreicherung interner Kundendaten mit externen demographischen und psychographischen Daten. Diese kommerziellen Datenbanken basieren in der Regel auf Zählungsdaten, die durch Datenbank-Marketing-Reseller angereichert wurden. Diese Datenanbieter verkaufen für gewöhnlich Daten, die aus öffentlichen Dokumenten stammen, wie zum Beispiel:
- Grundeigentumsurkunden
- Regierungsveröffentlichungen

- Kraftfahrzeugdokumente
- Öffentliche Berichte
- Steuerberaterdateien
- Garantiezertifikate
- Fragebögen
- Geburtsdokumente
- White Paper
- Direktmail
- Volkszählung

Detaillierte demographische Daten aus diesen verschiedenen Quellen dienen nicht nur dazu, die Produktarten und Dienstleistungen zu bestimmen, für die Ihre Besucher am empfänglichsten sind, sie können Ihnen auch dabei helfen, die Werbung, Banner, Links und Inhalte auszuwählen, die Sie Ihren Besuchern präsentieren. E-Commerce wird sehr stark vom Branding beeinflusst und von der Art, wie ein Produkt vermarktet wird. Der Lebensstil und die Werte, die Ihre Online-Besucher besitzen, können das gesamte Design Ihrer Website sowie das Marketing für Ihre Produkte und Dienstleistungen beeinflussen. Die Soziodemographien Ihrer Online-Besucher können Sie ebenso dazu bringen, Allianzen oder Partnerschaften mit anderen Unternehmen oder Websites einzugehen. Der Umfang, in dem Ihre Online-Daten durch eine Zusammenführung mit anderen Datenquellen verbessert werden können, variiert mit der Aktivität eines jeden Online-Besuchers und Kunden. Daten können nur mit anderen Daten verknüpft werden, die durch Interaktionen mit Ihrer Website generiert werden.

Handlung des Besuchers	Erfasste Daten	Daten können verknüpft werden mit
Surfen	Referrer-Logdatei, Cookie	Collaborative Filtering, Werbenetzwerk
Registrierung	Postleitzahl, Geschlecht, Alter	Demographische Datenbank
Kauf	Kundenadresse	Haushaltsdatenbank, Data Warehouse

Mit jeder Interaktion liefern Online-Besucher mehr Informationen über sich, als für die Zusammenführung mit anderen Datenbanken, die Lifestyle-, Kundenpräferenzdaten enthalten, benutzt werden können. Darüber hinaus kann ein Einzelhändler bei jedem Kauf eine Kundenpräferenz und die Konsumrate des Kunden bestimmen. Dieses Sammeln von Daten beginnt auf einem sehr niedrigen Niveau, wo ausschließlich Serverlogdaten erfasst werden und wo nur eine Verbindung mit kollaborativen Filtern und ein Tausch von Cookies, wie zum Beispiel im DART-Werbenetzwerk von DoubleClick, stattfindet. Im nächsten Stadium, wenn der Besucher ein Anmeldeformular auf Ihrer Website ausfüllt, können wichtige Informationen wie zum Beispiel die Postleitzahl erfasst werden, die dann mit demographischen Daten aus externen Datenbanken verbunden werden können.

Schließlich, wenn der Online-Besucher zu einem Kunden wird und tatsächlich einen Kauf tätigt, wird die Adresse des Kunden erfasst, wenn ihm ein Produkt zugesandt wird. Diese kann dann mit verschiedenen anderen Datenquellen zusammen geführt werden. Diese Quellen umfassen Anbieter von Haushaltsdaten, die Kundendaten aus Garantiezertifikaten, öffentlichen Dokumenten und anderen Kundendatenquellen sammeln. Die Daten der Drittanbieter unterscheiden sich in ihrer Informationstiefe, angefangen von der Postleitzahl bis hin zur detaillierten Beschreibung einzelner Haushalte. Es wird empfohlen, die Quellen vor dem Kauf von Daten zu testen und zu vergleichen, um herauszufinden, welcher Anbieter Ihnen die größte Informationstiefe für Ihre Zielgruppen liefert. Fragen Sie nach speziellen Angaben zum Informationsgehalt der Daten und wie viel Prozent der Dateien abgedeckt werden.

Sie können Daten über Ihre Online-Besucher auch mit Ihrem eigenen Data Warehouse verknüpfen. Auf diese Weise schaffen Sie Möglichkeiten für zusätzliche Datenanalysen, wie zum Beispiel Clusterung oder Segmentierungs-Analysen. Einer der eindeutigen Vorteile, die aus der Verknüpfung Ihrer Website mit Ihrem Data Warehouse entstehen, ist, dass Sie die Daten zusammenführen, vergleichen und analysieren können, um so die Eigenschaften Ihrer bestehenden Kunden mit den Eigenschaften Ihrer potenziellen Neukunden zu vergleichen. Damit können Sie Ähnlichkeiten bezüglich Wohnort, Alter, Geschlecht oder Demographie, Einkommen oder Lebensstil aufdecken. Ein wichtiger positiver Nebeneffekt ist das Finden neuer Marktsegmente oder völlig neuer Kunden.

Der Datensatz

Wenn Sie mit Ihren Online-Besuchern und Kunden kommunizieren, steigt die Menge der erfassten Kundendaten. Finden Sie zunächst heraus, wie die Online-Besucher Ihre Website gefunden haben und welche Suchwörter sie in Suchmaschinen verwendeten, um Sie zu finden. Diese Angaben erfassen Sie über Ihre Logdateien. Im nächsten Schritt, wenn die Besucher ein Anmeldeformular ausfüllen, erfahren Sie ihre Postleitzahl und weitere wichtige Informationen wie Vorlieben, Alter oder Geschlecht. Sollten die Besucher schließlich einen Kauf tätigen, erhalten Sie auch deren Anschrift. Alle diese erfassten Daten können Sie mit einer Collaborative Engine oder mit Haushaltsdaten und demographischen Daten verbinden, um das Verständnis über den Lebensstil und die Vorlieben Ihrer Besucher zu vertiefen. Noch wichtiger dabei ist, dass die kombinierten Datenbestände gemeinsam analysiert werden können, um die Daten zu segmentieren und Kundenprofile zu erstellen. Dieses kann als ein durch Kommata getrennter String dargestellt werden, der problemlos in viele verschiedene Data Mining-Tools importiert werden kann.

E-Mining

> **Die Zerlegung eines Datensatzes**
>
> Ein einzelner Kunden-Datensatz mit Serverdaten und angefügten Haushalts- und demographischen Daten:
> Ntt.com.jp · [08/Jul/1999:16:44:14 – 0744] »GET /webminer/ index.html HTTP/1.0« 200 5898 »http://search.yhaoo.com/bin/ search?p=data+mining+websites« »Mozilla/3.01 (Macintosh; I; PPC)«, Session_ID=1BABV31MEN, Joe Blow,34,Male,94502,jblow@docl.com, 4,$81,859,»Luxury«, $153,408, $278,1, 1998-08-29, 3, 5, 10, 70,0,2,0,0,0,0,0,0,0,0,0,0,0,0,0,0,0,0,0, etc.

Dies ist die zerlegte Information dieses einzelnen Kunden-Datensatzes

Dies enthält die Domain:	Ntt.com.jp Das Datum und die
Uhrzeit:	[08/Jul/1999:16:44:14 - 0744]
Die angeforderte Webseite:	»GET /webminer/index.html
Die Versionsnummer:	HTTP/1.0
Die Statusergebnisse:	200
Die Anzahl gesendeter Bytes	5898
Die überweisende Site	http://search.yahoo.com
Die eingegebenen Suchbegriffe	/bin/search?p=data+mining+sebsites
Den benutzten Browser	»Mozilla/3.01 (Macintosh; I; PPC)«
Die Cookie-ID	Session_ID=1BABV317MEN
Den Namen des Besuchers	Joe Blow
Das Alter des Besuchers	34
Die Postleitzahl des Besuchers:	94502
Die E-Mail-Adresse des Besuchers:	Jblow@docl.com
Die Anzahl vorheriger Käufe:	4
Das geschätzte Einkommen des Besuchers	$81,895
Die Autoklasse des vom Besucher gefahrenen Wagens	Luxus
Den geschätzten privaten Besitz des Besuchers	$153,408
Die Gesamtsumme der Käufe	$278
Die für diesen Haushalt geschätzte Anzahl an Kindern	1
Das Datum, an dem dieser Besucher das letzte Mal etwas auf dieser Seite gekauft hat:	1998-08-29

Die zerlegten demographischen Daten nach der Prozentzahl der Verbraucherklassen für die Postleitzahl des Besuchers:
3,5,10,70,0,2,0,0,0,0,0,0,0,0,0,0,0,0,0,0,0,0, etc.
Die letzten Felder sind die Prozentzahlen der Verbraucherklassen, wie

sie von einer demographischen Datenbank geliefert werden. Sie können wie folgt interpretiert werden: 3 Prozent Top-One Prozent, 5 Prozent Küstenvororte, 10 Prozent Paare mit erwachsenen Kindern, 60 Prozent erfolgreiche Vorstädter, 2 Prozent erfolgreiche Baby Boomer, 20 Prozent mittelländlicher Lebensstil, usw. Es gibt 40 mögliche Verbraucherklassen. Jede von ihnen wird als prozentualer Anteil dargestellt.

Für diese Analysen verwendeten wir diesen einzelnen Datensatz, der Komponenten von Logdateien und Anmeldeformularen enthält, die durch Kundendaten aus dem Data Warehouse des Unternehmens und Haushaltsdaten sowie demographischen Daten ergänzt wurden:

Attribut	Quelle	Daten
Produkt	Formular-Datenbank	»Item_03«
Domain	Logdatei	»com.«
Suchmaschine	Logdatei	»yahoo«
Anzahl der Käufe	Data Warehouse	4
Postleitzahl	Formular-Datenbank	94502
Einkommen	Haushaltsdaten	$81,895
Autowert	Haushaltsdaten	»Luxusklasse«
Privater Besitz	Haushaltsdaten	$153,408
Gesamtsumme Käufe	Data Warehouse	$278
Anzahl der Kinder	Haushaltsdaten-Datenbank	1
Geschlecht	Formular-Datenbank	M
Altersgruppe	Formular-Datenbank	45-49
Letztes Kaufdatum	Data Warehouse	1998-08-29
Top-One Prozent Postleitzahl	Demographische Daten	3
Postleitzahl Küstenvororte	Demographische Daten	5
Postleitzahl Paare mit erwachsenen Kindern	Demographische Daten	10
+37 andere prozentuelle Zerlegungen nach Postleitzahl		

Clusterung (Assoziation und Sequenzierung)

Um mögliche Assoziationen und Sequenzmuster in den Daten zu finden, wird in einer ersten Analyse ein Data Mining-Tool mit einer Selbstorganisierenden Karte (SOM), auch bekannt als Kohonen-Netz, eingesetzt. Dieses Neuronale Netz ist optimal dafür geeignet, explorative Analysen durchzuführen und kann eingesetzt werden, um diskrete Klassen in den Daten zu finden. Ein k-nearest Neighbour-Algorithmus kann für die gleiche Aufgabe eingesetzt werden. Das Ziel dieser Clusterung Ihrer Online-Daten ist, Assoziationen zwischen Besucherattributen (wie Geschlecht oder Alter) und der Anzahl der Käufe oder der Gesamtzahl der getätigten Käufe auf Ihrer Seite aufzudecken.

Clusterung ist ein guter Start für eine E-Mining-Analyse. Sie ist eine explorative Methode, mit der Beziehungen aufgedeckt werden, die Sie vielleicht überraschen, oder mit denen Sie nicht gerechnet haben. Ein SOM-Netz erforscht sämtliche Daten, die Sie kompiliert haben und erstellt nach und nach räumliche Datenklassen. Diese Art der Analyse wird in der Regel von Einzelhändlern bei einer Warenkorbanalyse durchgeführt. Die Analyse dient dazu, Muster oder Beziehungen zwischen dem Verkauf bestimmter Produkte zu finden, um neue Cross Selling-Angebote zu erstellen und Werbeaktionen zu starten.

Product	Domain	Search Engine	Number of Sales	Income	Vehicle Value	Home Value	Total Sales	Number of Children	Gender	Age Group
Item_03	com	yahoo	3	45243	Luxury	99336	477	2	M	44-49
Item_00	edu	yahoo	4	45244	Luxury	99337	265	2	M	40-44
Item_03	net	excite	1	45246	Luxury	99337	343	1	M	44-49
Item_04	com	webcrawler	0	24715	Luxury	99352	413	0	M	30-34
Item_03	aol	infoseek	2	56336	Medium	99502	418	2	M	40-44
Item_01	net	yahoo	1	45260	Medium	99502	223	1	M	35-39
Item_02	edu	yahoo	0	50506	Medium	99503	567	0	M	35-39
Item_00	com	yahoo	2	45266	Medium	99504	292	2	M	55-59
Item_00	com	yahoo	1	45263	Medium	99504	390	1	M	44-49
Item_01	com	altavista	1	45275	Medium	99506	144	1	M	40-44

Abb. 105: *Es ist allgemeine Praxis, Daten nach dem Import in ein Data Mining-Tool visuell darzustellen.*

Diese Art der Clusterung wird auch als »Unbeaufsichtigtes Lernen« bezeichnet, da dem für die Clusterung eingesetzten Neuronalen Netz kein gewünschter Ausgabewert zugewiesen wird. Ein SOM-Netz ist dafür ausgelegt, selbstständig bestimmte Klassen in einem gegebenen Datenbestand aufzudecken. Für die Zwecke unseres Beispiels benutzen wir ein SOM-Netz, um in einer Datei von 10.000 Datensätzen Klassen zu finden und zu analysieren. Wir hoffen in diesem Fall, dass die Analyse uns einige Cross Selling-Muster und Hinweise für Promotionaktionen liefert. Durch den Einsatz eines Data Mining-Tools mit einer grafischen Benutzeroberfläche sind wir in der Lage, die ASCII-Datei mit den kommaseparierten Werten zu importieren und unterteilen einen beliebigen Beispieldatensatz mit 50 Prozent der Datensätze. Wir schließen einen Table-Viewer an, um die Daten zu visualisieren. Auf diese Weise können wir sicher stellen, dass die erwarteten Werte korrekt sind (siehe Abbildung 105). Anschließend schließen wir einen »Type« Node an, der sicher stellt, dass die Datentypen vor dem Import in den Modellierungs-

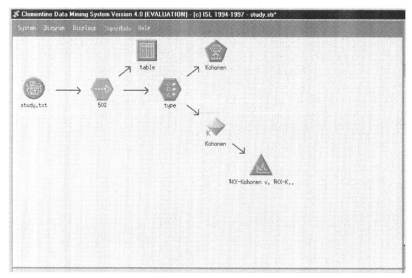

Abb. 106: *Eine Stichprobe mit 50 Prozent der Daten durchläuft ein SOM-Netz, um Klassen zu generieren.*

knoten des Kohonen-Netzes korrekt gesetzt werden (siehe Abbildung 106). Das Data Mining-Tool generiert dann eine grafische Ansicht, anhand derer der Anwender nach und nach sehen kann, wie die Daten in Klassen mit unterschiedlichen Farbschattierungen und –tiefen zerlegt werden (siehe Abbildung 105).

Nach einiger Zeit (in Abhängigkeit von der Größe der CPU, der Größe des Datensatzes und der Komplexität der Einstellungen des Netzes) erstellt das SOM-Netz unterschiedliche Datenwürfel oder Klassen. Die Parameter zur Bestimmung der Unterschiede zwischen diesen Klassen können gesetzt oder gemäß der Voreinstellungen der Software belassen werden. Im nächsten Schritt (siehe Abbildung 108) können die Ergebnisse der Clusterung dargestellt werden. Um eine tiefgreifendere Analyse relevanter Datenverteilungen durchzuführen, können diese ganz einfach markiert und mit einem regelerzeugenden Algorithmus ein Untersegment für die weitere Analyse erzeugt werden.

Abb. 107: *Nach und nach entstehen innerhalb der Online-Daten Klassen.*

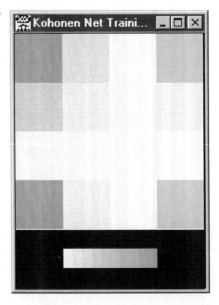

E-Mining

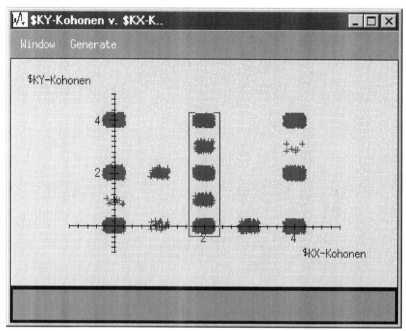

Abb. 108: *Die Ergebnisse der Clusterung werden in einem Graphen dargestellt.*

Die markierten Klassen können nun als eine abgeleitete Klasse der gesamten Datenbank generiert werden. Diese Klasse repräsentiert die fünf in Abbildung 108 dargestellten markierten Klassen. Dieser Teildatensatz durchläuft dann einen C5.0-Algorithmus (maschinenlernenden Algorithmus), der zur Extraktion eines Regelsatzes oder von Bedingungsaussagen dient, die die vom Kohonen-Netz gefundenen Klassen beschreiben. Dieser zweistufige Prozess umfasst im ersten Schritt eine autonome Datenanalyse (Clusterung). Als nächstes werden die Klassen in Diagrammen dargestellt, interessante Bereiche werden identifiziert und unterteilt. Diese unterteilten Klassen werden in einem weiteren Schritt mit einem Algorithmus evaluiert, der die Daten über den Prozess der deskriptiven Regeln näher beschreibt. Es gibt Regeln, die für Einzelhändler, Webmaster, Marketingfachleute und Unternehmer leicht verständlich sind. Abbildung 109 zeigt die Schritte der Datenzerlegung in Klassen und die Verknüpfung des Ausgabewertes mit einem regelerzeugenden Algorithmus.

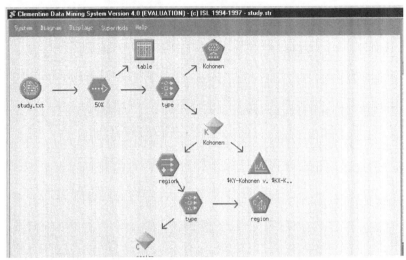

Abb. 109: *Regeln können generiert werden, um innerhalb der Klassen Regionen zu beschreiben.*

Der folgende Regelsatz wurde mit einem Kohonen-Netz direkt aus den Klassen heraus erzeugt. Das gegenseitige Prüfen der Klassen repräsentiert die hohe Konzentration von Kundenkonten in der Region 1 (der Bereich mit fünf Klassen), die Kunden darstellt, die zwei Käufe getätigt haben:

Rule 1.
IF Search Engine excite
 AND Domain [aol edu] -> THEN region1 (2 Sale Items)

Regel 1 verwendete für den Aufbau einer Assoziation ausschließlich Logdatei-Informationen.

Rule 2.
IF Search Engine infoseek
AND Vehicle Value High -> THEN region1 (2 Sale Items)

Regel 2 verwendete Komponenten aus der Referrerdatei und Daten aus einer Haushaltsdaten-Datenbank, um eine Assoziation mit der Anzahl der Verkäufe zu finden.

Rule 3.
IF Search Engine webcrawler
AND Vehicle Value Luxury
AND Age Group 30-34 -> THEN region1 (2 Sale Itmes)

Rule 4.
IF Domain com
AND Vehicle Value Luxury
AND Age Group 40-44 -> THEN region1 (2 Sale Items)

Die Regeln 3 und 4 fanden Assoziationen zwischen Logdatei- und Haushaltsdaten und dem Alter der Besucher, das über Anmeldeformulare erfasst wurde.

Diese Art der Clusterung ist ein idealer Ansatz, wenn nach Assoziationen zwischen Produkten, Transaktionsdaten und demographischen Daten gesucht werden soll. Für das Internetmarketingteam und die anderen Unternehmensmitarbeiter deckt es ungeahnte Möglichkeiten für Cross- und Up-Selling auf und kann zur Entwicklung spezieller Marketingstrategien führen. Im Fall dieser Analyse wird der Kosten-Nutzen-Faktor für Werbemaßnahmen voraussichtlich am effektivsten sein, wenn die Werbungen bei Infoseek und nicht bei Yahoo platziert werden, da Besucher von dieser Suchmaschine eine höhere Kaufneigung für Ihre Produkte zu haben scheinen und aus diesem Grund wohl eher auf Ihrer Website einkaufen. Sie werden bemerken, dass Besucher von anderen Suchmaschinen wie Webcrawler und Excite auf dieser Website zwar ebenfalls mehr als einen Kauf getätigt haben, doch dafür galten andere Bedingungen, wie zum Beispiel eine bestimmte Altersgruppe,

E-Mining

Abb. 110: *Wir wählten die Variable »Suchmaschine«, um Besucher der Website zu clustern.*

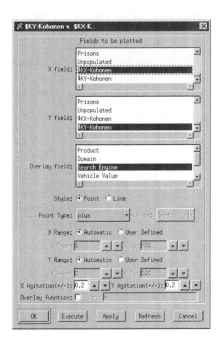

Autoklasse oder eine bestimmte Subdomain. Es ist einfach, sich auf irgendeine bestimmte Variable in Ihren Daten zu konzentrieren und sich anzusehen, wie sie durch die in der Data Mining-Analyse aufgedeckten Klassen beeinflusst wird. Wie die Abbildungen 110 und 111 zeigen, können die darzustellenden Felder ausgewählt werden.

Beachten Sie in den Abbildungen 110 und 111, dass die beliebtesten Suchmaschinen für diese Website Excite und Infoseek zu sein scheinen. Diese Clusterung konzentrierte sich auf die Identifizierung der Eigenschaften der Besucher dieser Website, die zwei Käufe getätigt haben und die Identifizierung der verwendeten Suchmaschinen. Es können jedoch auch ähnliche Analysen durchgeführt werden, um andere Assoziationen zu finden, wie zum Beispiel solche Kunden, die beim Kauf mehr als 50 oder 100 Dollar ausgegeben haben.

Es wurde eine weitere Clusterung durchgeführt. Dieses Mal hatten wir das Ziel, Assoziationen zwischen verschiedenen Produktserien zu

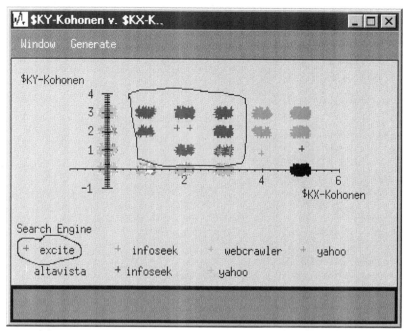

Abb. 111: *Clusterung von Online-Besuchern anhand der ausgewählten Suchmaschine.*

identifizieren, die auf dieser Website verkauft wurden. Für dieses Beispiel gibt es fünf verschiedene Produktkategorien: Item_00, Item_02, Item_03, Item_04 und Item_05. Das Diagramm in Abbildung 112 zeigt eine hohe Konzentration auf der rechten Seite, die verwendet werden kann, um eine Untergruppe abzuleiten, die als product_region1 generiert wird.

Wie in den vorangegangenen Analysen leiten wir als nächstes einen Teildatensatz direkt aus dem Klassendiagramm ab, indem wir den Bereich markieren, der uns für eine weitere Analyse interessiert. In diesem Fall sind das die Klassen auf der rechten Seite. Als nächstes verbinden wir den abgeleiteten Datensatz mit dem regelerzeugenden C5.0-Algorithmus, der die folgenden Regeln extrahiert, die diese bestimmte Gruppe beschreiben:

```
Domain com
Vehicle Value Luxury
   Product Item_00 (248.0, 1.0) -> product_region1
   Product Item_02
Working Class =< 0.5 (54.0, 0.796) -> product_region1

Product Item_04
Age Group 44-49 (10.0, 1.0) ->product_region1
Product Item_05
Age Group [21-24 60+] (0.0, 1.0) ->product_region1
Age Group 25-29 (3.0, 0.667) -> product_region1
Age Group 30-39 (6.0, 0.833) -> product_region1
Age Group 40-44 (11.0, 1.0) -> product_region1
Age Group 44-49 (17.0, 1.0) -> product_region1
Age Group 30-34
Number of Sales > 1.5(3.0, 1.0) -> product_region1
Age Group 50-54
Number of Children > 1.5
Income =< 40518(2.0, 1.0) -> product_region1
Product Item_01
Number of Sales > 1.5
West Coast Immigrants =< 0.5 (6.0, 1.0) ->
Product_region1
```

Die wichtigste Regel, die in dieser Clusterung generiert wurde, ist die erstgenannte:

```
IF
Visitor's domain is .com
AND Their Vehicle Value is Luxury
THEN Product Item_00 (this occured with 248 customers with a
probability of 100%)
```

Wie die Zahlen zeigen, traten die Regeln für andere Produktarten recht selten auf. Die nächst häufig auftretende Regel ist die für Item_002 mit 54 Fällen und einer Wahrscheinlichkeit von 0,79 Prozent. Die aufgedeckten Assoziationen zwischen den Produktserien können für den allgemeinen Aufbau der Website und die zu wählenden Marketingstra-

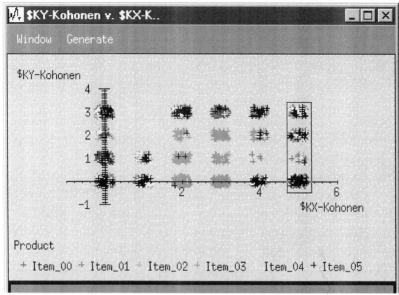

Abb. 112: *Im Graphen wird jedes Produkt mit einer andren Farbe dargestellt.*

tegien interessant sein. So wurde über die Analyse zum Beispiel herausgefunden, dass Kunden, die das Produkt Item_00 kauften, eine größere Kaufneigung für das Produkt Item_02 hatten als für Item_04, Item_05 oder Item_01. Eine Marketingstrategie könnte beinhalten, allen Kunden, die das Produkt Item_00 gekauft haben, ein Sonderangebot für Item_02 mittels E-Mail anzukündigen. Cluster- und Segmentierungs-Analysen können ebenfalls eingesetzt werden, um andere Datenkomponenten zu analysieren, wie zum Beispiel »Suchwörter« in der Referrer-Logdatei und die Besuchersitzungen, die mit einem tatsächlichen Kauf abschlossen.

Durch diesen Prozess können Sie andere vom SOM-Netz erzeugte Klassen auswählen und Regeln extrahieren, um weitere Segmente zu beschreiben, die Kaufbedingungen in Form von Wenn/Dann-Regeln liefern. Diese Wenn/Dann-Regeln beschreiben die Beziehungen zwischen den Besucherattributen und den Produkten, die Sie verkaufen.

E-Mining

Durch Clusterung und die Generierung von Wenn/Dann-Regeln können Sie andere Produkte oder Preissegmente auswählen, um eine Antwort darauf zu finden, warum bestimmte Produkte von bestimmten Besuchern gekauft wurden und von anderen nicht. Mit einer weiteren Form der Clusterung finden Sie die zeitabhängige Assoziationen. Mit ihr können Sie Beziehungen zwischen verschiedenen Ereignissen feststellen. Diese Art Clusterung nach der Zeit ist eine Sequenzanalyse und kann verwendet werden, um Beziehungen der Art zu finden, wie Besucher sich durch Ihre Seite bewegen oder wie groß die Kaufneigung für ein weiteres Produkt ist, wenn sie bereits ein bestimmtes Produkt gekauft haben.

Abbildung 113 zeigt mehrere Produktklassen, die HTML-Seiten für verschiedene Produktserien repräsentieren. Wie man sehen kann, überlappen sich einige Klassen, andere wiederum nicht. Besonders interessant sind solche Klassen, die nur kleine Abstände zu Nachbarklassen aufweisen, oder sich mit anderen Klassen überlappen, denn die enthaltenen Produkte eignen sich bestens für Cross-Selling-Angebote. In

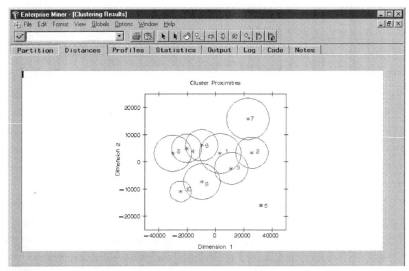

Abb. 113: *Darstellung der gefundenen Abstände zwischen den Schlüssel-Klassen.*

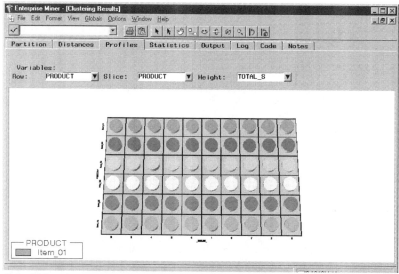

Abb. 114: *Clusterung nach Produkt Item_01 und Gesamtumsatz.*

diesem Beispiel überlappt sich Klasse 4 (Produkt A) mit Klasse 6 (Produkt M) und Klasse 8 (Produkt Z). Dies könnte eine bestimmte Reihenfolge anzeigen, mit der durch diese Website navigiert wird. Es kann jedoch auch bedeuten, dass die Besucher, die Produkt A gekauft haben, ebenfalls Produkte M und Z kaufen. Abbildung 114 stellt dieselben Daten in einer anderen Ansicht dar, die verschiedene Farben benutzt. Jede Zeile stellt ein anderes Produkt dar, und die Höhe der Säulen repräsentiert den Gesamtumsatz.

Segmentierung

Wie bei jedem Database Marketing-Programm ermöglicht Ihnen die Segmentierung Ihrer Website, Ihrer Verkaufsstrategien und Ziele an die reale Verkaufssituation anzupassen. Durch die Segmentierung können Sie Ihren Fokus auf verschiedene Untergruppen Ihrer Online-Besucher lenken. Anstatt alle Online-Kunden und Besucher auf die gleiche Weise für Produkte zu bewerben, möchten Sie die Kommunikation zu Ihnen kundenindividuell anpassen und sich auf jede Untergruppe einzeln konzentrieren. Zudem sollten sie einzeln beworben werden und nur die Produkte angeboten bekommen, die sie jeweils bevorzugen.

Sie können Ihre Online-Kunden in verschiedene Klassen, wie zum Beispiel *hochwertig, durchschnittlich wertvoll* oder *nicht wertvoll* segmentieren und Ihre Marketingbotschaften dementsprechend formulieren und präsentieren. Bei »hochwertigen« Kunden sollten Sie sich auf Kundenbindungsstrategien konzentrieren. Diese sollten eine belohnende Wirkung haben. Im Gegensatz dazu sollten »nicht wertvolle« Kunden auf Ihre Produkte und Dienstleistungen hingewiesen werden, hier sollte das *Informieren* im Vordergrund stehen. In beiden Fällen können aufgrund der Segmentierung E-Mail-Kampagnen mit zielgruppengerechtem Inhalt durchgeführt werden, so dass die Kunden unterschiedlich erreicht werden: der eine durch Belohnung, der andere durch Information.

Das Ziel beim Mining Ihrer Online-Daten und der Aufdeckung demographischer Eigenschaften Ihrer Online-Besucher wird voraussichtlich sein, den Besuchern die Informationen, Produkte und Dienstleistungen zu bieten, die sie am ehesten verlangen. Ferner können Sie Ihre Website für Ihre Besucher noch ansprechender gestalten, wenn Sie den Lebensstil Ihrer Online-Besucher kennen und etwas über die Aktivitäten und Produkte erfahren, die sie bevorzugen. Eine Website, die hauptsächlich von Verbrauchern mit Kindern besucht wird, sieht in der Regel völlig anders aus als eine, die von männlichen Singles besucht wird. Einer der Vorteile des E-Commerce ist die Flexibilität, mit der Sie Ihre Marketingbotschaften entsprechend dem Lebensstil und den Präferenzen Ihrer Online-Kunden gestalten und verändern können. Der Segmentierungsprozess ist ein erster Schritt, um zurecht geschnittene Informationen und Dienstleistungen anzubieten, die nur den Inhalt enthalten, für den sich Ihr Kunde vermutlich am meisten interessiert.

Für eine solche Kundensegmentierung ist ein Data Mining-Tool erforderlich, das einen maschinenlernenden Algorithmus sowie statistische Algorithmen wie zum Beispiel C5.0, ID3, CART oder CHAID, verwendet, mit denen grafische Entscheidungsbäume erzeugt werden können. Der Entscheidungsbaum segmentiert einen Datenbestand auf der Basis eines gewünschten Ausgabewertes, wie zum Beispiel der Gesamtzahl der Käufe, die Besucher getätigt haben. Er kann generiert werden, um die Unterschiede in der Anzahl der Verkäufe beispielsweise in Abhängigkeit vom Kundeneinkommen zu erforschen. Der in Abbildung 115 dargestellte Entscheidungsbaum umfasste eine Analyse von 10.000 Online-Verkäufen. Es sollte herausgefunden werden, welche demographischen Faktoren und Transaktionsfaktoren den Online-Umsatz beeinflussten. Die abhängige Variable, das heißt der Ausgabewert, nach dem wir die Daten segmentierten, ist die Gesamtzahl der Verkäufe, die auf dieser Website getätigt wurden. Sie sehen, dass sich die Zahlen zwischen 0 (19,4%), 1 (39,4%), 2 (19,8%), 3-4 (20,6%) und mehr als 4 (0,8%) bewegen.

In diesem Fall gab es keine signifikanten Unterschiede zwischen der Gesamtzahl der Verkäufe in Abhängigkeit von den Einkommensstufen der Kunden. Gebräuchliche Data Mining-Tools sind jedoch so ausgelegt, dass die Daten nach mehreren verschiedenen Kundenattributen durchsucht werden, bis aussagekräftige »Splits« in Ihren Daten gefunden werden. Dieses Durchsieben kann mit einem solchen Data Mining-Tool durchgeführt werden. Sie haben die Möglichkeit, Ihre Daten auf verschiedene Arten zu unterteilen, zum Beispiel nach der Anzahl der

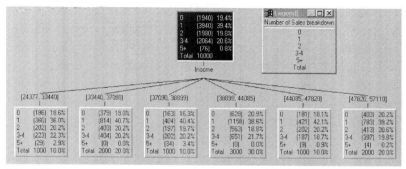

Abb. 115: *Die Kaufneigung ist bei den einzelnen Einkommensstufen weitgehend gleich.*

E-Mining

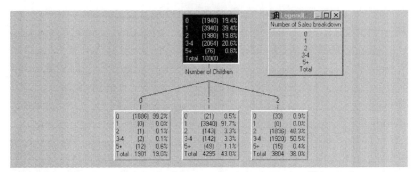

Abb. 116: *Die Gesamtzahl der Verkäufe hängt eindeutig mit der Kinderzahl der Käufer zusammen.*

Kinder, die ein Besucher hat, nach der verwendeten Suchmaschine und den eingetippten Suchwörtern, nach dem Haushaltseinkommen oder einem anderen beliebigen Attribut aus Ihrem Datenbestand. Der Entscheidungsbaum in Abbildung 116 deckte zum Beispiel einen interessanten Split auf: Die Anzahl der Kinder hat Auswirkungen auf die Gesamtzahl der Verkäufe.

Mit dieser »Drill-Down«-Technik und einem Data Mining-Tool, das Daten auf diese Weise unterteilt, können Sie eine tiefgreifendere Analyse durchführen, zum Beispiel für ein bestimmtes rentables Marktsegment in Ihrer Online-Kundendatenbank. Der Entscheidungsbaum in Abbildung 117 zeigt, wie die Analyse auf Personen mit zwei Kindern fokussiert wurde. Dabei wurde herausgefunden, dass Personen aus Postleitzahlenbezirken mit vielen Zwanzig- bis Dreißigjährigen sehr viel häufiger Mehrfachkäufe tätigen als die Durchschnittsbevölkerung.

Obwohl die Verteilung auf die Verbraucherklasse der um die Zwanzigjährigen sehr gleichmäßig ist, scheinen Käufe von drei oder vier Produkten bei den Online-Besuchern häufiger zu sein, die in Postleitzahlenbezirken wohnen, in denen diese Verbraucherklasse 46,2 Prozent und 83,9 Prozent ausmacht.

Mit Hilfe dieses Segmentierungs-Tools können wir Kundenattribute problemlos erforschen, verändern und beobachten, wie die resultierende

E-Mining

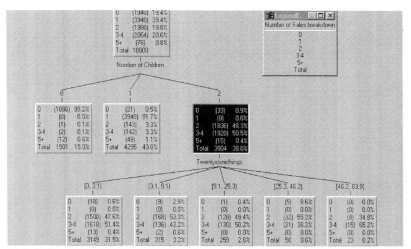

Abb. 117: *Segmentierung der Verkäufe nach der Verbraucherklasse »Zwanzig- bis Dreißigjährige«.*

Differenzierung durch andere Faktoren, wie der Autoklasse (siehe Abbildung 118), beeinflusst wird.

Der Entscheidungsbaum aus Abbildung 118 kann auch in Form von Wenn/Dann-Regeln dargestellt werden, die problemlos im folgenden Format generiert werden können:

RULE_1	
WENN Autoklasse = teuer, mittel, oder unbekannt	
UND Anzahl der Kinder = 2	
DANN	
Anzahl der Verkäufe = 0	0,0%
Anzahl der Verkäufe = 1	0,0%
Anzahl der Verkäufe = 2	49,8%
Anzahl der Verkäufe = 3-4	50,2%
Anzahl der Verkäufe = 5+	0,0%

Diese über Entscheidungsbaumanalysen generierten Regeln ermöglichen Web-Designern, Analysten, Webmastern und Marketingmanagern, Tausende von Online-Transaktionen zu verstehen und kurze und prägnante Aussagen zu formulieren. Wichtig dabei ist, dass für jede einzelne HTML-Seite Ihrer Website mehrere Regeln generiert werden können, wie die folgenden Regeln, die eine Prognose der erwarteten Gesamtumsätze erstellen.

WENN	Einkommen	[24377, 33441)
UND	Suchmaschine	Infoseek
UND	Domain	NET
UND	Autoklasse	Luxus
UND	mittleres Amerika	[0,10)
UND	Privatbesitz	[43023, 70808)
DANN	Gesamtverkauf in Dollar: Durchschnitt	$342,918

Beachten Sie, dass diese Art Regeln auf dem in vergangenen Online-Transaktionen beobachteten Verhalten beruhen und diese Daten mit demographischen und psychographischen Daten verknüpft wurden, bevor sie dem maschinenlernenden Algorithmus für die Segmentierung ausgesetzt wurden. Diese Art Segmentierungsanalyse können Sie auf der Grundlage von Produktserien, bestimmten Produkten oder des erwarteten Umsatzes durchführen. Sogar eine Analyse auf Basis der Wahrscheinlichkeit, mit der ein Kunde durch Banner, Animationen, Werbungen klickt oder praktisch jedes anderes Online-Verhalten auf Ihrer Website ist möglich (siehe Abbildung 119).

Sie können die Online-Daten auf der Grundlage von Altersgruppen, Geschlecht, Einkommensstufen und so weiter segmentieren. Die meisten Data Mining-Tools bieten die Möglichkeit, Ihre Daten frei nach den Ihnen wichtigen Gesichtspunkten zu segmentieren. Solche Tools können Analysen jedoch auch »automatisch« durchführen. Dabei führt der Kernalgorithmus den statistischen Test sowie die Aufteilung die Daten selbstständig durch.

Sie sollten versuchen, bei den von Ihnen konstruierten Entscheidungsbäumen nicht zu sehr in die Tiefe zu gehen, das heißt, vermeiden

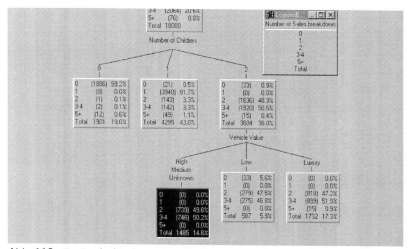

Abb. 118: *Ein Entscheidungsbaum, der auf Grundlage von Verbrauchereigenschaften Produkte zusammenstellt.*

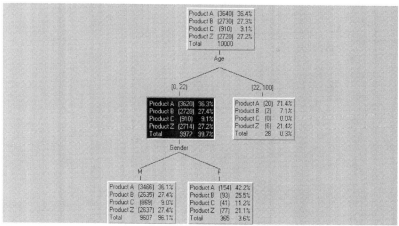

Abb. 119: *Dieser Entscheidungsbaum segmentiert Besucher nach ihrer Neigung, mehrere Produkte zu kaufen.*

Sie Bäume mit zu vielen Ästen. Wenn Sie zu komplexe Bäume mit mehr als drei oder vier Stufen erstellen, könnten bei der Anwendung neue, unbekannte Datenprobleme auftauchen. Ein weit verbreitetes Problem

E-Mining

ist das »*Overfitting*«. Dabei wird ein Entscheidungsbaum mit zu vielen Verzweigungen erstellt. Dieser stellt die Daten in so kleinem Detail dar, dass eine Verallgemeinerung nur noch schwer möglich ist, wenn er mit neuen, unbekannten Fällen oder Beispielen konfrontiert wird.

Die Zielsetzung der Analyse kann jederzeit verändert werden. So können Sie zum Beispiel Daten, die Sie bisher vielleicht nach der »Anzahl der Verkäufe« segmentiert haben, auch nach dem »Gesamtbetrag der Verkäufe« segmentieren, so dass anstatt der Gesamtzahl der Online-Verkäufe die Geldmenge auf jeden Ihrer Online-Kunden projiziert wird. Die Abbildungen 120 und 121 zeigen eine solche Segmentierung.

Abb. 120: *Das Einkommen der Kunden kann den Geldbetrag beeinflussen, den sie auf Ihrer Website ausgeben.*

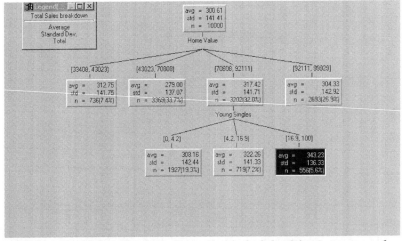

Abb. 121: *Das identifizierte Marktsegment weist einen überdurchschnittlichen Gesamtumsatz auf.*

Bei einer großen E-Commerce-Seite mit Tausenden von aufgezeichneten Sitzungen und Hunderten von Seiten kann eine solche Data Mining-Analyse es ermöglichen, diejenigen Kunden und Transaktionsfaktoren ausfindig zu machen, die den Online-Umsatz bestimmen. An welchem Punkt unterscheidet die Website zum Beispiel zwischen »sporadischen« und »gelegentlichen« Surfern, oder zwischen »hochwertigen« und »mittelwertigen« Kunden? Erfolgt dies auf der Basis von zwei oder drei Käufen während der letzten sechs Monate oder auf der Grundlage von fünf oder acht Transaktionen während der letzten dreißig Tage? Mit anderen Worten, wie quantifiziert die Website Kundentreue, Wert und Rentabilität? Data Mining-Techniken und Tools sind dafür ausgelegt, einen Datenbestand automatisch nach statistisch relevanten Intervallen und Attributen zu segmentieren. Diese Analyse kann die Daten einer Website »befragen« und Marktsegmente aufdecken. Bei diesem Prozess werden einige der Schlüsselfragen des Unternehmens beantwortet, die der Einzelhändler sich über seine Online-Besucher und Kunden stellt.

Die Data Mining-Technik kann die Faktoren sowie die Transaktionen identifizieren, die Surfer von Käufern unterscheiden. Wie gezeigt wurde, kann eine solche Data Mining-Analyse Ihre Online-Kunden in verschiedene Klassen einteilen. Der Wert und die Treue dieser Kunden-Klassen kann dann weiter kalibriert werden, so dass Sie schließlich in der Lage sind, exakt zurecht geschnittene Werbekampagnen und Marketingstrategien zu erstellen. Die Segmentierung kann Regeln erzeugen, die nicht nur besonders effektiv Muster in Ihren Daten aufdecken, sondern darüber hinaus auch für die kurze und knappe Beschreibung von Ergebnissen, die von Web-, Marketing-, und Businessspezialisten gleichermaßen verstanden und angewendet werden können. Fazit ist, dass die Daten nach jedem von Ihnen gewünschten Attribut segmentiert und betrachtet werden können. Der Entscheidungsbaum in Abbildung 122 sollte zum Beispiel die Beziehung zwischen Gesamtumsatz auf der Basis der verwendeten Suchmaschine analysieren, so haben wir einen Split »erzwungen«, um die Ansicht zu erhalten.

Einer der Vorteile der Segmentierung ist, dass man mit ihr identische Eigenschaften von Online-Kunden aufdecken kann. Eines der wichtigsten Ziele des Data Mining ist schließlich, Kunden ausfindig zu machen, die mehrere vorteilhafte Eigenschaften besitzen, in unserem Fall ist es eine »Mischung« aus Rentabilität und Treue. Eine der wichtigsten Fragen, die Sie sich bei der Durchführung einer solchen Analyse stellen sollten, ist: »wer sind meine rentabelsten Online-Besucher und welche Eigenschaften besitzen sie?« Diese Eigenschaften können Domain, Suchwörter, Einkommensstufe oder demographische Attribute betreffen. Im Endeffekt kann die Segmentierung Ihrer Online-Kunden als Analyse ihres Lebenszeitwertes (LZW) angesehen werden, also die Dauer der Beziehung des Kunden mit Ihrer Website und die Geldmen-

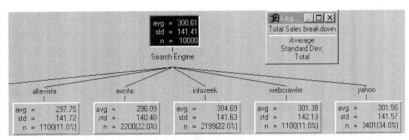

Abb. 122: *Online-Besucher, die die Suchmaschine Infoseek benutzen, tendieren dazu, auf dieser Website höhere Beträge auszugeben, als Besucher, die von anderen Suchmaschinen kommen.*

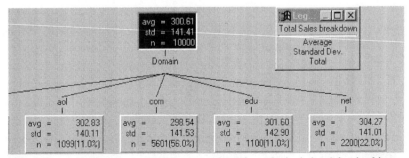

Abb. 123: *Online-Besucher mit NET-Domains tendieren dazu, überdurchschnittlich viel auf dieser Website zu kaufen.*

ge, die diese in einem bestimmten Zeitraum ausgegeben haben (siehe Abbildung 123).

Klassifizierung und Vorhersage

Ein weiteres Ziel, das Sie beim Mining Ihrer Website eventuell anstreben, ist die Modellierung des Verhaltens Ihrer Online-Besucher und die Zuweisung von aussagekräftigen Maßzahlen zu diesen Besuchern. Dieses Ziel wird in der Regel erreicht, indem die Muster von zuvor beobachtetem Kundenverhalten per Data Mining analysiert werden. Mit Neuronalen Netzen werden für die Aufdeckung von Kreditkartenbetrug z. B. die Muster vergangener Betrugsfälle analysiert, um in Tausenden und sogar Millionen von täglichen Transaktionen neue Muster aufzuspüren. Die Vorhersage mittels Modellierung mit Neuronalen Netzen ist im Kreditkarten- sowie Banken- und Versicherungsbereich bereits weit verbreitet und wird dort durch Service-Applikationen wie Risikoanalyse, Portfolio Management und Systemen zur Prüfung der Kreditwürdigkeit realisiert. Sämtliche der genannten Institute benutzen eine Form der Neuronalen Netzwerktechnologie, um ihre Profite zu maximieren oder die Kosten zu minimieren. Eine ähnliche Situation entsteht bei Ihrer Website. Hier können Sie das Verhalten früherer Online-Kunden modellieren, um vorherzusehen, wie sich neue Online-Besucher verhalten werden.

Sie könnten zum Beispiel wissen wollen, ob ein neuer Online-Besucher auf Ihrer Website viele Käufe tätigen oder hohe Geldbeträge ausgeben wird. Mit einem Neuronalen Netzwerktool können wir zunächst ein Modell trainieren, um die erwarteten Käufe für jeden Online-Kunden zu erfassen und vorherzusagen. Für die Erstellung eines prädiktiven Modells brauchen Sie Beispieldatensätze von Kundensitzungen profitabler sowie unrentabler Kunden. In diesem Fall wird ein Neuronales Netz trainiert, um die Eigenschaften und Handlungen von rentablen Kunden aufzuspüren. Um herauszufinden, wie diese aussehen, wo sie herkommen, wie sie nach etwas suchen, wie lange sie bleiben und, was am wichtigsten ist, was sie voraussichtlich kaufen werden.

E-Mining

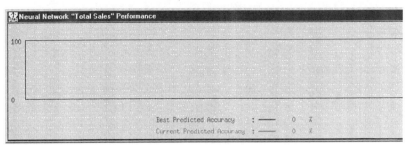

Abb. 124 *Ein Neuronales Netz beginnt mit einer Genauigkeitsrate von Null.*

Wie ein Entscheidungsbaum-Tool untersucht ein Neuronales Netz sämtliche verfügbaren Attribute in Ihren Daten, um Hinweise darauf zu finden, wie Online-Besucher sich voraussichtlich verhalten und wie sie auf Ihre Marketingaktionen und/oder Produkte und Dienstleistungen reagieren werden. Bei der Klassifizierung benutzen wir ein Data Mining-Tool mit einem Neuronalen Netz für die Erstellung eines Modells, das mit einer Genauigkeits-Rate von Null beginnt, um die erwartete Anzahl an Käufen vorherzusagen, die Online-Besucher voraussichtlich auf einer Website tätigen (siehe Abbildung 124).

Zunächst kann ein Neuronales Netz nicht zwischen Kunden unterscheiden, die einen oder mehrere Käufe getätigt haben und solchen, die keine Käufe getätigt haben. Daher kann es keinen zu erwartenden Gesamtumsatz vorhersagen. Nach und nach, durch die wiederholte Verwendung von positiven und negativen Beispielen von Käufern (beziehungsweise Nicht-Käufern) lernt es, zwischen den verschiedenen Beispielen zu unterscheiden. Bald darauf lernt es, die Attribute und das Verhalten eines jeden Besuchers zu unterscheiden und verbessert die Genauigkeit, mit der es den Gesamtumsatz vorhersagt. Dieser Vorgang benötigt nur wenige Minuten Trainingszeit (siehe Abbildung 125).

Schließlich sagt das Neuronale Netz die Gesamtzahl der von einem Besucher voraussichtlich getätigten Käufe mit einer Genauigkeit von 80 Prozent voraus. Wie die meisten anderen Data Mining-Pakete ermöglicht auch dieses Tool dem Anwender, Daten problemlos in Trainings-

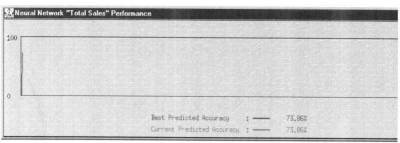

Abb. 125 *Eine Trainingssitzung dauert in der Regel nur wenige Minuten.*

und Testdatensätze aufzuteilen. Der Trainingsdatensatz wird dazu eingesetzt, ein Neuronales Netzwerk-Modell zu erstellen, während der Testdatensatz dazu dient, die Genauigkeit des Modells zu bewerten. Sobald der Anwender mit der erreichten Genauigkeit zufrieden ist, kann mit den meisten dieser Tools C-Code generiert werden, der wiederum dazu dient, neuen Online-Besuchern Score-Werte zuzuordnen, damit Vorhersagen bezüglich ihrer Gesamtkaufneigung sowie ihrer potenziellen Rentabilität gemacht werden können.

Wenn ein Modell erzeugt wurde, um die Anzahl potenzieller Käufe vorherzusagen, kann das Data Mining-Tool dazu eingesetzt werden, einen Sensitivitäts-Bericht zu generieren. Dieser Bericht beschreibt die Vorhersagegenauigkeit des Testdatensatzes, welche dem Modell während seiner Erstellung noch unbekannt war. Auf diese Weise erfahren wir, welche Genauigkeit wir bei seinen Vorhersagen bei neuen, unbekannten Besuchertransaktionen erwarten können. Darüber hinaus sortiert der Sensitivitäts-Bericht die Kundenattribute nach Prioritäten. Das wichtigste Attribut zur Vorhersage der potenziellen Kaufneigung von Online-Besuchern steht dabei ganz oben. Abbildung 126 zeigt zum Beispiel, dass für dieses Modell die drei Faktoren Autoklasse des Online-Besuchers, Altersgruppe und Zugehörigkeit zur Verbraucherklasse »Upscale Asian« die wichtigsten Faktoren sind.

Ein Neuronales Netz kann dazu eingesetzt werden, andere Faktoren vorherzusagen. Dazu gehören Werbemaßnahmen und Banner, auf die

E-Mining

Abb. 126:

Die Gesamtzahl der Käufe, die ein Online-Besucher voraussichtlich tätigt, wird von vielen Faktoren beeinflusst.

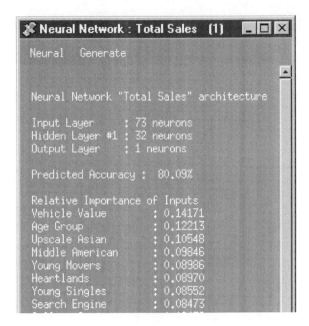

Besucher voraussichtlich reagieren oder die Frage, wie viele Käufe ein Besucher voraussichtlich tätigen wird. Ein elektronischer Einzelhändler kann prädiktive Modelle dazu nutzen, sämtlichen neuen Besuchern Maßzahlen über deren Kaufneigung zuzuordnen. Wenn er dies täglich macht, kann er diese potenziellen Käufer nach ihrer Wichtigkeit einstufen und Ihnen auf sie zurechtgeschnittene Angebote per E-Mail zu machen. Dabei wird der Einzelhändler natürlich mit den Besuchern beginnen, für die die höchste Aussicht besteht, zu treuen Kunden zu werden.

Wenn man mit einem Backpropagation-Netzwerk ein Modell erzeugen will, muss man es mit möglichst vielen negativen und positiven Beispielen trainieren. Dabei ist wichtig, festzuhalten, dass das Ergebnis des Minings sowohl durch die Art der Eingabevariablen als auch durch ihren Wertebereich beeinflusst wird. Stellen Sie sicher, dass Ihr Trainings-Datenbestand sämtliche Bedingungen enthält, die bei der Anwendung des Modells auftreten können. Ein leistungsstarkes Merkmal von Neuronalen Netzen ist ihre Fähigkeit, sogar mit beschädigten oder fehlenden Werten Analysen durchzuführen. Wenn zum Beispiel unter den Eingabevariablen der Wert »Altersgruppe« in Abbildung 126 nicht vorhanden ist, wird das Modell dennoch versuchen, den gewünschten Ausgabewert (hier Gesamtumsatz) vorherzusagen.

Es ist ratsam, eher kleine als komplexe Modelle zu erstellen. Es könnte zum Beispiel sein, dass Sie für jedes Produkt Ihrer Website ein eigenes Modell erzeugen möchten. Sie hätten so die Möglichkeit, für jedes einzelne Produkt oder jede einzelne Dienstleistung, die Sie anbieten, Maßzahlen für die Kaufneigung zu generieren. Diese sind natürlich viel aussagekräftiger als stark verallgemeinerte Verhaltensmodelle. Für manche Einzelhändler wie beispielsweise Buchhändler ist dies eventuell nicht realisierbar. Es ist jedoch auch hier möglich, Modelle für bestimmte Produktserien – zum Beispiel für die Genres Non-Fiction und Fiction – zu erstellen.

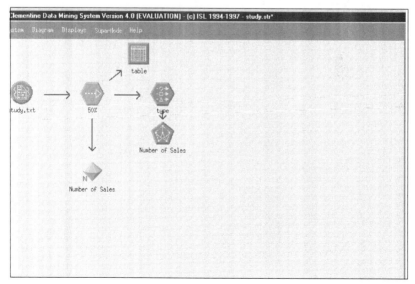

Abb. 127 *Die Daten werden erneut aufgeteilt, und ein Neuronales Netzwerkmodell wird erzeugt.*

E-Mining

Modelle können erstellt werden, um eine Reihe verschiedener Faktoren vorherzusagen. Dazu zählt zum Beispiel ein Modell, das die Gesamtzahl der Käufe vorherzusagen versucht, die ein neuer Besucher voraussichtlich auf Ihrer Website tätigen wird. Mit den gleichen Eingabewerten oder Daten können wir dieses zweite Modell erstellen, indem

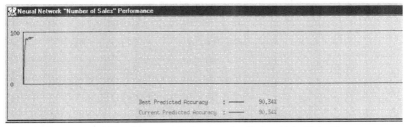

Abb. 128: *Dieses Modell macht genauere Vorhersagen über die Anzahl der Verkäufe.*

Abb. 129:

Faktoren, die die vorhergesagte Anzahl der Käufe auf dieser Website beeinflussen.

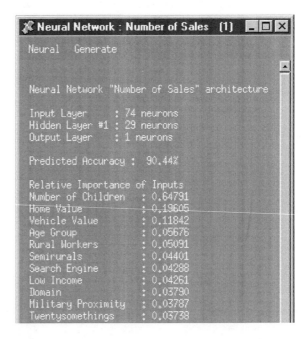

wir den Ausgabewert *Gesamtumsatz* in *Anzahl der Verkäufe* ändern (siehe Abbildung 127).

Wie beim vorherigen Modell beginnt das Neuronale Netz, Muster mit einer hohen Anzahl an mit Verkäufen mit solchen zu vergleichen, die eine geringe Zahl an Verkäufen repräsentieren. Nach und nach wird jedes Datenattribut bewertet, wodurch die Genauigkeit des Modells erhöht wird, so dass es schließlich in der Lage ist, die Anzahl der voraussichtlichen Käufe eines Besuches mit 90-prozentiger Sicherheit vorherzusagen (siehe Abbildung 128).

Interessanterweise unterscheiden sich die Faktoren, die die Vorhersage der Gesamtzahl der Käufe beeinflussen von denen, die sich auf den Gesamtumsatz auswirken. Obwohl diese zwei Modelle für das Mining von Daten derselben Website verwendet werden, werden die Vorhersagewerte von unterschiedlichen Eingabevariablen beeinflusst. Wie in Abbildung 129 gezeigt wird, ist der wichtigste Faktor dieses zweiten Modells keinesfalls die Autoklasse, sondern die Anzahl der Kinder des Besuchers.

Das Kaufneigungsverhalten erlernen

Durch die Analyse der Transaktions-Serverdaten Ihrer Website – die mit Haushalt- und demographischen Daten angereichert wurden – können Sie ein Profil Ihrer potenziellen neuen Kunden erstellen. Sie können auch damit beginnen, das erwartete Verhalten der Kunden zu modellieren und (bei einer E-Retailing-Website) die Kaufneigung vorherzusagen. Der Prozess basiert auf einer Analyse der Verbrauchereigenschaften und des Verbraucherverhaltens und natürlich auf der gewinnbringenden Anwendung der KI-Technologie.

Nehmen wir zum Beispiel an, Joe Blow kauft »Produkt Z« und bezahlt 64 Dollar mit seiner Visa-Karte.

– *Beobachtetes Verhalten*. Die Anzahl der Käufe, die dieser Besucher gemacht hat, wird aufgezeichnet. Daraus ergibt sich die Kaufsumme, die mit anderen Serverdaten, Ihrem Data Warehouse oder aus externen Haushalts- oder demographischen Datenquellen zusammengefügt, wird. Dies wird dann in einem einzelnen Datenstring zusammengefügt, um zusammen mit den Transaktionen Tausender anderer Kunden analysiert zu werden.

- *Neuronales Netz.* Ein Data Mining-Tool, das ein Backpropagation-Netzwerk besitzt, analysiert den gesamten Kunden-Transaktionsprozess sowie die Besucherattribute und das Besucherverhalten anhand eines Trainings-Datenbestandes. Hieraus entsteht nach und nach eine Signatur. Da das Neuronale Netz nach Beziehungen sucht, erlernt es mit der Zeit die Muster, die Vielkäufer von solchen Kunden unterscheiden, die wenige oder keine Käufe tätigen.
- *Prädiktives Modell.* Dies ist die Formel oder der Satz an Gewichten in Form von Code. Sie klassifiziert das beobachtete Verhalten und ist das Endprodukt des Data Mining-Prozesses, das auf Serverlevel eingesetzt werden kann, um neue Online-Besucher vorherzusagen und zu klassifizieren.
- *Neue Online-Besucher.* Das Verhalten und die Merkmale neuer Online-Besucher werden mit dem prädiktiven Modell gematcht, um ihre erwartete Rentabilität und Kaufneigung für Ihre Produkte und Dienstleistungen zu ermitteln. Vielleicht möchten Sie Ihre Online-Besucher in verschiedene Klassen einteilen, die auf dem vorhergesagten Ergebnis beruhen.
- *Score-Werte.* Das prädiktive Modell kann dazu eingesetzt werden, eine Maßzahl für jeden Online-Besucher und jeden Online-Kunden zu generieren, um dessen Online-Verhalten und seinen Gesamtwert für Ihre Website

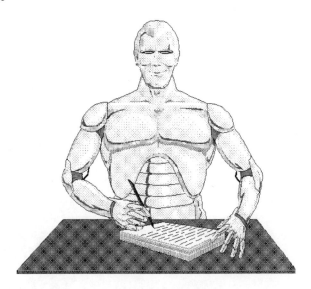

Abb. 130:
Künstliche Intelligenz als Verkäufer.

zu klassifizieren und vorherzusagen. Vielleicht möchten Sie Ihre Kunden auf der Basis ihrer Rentabilität und ihrer Neigung, Werbungen anzuklicken, oder aber nach ihrer Kaufneigung für verschiedene Produkte und Dienstleistungen einstufen.
- *Marketingstrategie.* Auf der Basis der vorhergesagten Klassifikation oder der Maßzahlen über das Online-Verhalten Ihrer neuen Online-Besucher können Sie die geeignete Anzeigen, Banner und Marketingbotschaften platzieren. Darüber hinaus möchten Sie vielleicht gezielte E-Mailing-Kampagnen starten, die Sie auf der Basis der Produkte und Dienstleistungen erstellen, die die Besucher voraussichtlich kaufen werden.

Aus diesem Prozess könnte folgende Marketingentscheidung resultieren: Sie mailen sämtliche Online-Besucher an, die Joe Blow ähneln

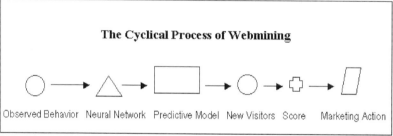

Abb. 131: *E-Mining ist ein Reifeprozess, bei dem Sie immer mehr Kundenwünsche und -bedürfnisse erfüllen können.*

und sich voraussichtlich für dasselbe Produkt interessieren, hier Produkt Z.

Optimierung

Es gibt vorausschauende stationäre Einzelhändler, die Data Mining-Technologien wie genetische Algorithmen auf eine neue Art und Weise für die allgemeine Gestaltung ihrer Läden benutzen. Einige Einzelhändler beginnen damit, Neuronale Netze und genetische Algorithmen für die Gestaltung von Schaufenstern, die Planung der Regalaufteilung und die Positionierung von Produkten sowie die Organisation des gesamten

E-Mining

Lagerbestandes einzusetzen. Die Technologien unterstützen sie hauptsächlich bei der Lösung logistischer Probleme sowie bei der Bewertung von Verbrauchermustern ihrer Kunden. Ziel ist die Maximierung der Effizienz der Lagerbestandsverwaltung und somit die Minimierung der Gesamtkosten. Es gibt Einzelhändler, die eine solche Kombination von Neuronalen Netzen und genetische Algorithmen dazu einsetzen, um ihren *gesamten* Laden, von der Höhe der Regale bis hin zur Einteilung der Parkplätze, zu planen (siehe Abbildung 132).

Wie wir bereits gesehen haben, sind Neuronale Netze hervorragend dazu geeignet, Muster in riesigen Datenmengen zu finden. Wenn sie zusammen mit genetischen Algorithmen verwendet werden, kann ihre Leistung noch erheblich gesteigert werden, denn genetische Algorithmen sind in erster Linie Optimierungsmaschinen. Zusammen mit Neuronalen Netzen dienen sie der Feineinstellung und der Aufbereitung

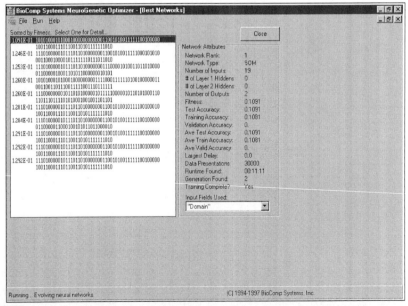

Abb. 132: *Ein genetischer Algorithmus probiert bei der Feineinstellung eines Neuronalen Netzes Tausende von verschiedenen Kombinationen.*

der Netzwerkarchitektur. Dabei testen sie mehrere Modelle und finden nach und nach die ideale Lösung für sehr komplexe Problemstellungen. Bei diesem Data Mining-Ansatz sollten Sie einige Dinge beachten. Zunächst ist dieser Prozess sehr rechenaufwändig, das heißt in der Regel wird einige Zeit benötigt, bis eine optimale Lösung gefunden wird. Die Annäherung an ein Modell kann oftmals mehrere Stunden, in manchen Fällen sogar Tage dauern. Wie Sie bereits wissen, durchläuft ein genetischer Algorithmus bei seiner Suche nach Lösungen mehrere Prozesse, einschließlich Reproduktion, Kreuzung und Mutation. Es handelt sich um eine Zufallssuche, mit der der Algorithmus die optimale Problemlösung sucht. In diesem Fall ist es eine Kombination mehrerer Faktoren, die den von Ihnen gewünschten Ausgabewert beeinflussen. Diese sind zum Beispiel »Gesamtzahl der Verkäufe« oder »Gesamtsumme der Käufe«.

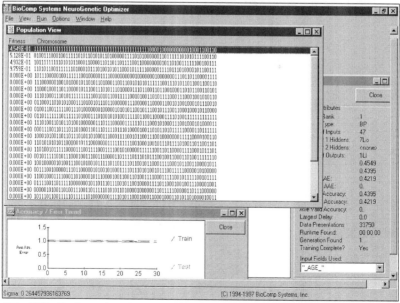

Abb. 133: *Der Prozess des evolutionären Verkaufens kann in verschiedenen Ansichten betrachtet werden.*

E-Mining

Dieser Optimierungsprozess durchläuft die Wiederverwertung, die Mutation und die Evolution, bis ein optimales, den Einstellungen des Anwenders oder den Voreinstellungen des Tools entsprechendes Ergebnis erzielt wird. Wie im klassischen Einzelhandel kann auch eine Website mit einem Neuronalen Netz und einem genetischen Algorithmus analysiert werden, um die Effizienz durch die Verbesserung des Aufbaus der Website zu steigern. Die Optimierung des Schaufensters erfolgt durch »Trial and Error«, und dient der Steigerung des Gesamtumsatzes der Website. Es handelt sich hierbei um einen Prozess des evolutionären Einzelhandels. Das in Abbildung 133 gezeigte Data Mining-Tool bietet dem Anwender eine große Palette an Funktionen und Optionen, über die er beobachten kann, wie das vorhergesagte Ergebnis erreicht wird, indem Training, Test und Anpassung durchlaufen werden.

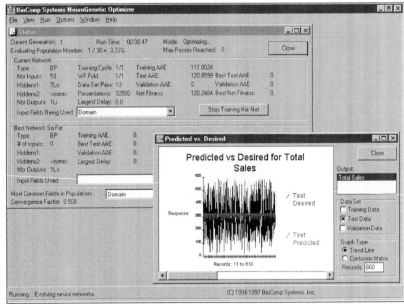

Abb. 134: *Ein Backpropagation-Netzwerk kann durch einen genetischen Algorithmus optimiert werden, um Ihre Gesamtumsätze vorherzusagen.*

Ähnlich wie bei der Optimierung eines klassischen Schaufensters können Sie auch bei der Optimierung Ihrer Website von genetischen Algorithmen profitieren. Genetische Algorithmen unterstützen Sie bei der allgemeinen Präsentation Ihrer Produkte und Dienstleistungen in Ihrem virtuellen Shop. Genauso wie klassische Einzelhändler die Data Mining-Technologien für die Gestaltung ihres Ladens oder zur Lagerbestandsverwaltung einsetzen, können Webteams mit Hilfe von genetischen Algorithmen und Neuronalen Netzen die Online-Daten analysieren und das effektivste Webdesign für den Online-Shop entwickeln. Welche Werbebanner oder Angebote und Anreize sollen zum Beispiel für die jeweiligen Produktreihen zusammengestellt werden? Wie ordnen Sie Ihre Seiten an, so dass Sie einen hohen Umsatz generieren? Welche Angebote maximieren die Durchklickrate oder die Werbewirksamkeit? Welche Produktkombination muss optimiert werden, um den Umsatz zu steigern?

Wie wir seit dem Anfang des Buches immer wieder gesehen haben, stehen Wahrnehmung und Lernen im Mittelpunkt des Data Mining. Neuronale Netze und genetische Algorithmen sollen diese Prozesse nachbilden. Diese Computertechnologie kann Designern und Webmastern dabei helfen, ihr virtuelles Schaufenster so zu optimieren, dass sie für ihren Einsatz den besten Gewinn erzielen. Durch den Einsatz von Data Mining-Tools können Sie die Fähigkeiten des Netzwerkes zur Mustererkennung einsetzen, um Ihr Marketing- und Verkaufsengagement im Internet zu maximieren. Die Effektivität des Netzes kann mit einem genetischen Algorithmus optimiert werden.

Visualisierung

Es ist sehr wichtig, möglichst nahe an seinen Daten zu sein. Die Fähigkeit, das wichtigste und leistungsfähigste Wahrnehmungsorgan, das Auge, einzusetzen, ist besonders wichtig für das Mining der Online-Daten. Eine Data Mining-Analyse mit einem maschinenlernenden Algorithmus, der einen Entscheidungsbaum erzeugt, kann ihnen einen tiefen Einblick in Ihre Online-Kundendatenbank geben. Der in Abbil-

E-Mining

dung 135 dargestellte Entscheidungsbaum teilt die Ansicht in Segmente auf, die sich auf die Anzahl der Verkäufe auf dieser Website auswirken. Dieser Entscheidungsbaum deckte einige interessante Marktsegmente auf, die die Anzahl der Verkäufe auf dieser Website beeinflussen. Es wurde herausgefunden, dass die Anzahl der Kinder und weitere Haushalts- und demographische Variablen sich auf die Anzahl der Verkäufe auswirkten. Die Zahl der Verkäufe betrug durchschnittlich 1,6. Die wichtigsten gefundenen Regeln waren:

WENN	Anzahl der Kinder ist größer oder gleich 1,2
DANN	Anzahl der Verkäufe = 2,8 bei 38% des Beispiel-Datenbestandes
WENN	Anzahl der Kinder ist größer oder gleich 1,2
UND	Autoklasse = Luxus oder unbekannt
DANN	Anzahl der Verkäufe = 2,8 bei 23,8% des Beispiel-Datenbestandes
WENN	Anzahl der Kinder ist größer oder gleich 1,2
UND	Autoklasse = Luxus oder unbekannt
UND	Anteil der Familien mit Postleitzahl aus dem Südwesten der USA ist gleich 40%
DANN	Anzahl der Verkäufe = 3,4% bei 0,6% des Beispiel- Datenbestandes

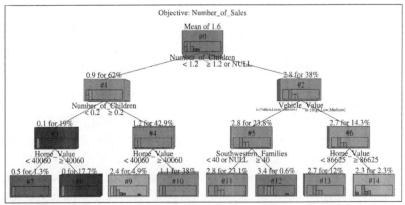

Abb. 135: *Diese Darstellung stellt die Faktoren heraus, die zu höheren Verkaufszahlen führen.*

E-Mining

Die identifizierte Verbrauchergruppe von Familien aus dem Südwesten der USA stellen einen kleinen Markt von 2,8 Prozent der Haushalte in den Vereinigten Staaten und einen kleinen Anteil (1,8 Prozent) des verfügbaren Einkommens dar. Es ist eine junge Verbrauchergruppe, die durch Kinder und Familien geprägt ist. Die durchschnittliche Familiengröße in dieser Gruppe beträgt 3,8, rund 20 Prozent mehr als im US-Durchschnitt. Die Ausgaben dieser Gruppe orientieren sich meist an Familienbedarf, wie Babyprodukten und Kinderkleidung. 95 Prozent dieser Verbrauchergruppe wohnen in städtischen Gebieten oder kleineren Städten in New Mexico, Texas, Arizona, Colorado und Kalifornien. Die höchste Konzentration findet man in Gemeinden wie Wharton, Texas; San Bernadino, Kalifornien und Santa Rosa, New Mexico.

Sie können Ihre Online-Kunden nach mehreren Faktoren segmentieren und darstellen. Abbildung 136 zeigt zum Beispiel eine Aufteilung

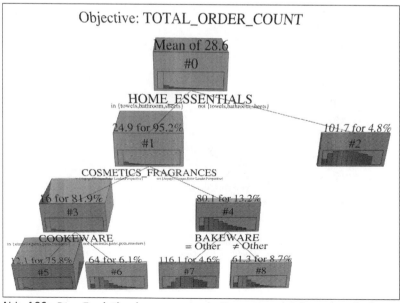

Abb. 136: *Dieser Entscheidungsbaum segmentiert den Gesamtumsatz nach der Art der verkauften Produkte.*

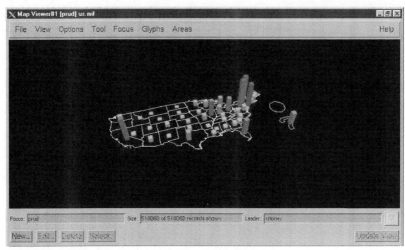

Abb. 137: *Die Kartenansicht einer Online-Kundendatenbank.*

Abb. 138: *Die Ansicht der Karte kann vom Entscheidungsbaum abhängen.*

nach der Gesamtzahl der Käufe und der Art der verkauften Produkte. Wie Sie sehen, ist der Anteil der Verbraucher für Haushaltsprodukte mit 101,7 Bestellungen besonders hoch. Das Beispiel entspricht 4,8 Prozent der gesamten Verbraucher. Dieser dreidimensionale Entscheidungsbaum, der aus einer Analyse einer Einzelhändler-Website generiert wurde, fand zudem andere Produkte, die in Kombination höhere Online-Umsätze als im Durchschnitt erreichten. Dieses bestimmte Tool ermöglicht die Darstellung der Daten in einem Entscheidungsbaum und als geographische Karte. Die Karte in Abbildung 137 zeigt dieselben webbasierten Daten wie in Abbildung 136, mit der Verteilung auf die einzelnen U.S.-Staaten.

Mit einer Verknüpfungs-Funktion der Data Mining-Software können wir bestimmte Marktsegmente ansehen, die der Entscheidungsbaum gefunden hat (siehe Abbildung 138). Die Karte in Abbildung 139 zeigt nur solche Kunden, die im Entscheidungsbaum als überdurchschnittlich kaufkräftige Kunden identifiziert wurden (Käufer von Haushaltsprodukten). Dieses vom vorherigen Entscheidungsbaum identifizierte Marktsegment kann mit diesem Data Mining-Tool weiter visuell analysiert werden. Dazu muss lediglich der Staat Kalifornien ausgewählt werden. Das Tool ermöglicht anschließend einen weiteren Einblick in

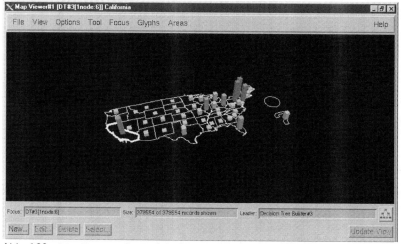

Abb. 139: *Diese Karte zeigt die geographische Verteilung von Online-Kunden, die viele Käufe getätigt haben.*

E-Mining

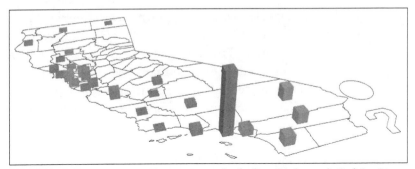

Abb. 140: *Diese Karte zeigt eine Konzentration von kaufkräftigen Kunden um die Stadt San Diego herum.*

die Kundenstrukturen auf der Ebene von US-Bundesstaaten (siehe Abbildung 140).

Mit Hilfe des Visualisierungs-Tools können Analysen bis auf Postleitzahlebene durchgeführt werden. Dies zeigt, wie eine Analyse mit einem maschinenlernenden Algorithmus eingesetzt werden kann, um Ihre über die Website generierten Kundendaten zu segmentieren und die Ergebnisse nicht nur in Form eines Entscheidungsbaums, sondern darüber hinaus auch als geographische Karte darzustellen. Dieser Prozess transformiert die Segmentierung Ihrer »zustandslosen« Daten in ein geographisches Format, so dass Sie die geographische Verteilung Ihrer Online-Kunden betrachten können. Darüber hinaus ermöglicht dieses Data Mining-Tool die Analyse auf noch tieferer Ebene, nämlich auf der Ebene der Staaten und Städte, aus denen Ihre Online-Besucher stammen.

Der gleiche Prozess kann auf eine Cross-Selling-Ansicht angewendet werden, so dass Sie eine erforschende Analyse durchführen können, mit der Sie die Gesamtzahl der Käufe in Bezug auf andere Variablen, wie zum Beispiel die verwendete Suchmaschine oder die gekaufte Produktart, sehen können. Dieser grafische Ausgabewert kann entweder mit der Entscheidungsbaumkomponente oder der Komponenten zur geographischen Darstellung verknüpft werden. Abbildung 141 zeigt das Beispiel einer Online-Kundendatenbank, die nach den Dimensionen Such-

E-Mining

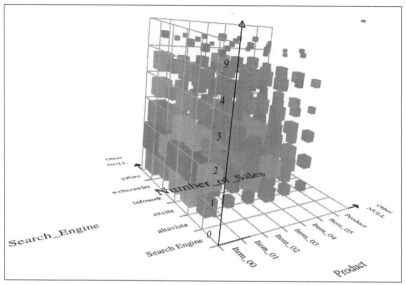

Abb. 141: *Darstellung von Produkttypen in Abhängigkeit von der Zahl der Verkäufe und den verwendeten Suchmaschinen.*

maschine, Produktreihen und Anzahl der Verkäufe in einem dreidimensionalen Würfel dargestellt wird.

Die dunkleren Bereiche in dieser dreidimensionalen Darstellung repräsentieren eine überdurchschnittliche Anzahl an Verkäufen. Der rote Würfel unten links zeigt, dass eine große Anzahl an Yahoo!-Besuchern das Produkt Item_00 kaufen. Bei dieser Art Tool kann der Anwender auf ein beliebiges Objekt klicken, um über die Drill-down-Technik nähere Informationen zu erhalten und die generierte SQL-Syntax zu extrahieren. Ein Visualisierungs-Tool wie dieses ermöglicht dem Webmaster, auf einer sehr tiefen Ebene mit den Daten seiner Website zu interagieren. Die Visualisierung zusammen mit Data Mining-Algorithmen und Funktionen zur geographischen Darstellung versetzen den Anwender in die Lage, Beziehungen aufzudecken und diese in einer interaktiven, dreidimensionalen Umgebung weiter zu erforschen.

Der integrierte iterative Prozess

Das Data Mining Ihrer Website ist ein iterativer Prozess, ganz ähnlich wie das Lernen und die Anpassung in der Natur. Es ist ein Prozess der Beobachtung, der Abbildung, der Modellierung und Chiffrierung von Online-Verhalten. Jede Interaktion auf Ihrer Website ist eine Chance für Ihr Unternehmen, etwas über seine aktuellen Kunden und über potenzielle Neukunden zu lernen. Data Mining-Software und -Techniken stellen eine vorwärtsgerichtete biologische Methode dar, mit der Sie die Handlungen Ihrer Online-Besucher beobachten und auf diese reagieren können, indem Sie Ihren Besuchern das bieten, was sie gerne hätten, und dies exakt auf ihre Bedürfnisse zuschneiden.

Wie wir bereits gesehen haben, gibt es verschiedene Formate, in denen Data Mining-Techniken und Tools ihre Ergebnisse darstellen können und damit Vorteile für eine E-Retailing-Seite und für die Mitarbeiter schaffen, die für die Pflege der Website zuständig sind. Wir haben die Clusterung von Daten mit inhärenten Ähnlichkeiten betrach-

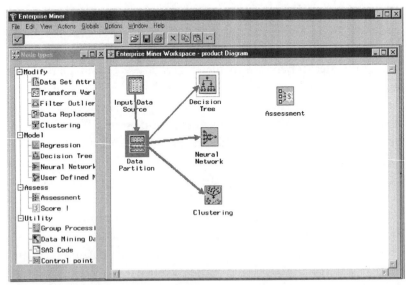

Abb. 142: *Eine integrierte E-Mining-Umgebung.*

tet. Wir haben uns Entscheidungsbäume und Wenn/Dann-Regeln angesehen, die Ihre Datensätze in aussagekräftige Untergruppen segmentieren, die verschiedenen Kundentypen entsprechen. Wir haben uns angesehen, wie das Modellieren über Neuronale Netze für sich allein und in Kombination mit einer Optimierung durch einen genetischen Algorithmus funktioniert. Wir haben gesehen, wie sämtliche dieser Regeln visuell dargestellt werden können, als dreidimensionaler Würfel oder als geographische Karte.

Data Mining bietet Webmastern und Designern die Möglichkeit, den Kundenservice zu erweitern und ihre Märkte und Besucher besser wahrzunehmen. Diese Art der induktiven Analyse unterscheidet sich von der einfachen Suchabfrage, die von einem Analysten gestellt wird. Eine Data Mining-Analyse ist viel mehr das Suchen nach versteckten Signaturen in den auf Ihrem Server angehäuften Daten mit Hilfe eines Algorithmus oder eines Neuronalen Netzes. Signaturen oder Muster

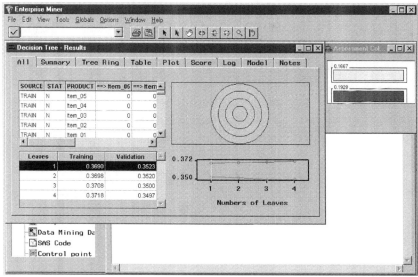

Abb. 143: *Verschiedene Betrachtungen einer Online-Datenbank.*

dienen dazu, das Verhalten zukünftiger Kunden vorherzusagen und sind somit für Unternehmen interessant, insofern dass es:
- Seine Website so entwerfen kann, dass die Umsätze maximiert werden.
- Die Nachfrage vorhersagen kann.
- Mehr Werbekunden für die Website ansprechen kann.
- Online-Verkaufsmuster vorhersagen kann.
- Entstehende Märkte wahrnehmen kann.
- Neue Online-Kunden identifizieren kann.
- Im Online-Geschäft wettbewerbsfähiger werden kann.

Im E-Commerce gibt es eine Reihe verschiedener Einsatzbereiche für Data Mining. Die Technologien und Techniken helfen, Attribute aktueller Kunden zu entdecken, um neue Online-Besucher zu finden, die diesem Profil entsprechen. Umgekehrt kann Data Mining auch unrentable Kunden finden. Data Mining kann ein Unternehmensmodell aufstellen, mit dem »Was wäre wenn«-Szenarien für die Aufteilung einer Website in Marktsegmente inszeniert werden können. Mit Hilfe der Tools können Sie die Kundenzufriedenheit erhöhen und den Kundenservice verbessern, da Sie sich auf die Beziehungen zu Ihren wirklichen Online-Kunden konzentrieren können. Weitere Einsatzbereiche von Data Mining liegen in der Aufdeckung von Qualitätsmängeln, der Verbesserung der Aufzeichnungen und in der Messung des Erfolgs von Cross Selling-Angeboten auf Ihrer Website. Abbildung 143 zeigt zum Beispiel, wie es möglich ist, einen Entscheidungsbaum zu generieren, um die Eigenschaften Ihrer Online-Besucher und deren Attribute zu segmentieren und zu betrachten.

Data Mining hilft bei der Feinabstimmung der Lieferkette in Abhängigkeit von der Nachfrage, bei der Reduzierung der Lagerverwaltungskosten sowie bei dem Ausgleich der Fluktuationen in der Lagerhaltung auf der Basis der in der Analyse entdeckten Kaufmuster. Dies kann folgende Fragen beantworten:

- Welche Eigenschaften machen neue Online-Besucher sensibler für bestimmte Angebote?
- Welche Kundenaffinitätsprogramme erzeugen das größte Interesse und den größten Umsatz?
- Welche Online-Kunden bringen mehr Transaktionen und höhere Einnahmen?
- Wie soll ich meine Marketing- und Werbemaßnahmen abstimmen, so dass ich den Gewinn maximieren kann?

Ein Neuronales Netz kann mit Mustern früherer Online-Kunden trainiert werden, um das zukünftige Verhalten neuer Besucher vorherzusagen (siehe Abbildung 144).

Einer der wichtigsten Vorteile beim Data Mining Ihrer Website ist, dass es sofort Hinweise auf Muster der Kundenaktivität auf Ihrer Website liefert, die Ihnen wiederum Anstöße für den Aufbau Ihrer

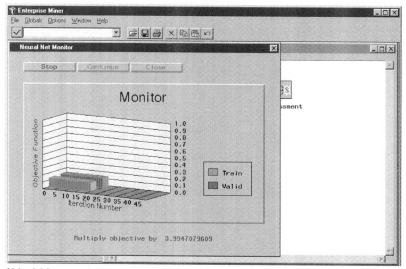

Abb. 144: *Bereits bekanntes Verhalten kann modelliert werden, um die Kaufneigung neuer Besucher vorherzusagen.*

E-Mining

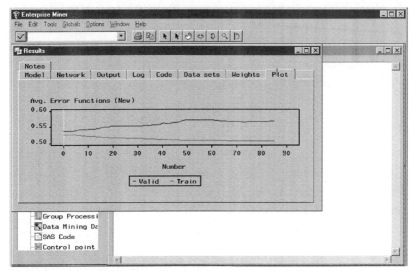

Abb. 145: *Prädiktive Modelle können aufgezeichnet, angepasst und fein eingestellt werden.*

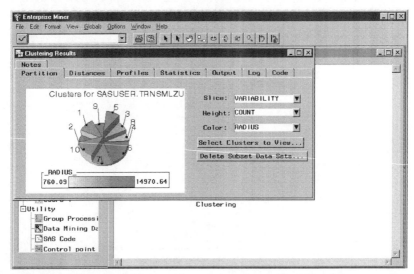

Abb. 146: *Mehrere Klassen können aus Ihren Daten extrahiert und betrachtet werden.*

Website geben. Das Entdecken von Pfaden, die von Tausenden von Besuchern gewählt werden, kann eine große Website auf übersehene Cross Selling-Möglichkeiten verwandter Produkte aufmerksam machen. Ein Datenbestand Ihrer Website kann in Trainings-, Test-, und Prüfdatensätze aufgeteilt werden, die Sie dazu benutzen können, die Genauigkeit Ihres prädiktiven Modells zu messen und vergleichen (siehe Abbildung 145). Klassen, Marktsegmente und prädiktive Modelle können mit den selben Daten Ihrer Website erzeugt werden (siehe Abbildung 146).

Die Soziodemographien, die Sie aufdecken, sei es über die Anmeldeformulare mit Erfassung der Postleitzahl oder über andere Wege, können ebenfalls zur Planung der Website durch Ihr Designer-Team beitragen. Zu wissen, wer Ihre Website besucht und wer Produkte oder Dienstleistungen bei Ihnen kauft, ist nützlich, um die Art der Produkte und Dienstleistungen zu kennen, für die Ihre Besucher am sensibelsten sind. Abbildung 147 ist eine grafische Darstellung der verschiedenen

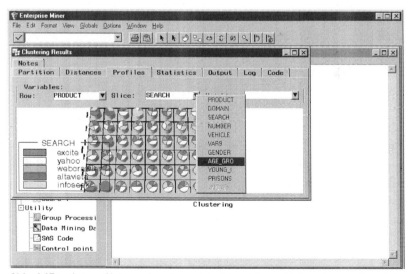

Abb. 147: *Clusterprofile können betrachtet und durch Wahl der verschiedenen Attribute dynamisch verändert werden.*

E-Mining

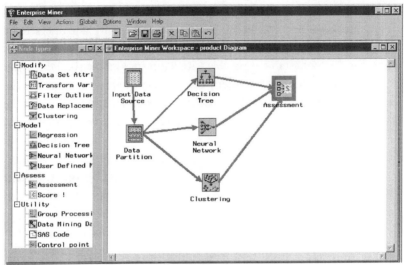

Abb. 148: *Clusterung, Segmentierung und Klassifikation können parallel durchgeführt werden.*

Klassen nach Suchmaschinen, Geschlecht, Altersgruppe, und anderen Attributen, die bei einer Analyse gefunden wurden.

Die Vorteile liegen schlussendlich in der Möglichkeit, sämtliche dieser Prozesse zu integrieren, so dass die Clusterung mit der Segmentierung und die Segmentierung mit einem Neuronalen Netz verknüpft werden kann, zum Beispiel für die Identifizierung eines bestimmtes Marktsegmentes. In diesem kann das Neuronale Netz durch einen genetischen Algorithmus optimiert werden, und die Ergebnisse können in einen 3D-Viewer übertragen werden. Dieser kann eine geographische Ansicht erzeugen, und so weiter. Mit der Möglichkeit, parallel zu segmentieren, zu clustern und aussagekräftige Muster in Ihren Daten zu finden, können Sie den maximalen Einblick auf die Besucher und Kunden Ihrer Website gewinnen.

Die Zukunft des Data Mining

Data Mining ist ein recht neuer Zweig der angewandten Informatik. Die meisten Data Mining-Firmen sind gerade erst entstanden. Es gibt heute mehr als 100 Firmen, die eine ganze Reihe von Tools und Services, sowie teilweise das begleitende Consulting, Schulungen und sogar die passende Hardware, anbieten. Erstaunlicherweise konzentrieren sich die meisten von ihnen ausschließlich auf den Bereich Data Marts und Data Warehouses. Keine der Firmen beschäftigt sich mit dem Internet als potenziellem Markt für Data Mining (mit Ausnahme von Aptex, einem Spin-Off der Firma HNC). Dies ist gerade im Hinblick auf das explosive Wachstum des Electronic Commerce und den Möglichkeiten des Internet als Marketing- und Vertriebskanal verwunderlich. Websites stellen immer öfter den ersten Kontakt zwischen Unternehmen und bestehenden beziehungsweise zukünftigen Kunden her, so dass das Data Mining der dabei entstehenden Transaktionsdaten immer wichtiger wird. Bisher wurden hierfür Zugriffsstatistiken erstellt, Collaborative-Filtering-Techniken eingesetzt sowie Cookies aggregiert. Doch nur wenige Firmen setzen die Data Mining-Technologie für die Analyse der über die Website generierten Kundendaten ein.

In Kürze wird die Data Mining-Kerntechnologie direkt in Webserver-Systeme integriert werden, um E-Commerce-Aktivitäten direkt zu ergänzen. Darüber hinaus gibt es umfangreiche Forschungen in den Bereichen Datenbanken, maschinenlernende Algorithmen, angewandte Statistik, Visualisierung und weiteren Technologien, die für Data Mining und Knowledge Discovery relevant sind. Trotz all dieser Bemühungen steckt die Entwicklung von Data Mining immer noch in den Kinderschuhen. Der Data Mining-Markt befindet sich immer noch in der frühen Anpassungsphase, die Produkte sind noch nicht völlig ausgereift und die Anbieter besitzen noch nicht ausreichendes Wissen. Viele der kommerziellen Produkte laufen noch nicht stabil genug, sind nicht skalierbar und besitzen nicht die Funktionalitäten, die Kunden von anderen, ausgereifteren Technologien erwarten. Eine Reihe von Data Mining-Algorithmen sind nur sehr beschränkt einsetzbar. Der

Data Mining-Prozess ist noch weit von der Automatisierung entfernt und ist eher eine Kunst denn eine Wissenschaft und daher nur schwer effektiv einsetzbar. Das Data Mining von Websites ist zudem ein interdisziplinäres Fach, das fächerübergreifendes Know-How benötigt. Es ist sehr komplex und umfasst Logdateien, Cookies, HTTP und CGI sowie neue Programme aus dem Gebiet des Electronic Commerce, wie Java. Trotz dieser Bedenken sind die Vorteile des E-Mining unübersehbar.

Individualisierung
In der neuen, web-zentrierten Wirtschaft müssen Websites die Erwartungen und Wünsche der Kunden erfüllen und eine neue, noch nie da gewesene Ebene des Kundenservice und der Produktanpassung erreichen. Dies bedeutet zudem, dass Verbraucher immer stärker mitbestimmen und mehr Einflussmöglichkeiten haben werden. Es wird eine Ära anbrechen, in der der Verbraucher Produkte und Dienstleistungen über das Internet verlangt, die genau auf ihn zurechtgeschnitten sind. Der Einzelhändler der Zukunft muss freundlich und reaktionsschnell sein und vor allem die Wünsche jedes seiner Kunden kennen. Data Mining kann dem Einzelhändler der Zukunft bei dieser Art der Personalisierung helfen.

Diesen Trend können wir bereits bei der Personalisierung bestimmter Suchmaschinen-Portale erkennen. Wenn Sie einem solchen Portal einige Angaben über Ihre Person zur Verfügung stellen, wie zum Beispiel Ihre Postleitzahl, wird dieses Portal in der Lage sein, Ihnen gezielte Informationen zu Ihrer Stadt, Ihrem Land, Ihrer Zeitzone, Ihrem Längen- und Breitengrad zu bieten. Ein solches Portal kann die von Ihnen gewünschte Information personalisieren, so dass Sie die Informationen für folgende Bereiche anpassen können:

Börsen-Portfolio	Schlagzeilen
Sportergebnisse	Sport-Ticker
Links zu Wohnen und Leben	Lieblingslinks
Horoskop	Cartoons
Leitkolumne	Toto/Lotto
Internet durchsuchen	Wetter
Sonnenaufgang/-untergang	Mond
Gezeiten	TV Programm
Kinoprogramm	Video-Neuerscheinungen
Kulturelle Ereignisse	Reminder
Notepad	Feiertage
Kirchliche Feiertage	U.S.-Feiertage/ Events
Sport Reminder	Wetter-Reminder

Die Angaben über Ihre Vorlieben, die Sie bei diesen Portalen machen, können mittels Data Mining analysiert werden und neue, einzigartige Profile zu Ihren Vorlieben und Abneigungen können erstellt werden, um die Informationen, Werbebanner, Links und Angebote, die Sie präsentiert bekommen, zu personalisieren. Data Mining wird künftig den Vorteil haben, Informationen zu filtern und so die Datenüberflutung zu vermeiden, die bereits in dieser frühen Phase der Internetentwicklung zu einem der schwerwiegendsten Probleme wurde. Data Mining könnte durchaus schon bald die Funktion der Sichtung und des Filterns von Informationen übernehmen.

Rechtsdrehungen, Handgranaten und Integrität

Verbraucherstudien haben herausgefunden, dass Käufer zu 90 Prozent der Zeit, die sie im Supermarkt verbringen, eher rechts herum gehen als links herum oder gerade aus. Die Frage, die sich nun natürlich stellt, ist, wie verhalten sich diese Käufer in einem virtuellen Shop? Wenn Sie tausend Besuche auf Ihr Website haben, wie werden sich die Besucher dort bewegen, gehen sie rechts herum oder links herum? Dies sind einige der Fragen zum Verhalten von Online-Kunden, die Technologien wie

Data Mining zu verstehen und zu synthetisieren versuchen. Genau diesen Einblick in Ihre Online-Besucher benötigen Webteams und Designer, Anbieter und Unternehmensbereiche. Sie müssen wissen, was diese Online-Besucher möchten, wenn sie links oder rechts herum gehen. Data Mining in Verbindung mit anderen Tools und Technologien verkörpert das Bestreben, diese Art von Online-Verhalten zu verstehen.

Data Mining ist vergleichbar mit einer Handgranate: Sie müssen nicht perfekt im Einschlagspunkt stehen, um getroffen zu werden. Wenn Sie Data Mining einsetzen, werden Sie sehr wahrscheinlich nach und nach Verbesserungen feststellen. Schon bald werden Sie sehen, dass Data Mining Ihnen eine bessere Methode bietet, um Ihre Verkaufs- und Marketingbemühungen zielgenau auszurichten.

Denken Sie daran, dass die Informationen, die Sie zur Verbesserung Ihrer Kundenbeziehungen erfassen und analysieren, in einer digitalisierten und vernetzten Wirtschaft das wichtigste Unternehmensgut für Ihre Website darstellen. Sie erhalten die Möglichkeit, sich über Ihre Website von Ihren Konkurrenten zu unterscheiden, zu wissen, was Ihre Kunden wünschen und was sie mögen und ihnen genau das in Ihren Produkten und Dienstleistungen zu bieten. Wie wir schon zu Beginn des Buches gesehen haben, sollten Ihre Kundendaten geschützt und überwacht werden. Nur dann schaffen Sie Ihre eigene Integrität sowie dauerhafte Kundenbeziehungen und einen Vorsprung vor dem Wettbewerb.

Es gibt einen alten Witz: Zwei Camper werden mitten in der Nacht von einem Grizzly Bär überrascht. Einer der Camper bleibt stehen, um sich die Schuhe anzuziehen. Der andere Camper fragt ihn: »Was machst du da? Du weißt, du kannst dem Bär nicht entkommen!« Darauf antwortet der erste Camper: »Dem Bär muss ich nicht entkommen. Alles was ich tun muss, ist dir zu entkommen!« Manchmal ist es ausreichend, besser zu sein als Ihre Konkurrenten. Setzen Sie Data Mining ein, um Ihrem Kunden zu dienen und ihm präzise, personalisierte und sofortige Aufmerksamkeit zu schenken, die er nirgendwo anders bekommt.

Initiativen zum Schutz der Privatsphäre, Standards und Gesetze

Der Schutz der Privatsphäre beim Sammeln von persönlichen Informationen nimmt einen immer höheren Stellenwert ein. Um den Schutz der Privatsphäre im Internet zu gewährleisten, entstanden in jüngster Zeit verschiedene Initiativen sowie Softwarestandards und Internet-Richtlinien. Im Folgenden werden einige dieser Initiativen vorgestellt, mit denen Sie sich beschäftigen sollten, wenn Sie Kundendaten sammeln und Kundenanalysen durchführen möchten.

TRUSTe

TRUSTe ist eine unabhängige, nichtkommerzielle Internetorganisation, die gegründet wurde, um den Schutz der Privatsphäre im Internet zu fördern. Das TRUSTe-Zertifikat ist ein Internet-Gütesiegel, das solche Websites kennzeichnet, die ihre Datenschutzpraktiken in Form einer Erklärung offen legen, die von dem TRUSTe gestützt wird. Die TRUSTe-Lizenzinhaber platzieren das Gütesiegel auf ihrer Website, entweder mit einem Link auf die Website, die den Online-Besucher über ihre Datenschutzpraktiken informiert, oder direkt auf der Website, die diese Informationen enthält. Dem Online-Besucher wird mindestens mitgeteilt:

- welche Art von Informationen auf der Website gesammelt werden
- wofür seine persönlichen Informationen verwendet werden
- wer Zugang zu seinen persönlichen Informationen hat

Websites mit einem TRUSTe Zertifikat haben sich dazu bereit erklärt, offen zu legen wie die gesammelten Kundeninformationen verwaltet werden, das TRUSTe-Gütesiegel zu tragen, sich an die genannten Maßnahmen zum Schutz der Privatsphäre ihrer Kunden zu halten und sich bei weiteren Überprüfungen kooperativ zu zeigen. Das Kennzeichnungssystem von TRUSTe besitzt drei Sicherheitsstufen. Es zeigt dem

Anhang

Online-Besucher, dass sich die Website, auf der er gerade einkauft, an eine dreistufige Sicherheitspolitik hält. Sie umfasst folgende Stufen:

No exchange (kein Informationsaustausch): Eine Website mit diesem Siegel zeigt dem Online-Besucher an, dass seine persönlichen Daten weder gesammelt noch zurückverfolgt werden.

Relational Exchange (eingeschränkter Informationsaustausch): Anhand dieses Siegels weiß der Online-Besucher, dass die auf dieser Website gesammelten persönlichen Daten ausschließlich von dieser Website benutzt und nicht an Dritte weitergegeben oder verkauft werden.

Third Party Exchange (uneingeschränkter Informationsaustausch): Dieses Siegel weist den Online-Besucher darauf hin, dass seine persönlichen Daten an Dritte weitergegeben werden. Ferner wird er darüber aufgeklärt, für welchen Zweck diese seine persönlichen Daten benutzen.

IEFT (Internet Engineering Task Force)

Der IEFT verfasste den RFC *RFC 2109 State Management Mechanism* zur Durchsetzung verschiedener Cookie-Standards. Das Ziel bestand darin, verschiedene Industrierichtlinien für den Einsatz von Cookies und deren Kontrolle durch zukünftige Browserversionen zu erstellen. Internetbrowser sollen die Möglichkeit haben, Cookies abzulehnen und zu löschen. Neue Browserversionen von Netscape und Microsoft implementierten diese Funktionen jedoch nicht.

P3P-Projekt (Platform for Privacy Preference Project)

Das vom World Wide Web Consortium (W3C) ins Leben gerufene P3P-Projekt hat zum Ziel, die Datenschutzpraktiken und Protokolle für die Sammlung von persönlichen Daten zu standardisieren. Der Internetnutzer soll das Recht haben, seine Einwilligung zu geben. Die P3P-Richtlinien sollen Websites die Offenlegung ihrer Datenschutzpraktiken ermöglichen, und Anwender sollen ihre eigenen Datenschutz-Präferenzen definieren können. P3P-kompatible Produkte sollen den Anwender über die Praktiken der betreffenden Website aufklären. Er soll die Möglichkeit erhalten, Entscheidungen, wenn möglich zu automatisieren und seine Beziehungen zu bestimmten Websites mitzugestalten. Mit Hilfe von P3P kann der Anwender selbst darüber entscheiden, was mit seinen persönlichen Informationen passieren soll.

Das Ziel des P3P-Projektes ist die Erstellung von Protokollen, die dem Anwender ermöglichen sollen, zu entscheiden, welche persönlichen Daten vom Browser zum Server übertragen und für welche Zwecke diese Informationen verwendet werden. Ein weiteres Ziel ist die Schaffung von Cookie-Standards und die Etablierung des Open Profiling Standards (OPS). Das P3P-Projekt wird zukünftige digitale Zertifikate und Signaturen unterstützen, sobald diese verfügbar sind. P3P kann in Browser, Server oder Proxy-Server integriert werden, die sich zwischen Client und Server befinden.

Open Profiling Standard (OPS)

Die Idee für den Open Profiling Standard besteht darin, Benutzerinformationen auf Dateien aufzuteilen, die zunächst auf der Festplatte des Anwenders gespeichert sind. Getrennte Bereiche sollen demographische Daten, internetspezifische Daten (wie zum Beispiel die E-Mail-Adresse) und website-spezifische Daten (wie Themen-Präferenzen oder Agent Profiling Keys) enthalten. Der Anwender soll festlegen können, auf welche Bereiche ein Webserver zugreifen darf und wann und ob Websites Informationen untereinander mit den Adressdaten als Vermittler austauschen können. Digitale Zertifikate von VeriSign sollen einerseits dem Anwender ein gewisses Maß an Sicherheit darüber bieten, was von seinen Daten veröffentlicht wurde und andererseits der Website ein Maß an Genauigkeit über die Wahrhaftigkeit des Anwenders geben.

Der Vorschlag, der von mehr als sechzig Internetanbietern und der US-Handelskommission (Federal Trade Commission - FTC) unterstützt wird, sieht vor, ein universelles System zu etablieren, damit der Anwender nicht bei jeder Website, die er besucht, dieselben Informationen eingeben muss. Erfragt werden persönliche Daten wie Alter, Geschlecht, Adresse, Hobbies und Telefonnummer. Diese Daten können in einer persönlichen Profildatei gespeichert werden, die sich auf der Festplatte des Anwenders befindet. Mit Einwilligung des Anwenders können Websites auf dieses Profil zugreifen und ihre Seiteninhalte genau auf die Präferenzen des jeweiligen Anwenders abstimmen.

OPS baut auf zwei grundlegenden Technologien auf: elektronische Business-Karten, die Informationen über mehrere Plattformen übertragen können, und digitale Zertifikate, die sicher stellen, dass die Parteien auch wirklich die sind, die sie zu sein vorgeben. Darüber hinaus erfordert der Standard die Verschlüsselung von Daten, so dass persönliche Daten nur von solchen Personen/Institutionen gelesen werden können, für die sie bestimmt sind. Das OPS-Standardprotokoll wurde von Firefly, Netscape und VeriSign vorgeschlagen. Man sucht auf diese Art nach einem geeigneten Weg, um Profilinformationen zwischen Browser und Server auszutauschen, zu verschlüsseln und zu speichern. Die Idee dabei ist, dass der Online-Besucher das letzte Wort darüber hat, welche Profilinformationen zum anfragenden Server übertragen werden dürfen. Die OPS-Initiative schlägt vor:

Erlaubniserteilung: Schutz von Profildaten, mit Einschränkungen für den Zugriff auf und Modifikation von Daten.

Standardattribut: Ein allgemeiner Standard für Profildaten wie Identifikation, demographische, numerische oder persönliche Daten, Kontaktdaten, Währungsformat und Angaben zu persönlichen Präferenzen.

Transaktions-Login: Record der ausgetauschten Profildaten zwischen Browser und Server.

Das persönliche, voreingestellte Profil soll wie andere Browser-Einstellungen nur bei der Softwareinstallation erstellt und vom Anwender kontrolliert werden. Profilinformationen werden nur an ausgewählte Server übertragen. Das mehrfache Ausfüllen von Anmeldeformulare auf verschiedenen Websites würde somit entfallen.

EU-Datenschutzrichtlinie

Den größten Beitrag zum Schutz der Privatsphäre im Internet stellt derzeit vermutlich die EU-Datenschutzrichtlinie dar. Nach dieser Richt-

linie ist jedes Land, das Daten mit Deutschland, Großbritannien, Frankreich, Spanien, Italien oder einem anderen EU-Mitgliedstaat austauschen möchte, dazu verpflichtet, die strengen europäischen Standards zum Schutz der Privatsphäre zu erfüllen. Gemäß der EU-Datenschutzrichtlinie hat der EU-Bürger das Recht:
- auf die seine Person betreffenden Daten zuzugreifen
- auf Berichtigung von unvollständigen oder unrichtigen Daten
- über die Herkunft der Daten informiert zu werden
- gegen unrechtmäßige Verarbeitung seiner persönlichen Daten vorzugehen
- Widerspruch gegen die Verarbeitung der ihn betreffenden Daten für Zwecke der Direktwerbung einzulegen

Jeder Mitgliedstaat besitzt Kontrollstellen, die die Anwendung der Vorschriften überwachen. An diese Kontrollstellen kann sich jede Person wenden, deren Rechte bei der Verarbeitung der sie betreffenden Daten verletzt wurden. Die EU-Mitgliedstaaten sind nicht bemächtigt, personenbezogene Daten an Drittländer weiter zu geben, die keine ähnlichen Richtlinien zum Schutz der Privatsphäre besitzen - einschließlich der Vereinigten Staaten von Amerika. Dies bedeutet, dass bestimmte personenbezogenen Daten über europäische Internetnutzer, die von kommerziellen amerikanischen Websites über Cookies, Logdateien und CGI oder Java-Registrierungen gesammelt werden, der europäischen Richtlinie nicht gerecht werden.

Trusted Shops

Trusted Shops ist ein Unternehmen der Gerling Versicherungsgruppe. Träger des Trusted Shops-Gütesiegel verpflichten sich, den Anforderungen an Sicherheit, Datenschutz, einer eindeutigen Anbieterkennzeichnung und Verbraucheranforderungen nach Rückgabe und Kaufpreiserstattung Genüge zu tun. Der Shopbetreiber verpflichtet sich, die gültigen Datenschutzbestimmungen einzuhalten und an leicht auffindbarer Stelle die Richtlinien seiner Datenschutzpolitik darzulegen. Sie soll den Nutzer informieren über:

- den Umfang und Zweck der Datenverarbeitung und die Benennung weiterer Empfänger der Daten,
- sein Widerspruchsrecht zur Nutzung oder Übermittlung seiner Daten für Werbezwecke,
- sein Recht auf Auskunft sowie auf Berichtigung, Sperrung und Löschung seiner gespeicherten Daten.

Wenn der Shop personenbezogene Daten über die zweckbezogene Durchführung des Vertrages hinaus nutzen möchte, muss er von dem Betroffenen eine ausdrückliche Ermächtigung einholen. Weiterhin setzen Mitglieds-Shops Verschlüsselungstechnologien und sichere Server (SSL etc.) ein, um die Privatsphäre des Nutzers zu schützen und wickeln Zahlungsinformationen stets verschlüsselt ab. Dem Kunden kann eine unverschlüsselte Durchführung von Zahlungstransaktionen angeboten werden, falls er dies beispielsweise aus technischen Gründen wünscht und er vor Auswahl dieser Option deutlich vor möglichen Gefahren einer unverschlüsselten Übertragung gewarnt wird. Art und Stärke der Verschlüsselung werden an leicht auffindbarer Stelle mitgeteilt.
(www.trustedshops.de)

Deutscher Direktmarketingverband (DDV)
Der Deutsche Direktmarketingverband vertritt die Interessen seiner rund 800 Mitglieder gegenüber Verbrauchern und Medien. Der Verband gibt die Broschüre »eCommerce – Recht im Netz« heraus, die sich unter anderem mit Fragen des Verbraucher- und des Datenschutzes befasst.
(www.ddv.de)

Glossar

Abhängige Variable.
Variable, die analysiert oder vorhergesagt werden soll, wie zum Beispiel *Wird Kaufen* oder *Vorhergesagter Gesamtumsatz*. Der Ausgabewert ist das gewünschte Ergebnis Ihrer Data-Mining-Analyse.

Algorithmus.
Rechenprozess, mit dem aus einem Eingabewert (einem Wert oder Werteset) einen Ausgabewert erzeugt wird.

Analytisches Modell.
Prozess zur Analyse von Datenbanken oder Tabellen, wie zum Beispiel ein Graph, ein Entscheidungsbaum, ein Neuronales Netz oder ein Cluster. Unterschieden werden deskriptive und prädiktive Modelle.

Anormale Daten.
Beschädigte oder unvollständige Daten, die durch Fehler entstehen oder ungewöhnliche Zustände (Ereignisse) repräsentieren.

API. Application Programming Interface.
Standardisierte Schnittstelle zum Informationsaustausch zwischen Programmen. Einige Data-Mining-Tools besitzen APIs für den Einsatz von Modellen zum Bewerten neuer Werte oder Fälle in Produktionssystemen.

ASCII.
American Standard Code for Information Interchange. Das American National Standards Institute legte diesen Zeichencode-Standard für den Transfer von Textdateien zwischen Systemen fest.

Assoziation.
Regel oder Bedingung, die beschreibt, wie oft bestimmte Fälle zusammen auftreten. Beispiel: Wenn eine Person Wein kauft, kauft sie in 15 Prozent der Fälle ebenfalls Käse und in 20 Prozent der Fälle französische Baguettes.

Backpropagation-Netzwerk.
Backpropagation-Netzwerke werden auch als »vorwärtsgetriebene Neuronale Netze« bezeichnet. Netzwerkarchitektur, die einen Eingabewert, einen Ausgabewert und eine verdeckte Schicht benutzt. Während der Trainingssitzung werden Informationen rückwärts durch das Netz geschickt, um die Gewichte der Verbindungen zu aktualisieren.

C5.0.
Maschinenlernender Algorithmus, der eine Menge von Regeln erzeugt, die auf eine neue Menge von unbekannten Daten angewendet werden kann, um vorherzusehen, welche Datensätze einen bestimmten Ausgabewert besitzen. Der C5.0-Algorithmus wurde von J. Ross Quinlan entwickelt und ist der Nachfolger der Algorithmen C4.5 und ID3 (Iterative Dichotomiser).

CART.
Classification and Regression Trees. CART ist ein statistischer Algorithmus, der für die Segmentierung von Datenbanken eingesetzt wird. Er erzeugt binäre Entscheidungsbäume und segmentiert Datenmengen durch binäre Splits. Der Algorithmus wurde 1984 von L. Breimen entwickelt.

CBR.
Case-Based-Reasoning= Fallbasiertes schließen. Zyklischer Prozess zur Lösung neu auftretender Probleme: Wenn ein Problem erfolgreich gelöst wird, wird der Lösungsweg festgehalten, um zukünftige ähnliche Probleme zu lösen. Wird das Problem nicht gelöst, wird der Grund des

Misserfolgs identifiziert und protokolliert, um ein erneutes Auftreten des selben Fehlers zu vermeiden.

CHAID.
Chi-Squared Automatic Interaction Detection. CHAID ist ein statistischer Algorithmus, der eine Menge von Datensätzen mit Hilfe von Chi-Quadrat-Tests segmentiert. Hierbei werdenmehrfache Splits benutzt. Der Chi-Quadrat-Test misst die statistische Assoziation zwischen qualitativen Variablen. Er wurde 1975 von J. A. Hartigan entwickelt.

CGI.
Common Gateway Interface. Erlaubt dem WWW-Browser die Ausführung von Programmen über einen WWW-Server. Standard für die Verbindung von externen Gateway-Programmen an einen Webserver. CGI wird in Echtzeit ausgeführt. Der Ausgabewert bei einer Datenbankanfrage besteht aus dynamischen Informationen.

Clusterung.
Teilung einer Menge von Datensätzen in eine heterogene Gruppe und anschließende Teilung der Gruppe in Sub-Gruppen (Cluster). Im Gegensatz zur Klassifizierung erfolgt die Clusterung nicht nach vordefinierten Klassen.

Collaborative Filtering.
System, das die explorative Suche unterstützt. Anwender erhalten Informationen, die von den Erfahrungen früherer Anwender abgeleitet wird. Mittels Collaborative Filtering sollen Informationen, Produkte und Dienstleistungen gefunden werden, für die sich Anwender interessieren. Dies erfolgt meist durch eine Scoring-Funktion.

Cookies.
Cookies sind eine Standardmethode, mit der Server bestimmte Identifikations-Tags an einen Client-Browser schicken können, eine Anfrage

an diesen Client stellen, diesen Tag speichern und ihn unter bestimmten Umständen zum Server zurück schicken. Cookies ermöglichen Websites, Informationen über einen bestimmten User mittels HTTP-Verbindungen zu erhalten.

Data Mining.
Iterativer Prozess zur Extraktion von verdeckten prädiktiven Mustern oder Profilen in großen Datenbanken. Eingesetzte Technologien sind die KI-Technologie, statistische Methoden sowie Methoden aus dem Marketing.

Datenprüfung und Validierung.
Prozess zur Sicherstellung einer korrekten und gleichmäßigen Aufzeichnung von sämtlichen Werten in einer Datenbank.

Data Warehouse.
Das Data Warehouse hat die Aufgabe, themenorientiert, vereinheitlicht, zeitorientiert und beständig Informationen zur Unterstützung von Entscheidern zu sammeln, zu transformieren und zu verteilen.

Dimension.
In einer Datenbank mit einfachen ASCII-Dateien oder in einer relationalen Datenbank stellt jedes Feld in einem Datensatz eine Dimension dar. In einer multidimensionalen Tabelle ist eine Dimension eine Menge von ähnlichen Entitäten. Eine multidimensionale Vertriebsdatenbank könnte zum Beispiel die Dimensionen Produkt, Zeit und Stadt enthalten.

Entscheidungsbaum.
Graphische Darstellung der Beziehungen zwischen einer abhängigen Variable (Ausgabewert) und einer Menge von unabhängigen Variablen (Eingabewerten). Die Darstellungsform des Baumes repräsentiert in der Regel eine Menge von Entscheidungen. Es gibt binäre Entscheidungs-

bäume und Bäume mit mehr als zwei Abzweigungen pro Ebene. Die Baumart hängt von dem für die Segmentierung benutzten Algorithmus ab. Jeder Knoten repräsentiert eine Menge von Datensätzen.

Explorative Analyse.
Die Anwendung von graphischen und deskriptiven statistischen Methoden zur Erforschung der verdeckten Beziehungen und Strukturen in einer Menge von Daten.

Expertensystem.
Programmsysteme, die über Wissen von Experten in einem bestimmten (abgegrenzten) Problembereich verfügen und fähig sind, dieses Wissen zur Lösung von Problemen anzuwenden.

Formular.
Methode, über die ein Anwender personenbezogene Daten auf einer Webseite angeben und zur anfragenden Seite schicken kann. Es gibt unzählige Einsatzbereiche für diese Technik zur Erfassung von Kundeninformationen.

Fuzzy Logik.
Synonym für kontinuierliche Logik. Ein deduktives System, das auf der Vorstellung basiert, die Wahrheit sei eine mehrwertige, kontinuierliche Größe. Sie wird durch ein mathematisches Maß des Grades der Zugehörigkeit beschrieben und ist nicht auf 0 oder 1 beschränkt.

Genetischer Algorithmus.
Eine Menge von Methoden, die die natürliche Evolution, das heißt Prozesse wie genetische Kombination, Mutation und natürliche Selektion nachbilden, um die optimale Lösung für ein Problem zu finden.

HTML.
Hypertext Markup Language.

HTTP.
Hypertext Transfer Protocol. Kommunikationsprotokoll, das für die Übertragung von Hypertext im Internet und privaten Intranets benutzt wird.

Induktive Datenanalyse.
Data-Mining-Analyse, die Einblicke in bereits aufgetretene Trends, Verhalten oder Ereignisse ermöglicht und aus Datenbeispielen Verallgemeinerungen eruiert.

Klassifizierung.
Aufteilung einer Menge von Datensätzen in sich gegenseitig ausschließende Gruppen, wobei die Mitglieder jeder einzelnen Gruppen so dicht wie möglich nebeneinander liegen und verschiedene Gruppen so weit wie möglich voneinander entfernt sind. Die Distanz wird in Abhängigkeit der Variable gemessen, die bestimmt werden soll.

Kohonen-Netz.
Siehe *Selbstorganisierende Karten.*

Kontinuierliche Werte.
Daten mit kontinuierlichen Werten besitzen Werte in einem numerischen Intervall und sind damit auch quantitativ. Der Wert muss nicht zwangsläufig eine Integer-Zahl sein und ist von diskreten und qualitativen Werten zu unterscheiden.

Kundenschwund.
Abwanderung von Kunden.

Lineares Modell.
Analytisches Modell, das lineare Beziehungen bei den Koeffizienten der betrachteten Variablen voraussetzt.

Glossar

Lineare Regression.
Statistische Methode, über die die am besten passenden linearen Beziehungen zwischen einer Zielvariablen (abhängig) und seiner vorhersagenden Variable (unabhängige Variablen) gefunden wird.

Logistische Regression.
Lineare Regression, die die Anteile einer qualitativen Zielvariablen (zum Beispiel Kundentyp) in einer Population vorhersagt.

Maschinelles Lernen.
Zweig der Künstlichen Intelligenz, der sich mit dem Aufbau und der Anwendung lernender Algorithmen beschäftigt.

MPP.
Massively Parallel Processing. Computerkonfiguration für die gleichzeitige Nutzung mehrerer CPUs.

Multidimensionale Datenbank.
Datenbank, die für eine Online-Analyse ausgelegt ist. Sie ist strukturiert wie ein multidimensionaler Hyperwürfel, mit einer Achse pro Dimension.

Nearest Neighbor.
Methode zur Klassifikation eines Datensatzes in einem Datenbestand. Ein neuer Datensatz wird hierbei in diejenige Klasse eingeordnet, in der sich die meisten der k am geringsten unterschiedlichen bzw. klassifizierten Datensätze (die Nachbarn des Datensatzes) befinden. Wird auch als »k-Nearest Neighbour« bezeichnet ($k^3 1$).

Neuronales Netz.
Nichtlineares prädiktives Modell, das lernt, indem es trainiert wird. Die Struktur eines neuronalen Netzes ähnelt einem biologischen neuronalen Netz.

Nichtlineares Modell.
Analytisches Modell, das keine linearen Beziehungen zwischen den Koeffizienten der betrachteten Variablen voraussetzt.

OLAP.
Online Analytical Processing. OLAP beschreibt eine Software-Technologie, die es betrieblichen Analysten, Managern und Führungskräften ermöglicht bzw. erleichtert, Einsichten in relevante Daten zu erhalten. Eine breite Palette angebotener Sichten auf die vorhandenen Informationen, die aus den Basisdatenbeständen per Transformationen gewonnen und mit externen Informationen angereichert werden, ist mittels schneller, konsistenter und interaktiver Zugriffe direkt nutzbar. Als charakteristisch für die OLAP-Funktionalität gelten dynamische, multidimensionale Analysen auf konsolidierten Unternehmensdatenbeständen.

Ausreißer/Outlier.
Datenelement, dessen Wert außerhalb des Bereiches der meisten übrigen entsprechenden Werte einer Datenmenge liegt. Ausreißer können ein Indiz für anormale Daten sein und sollten daher genau betrachtet werden. Können für die Analyse relevant sein.

Overfitting.
Überanpassung. Gegenteil der Verallgemeinerung. Die Netztopologie wird zu komplex gewählt, so dass keine allgemeine Aussagen getroffen werden können.

Parallelverarbeitung.
Durchführen von Berechnungen auf mehreren Prozessoren. Die Parallelverarbeitung ist auf einem Multiprozessorrechner, einer Workstation im Netzwerkverbund oder auf PCs möglich.

Regelgenerierung.
Extraktion von Wenn/Dann-Bedingungen aus Daten entsprechend der statistischen Relevanz.

RFC. Request for Comment.
Eingereichter Antrag für einen Internet-Standard. Ein RFC kann von jeder Person gestellt werden und wird zum Standard, wenn er auf genügend Interesse stößt. Jeder RFC erhält eine eigene Nummer (zum Beispiel RFC 931).

Segmentierung.
Aufteilung einer Menge von Objekten in Cluster anhand von Merkmalen, die gute Diskriminatoren sind.

Selbstorganisierende Karten (Self-Organizing-Map, SOM).
Neuronale Netztopologie, die mit Hilfe von Unbeaufsichtigtem Lernen Clusterung durchführt. Entwickelt von Teuvo Kohonen (daher auch bekannt als Kohonen-Netz).

Sequenzierung.
Analyse einer Folge von Messungen, die in bestimmten Zeitintervallen durchgeführt werden. Gewöhnlich ist die Zeit die wichtigste Dimension.

SMP.
Symmetric Multi-Processor. Hardwaresystem mit mehreren Prozessoren, auf die die Rechenprozesse aufgeteilt werden.

SQL.
Structured Query Language. Genormte Abfragesprache für Datenbanken. Obwohl SQL ANSI- und ISO-Standard ist, verwenden eine Reihe von Datenbanken SQL mit proprietären Extensionen.

TCP/IP.
Transmission Control Protocol/Internet Protocol. Kommunikationsprotokolle, die von sämtlichen Computern im Internet verwendet werden. Während TCP/IP schon immer das Standardprotokoll für UNIX-Systeme war, gibt es heute verschiedene TCP/IP-Versionen für die gängigen Betriebssysteme.

Visualisierung.
Visuelle Interpretation komplexer Beziehungen in multidimensionalen Daten.

Vorhersage.
Struktur oder Prozess zur Vorhersage der Werte bestimmter Variablen in einer Menge von Datenobjekten. Ein aus der Data-Mining-Analyse erzeugtes Modell, das auf der Grundlage von vergangenheitsbezogenen Daten zukünftige Trends, Verhaltensweisen oder Ereignisse vorhersagt.

Warenkorbanalyse.
Data-Mining-Analyse, weit verbreitet im E-Retailing. Jeder zusammengestellte Warenkorb wird als eine Transaktion betrachtet, mit dem Ziel, Trends in einer großen Menge von Transaktionen aufzudecken und einzelne Kaufmuster zu finden.

TK- und IT-Produkte erfolgreich über das Netz vertreiben (Praxisreihe E-Success)

Die Praxisreihe E-Success zeigt branchennah, mit welchen Strategien Electronic Commerce erfolgreich betrieben werden kann. Das Buch »TK- und IT-Produkte erfolgreich über das Netz vertreiben« zeigt, welche besonderen Anforderungen der elektronischen Handel mit Computern, Faxgeräten und Handys bereithält.

Jörg Krause, Publizist und selbständiger Berater im IT-Bereich bietet hier in anschaulich erklärten Abschnitten Informationen

- ⇨ Geschäftsmodelle und Grundformen des elektronischen Handels
- ⇨ Wettbewerbs- und Online-Kundenanalyse
- ⇨ Strategien für den TK und Computermarkt
- ⇨ Praxisbeispiele umsatzstarker Onlineshops
- ⇨ Nützliche Hinweise zur Onlinewerbung
- ⇨ Zahlungssysteme

Der Zehnpunkte-Plan für den effektiven Einstieg ins E-Business, ein Glossar und Kontaktadressen zu Shopsoftwareanbietern vervollständigen das Buch.

TK- und IT-Produkte erfolgreich über das Netz vertreiben
(Praxisreihe E-Success)
Autor: Jörg Krause; Paperback ca. 212 Seiten mit Abb.
ISBN 3-933814-16-2. DM 98,00 (inkl. MwSt., keine Versandkosten).
Verlag Symposion Publishing

Bestellung per Fax: 0211 – 866 93 23
Bestellung im Internet: www.symposion.de/buecher_f.htm

Internetshopping Report 2000
Käufer, Produkte, Zukunftsaussichten

Jeder dritte Internetnutzer in Deutschland hat bereits online eingekauft, Onlineshopping wird für einen wachsenden Teil der Bevölkerung attraktiv. Dies zeigt die Studie »Internetshopping Report 2000«, durchgeführt von Symposion Publishing und Fittkau & Maaß.

Die 250 Seiten starke Untersuchung zum Einkaufsverhalten der Online-Shopper in Deutschland gibt Antworten auf die wesentlichen Fragen des E-Commerce:

- ⇨ Wer sind die Online-Kunden?
- ⇨ Welche Produkte bevorzugen sie? Wie viel Geld geben sie aus?
- ⇨ Wie häufig werden sie in Zukunft bestellen?
- ⇨ Welche Merkmale muss ein guter Internetshop aufweisen?
- ⇨ Wie häufig werden Bestellvorgänge abgebrochen und warum?
- ⇨ Wie sollten Internetshopper angesprochen werden und was müssen die Anbieter tun, damit aus Besuchern Online-Käufer werden?
- ⇨ Drohen den E-Commerce Anbietern Preiskriege durch Agenten und Allianzen?

Die jährlich durchgeführte Untersuchung greift auf die Aussagen von mehreren tausend Internetshoppern zurück. Sie beantworten einen Online-Fragebogen, der auf den Seiten der führenden Anbieter im deutschen E-Commerce geschaltet wird. Zahlreiche namhafte E-Commerce-Experten wirkten an dieser Studie mit, die nach 1998 zum zweiten Mal in Deutschland durchgeführt wurde.

Internetshopping Report 2000
Studie, 250 Seiten, 56 Abbildungen, 8 Tabellen, ISBN 3-933814-05-7, DM 1.200,- (inkl. MwSt., keine Versandkosten) **Verlag Symposion Publishing,**

Bestellung per Fax: 0211 – 866 93 23
Bestellung im Internet: www.symposion.de/studien_f.htm